법원에서하는 경매 따라하기

저자 한 경 우

법률&출판

머리말

법원경매의 매각방법이 1993년도 부터 호가제에서 사실상 입찰제로 바뀐지 어언 20여년의 세월이 흘렀다. 그동안 일반인들의 경매참여가 꾸준히 늘면서 요즘은 법원경매가 거의 대중화 된 느낌마저 든다. 하지만 입찰에 참가하는 것과 낙찰을 받아서 수익을 내는 것은 어디까지나 별개의 문제임을 알아야 한다. 그렇기 때문에 법원경매도 나름대로의 전략이 필요하다고 할 수 있는데, 그러기 위해서는 무엇보다도 기초가 튼튼해야 한다. 기초 없이 무엇을 한다는 것은 모래위에 성을 쌓는 일과 다름없기 때문이다. 그리고 기초를 튼튼히 하려면 이론과 실무가 접목이 되어야 한다. 필자는 그동안 법률분야에서 일해 오면서 입찰참가를 비롯한 법원경매에 관한 실무를 많이 다루어본 편이어서 이를 바탕으로 경매에 관심 있는 사람들에게 도움이 될까하고 본서를 내게 되었다.
또한 쉽게따라할수 있게 서술하였다
본서는 다음사항에 중점을 두었다.
첫째, 입찰에 참가하여 낙찰을 받는데 있어 꼭 필요한 이론과 실무, 그리고 관련 판례를 추려서 누구나 쉽게 이해하도록 하였다. 특히 경매실무에서 가장 중요하다고 볼 수 있는 권리분석을 쉽게 이해할 수 있도록 쓰려고 노력하였다.
둘째, 실무에 필요한 서식을 넣어 입체적으로 이해하도록 하였다.
셋째, 거래관계에서 흔히 부딪힐 수 있는 법률문제를 추려서 일상생활이나 상거래할 때 활용할 수 있도록 하였다.

본서를 잘 활용하면 권리분석은 물론이고 웬만한 경매사건은 거의 커버가 될 것으로 믿어 의심치 않는다. 끝으로 본서를 출간할 수 있게 도움을 주신 법률&출판사 사장님과 임직원 여러분께 깊이 감사드린다. 일찍이 순자가 이르기를, "반걸음을 쌓지 않으면 천리에 이르지 못할 것이요, 작은 흐름을 모으지 않으면 강하(江河)를 이루지 못한다."고 하였다. 오늘을 살아가는 우리들이 한번 쯤 새겨볼만한 글귀가 아닌가 생각하면서 독자여러분의 건승을 기원하는 바이다.

2012. 5.

한 경 우

<제목 차례>

제 1 절 취득세 ························ 518

제 2 절 양도소득세 ························ 523

제1장 법원경매 바로 알기

제 1 절 경매에 관한 소고

1. 우리가 경매를 알아야 하는 이유

우리가 경매에 참가하는 이유는 그것을 통해서 무언가 이익을 남기고 싶기 때문이다. 실수요자 입장에서는 급매물보다 더 싸게 사서 이익을 남기고 싶고, 투자자 입장에서는 싸게 사서 더 좋은 가격에 팔거나 상품화시켜서 이익을 남기고 싶기 때문이다. 우리가 경매를 알면 여러 가지 면에서 좋은 점이 많지만 무엇보다도 첫째는 재테크 할 수 있는 폭이 넓어진다는 점이다. 둘째는 안정적인 직업을 보장받기 어려운 이 시대에 투잡(Two-Job)이 가능하다는 점이다. 셋째는 적은 돈으로 큰돈을 만들 수 있는 테크닉이 생긴다는 점이다. 넷째는 잘만 하면 평생 먹고 살 수 있는 대박을 노려볼 수 있다는 점이다. 다섯째는 "만경의 전답보다 기술이 낫다."는 옛말이 있듯이 배운 지식과 기술을 남에게 베풀 수 있다는 점이다. 우리가 경매를 배워야 하는 이유가 바로 여기에 있는 것이다.

2. 경매투자의 성공요건

요즘의 법원경매는 예전과 달리 맘에 든 물건을 골라서 권리분석만 할 줄 알고 입찰요령만 알면 누구나 혼자서도 경매에 참가할 수 있을 정도가 되었다. 그만큼 법원경매제도가 쉽고 간편해 졌다는 애기다. 하지만 경매시장이 늘 그래 왔듯이 남들 보기에 수익이 날만한 물건은 많은 사람이 관심을 두기 때문에 남들과 똑같이 해서는 기대한 만큼 수익을 내기가 만만치 않다. 그렇기 때문에 경매를 통해서 수익을 내기 위해서는 나만의 투자전략이랄까 이를테면 경쟁력을 갖출 필요가 있는데, 경쟁력을 갖추는 방법은 여러 가지가 있겠지만 필자가 평소 생각해 온 바를 몇 가지 정리해 보고자 한다.

첫째, 경매와 관련된 법률지식을 많이 넓히는 것이 좋다. 낙찰만 잘 받으면 되었지 법률지식이 뭐 그리 필요하겠느냐고 생각할지 모르지만 나와는 상관없는 것처럼 보이는 법률지식이 알고 보면 매우 중요하고 유용하게 써먹을 수 있는 무기가 된다는 점을 알아야 한다. 법률을 잘 알면 은밀하게 숨어 있는 돈이 보이고, 어떤 문제가 있을 때 그것을 해결할 수 있는 혜안과 응용력이 생기게 된다. 그래서 이른바 역발상 투자를 구사할 수 있기 때문에 고수익을 창출할 수 있는 폭이 넓어지게 되는 것이다. 경매에 관심 있는 사람들과 동호회라든지 커뮤니티를 구성해서 서로 의견을 나누고 협력관계를 갖는 것도 경쟁력을 키우는 좋은 방법이 될 수 있다고 본다.

둘째, 인기물건이나 유행에 너무 민감할 것이 아니라 장기적 안목에서 미래를 내다보고 투자하는 마인드가 필요하다. 돌고 도는 것이 부동산 시장의 흐름이다. 필자가 아는 부천에 사는 M사장은 남들은 별 관심 없는 허름한 공장만 싸게 구입해서 리모델링한 다음 임대 놓아 짭짭하세 수익을 내고 있는데, 이는 자기만의 투자전략이 있기 때문에 가능한 것이다.

셋째, 인터넷을 잘 활용할 줄 알아야 한다. 현대는 지식정보화 시대이다. 오늘을 사는 우리는 인터넷을 통해서 각종 정보를 제공받는 혜택을 누리고 있다. 인터넷만 잘 하면 부동산관련 정부정책이라든가 시장의 흐름을 한 눈에 읽을 수 있고, 책상에 앉아서 물건선정부터 웬만한 입지. 상권분석, 시세분석까지 할 수 있을 정도가 되었다. 인터넷은 경매 . 공매 나아가 모든 재테크 수단의 출발점이라고 할 수 있다.

넷째, 경매에 대한 테크닉을 키워야 한다. 경매에 처음 입문하거나 입문한지 얼마 안 된 사람이라면 틈틈이 경매법정에 가서 분위기도 파악하고 인터넷을 통해 수시로 정보를 파악해서 습득하고 현장에 가서 부동산을 자주 접해서 부동산을 보는 안목을 키우다 보면 저절로 테크닉이 생기게 되어 있다.

3. 법원경매의 장점과 단점

법원경매의 가장 큰 장점이라면 일단 싸게 구입할 수 있다는 점이다. 하기야 요즘 같이 부동산시장이 침체되어 바닥을 기고 있는 상황에서는 무조건 싸다는 말은 수정해야 할지 모르지만 어떤 분야이든 예외는 있기 마련이기 때문에 어쨌든 시세보다 싸다는 점, 그래서 수익률이 높다는 점은 부인하기 어렵다. 이러한 장점 때문에 법원경매가 약 50년 동안 재테크 수단으로 인기를 누리고 있는 것이다. 그밖에 법원경매의 장점으로 꼽을 수 있는 것으로 다음의 것을 들 수 있다.

첫째, 사기를 당할 염려가 없다.
둘째, 부동산의 영속성이라는 특성 때문에 다른 종목에 비하면 투자가 안전하다.
셋째, 경매로 낙찰되면 부동산에 걸려 있던 부담이 소멸되어 등기부가 깨끗하게 정리되어 금융대출 받기가 용이하다.
넷째, 법원경매는 토지거래허가가 면제되어 일반거래를 통해서는 구입이 쉽지 않은 허가구역 안의 토지도 구입이 가능하다.

다섯째, 농지의 경우 농지취득자격증명 발급조건이 완화된 편이어서 간단한 요령만 알면 농지 구입도 일반거래보다는 쉽다.

여섯째, 법원이 소유권이전등기를 촉탁해 주기 때문에 이전등기절차가 간편하고, 적은 금액으로도 부동산을 구입할 수 있는 기회의 폭이 넓다.

반면 법원경매의 단점으로는 중간에 뜻하지 않은 변수가 생길 수 있고, 권리분석을 잘못하면 크게 손해 볼 수 있으며, 부동산 인도절차가 일반거래에 비해 까다롭다는 점을 들 수 있다.

4. 나홀로 경매할 때 필요한 요건

경매가 대중화되다 보니 나홀로 경매하겠다는 사람들이 늘고 있다. 나홀로 경매를 하려면 최소한 두 가지는 갖추고 있어야 한다. 첫째는 수익성 있는 물건을 고를 줄 알아야 하고, 두 번째는 권리분석만큼은 완벽하게 할 수 있어야 한다. 혹자는 권리분석은 몇 가지 요령만 알면 전부 되는 것처럼 애기하지만 권리분석은 생각보다 변수가 많고, 수익이 많이 나는 물건일수록 숨어 있는 함정이 있기 때문에 권리분석을 쉽게 봐서는 안된다. 권리분석 잘못하여 낙찰 받았다가 입찰보증금을 포기하는 사례가 실제로 종종 생겨나고 있다. 따라서 다른 것은 차치하고라도 권리분석 하나만큼은 완벽하게 할 수 있어야 손해를 피할 수 있다. "선무당 사람 잡는다."는 속담이 있듯이 대충 알아서는 안 되고 확실하게 알아야 한다. 본 책만 잘 활용해도 권리분석은 커버가 될 것으로 생각한다. 한 가지 추가하고 싶은 것은 법원경매에서 방심과 자만은 금물이다. 경매를 조금 안다고 방심하고 자만했다가는 낭패를 볼 수 있다. 애매하면 찾아보고 물어서 확실한 답을 찾아야 되고, 그래도 의문이 남으면 신뢰할 수 있고, 경매에 관한 지식과 경험을 가진 전문가에게 자문을 받아 확실할 때 행동으로 옮겨야 한다. 그렇지 않고 설마 했다가는 큰 손해를 볼 수 있다는 점 염두에 두어야 한다.

5. 경매로 부동산 취득시 소요 비용

경매로 부동산을 취득할 때 들어가는 비용은 다음의 것들이 있다.

(1) 매수대금

입찰보증금 10% 또는 20%, 매수잔대금

(2) 취득세 등 세금

2012년도부터 적용될 예정인 세율 기준으로 주택은 9억원 이하 1주택자는 2.2%~ 2.7%, 9억원 이상 주택의 경우 낙찰가의 4.6%(다주택자의 경우 2012년 2월경부터 중과세 폐지 예정)

(3) 국민주택매입 비용

부동산 시가표준에 따라 다름. 매입 직후 매도시 약 10%정도만 할인료 부담(예 : 서울시 소재 아파트를 1억5천만원에 낙찰 받을시 국민주택채권매입비용은 3,150,000원이지만, 매입직후 매도하면 약 31만5천원만 부담).

(4) 인지세

1) 낙찰가 5천만원 ~ 1억원 이하 : 7만원

2) 1억원 초과~10억원 이하 : 15만원

3) 10억원 초과 : 35만원

※ 1억원 미만 주택은 인지세 부담 없음

4) 등기수수료 : 부동산 1개당 14,000원

(5) 기타 비용

1) 촉탁등기의뢰시 법무사비용 및 인도집행비용 등 약 수십만원(사안에 따라 추가될 수 있음)

2) 기타 점유자와 인도 합의시 이사비 등

> "웃음은 빙상도 녹인다."
> 웃는 얼굴은 어떠한 난관도 뚫을 수 있는 힘을 솟게 만든다. 웃음은 내안의 잠든 에너지를 살아나게 하고 단번에 모든 것을 긍정으로 바꿔 놓는다.
>
> -노사카 레이코-

제 2 절 경매.공매에 필요한 정보사이트

1. 대법원 경매정보 사이트

대법원경매정보 사이트(http://www.courtauction.go.kr)는 대한민국 경매의 원조 내지 원본이라고 할 수 있는 가장 공신력 있는 사이트이다. 물건검색은 물론이고, 경매가 진행 중인 사건에 대한 진행내용, 입찰기일, 공고내용, 물건명세서, 감정평가서, 현황조사서 등 경매에 관한 모든 것을 알아볼 수 있다.

2. 민간업체 경매정보 사이트

민간업체에서 경매정보를 제공하는 사이트는 많이 있다. 물건선정에서부터 입찰 및 매각정보 등을 제공받을 수 있다. 네이버, 다음 등 포탈사이트 검색창에 '경매'라고 치면 여러 개의 경매정보사이트가 나오기 때문에 마음에 드는 사이트를 골라서 회원가입하고 정보를 제공받으면 된다. 참고로 민간업체에서 제공하는 사이트를 이용할 때는 반드시 <u>대법원경매정보를 곁들어 보아야 한다는 점</u> 염두에 두어야 한다.

3. 경매정보지

민간업체에서 책자로 만들어 경매정보를 제공하는 것을 경매정보지라고 한다. 입찰기일 당일 경매법정에 가면 아주머니들이 한권에 2,000원 가격에 파는 것을 볼 수 있는데, 팔다 남는 것은 무료로 주기도 한다. 경매정보지 하나만 가지고는 다양한 물건을 접하기가 부족한 점이 있기 때문에 대법원경매사이트, 민간업체 경매정보사이트와 곁들어 보는 것이 좋다.

4. 온비드 사이트(전자입찰시스템)

한국자산관리공사에서 실시하는 압류재산 등에 대한 공매사이트이다. 각종 공매물건검색, 입찰정보 등을 알아볼 수 있다.한국자산관리공사에 실시하는 공매물건을 낙찰 받으려면 온비드

(http://www.onbid.co.kr)를 이용하면 된다.

5. 신탁회사 홈페이지

신탁법상 신탁회사에서 실시하는 수탁부동산에 대한 공매는 신탁회사 홈페이지를 통해 인터넷으로 참가할 수 있다.

6. 금융기관 홈페이지

금융기관 홈페이지에서도 경매정보 등을 제공하고 있다.

7. 온나라 부동산정보 통합포털 사이트

온나라 부동산정보 통합포털(http://www.onnara.go.kr)은 국도해양부에서 운영하고 있는 사이트이다. 정부의 부동산정책에서부터, 지가변동, 아파트 거래동향, 아파트, 공동주택,개별주택의 공시가격, 아파트 전.월세 실거래가, 전국주택가격지수, 분양정보, 토지찾기, 기업입지 서비스 등 다양한 정보를 제공하고 있다.

8. 서울부동산정보광장 사이트

서울부동산정보광장(http://www. land.seoul. go.kr)은 서울시에서 제공하는 부동산정보 사이트이다. 이 사이트에서는 서울지역의 부동산 정보를 제공하고 있다. 개설한 지는 얼마 안 되었지만 서울시에서 야심차게 만든 부동산정보 사이트이다. 지번 찾기, 아파트 실거래가, 아파트 전.월세 실거래가, 거래동향, 개발정보, 민원발급 등 서비스를 비롯하여 온나라부동산통합포털 사이트에서는 제공되지 않는 빌라,다세대주택에 대한 전.월세 실거래가도 제공하고 있다.

9. 국민은행 부동산 정보사이트

국민은행이 운영하는 부동산정보사이트(land.KB.star.com)로 전국 주택가격 동향, 주간아파트가격동향, 주택금융수요실태, 각종 부동산시세, 거래동향, 대출정보 등을 알아볼 수 있다.

10. 한국산업단지공단 사이트

한국산업단지공단(www. kicox. or.kr)에서 제공하는 산업단지개발 . 분양정보 등을 알아볼 수 있는 사이트이다.

11. 행정안전부 민원24시 사이트

행정안전부에서 제공하는 민원24시(www.minwon.go.kr)는 부동산관리 등을 위주로 운영되고 있는 사이트이다. 이 사이트를 통해 도로명 주소, 각종 공적장부 열람 . 발급, 인터넷 전출입 신고 등이 가능하다.

12. 특별시.광역시.시.군.구의회 사이트

도시관리계획에 관한 조례 등 자치법규와 개발정보 등을 알아 볼 때 이용할 수 있는 사이트이다.

13. 다음. 네이버.구글어스 등 지도 사이트

입찰에 참가하고자 하는 부동산의 위치, 거리, 주변전경, 등고선 등을 확인할 때 이용할 수 있는 사이트이다.

제2장 부동산의 이해와 투자전략

제 1 절 부동산의 개념정리

1. 부동산이란

(1) 부동산이란 민법상으로는 토지 및 그 정착물을 말하며(민법 제99조 1항), 경매에서 부동산이라 함은 보통 토지와 건물을 말한다.

(2) 부동산으로 취급되는 준부동산으로 공장재단[1], 광업재단[2], 선박[3], 입목[4], 항공기, 자동차, 건설기계, 어업권[5]이 있다. 이들에 대한 경매는 부동산에 대한 경매절차가 준용된다.

2. 토지와 건물

(1) 토지

1) 토지의 소유권은 정당한 이익이 있으면 토지의 상하, 토지의 구

---

1) 공장재단을 구성하는 재산으로는 공장에 속하는 토지와 건물, 공작물, 기계, 기구, 전주, 지상권, 전세권, 공업소유권 등이 있다. 공장저당권의 효력은 그 설정행위에 다른 약정이 있는 등의 특별한 사정이 없는 한 공장저당 목적물에 부합된 물건과 종물에도 당연히 미친다(대법원 2007.12.13. 선고 2007도7247 판결).

2) 광업재단을 구성하는 재산은 광업권, 토지, 공작물, 기계, 기구, 지상권, 임차권 등이 있다.

3) 20톤 이상의 선박은 선박법, 선박등기법에 따라 등기할 수 있다. 등기할 수 있는 권리는 소유권, 저당권, 임차권이 있다.

4) 입목이란 「입목에관한법률」에 의해 소유권보존등기된 수목을 말하며, 저당권설정이 가능하다.

5) 어업권은 민법의 토지에 관한 규정이 적용된다. 어업권원부는 등기부로 취급되며, 어업권과 이를 목적으로 하는 권리는 어업권원부에 등록하여야 효력이 생긴다.

성부분, 독립성이 없는 부합물에도 효력이 미친다(민법 제212조), 단, 미채굴 광물은 광업권의 객체가 되는 한도에서 미치지 않는다.

2) 도로는 개인이 소유할 수 있다. 다만, 도로를 구성하는 부지, 옹벽, 그 밖의 물건은 사적인 권리를 행사할 수 없지만, 그에 대한 소유권 이전, 저당권설정은 가능하다(도로법 제3조).

[도로 통행권관련 판례]

일반 공중의 통행에 제공된 도로를 통행하고자 하는 자는, 그 도로에 관하여 다른 사람이 가지는 권리 등을 침해한다는 등의 특별한 사정이 없는 한, 일상생활상 필요한 범위 내에서 다른 사람들과 같은 방법으로 그 도로를 통행할 자유가 있고, 제3자가 특정인에 대하여만 그 도로의 통행을 방해함으로써 일상생활에 지장을 받게 하는 등의 방법으로 그 특정인의 통행의 자유를 침해하였다면 민법상 불법행위에 해당하며, 그 침해를 받은 자로서는 그 방해의 배제나 장래에 생길 방해를 예방하기 위하여 통행방해 행위 금지의 소를 청구할 수 있다(대법원 2011. 10.13. 선고 2010다63720 판결).

3) 하천을 구성하는 토지와 그 밖의 하천시설에 대하여는 사적인 권리를 행사할 수 없다. 다만, 소유권을 이전, 저당권을 설정, 하천점용허가를 받아 그 허가받은 목적대로 사용하는 것은 가능하다(하천법 제4조 제2항).

4) 토지의 경계는 지적도상의 경계에 의하여 특정되는 것이므로 그런 의미에서 토지의 경계는 공적으로 설정인증된 것이고 단순히 사적관계에 있어서 소유권의 한계선과는 그 본질을 달리하는 것으로서 경계확정소송의 대상이 되는 '경계'란 공적으로 설정된 인증된 지번과 지번과

의 경계선을 가리키는 것이며, 사적인 소유권의 경계선을 가리키는 것이 아니다(대법원 1997.7.8.선고 96다36517판결).

5) 토지경계확정의 소[6]에서 법원은 원.피고 소유의 토지들 내의 일정한 지점을 기초점으로 선택하고 이를 기준으로 방향과 거리 등에 따라 위치를 특정하는 등의 방법으로 지적도상의 경계가 현실의 어느 부분에 해당하는지를 명확하게 표시할 필요가 있고, 당사자 쌍방이 주장하는 경계선에 기속되지 아니하고 법원이 스스로 진실하다고 인정되는 바에 따라 경계를 확정하여야 한다(대법원 1993. 11. 23. 선고 93다 41792,41808 판결).

〈**토지경계 확정의 소 청구취지 기재예**〉

원고 소유의 별지목록 기재 (1) 토지와 피고 소유의 별지목록 기재 (2) 토지의 경계를, 위 토지상의 별지목록 기재 (3) 건물의 동북쪽 모퉁이인 별지도면 표시 ㈀점으로부터 위 (2) 토지상의 별지목록 기재 (4) 건물의 서북쪽 모퉁이인 별지도면표시 ㈅점을 향하여 3.5미터 거리인 별지도면표시 ①점과, 위 (3) 건물의 동남쪽 모퉁이인 별지도면 표시 ◎점을 향하여 2미터 거리인 별지도면 표시 ②점을 연결한 직선으로 확정한다.

(2) 건물

1) 건축법상으로는 토지에 정착하는 건축물 중 지붕과 기둥 또는 벽이 있는 것과 이에 부수되는 시설물, 지하 또는 고가의 공작물에 설

6) 형성의 소(판결에 의해 기존의 법률상태가 변경되거나 새로운 권리관계가 발생되는 소송)에 해당하며, 장차 경계에 관하여 다시는 분쟁이 일어나지 않도록 주문의 경계선을 구체적으로 정확하게 표시해야 한다. 단순히 지적도만을 첨부하여 그 지적도상의 경계선을 경계로 확정하는 내용의 주문은 아무런 의미가 없다. 예컨대 지적도 위의 건물의 외곽선, 도로, 도근점(圖根點)등 현황상의 시설물의 위치를 표시한 다음 이를 기준으로 일정한 기점을 정하고, 그에 기하여 방향, 거리등을 해석상 의문이 없도록 판결주문에 표시하여야 한다.

치하는 사무소, 공연장, 점포, 차고, 창고, 기타 대통령령이 정하는 것을 말한다(건축법 제2조 제1항 제2호).

2) 대법원 판례는 독립된 부동산으로서의 건물이라고 하기 위하여는 최소한의 기둥과 지붕 그리고 주벽이 이루어지면 된다고 한다(대법원 2001. 1. 16. 선고 2000다51872 판결).

□ 건축법상 주요 건물의 분류

구 분	내 용
단독주택	단독주택, 다중주택, 다가구주택, 공관
공동주택	아파트, 연립, 다세대주택, 기숙사
제1종근린생활시설	슈퍼마켓, 일용품등소매점, 이용원, 일반목욕장, 세탁소, 의 원, 당구장, 동사무소, 우체국, 공동도서관
제2종근린생활시설	일반음식점, 기원, 테니스장, 체력단련장, 보링장(건축물 안에서 당해 용도에 사용되는 바닥면적 합계가 500제곱미터 미만인 것), 종교집회장, 부동산중개업소, 사진관, 표구점
판매 및 영업시설	도매시장, 소매시장, 상점, 여객자동차터미널 및 화물터미널, 철도역사, 공항시설, 항만시설, 종합여객시설
업무시설	사무소, 신문사, 오피스텔
교육 및 복지시설	학교, 교육원, 직업훈련원, 학원, 연구소, 도서관, 생활권수련시설, 자연권수련시설
위락시설	단란주점, 주점영업, 특수목욕장, 유기장, 카지노업소, 무도장. 무도학원
숙박시설	일반숙박시설, 관광숙박시설
자동차관련시설	주차장, 세차장, 폐차장, 검사장, 매매장
분뇨 . 쓰레기처리시설	분뇨 . 폐기물처리시설, 고물상, 폐기물재활용시설
관광휴게시설	야외음악당, 어린이회관, 휴게소, 공원, 유원지

□ 주택의 분류

구	분	내 용
단독주택	단독주택	1건물에 1세대가 거주하는 주택
	다중주택	학생 또는 직장인 등 다수인이 장기간 거주할 수 있는 구조로 된 주택으로 3개층 이하이면서 연면적 330㎡ 이하인 주택
	다가구주택	19세대 이하가 거주하는 구분소유권 등기를 할 수 없는 주택으로 3개층 이하이면서 바닥면적 합계가 660㎡이하인 주택
공동주택	아파트	5층 이상 주택
	연립주택	동당 건축면적이 660㎡를 초과하는 4층 이하 주택
	다세대주택	동당 건축면적이 660㎡ 이하인 4층 이하 주택

〈관련판례〉

1) 건축허가는 허가받은 자에게 새로운 권리나 능력을 부여하는 것이 아니기 때문에 건축허가서에 건축주로 기재된 자가 그 소유권을 취득하는 것은 아니다. 자기의 비용과 노력으로 건물을 신축한 자는 건축허가가 타인의 명의로 된 여부에 관계없이 그 소유권을 원시취득 한다(대법원 1997. 3. 28. 선고 96다10638 판결).

2) 이축권자로부터 이축권7)을 양수하여 그 명의로 건축허가를 받고, 신축 건물에 관하여 그 명의로 소유권보존등기를 경료한 것은 「부동산실권리자명의등기에관한법률」 제2조 제1호에서 말하는 명의신탁 약정에 기한 것으로서 법률에 위반된다(대법원 2001. 6. 15. 선고 2001도1934 판결). 이축권의 양도는 일시재산소득으로 과세한다(재정경제부, 2003.3.13. 재산4601-61).

---

7) 그린벨트 안에 있는 기존주택의 주거불량으로 인근지역으로 집을 옮겨 지을 수 있는 권리

3) 신축건물의 소유권은 원칙적으로 자기의 노력과 재료를 들여 이를 건축한 사람이 원시적으로 취득한다. 다만, 도급인 명의로 건축허가를 받아 소유권보존등기를 하기로 하는 등 완성된 건물의 소유권을 도급인에게 귀속시키기로 합의한 경우에는 그 건물의 소유권은 도급인에게 원시적으로 귀속된다(대법원 2005. 11. 25. 선고 2004다36352 판결).

4) 건물의 구조와 형태가 구분소유권의 객체가 될 수 있을 정도에 이르고 토지의 부합물로 볼 수 없는 미완성 건물을 건축주로부터 양수받아 나머지 공사를 진행하여 그 구조와 형태 등이 건축허가의 내용과 사회통념상 동일하다고 인정될 정도로 건물을 축조한 경우, 그 건물의 소유권은 양수인이 원시취득 한다(대법원 2006.11.9. 선고 2004다67691 판결).

3) 구분소유권의 객체로서 적합한 물리적 요건을 갖추지 못한 건물의 일부는 그에 관한 구분소유권이 성립할 수 없는 것이어서, 건축물관리대장상 독립한 별개의 구분건물로 등재되고 등기부상에도 구분소유권의 목적으로 등기되어 있어 이러한 등기에 기초하여 경매절차가 진행되어 매각허가를 받고 매수대금을 납부하였다 하더라도, 그 등기는 그 자체로 무효이므로 매수인은 소유권을 취득할 수 없다(대법원 2008. 9. 11. 자 2008마696 결정).

4) 미등기 무허가건물의 양수인이라도 그 소유권이전등기를 경료받지 않는 한 그 건물에 대한 소유권을 취득할 수 없고, 소유권에 준하는 관습상의 물권이 있다고도 할 수 없으며, 현행법상 사실상의 소유권이라고 하는 어떤 포괄적인 권리 또는 법률상의 지위를 인정하기도 어렵다(대법원 2006. 10. 27. 선고 2006다49000 판결).

제2절 경매에 등장하는 토지의 명칭

1. 주요 지목의 분류

구 분	내 용
전	.물을 상시적으로 이용하지 않고 곡물·원예작물(과수류 제외)·약초·뽕나무·닥나무·묘목·관상수 등의 식물을 주로 재배하는 토지와 식용으로 죽순을 재배하는 토지 ※ 전과 답의 구분은 물을 이용하는 것과 이용하지 않는 것에 대한 경작방식의 차이에 의해 구분
답	.물을 상시적으로 직접 이용하여 벼·연(蓮)·미나리·왕골 등의 식물을 주로 재배하는 토지(농작물을 재배하기 위해 설치한 유리온실, 고정식 비닐하우스, 버섯재배사, 망실등은 전 또는 답으로 한다).
과수원	사과·배·밤·호두·귤나무 등 과수류를 집단적으로 재배하는 토지와 이에 접속된 저장 고등 부속시설물의 부지(다만, 주거용 건축물의 부지는 "대"로 한다).
목장용지	.축산업 및 낙농업을 하기 위하여 초지를 조성한 토지 .「축산법」 제2조제1호에 따른 가축을 사육하는 축사 등의 부지 .위 토지와 접속된 부속시설물의 부지 .다만, 주거용 건축물의 부지는 "대"로 한다.
임 야	산림 및 원야(原野)를 이루고 있는 수림지(수림지)·죽림지·암석지·자갈땅· 모래땅· 습지· 황무지 등의 토지
대	.영구적인 건축물 중 주거.사무실.점포와 박물관, 극장,미술관 등 문화시설과 이에 접속된 정원 및 부속시설물의 부지 .「국토의 계획 및 이용에 관한 법률」 등 관계법령에 의한 택지조성공사가 준공된 토지 .농가주택이 건립된 부지 내의 농가소득 증대 일환으로 우사,돈사,계사, 등 축사를 신축 사용하는 경우에는 주된 사용목적을 농

	가주택으로 보아 **대**로 한다 .도로와 연접한 토지에 사무실, 식당, 주차장 등 공공업무시설로 사용하는 토지는 대로 지목을 설정해야 한다.
공장용지	.제조업을 하고 있는 공장시설물의 부지 .「산업집적활성화 및 공장설립에 관한 법률」 등 관계 법령에 따른 공장부지 조성공사가 준공된 토지 .위의 토지와 같은 구역에 있는 의료시설 등 부속시설물의 부지 ※ 공장부지안에 설치한 체육시설(테니스장, 족구장)은 공장용지 ※ 미곡처리장(곡물도정업)부지는 공장용지 ※ 벽돌공장부지는 공장용지
도 로	일반 공중의 교통 운수를 위하여 보행이나 차량운행에 필요한 일정한 설비 또는 형태를 갖추어 이용되는 토지(다만, 아파트·공장 등 단일용도의 일정한 단지 안에 설치된 통로 등은 제외) ※ 고속도로안의 휴게소부지는 도로
주차장	.자동차 등의 주차에 필요한 독립적인 시설을 갖춘 부지와 주차전용 건축물 및 이에 접속된 부속시설물의 부지. 다만, 다음의 어느 하나에 해당하는 시설의 부지는 제외한다. .「주차장법」 제2조제1호가목 및 다목에 따른 노상주차장 및 부설주차장(주차장법 제19조제4항에 따라 시설물의 부지 인근에 설치된 부설주차장은 제외). . 자동차 등의 판매 목적으로 설치된 물류장 및 야외전시장
주유소 용 지	.다음의 토지. 다만, 자동차·선박·기차 등의 제작 또는 정비공장 안에 설치된 급유· 송유시설 등의 부지는 제외한다. .석유·석유제품 또는 액화석유가스 등의 판매를 위하여 일정한 설비를 갖춘 시설물의 부지 .저유소(貯油所) 및 원유저장소의 부지와 이에 접속된 부속시설물의 부지
유원지	.일반 공중의 위락·휴양 등에 적합한 시설물을 종합적으로 갖춘 수영장·유선장(遊船場)·낚시터·어린이놀이터·동물원·식물원·민속촌·경마장 등의 토지와 이에 접속된 부속시설물의 부지. .다만, 이들 시설과의 거리 등으로 보아 독립적인 것으로 인정되는 숙식시설 및 유기장(유기장)의 부지와 하천·구거 또는 유지[공

	유(공유)인 것으로 한정한다]로 분류되는 것은 제외한다. ※ 동물원, 식물원, 민속촌 부지의 지목은 **유원지**로 한다
종교용지	일반 공중의 종교의식을 위하여 예배·법요·설교·제사 등을 하기 위한 교회· 사찰· 향교 등 건축물의 부지와 이에
창고용지	물건 등을 보관 또는 저장하기 위하여 독립적으로 설치된 보관 시설물의 부지와 이에 접속된 부속시설물의 부지는 창고용지로 한다. .다만, 과수원, 공장, 학교 등 다른 용도 부지안의 창고는 제외
체육용지	.국민의 건강증진과 여가선용을 위하여 체육활동에 적합한 시설과 형태를 갖춘 종합운동장, 실내체육관, 야구장, 골프장, 스키장, 승마장, 경륜장 등 체육시설의 토지와 이에 접속된 부속시설물의 부지는 체육시설로 한다 .다만, 체육시설로서 영속성과 독립성이 미흡한 정구장, 골프연습장, 실내수영장 및 체육도장, 유수를 이용한 요트장, 카누장, 산림안의 야영장 등 토지는 제외 ※ 눈썰매장(체육용지)으로 토지형질변경허가 받아 준공된 토지는 체육시설 ※ 볼링장 부지의 지목설정 토지 체육용지 ※ 인 . 허가 받아 연속성, 독립성 갖춘 골프연습장 및 부속시설물 부지는 지목을 체육시설로 설정할 수 있다.
유지(溜池)	물이 고이거나 상시적으로 물을 저장하고 있는 댐·저수지·소류지(소유지)·호수·연못 등의 자생하는 배수가 잘 되지 아니 하는 토지 ※ 늪 등의 용 . 배수가 잘되지 않는 곳에 연.왕골 등을 재배하거나 자생하는 토지는 유지이다
공 원	일반 공중의 보건·휴양 및 정서생활에 이용하기 위한 시설을 갖춘 토지로서 「국토의 계획 및 이용에 관한 법률」에 따라 공원 또는 녹지로 결정·고시된 토지 ※ 도시공원법에 의해 묘지공원으로 결정,고시된 토지는 묘지 ※ 자연공원법에 의한 국립고원, 도립고원, 군립공원 등은 지목을 공원으로 설정하지 않고 임야로 설정하고 과천어린이 대공원은 유원지이다

잡종지	.갈대밭, 실외에 물건을 쌓아두는 곳, 돌을 캐내는 곳, 흙을 파내는 곳, 야외시장, 비행장, 공동우물 .영구적 건축물 중 변전소, 송신소, 수신소, 송유시설, 도축장, 자동차운전학원, 쓰레기 및 오물처리장등의 부지 .다른 지목에 속하지 않는 토지 ※ 소방기본법 규정에 의해 위험물이동탱크저장시설(유조차주차시설)목적으로 이용되고 있는 토지는 잡종지 ※ 농어촌 휴양지역 내에 농지전용허가를 받아 조성한 야영장은 잡종지 ※ 콩나물재배를 목적으로 농지전용허가를 받아 설치한 시설물부지는 잡종지 ※ 자동차관련 시설부지(차고, 세차시설 등)는 잡종지

2. 이용목적에 따른 토지의 분류

구 분	내 용
대 지	주거용, 상업용, 공업용으로 건축할 수 있는 토지 또는 건축물이 지어져 있는 토지
택 지	대지와 같은 의미로 대지는 지적법상 용어이고, 택지는 감정평가상 용어로 쓰인다.
대(垈)	공장용지가 포함되지 않는 점이 대지와 다르다
나대지	건물은 없으나 공적.사적 부담이 있는 토지
나 지	지상에 건축물 기타 정착물이 없고, 토지에 대한 소유자의 이용.수이을 제약하는 임차권.지상권.지역권 등의 권리가 없는 토지. 지상에 건물이 있는 건부지 보다 이용가능성이 크다는 점에서 건부지 보다 가격이 비싸며 시장성도 크다.
건부지	지상에 건물이 있는 부지로 건물로 인해 사용.수익이 제한된 토지
맹 지	타인의 토지에 둘러 쌓여 있어서 도로에 직접 접속되지 않는 한 획지의 토지로 건축법상 건물을 지을 수 없다. 맹지 소유자

	는 공도에 나아가기 위해 주위의 토지를 사용할 통행권이 있지만, 이 경우에는 타인의 토지에 가장 손해가 적은 장소를 택해야 하고, 그로 인해 타인이 손해를 입으면 그 손해에 대한 보상금을 지불해야 한다.
법 지	고속도로 등과 접해 있는 급경사면과 같이 법적으로 소유권이 인정되나 이용상 실익이 없는 토지. 집행관현황조사보고서 또는 감정평가서에 '법면'으로 표시되기도 함. 대법원 판례는 토지의 전 소유자가 토사가 흘러내리지 않도록 인접 토지 내에 설치한 석축과 법면은 인접 토지에 부합된 것으로 봄이 상당하고, 토지의 현 소유자는 석축과 법면이 설치된 후 토지를 승계취득하였을 뿐이므로 그에게 석축과 법면에 대하여 방해배제의무가 있다고 보기도 어렵다고 한다(대법원 2009.5.14. 선고 2008다49202 판결).
공 지	건축법상 건폐율.용적율 등 제한 때문에 한 필지 내에 건물을 꽉 메워서 건축하지 않고 남겨둔 토지
부 지	건물을 짓거나 도로 등을 만들기 위한 토지. 택지는 주로 건축용지를 가리키는데 반해 부지는 건축용지 뿐만 아니라 철도용지, 수도용지, 하천용지와 같은 건축물 용도 이외에도 사용된다.
소지(素地)	개발이전의 자연적 상태의 토지
선하지	고압선이 통과하는 토지. 지상권 등이 설정된 경우가 많다.
포락지	지반이 절토되어 무너져 내린 토지
공한지	지가상승을 노리고 장기간 방치한 토지
한계지	도시와 농촌토지의 경계지점 토지. 도시가 개발되면 한계지가 뒤로 밀려나게 되어 있다. 한계지는 개발호재 잠재성 때문에 지가가 높은 편이다. 최원방권의 토지라고도 한다.
한계농지	농사짓기 힘든 땅(산간 오지나 폐광촌 등).

제3절 부동산투자 전략

1. 부동산시장과 경매시장의 관계

(1) 부동산시장이라 함은 보통 매도인과 매수인 사이에 매매계약에 의해 거래가 이루어지는 시장을 말하고, 경매시장이라 하면 보통 법원경매를 통해서 매각이 이루어지는 시장을 말한다.

(2) 부동산시장은 거래단위가 고액이어서 상대적으로 제한된 소수의 매도인과 매수인에 의해 형성되며, 정부의 부동산정책, 조세정책의 변화에 민감하고, 일반상품과 달리 고가품이라는 특성 때문에 자금의 유동성과 관련이 깊다. 그래서 경기의 좋고 나쁨에 따라 영향을 받게 된다.

(3) 일반적으로 경기가 좋으면 부동산시장이 호황이고, 경기가 나쁘면 경매시장이 호황이다. 따라서 부동산시장과 경매시장은 대체로 역의 상관관계를 갖는다고 할 수 있다. 즉 경기가 나쁘면 금융자금을 제때 상환하지 못하게 되므로 채권자는 국가기관의 힘을 빌려 자금회수에 나서게 된다. 그래서 더 많은 양질의 부동산이 경매시장으로 유입되기 때문에 경매시장은 호황을 맞게 되는 것이다.

2. 부동산시장의 전망

2009년도 통계청 조사에 따르면, 우리나라의 전체인구가 기하급수적으로 늘다가 2008년도부터 감소추세로 돌아선 것으로 나타났다. 특이한 점은 전체 인구는 줄지 않는데, 40대 후반에서 50대 후반까지 베이붐세대 인구가 감소했다는 점이다.

베이붐 세대의 인구감소, 직장은퇴, 불안정한 직업구조는 소득과 자산에 영향을 미쳐 부동산 유효수요, 특히 주택의 유효수요가 감소되어 가격하락으로 이어지게 된다. 특히 참여정부 들어 실거래가신고제도, 부동산보유세 신설, 통합전산망 가동 같은 굵직한 부동산정책은 주택시장의 위축을 가져와 미분양사태로 이어지고, 전세대란이라는 사회적 문제를 낳게 되었다.

참여정부 들어 시행된 굵직한 부동산정책에도 불구하고 2006년도까지 부동산가격은 꾸준히 상승세를 타다가 2008년도 9월경부터 불어 닥친 글로벌금융위기로 부동산시장이 하강국면으로 돌아선 이후 좀처럼 침체국면을 벗어나지 못하고 있다. 전문가들은 2012년도 상반기쯤 되면 부동산경기가 점차 회복세로 돌아설 것이라는 조심스러운 전망을 내놓고 있기 하지만 부동산경기는 다른 경기에 비해 회복기간이 길고, 무엇보다도 향후 부동산가격이 더 많이 떨어질 것이라는 심리가 잠재되어 있는 상황에서 부동산경기가 급격히 회복될 것 같지는 않아 보인다.

그렇지만 중장기적 안목에서 보면 우리나라 부동산시장은 부정적이지만은 않다. 그 이유는 국제금융시장을 지배하고 있는 골드만삭스는 최근 우리나라가 2050년도에 가면 GNP가 8만불로 세계 2위의 경제대국이 될 것이라는 전망을 내놓은바 있는데, 소득이 부동산의 유효수요에 미치는 영향이 큰 만큼 우리나라가 지속적인 플러스경제성장을 유지하는 이상 부동산의 유효수요가 크게 감소하지 않을 것이라는 점이다. 그밖에도 핵가족화의 가속화에 따른 세대분리 심화, 지구촌 글로벌화의 가속화에 따른 외국인 유입의 증가, 부동산정책의 변화에 따른 부동산시장의 가변성, 지역균형발전과 농촌인구의 유입, 남북간 협력관계의 변화에 따른 개발호재의 잠재성 등을 기대해 볼 수 있기 때문이다.

3. 부동산투자의 목적

부동산에 투자하는 이유는 현재의 소비를 희생하여 그에 대한 더 많은 수익을 얻기 위한 것이다. 금융시장도 마찬가지지만 부동산시장은 수익률에 의해 투자자가 움직이게 되어 있다. 그런데 수익이 있으면 위험도 따르기 때문에 투자에 대한 전문성이 요구된다. 그래서 투자자들은 금융전문가라든지, 펀드매니저, 부동산중개업자, 경매전문가 등을 어떻게 잘 이용하느냐에 따라 투자의 목적을 달성하기도 하고 실패하기도 한다.

4. 부동산투자 전략

(1) 부동산 투자시 고려할 사항

어떤 부동산에 투자하기 위해서는 투자목표를 잘 설정해야 하는데, 투자목표를 설정할 때는 다음사항을 고려해야 한다.

1) 투자목적의 설정

어떤 부동산에 투자할 때는 투자하려는 목적을 명확히 해야 한다. 예컨대 실수요인지, 단기에 환가시켜 시세차익을 얻을 것인지, 개발로 갈 것인지, 관리하여 운용수익을 얻을 것인지 등 부동산에 투자하려는 목적을 명확히 설정해야 한다.

2) 안전성

부동산투자에는 위험이 따르고, 위험이 클수록 요구수익율은 높아진다. 즉 위험과 수익은 상쇄관계에 있는 것이다. 그렇지만 아무리 기대수익이 크다고 해서 안전을 무시할 수는 없다. 안전성은 다른 어떤 것보다 우선시되어야 한다. 안전이 없는 수익이란 있을 수가 없기 때문이다. 안전성은 취득상 뿐 아니라 투자금의 회수가능성까지 염두에 두어야 한다.

3) 환금성

환금성은 투자목표에 따라 달라질 수 있는 문제이긴 하지만 원칙적으로 필요한 시기에 처분하여 유동화시킬 수 있어야 한다. 환금성은 당해 부동산의 시장가치가 결정한다. 즉 매물로 내놓았을 때 구매자가 있어야 한다.

4) 수익성

투자의 목적은 자산가치의 증대, 즉 수익창출에 있는 만큼 수익성 있는 물건에 투자해야 한다. 수익성 있는 물건에 투자하려면 신뢰할 수 있는 정확한 정보를 바탕으로 해야 한다. 불확실한 정보는 실패의 원인이 된다. 정보는 전문가를 통해서 습득할 수도 있지만, 전문가를 지나치게 신뢰하는 것도 바람직하지 않다. 어떠한 경로를 통해서 정보를 습득하였든 본인의 검증절차는 필요하다.

5) 세금의 고려

어떤 부동산에 투자할 때는 세금을 고려할 필요가 있다. 특히 실거래가신고라든가 부동산보유세 등 세제하에서는 투자대상을 잘 선정할 필요가 있다. 그렇지 않고 투자했다가는 세금으로 새어 나가는 돈이 적지 않기 때문이다. 세금정도의 부담은 큰 문제가 안된다면 몰라도 그렇지 않다면 고가주택(9억원 이상) 등 세금부담이 많은 부동산보다는 환금성과 임대가 용이한 중소형 도시형생활주택 등에 투자하는 것이 바람직할 것이다.

6) 자금계획

부동산에 투자할 때는 자금계획을 잘 세우는 것도 매우 중요한 부분이다. 금융자본 차입규모와 그에 따른 상환능력은 잘 점검해 보아야 할 점이다. 타인의 자본을 이용하여 투자의 효과를 높이는 것을 지렛대 효과(Leverage Effect) 라고 하는데, 타인 자본은 반드시 상환능력이 전제되어야 한다. 그렇지 않고 무리하게 차입하여 투자했다가는 오히려 마이너스가 될 수 있다. 경매시장에 유입되는 부동산 중에는 무리한 차입으로 부동산을 매수하거나 경매 받았다가 대출금을 상환하지 못해 다시 경매시장으로 유입되는 부동산이 상당수 차지하고 있다는 점을 유의할 필요가 있다.

〈부동산투자의 결정과정〉 투자목표설정 → 투자환경분석(법률적,행정적, 금융적, 기술적, 세제적 환경) → 미래의 편익(수익)과 비용분석 → 투자적합성 분석 → 의사결정

(2) 수익률

1) 수익률이란

수익률은 투하된 자본에 대한 수익의 비율을 말한다. 부동산 투자결정시 중요한 의사결정의 변수로 작용한다. 수익률에는 기대수익률, 요구수익률, 실현수익률이 있다.

① 기대수익률

기대수익률은 투자로 기대되는 예상수익률을 말한다.

② 요구수익률

요구수익률은 부동산투자는 위험이 따르므로 이러한 위험에 내한 비용을 감안하여 요구되는 최소한의 수익률을 말한다.

③ 실현수익률

실현수익률은 투자가 이루어진 후에 현실적으로 달성된 수익률을 말한다.

〈**실현수익률**〉

실현수익률 = 수익 ÷ 투하자본 × 100%

예) 5,000만원에 매입한 토지에 대하여 모든 비용을 제하고 1년 후 7천만 원에 매도했을 경우 실현수익률= 2000만원 ÷ 5000만원 × 100% = 40%

2) 투자수익률의 만족도는?

투자수익률이란 투자액에 대한 기대이익의 정도를 말한다. 부동산에 투자하는 이유는 수익률 때문이다. 그렇다면 부동산 투자에 따른 수익률 만족도, 이를테면 얼마정도의 수익이 나야 만족할 정도가 되는가? 장기적 안목에서 미래가치를 보고 투자할 경우라면 조금 달라질 수 있겠지만, 일반적으로 수도권지역의 경우 투하자본의 약 8%대, 수도권을 제외한 지방의 경우에는 환금성 등을 감안하면 투하자본의 약 10%대 정도면 무난하다고 본다. 우리나라도 앞으로 점차 저성장, 저금리시대로 가게 되어 있는 만큼 부동산투자 수익률도 점차 낮아질 수밖에 없을 것이다. 경매. 공매든 일반매수든 부동산에 투자할 때는 눈앞에 보이는 수익률도 중요하지만 수익률을 결정하는 여러 가지 요인들이 더 중요하다는 점을 염두에 두어야 한다.

3) 부동산과 금융자산의 수익률비교

(단위: %/년)

구 분	부동산		정기예금	주식	채 권		CD
	오피스	상 가			국고채 (3년)	회사채 (3년)	
평균수익률	11,81	14.9	4.16	−10.23	5.00	5.75	4.96

※ CD : 제3자에게 양도가 가능한 정기예금증서
※ 자료 :한국은행 금융시장주요지표 일별자료(2002년 7월 1일 ~ 2003년 6월 30일)

(3) 부동산투자 지침

1) 자금사정을 먼저 생각하라.
2) 금융상품을 이해하고, 차입금 상환능력을 고려하라.
3) 부동산시장의 흐름을 파악하라.
4) 부동산정책, 경제정책의 변화에 주목하라.
5) 선입관을 버리고, 새로운 수익모델, 새로운 이용방법을 생각하라.
6) 지역의 특성을 파악하고, 지역의 발전모델을 잘 살펴라.
7) 충동구매를 자제하라.
8) 역발상투자를 생각하라.

5. 금융대출상환방식

(1) 원리금 균등상환방식(CPM)

1) 대출원금과 이자를 대출기간동안 매달 같은 금액으로 나누어 상환하는 방식이다.

2) 대출초기에는 상환액 중 이자액 비중이 높고, 원금 상환액 비중이 적으며, 시간이 갈수록 원금 상환액이 점차 많아지게 된다.

3) 장기 저리로 대출받을 수 있어서 주택저당대출에 많이 이용되고 있고, 한국주택금융공사의 모기지론의 상환방식도 이 방식이 이용되고 있다.

4) 대출기간 초기에 이자를 많이 상환하게 되므로 중도상환하면 불리하지만, 변동이자율이 아닌 고정이자율을 적용하기 때문에 금리변동에 영향을 받지 않고 담보대출을 안정적으로 유지할 수 있는 장점이 있다. 한국주택금융공사의 모기지론의 상환방식도 이 방식이 이용되고 있다.

(2) 원금균등상환방식(CAM)

1) 대출원금을 균등하게 나누어서 매달 일정금액을 상환하는 방식이다. 예컨대 5,000만원을 연12%에 30년 대출을 받은 경우 원금 상환방법은 5,000만원 /360 개월로 나눈 금액이다.

2) 대출초기에는 이자부담이 많지만 시간이 지날수록 원금이 줄기 때문에 이자부담이 줄어들게 된다. 이 방식을 통해 대출금을 상환할 경우 만기일시상환방식보다 이자 부담을 약 30~40% 정도 줄일 수 있다. 원리금 상환에 문제가 없다면 이자부담이 덜하기 때문에 유리하지만 대출금액이 너무 크면 상환부담이 커서 무리가 따를 수 있는 단점이 있다.

(3) 원리금체증식 상환방식(GPM)

1) 점증상환방식이라고도 한다.

2) 대출초기에는 원리금균등식상환방식보다 원리금이 적으며, 일정기간이 지나면 원리금균등식으로 전환되는 경우가 많다.

3) 장기대출에 주로 이용되는 방식으로 최초 원금 상환비중이 거의

없기 때문에 초기 상환불입액 부담을 줄수 있지만, 원금이 점점 큰 폭으로 늘어나기 때문에 시간이 갈수록 부담이 늘어날 수 있다.

4) 안정된 수입이 있는 젊은 직장인에게 유리할 수 있으나 주택보유기간이 길수록 불리할 수 있다.

(4) 만기일시금상환방식

만기일시금상환방식은 매달 이자를 갚아나가다가 만기에 원금을 일시금으로 갚는 방식이다. 만기가 될 때까지 원금은 줄어들지 않기 때문에 만기에 일시금으로 상환하는데 부담이 될 수 있다.

(5) 일부 원금균등분할/일부 만기상환방식

원금의 일정금액은 원금균등분할방법으로 상환하고, 나머지 원금을 만기에 일시 상환하는 방식이다.

(6) 거치기간 상환방식

대출받고 나서 일정기간 동안 이자만 상환하고, 거치기간 이후부터 원금을 일시에 갚거나 분할해서 갚는 대출방식이다. 대출금액이 클 경우 유리하다고 할 수 있다.

제3장 법원경매에 필요한 지식정리

제1절 경매참가시 특히 주의해야 할 사항

다음 사항은 경매에서 낙찰 받을 때 잘못했다가는 손해를 볼 수 있으므로 경매에 참가할 때는 주의해야 한다.

1. 공신력 문제

경매에서는 무효 또는 소멸된 담보권에 의해 신청된 임의경매사건에서 낙찰 받고 대금을 납부할 경우 소유권 취득이 어려울 수 있으므로 주의가 요망된다. 특히 개인이 담보권자이면서 경매를 신청한 임의경매사건에서 채무자 또는 소유자가 경매개시결정에 대해 다툼을 벌일 때는 주의를 기울여야 한다. 또한 종중원에게 명의신탁 한 종중재산도 경매에 나오는 경우가 있는데, 종중원이 일정한 절차 없이 임의로 금융기관에 담보를 제공하고 경매가 신청된 사건의 경우에도 소유권취득에 문제가 생길 수 있으므로 주의가 필요하다.

2. 임차인과 배당요구종기

대항력과 확정일자 있는 임차인이 배당요구종기 안에 배당요구 하였는지 여부를 잘 살펴야 한다. 이를 간과하여 입찰보증금을 포기하는 사례가 실무에서 종종 발생하고 있다.

3. 임차인의 세대합가

뒤에서 설명할 '권리분석의 모든 것' 참조

4. 임차인의 순위승진

대항력 없는 임차인이 선순위근저당권 등 소멸기준권리가 되는 채권을 대위변제하면 순위가 승진되어 대항력을 갖게 되는 경우가 있다. 선위근저당권자 등의 채권액이 소액인 경우에는 특히 주의해야 한다. 만약 최고가매수신고 후 이런 일이 발생하면 매각불허가신청 등을 통해 입찰보증금을 반환받기 위한 조치를 취해야 한다.

5. 전세권의 소멸기준권리 판단

전세권은 소멸기준권리가 되는 경우가 있고, 안되는 경우가 있으므로 이를 잘 구별해서 판단해야 한다. 뒤에서 설명할 '권리분석의 모든 것' 참조

6. 가등기담보

대법원판례는 담보가등기 판단에 있어 등기부상 표시나 등기시 주고받는 서류의 종류에 의해 형식적으로 결정될 것이 아니고, 거래의 실질과 당사자의 의사에 따라 결정될 문제로 보기 때문에 뒤에서 설명할 소멸기준권리보다 순위가 빠른 가등기가 있으면 임차인의 대항력 판단에 착오가 있을 수 있으므로 주의해야 한다.

7. 불법용도 변경한 물건

불법용도변경 한 경매건물은 낙찰자가 그에 따른 부담을 안게 된다.

8. 위법건축물

건축물대장에 위법건축물로 표기되어 있으면 이행강제금 등을 부담해야 하므로 주의가 필요하다.

9. 대지권 없는 물건

대지권이 미등기인 경매물건은 애초부터 대지사용권이 없는 것과 있는 것은 큰 차이가 있고, 대지사용권이 있는 경우라도 대지권이 감정평가 되어 최저경매가에 포함되었는지 확인해야 한다.

10. 토지 별도등기 있는 물건

집합건물 경매에서 '토지별도 등기 있음'이라고 되어 있으면 대지권 등기 전에 가압류, 근저당권 등이 등기되어 있다는 것이다. 토지별도등기는 보통의 경우 낙찰로 소멸되는 것이 원칙이지만, 특별매각조건으로 '토지별도등기 매수인 인수조건'으로 되어 있거나 별도등기 채권자가 배당요구를 하지 않을 때는 낙찰자가 인수하므로 이런 물건은 주의해야 한다.

11. 산업용지 등 취득시

경매나 그 밖의 법률에 따라 입주기업체의 산업용지 또는 공장 등을 취득한 자가 그 취득한 날부터 지식경제부령으로 정하는 기간 내(6

개월 이내)에 입주계약을 체결하지 못한 경우에는 그 기간이 지난날부터 지식경제부령으로 정하는 기간 내에 이를 제3자에게 양도하여야 하므로 경매로 산업용지 등을 취득할 때는 사전 입주계약체결 여부 등을 검토해야 한다.

12. 각종 서면제출기한 준수

농지취득자격증명제출, 상계신청, 채무인수신청, 매각허가.불허가결정에 대한 이의신청(즉시항고), 항고, 재항고기간, 대금납부기한 등 제출기한을 잘 준수해야만 손해를 피할 수 있다.

제 2 절 경매의 기초이해

1. 경매의 의의와 효과

여기서 다루고자 하는 부동산에 관한 법원경매는「국가기관인 법원이 경매가 신청된 부동산에 대하여 일반인 상대로 경쟁에 붙여 가장 높은 가격을 제시한 사람에게 매각하는 것」이라고 정의할 수 있다. 법원경매는 채무자가 자발적으로 채무를 이행하기 어렵다고 판단할 때 채권자가 국가기관인 법원에 경매를 신청하면 법원이 당해 부동산을 팔아서 그 대금으로 채권자에게 배당해 주기 위해 실시한다. 법원경매는 매각된 자금이 채권자에게 배당되어 그 자금이 다시 소비되거나 투자되기 때문에 국가경제의 흐름을 좋게 하는 효과가 있다.

2. 부동산 경매의 대상

부동산 경매의 대상에는 토지, 건물, 공장재단,광업재단광업권, 어업권소유권보존등기된 입목, 지상권, 전세권에 설정된 저당권, 공동광업권자 지분(단, 다른 공동광업권자의 동의가 있어야 가능)이 있다. 미등기건물도 채무자명으로 즉시 등기할 수 있으면 부동산경매의 대상이 된다(대법원 2005. 9. 9. 자 2004마696 결정).

3. 경매의 유형

법원에서 실시되는 부동산 경매는 강제경매[8]와 담보권실행을 위한

8) 강제경매는 경매절차의 형식적 하자(경매신청서의 흠결, 대리권의 부존재 등)에 대해서는 당해 경매절차에서 다툴 수 있지만, 집행채권의 부존재, 소멸, 변제기 유예 등 실체

경매(보통 임의경매라고 한다), 형식적 경매 3가지 유형이 있다. 형식적 경매는 유치권경매와 공유물분할경매가 실무에서 가끔 이용되는 편이고 나머지는 그 예가 매우 드문 편이다.

(1) 강제경매

법원이 선고한 판결문과 같이 재산에 강제집행 할 수 있는 공문서를 집행권원이라고 한다. 그리고 집행권원을 가진 채권자의 신청으로 절차가 개시되는 경매를 강제경매라고 한다.

[집행권원의 종류]

① 확정판결, ② 화해조서, ③ 제소전화해조서, ④ 확정된 지급명령, ⑤ 확정된 이행권고결정, ⑥ 확정된 화해권고결정, ⑦ 확정된 조정에 갈음하는 결정, ⑧ 인낙조서, ⑨ 집행증서(약속어음공정등서, 금전소비대차공정증서) ⑩ 중재판정에 대한 집행판결, ⑪ 반론보도 또는 추후보도를 명하는 판결, ⑫ 가사소송법에 의한 심판, ⑬ 언론중재위원회의 중재화해조서 및 중재조서, ⑭ 과태료재판에 대한 검사의 명령, ⑮ 소송비용확정결정 등

(2) 임의경매

저당권이나 근저당권 등 담보권자의 신청으로 개시되는 경매를 담보권실행을 위한 경매 또는 임의경매9)라고 한다. 넓은 의미에서 부면

상 하자가 대해서는 당해 경매절차에서 경매개시결정에 대한 이의, 매각허가결정에 대한 이의 및 즉시항고 등의 방법으로 다툴 수 없고, 이를 다투려면 별도의 청구이의 소를 통해 다투어야 한다.

9) 임의경매는 경매절차의 형식적 하자는 물론이고, 경매기시결정 이전 단계에서의 담보권 및 피담보채권의 부존재, 소멸 등 실체상 하자에 대하여도 해당경매절차에서 경매개시결정에 대한 이의, 매각허가결정에 대한 이의 및 즉시항고의 방법으로 다툴 수 있다.

형식적 경매도 임의경매로 볼 수 있지만 보통 임의경매라고 하면 담보권실행에 의한 경매를 말한다.

(3) 형식적 경매

1) 유치권 경매

① 유치권경매란

유치권이란 타인의 물건 또는 유가증권을 점유한 자가 돈을 받을 때까지 그 물건 또는 유가증권을 점유할 수 있는 권리를 말하는데, 이러한 유치권자가 점유하고 있는 부동산을 매각해서 돈을 받기 위해 신청하는 경매를 유치권경매라고 한다.

② 유치권경매의 특징

㉠ 최근 판례 경향

유치권경매에서 해당 부동산을 낙찰 받으면 낙찰자가 그 부동산에 걸려 있는 채무 등 여러 가지 부담을 인수해야 하는지 아니면 그러한 권리나 부담이 소멸되는지 여부가 논란이 되어 왔는데, "유치권경매에서 부동산이 매각되면 가압류 등 부동산에 걸린 부담이 소멸되고, 유치권자는 일반채권자의 입장에서 배당을 받아야 한다는 최근 대법원 판결이 나왔다(대법원 2011. 7. 11. 선고 2010마 1059 판결).

대법원은 경매의 대부분을 차지하는 강제경매 및 담보권 실행을 위한 경매에서 소멸주의를 택하고 있는 점, 유치권에 의한 경매에 소멸주의가 아닌 인수주의를 적용하면 매수인의 법적 지위가 불안정하고 유치권자도 불리해지는 점 등을 이유로 유치권경매에서도 소멸주의에 입각한 판결을 내린 것이다. 다만, 대법원은 경매법원이 특별매각조건으로 매수인이 부동산에 걸린 부담을 인수한다는 조건을 걸고 매각을 실시할 수 있다는 입장이므로 앞으로 유치권경매에서는 부동산에 걸려 있는 부담이 낙찰자에게 인수시킬 것인지 아니면 소멸시킬 것인지 여부는 전적으로 관할 경매법원이 어떻게 정하느냐에 달려 있기 때문에 앞으로 유치권경매로 나온 부동산을 낙찰 받고자 할 때는 이러한 매각조건을 꼼꼼하게 체크해 보아야 한다.

㉡ 그 밖의 특징

ⓐ 유치권경매를 신청하려면 유치권이 존재하는 사실을 입증할 수 있는 서류를 첨부해야 한다(유치권존재확인소송에서 승소한 판결문 등).

ⓑ 유치권경매에서는 채무자의 매수신청을 금지하는 민사집행규칙 제59조 1호, 제158조 규정은 적용되지 않기 때문에 채무자도 매수인이 될 수 있다.

ⓒ 유치권경매는 담보권실행을 위한 경매의 예에 따라 진행한다(민사집행법 제274조).

ⓓ 유치권경매가 진행 중에 강제경매 또는 담보권실행에 의한 경매가 신청되면 유치권경매절차를 정지하고, 강제경매 또는 담보권실행을 위한 경매절차로 진행한다.

2) 공유물 분할 경매

① 공유물분할경매란

부동산의 공유자는 공유부동산을 각자 지분대로 분할해서 단독으로 소유할 수 있는 분할청구권을 가지고 있다. 공유물분할은 당사자 협의로 정하는 것이 원칙이나 협의가 안 될 때는 법원에 공유물분할 청구를 해야 한다. 이 경우 현물분할을 할 것인지, 경매에 의한 분할을 할 것인지는 법원이 정하는 것이고, 원고의 청구에 구속받는 것은 아니지만, 현물분할이 어렵다고 판단될 때는 경매에 의한 분할을 명하는 것이 실무이다(민법 제269조 제2항).

〔**경매분할 판결주문 예**〕

별지목록 기재 부동산을 경매에 부쳐 그 대금에서 경매비용을 공제한 나머지 금액을 원고에게 5분의 3, 피고에게 5분의 2 각 비율로 분할(분배)한다.

② 공유물분할경매의 특징

공유물분할경매도 유치권경매와 마찬가지로 소멸주의를 원칙으로 하면서 예외적으로 인수주의를 취하고 있다. 따라서 공유물분할경매에서도 낙찰자에게 대항할 수 없는 권리나 부담은 소멸되는 것이 원칙이다. 다만, 경매법원은 유치권경매처럼 특별매각조건으로 부동산에 걸려 있는 부담을 낙찰자가 인수한다는 조건을 걸고 매각을 실시할 수는 있다(대판 2009. 10. 29. 2006다 37908). 공유물분할경매에서는 공유자의 우선매수권은 허용되지 않는다.

③ 공유물 분할할 때 주의점

공유물분할 할 때 일부 공유자 지분에 근저당권, 가압류, 압류 등 제한등기가 있으면 분할로 단독소유로 등기된 부동산등기부에도 다른 공유자 지분에 등기된 근저당권, 가압류, 압류 등 제한등기가 그대로 이기되어 그 부담을 그대로 떠안게 된다. 따라서 다른 공유지분에 이러한 제한등기가 있는 상태에서 공유물분할을 하려면 그 이전에 다른 공유자 지분에 대한 채권자 . 권리자와 사이에 분할로 인해 단독으로 소유권등기를 마친 부동산에는 그 부담을 인수하지 않는다는 합의를 하고 나서 분할등기를 하도록 유의해야 한다.

〈**피해사례**〉

영등포 소재 상가건물은 K씨 외 4명이 공유하고 있었는데, K지분에는 아무런 제한등기가 없었지만 다른 공유자 지분에는 채권최고액 약 8억원의 근저당권이 설정되어 있었다. 그런데 이러한 상태에서 K씨는 공유물분할을 통하여 자기 지분에 대한 단독등기를 내고 싶어 다른 공유자들 상대로 공유물분할청구 소장을 서울남부지방법원에 접수하여 승소판결을 받고 판결이 확정되어 K씨는 이 판결에 의해 자기 지분에 대해 단독으로 소유권등기를 마쳤다. 그런데 어느 날 갑자기 그 부동산에 대한 임의경매개시결정문이 송달되어 사정을 알아보았더니 공유물분할등기 할 때 다른 공유자 지분에 설정된 채권최고액 약 8억 원의 근저당권등기가 단독으로 소유권등기를 마친 K씨 부동산등기부에 그대로 이기가 된 것을 알게 된 것이다. 그 후 K씨는 이 문제를 해결하려고 전문가를 찾아다녔지만 결국 해결하지 못하고 경매가 진행되어 큰 손해를 입은 사례가 있다.

4. 법원경매절차

법원경매절차는 법원의 입장과 경매참가자 입장이 다를 수밖에 없다. 경매절차 중에서 집행관현황조사기간이 어떻고 하는 것들은 경매참가자입장에서 보면 그리 중요한 것이 아니다. 그러한 조사내용이 중요한 것이다. 경매참가자 입장에서는 농지취득자격증명 제출기간이라든지,

매각불허가결정에 대한 즉시항고기간 등 꼭 준수해야할 기간만 잘 숙지하면 된다. 법원의 경매절차는 채권자의 경매신청 → 사건배당 → 사법보좌관의 경매개시결정 → 부동산 소재지 관할등기소에 경매개시결정등기 전산촉탁 → 관할등기소 등기관의 심사 및 개시결정등기 → 채무자(강제경매), 소유자(임의경매)에 대한 경매개시결정 송달 → 매각준비를 위한 절차 → 매각실시 등의 절차로 진행된다. 다음에서 제시한 「부동산경매사건의 진행기간표」에 모든 절차가 망라되어 있기 때문에 이를 참조하면 한눈에 파악할 수 있다.

[경매개시결정문 송달 문제]

법원경매가 지연되는 이유는 여러 가지가 있는데 그중에서도 가장 큰 이유는 경매개시결정문이 채무자 또는 소유자에게 송달이 안되기 때문이다. 심지어는 경매가 신청된 때로부터 1년이 지나도 후속절차가 진행되지 않는 경우가 있다. 경매개시결정문은 당사자 본인 또는 생계를 같이하는 가족, 고용인에게 송달이 되어야 적법한 송달이 된다. 대법원은 만11세 6월의 아이는 송달영수에 관하여 사리를 변식할 지능이 있는 자기 때문에 송달능력이 인정된다고 판시한바 있다(대법원 1990.2.14. 자 89재다카9 결정). 고용인에 대한 송달과 관련하여 고정월급제로 일하는 가정부에 대한 송달은 적법하지만 파트타임 또는 파출부에게 송달된 경우에는 송달서류가 본인에게 전달된 사실이 증명되지 않으면 부적법송달이 되어 경매개시결정에 대한 이의사유, 매각허가결정에 대한 즉시항고 사유 등이 된다.

[부동산 경매사건의 진행기간표(재민 91-5)]

종 류	기 산 일	기 간	비 고
경매신청서 접수		접수당일	법 80조, 264조 1항
미등기건물조사명령	신청일부터	3일 안(조사기간은 2주 안)	법 81조 3항, 4항, 82조
개시결정 및 등기촉탁	접수일부터	2일 안	법 83조, 94조, 268조
채무자에 대한 개시결정 송달	임의경매:개시결정일부터 강제경매:등기필증 접수일부터	3일 안	법 83조, 268조
현황조사명령	임의경매:개시결정일부터 강제경매:등기필증 접수일부터	3일 안 (조사기간은 2주 안)	법 85조, 268조
평가명령	임의경매:개시결정일부터 강제경매:등기필증 접수일부터	3일 안 (평가기간은 2주 안)	법 97조 1항, 268조
배당요구종기결정, 배당요구종기 등의 공고·고지	등기필증 접수일부터	3일 안	법 84조 1항, 2항, 3항, 268조
배당요구종기	배당요구종기결정일부터	2월 후 3월 안	법 84조 1항, 6항, 87조 3항, 268조
채권신고의 최고	배당요구종기결정일부터	3일 안(최고기간은 배당요구종기까지)	법 84조 4항
최초매각기일·매각결정기일의 지정·공고(신문공고의뢰) 이해관계인에 대한 통지	배당요구종기부터	1월 안	법 104조, 268조
매각물건명세서의 작성, 그 사본 및 현황조사보고서·평가서사본의비치		매각기일(입찰기간개시일) 1주 전까지	법 105조 2항, 268조, 규칙 55조
최초매각기일 또는 입찰기일	공고일로부터	2주 후 20일 안	규칙 56조
입찰기간		1주 이상 1월 이하	규칙 68조
새매각기일·새매각결정기일 또는 재매각기일·재매각결정기일의 지정·공고 이해관계인에 대한 통지	사유발생일부터	1주 안	법 119조, 138조, 268조
새매각 또는 재매각기일	공고일부터	2주 후 20일 안	법 119조, 138조, 268조, 규칙 56조
배당요구통지	배당요구일부터	3일 안	법 89조, 268조

종 류		기 산 일	기 간	비 고
매각실시	기일입찰, 호가경매		매각기일	법 112조, 268조
	기간입찰	입찰기일종료일부터	2일 이상 1주일 안	규칙 68조
매각기일조서 및 보증금 등의 인도		매각기일부터	1일 안	법 117조, 268조
매각결정기일		매각기일부터	1주 안	법 109조 1항, 268조
매각허부결정의 선고			매각결정기일	법 109조 2항, 126조 1항, 268조
차순위매수신고인에 대한 매각결정기일의 지정 이해관계인에 의 통지		최초의 대금지급기한 후	3일 안	법 104조 1항, 2항, 137조 1항, 268조
차순위매수신고인에 대한 매각결정기일		최초의 대금지급기한 후	2주 안	법 109조 1항, 137조 1항, 268조
매각부동산관리명령		신청일부터	2일 안	법 136조 2항, 268조
대금지급기한의 지정 및 통지		매각허가결정확정일 또는 상소법원으로부터기록송부를 받은 날부터	3일 안	법 142조 1항, 268조, 규칙 78조, 194조
대금지급기한		매각허가결정확정일 또는 상소법원으로부터 기록송부를 받은 날부터	1월 안	규칙 78조, 194조
매각부동산인도명령		신청일부터	3일 안	법 136조 1항, 268조
배당기일의 지정·통지, 계산서제출의 최고		대금납부 후	3일 안	법 146조, 268조, 규칙 81조
배당기일		대금납부 후	4주 안	법 146조, 268조
배당표의 작성 및 비치			배당기일 3일 전까지	법 149조 1항, 268조
배당표의 확정 및 배당실시			배당기일	법 149조 2항, 159조, 268조
배당조서작성		배당기일부터	3일 안	법 159조 4항, 268조
배당액의 공탁 또는 계좌입금		배당기일부터	10일 안	법 160조, 268조, 규칙 82조
매수인 앞으로 소유권이전등기 등 촉탁		서류제출일부터	3일 안	법 144조, 268조
기록인계		배당액의 출급, 공탁 또는 계좌입금 완료 후	5일 안	

〈경매참가자 입장에서 본 경매절차 흐름〉

경매 참가자 입장에서 본 경매진행절차는 법원의 입장과는 다를 수 밖에 없는데, 경매참가자 입장에서 바라본 경매진행절차의 흐름은 아래와 같이 정리해 볼 수 있다. 현재 법원에서는 기일입찰과 기간입찰 두 가지 방법으로 매각을 실시하고 있다. 그런데 대부분 기일입찰로 매각을 실시하고 있고, 기간입찰은 일부법원에서 가끔 실시하고 하고 있는 실정이다. 기간입찰은 입찰기간 안에 입찰표 등을 제출하고 개찰기일에 가서 매각을 한다는 점, 입찰보증금을 현금으로는 제공할 수 없고, 현금 제공시 입금증명서로 제공한다는 점, 두 가지만 기일입찰과 다를 뿐 나머지는 차이가 없다. 입찰참가요령 등 세세한 절차와 방법에 대하여는 「제5장 나홀로 경매참여 하기」에서 자세히 설명하기로 한다.

(1) 입찰참가를 위한 물건선정
(2) 권리분석(약식 권리분석)
(3) 현장조사(현장조사 후 정밀 권리분석 실시)
(4) 매수신고가격 결정
(5) 입찰보증금 등 준비
(6) 입찰참가
(7) 낙찰(최고가매수신고 . 차순위매수신고)
(8) 차액지급신청(해당되는 경우) . 채무인수신고(해당되는 경우)
(9) 농지취득자격증명 신청 및 제출(농지의 경우)
(10) 매각허부결정
(11) 대금납부기한 지정 . 통지
(12) 대금납부(소유권취득)
(13) 소유권이전등기촉탁신청
(14) 인도협상 . 인도명령신청 또는 명도소송 제기

5. 경매절차의 이해관계인

경매절차에서는 이해관계인의 이의신청 등으로 인해 경매절차가 지연되기도 하고 취소되기도 하기 때문에 경매참가자 입장에서 보면 이해관계인은 상당한 걸림돌이 되는 경우가 있다.

(1) 이해관계인에 해당하는 자

경매절차의 이해관계인은 민사집행법 제90조[10]에 규정된 자 다음에 해당하는 자를 말한다.

1) 압류채권자와 집행력 있는 정본에 의한 배당요구채권자

경매신청채권자, 국세.지방세 압류권자, 배당요구종기 전 이중경매신청권자 등

2) 채무자 . 소유자

3) 등기부에 기입된 부동산 위의 권리자

① 경매개시결정등기 전에 등기한 용익권자(지상권자.전세권자.임차권등기권자)

② 공유지분경매에서 공유자

③ 경매법원에 권리신고 한 가등기담보권자

④ 경매개시결정 등기 전 제3취득자

---

10) 제90조(경매절차의 이해관계인) 경매절차의 이해관계인은 다음 각호의 사람으로 한다.
1. 압류채권자와 집행력 있는 정본에 의하여 배당을 요구한 채권자
2. 채무자 및 소유자
3. 등기부에 기입된 부동산 위의 권리자
4. 부동산 위의 권리자로서 그 권리를 증명한 사람

4) 부동산 위의 권리자로서 그 권리를 증명한 자

① 인도와 주민등록을 마친 주택임차인으로 경매법원에 권리를 신고한 자
② 유치권자, 법정지상권자, 특수지역권자
③ 경매개시결정등기 후 소유권을 이전받은 제3취득자로 권리를 신고한 자
④ 경매개시결정등기 후 (근)저당권자로 배당요구종기 전에 배당요구한 채권자

(2) 이해관계인에 해당되지 않는 자

1) 예고등기권자

예고등기는 권리관계를 공시하는 등기가 아니고 제3 자에게 경고하기 위한 등기로 예고등기는 폐지됨

2) 가압류 . 가처분권자

가압류권자는 배당에 참가할 수는 있지만 이해관계인 아님

3) 재매각에서 전 매수인

4) 배당요구한 임금채권자(대판 2003. 2.19, 2001마785).

5) 임차권등기를 하지 않은 토지임차인

6) 인도와 주민등록(사업자등록)을 마친 대항력 있는 주택 및 상가임차인 경매법원에 권리신고를 해야만 이해관계인이 된다.

7) 대항력을 갖추지 못한 주택 및 상가임차인

8) 경매개시결정 등기 후 담보권자

배당요구종기 전까지 배당요구를 신청하여야 이해관계인이 된다.

(3) 이해관계인의 권리

1) 경매개시결정에 대한 이의신청권(민집 §86).
2) 매각기일.매각결정기일 통지수령권(민집 §104②).
3) 매각허부결정에 대한 즉시항고 제기권(민집 §129).
4) 배당기일 통지수령권(민집§146) 등
5) 경매기록 등사. 열람신청권

제 3 절 경매의 공신력 문제

1. 공신력이란

공신력이란 「부동산에 소유권이라든가 근저당권 등 어떤 권리가 등기되어 있을 때 설령 그러한 권리관계가 사실과 다르더라도 등기내용을 믿고 거래한 제3자를 보호해 주는 것」을 말한다. 우리나라의 현행 법제하에서는 부동산등기에 공신력을 인정하지 않고 있다. 예컨대 매매계약서 등 등기서류를 위조해서 자기 명의로 소유권이전등기를 낸 다음 그 부동산을 제3자에게 팔아치우고 소유권을 넘겨준 경우 나중에 진정한 소유자가 원인무효소송을 제기하여 승소판결을 받아 자신명의로 등기를 회복하면 그 부동산을 정당하게 매수한 제3자는 소유권을 뺏기게 된다.

법원경매의 경우에도 경매대상 부동산이 애초부터 원인무효사유가 있었다면 낙찰을 받고 대금을 납부했어도 소유권을 취득하지 못한다. 이는 강제경매든 임의경매든 마찬가지다. 그렇다면 변제가 완료되는 등 채권 . 채무관계가 더 이상 존재하지 않고 있음에도 불구하고, 채권자가 효력이 없는 집행권원 또는 담보권에 기초하여 경매를 신청하였고, 그러한 경매절차에서 낙찰을 받아 대금을 납부한 경우라면 낙찰자는 당해 부동산에 대한 소유권을 취득할 수 있을까? 이는 강제경매와 임의경매가 조금 다른데, 실무에서 생길 수 있는 문제이기 때문에 이 점에 대해 정리해 보기로 한다.

〈부동산 거래시 주의할 점〉

(1) 등기부상 취득기간이 채 몇 개월 되지 않았는데 급매로 내놓은

경우(특히 취득 후 1-2개 월 내 매물로 내놓은 경우) 진정한 소유자인지 의심해 보라

(2) 중도금, 잔금기일을 매우 촉박하게 잡는 경우 진정한 소유자인지 의심해 보라.

(3) 계약금 지급 후 1주일 이내에 등기부등본을 발급받아 변동사항 확인하라.

(4) 중도금 지급 전, 잔금지급 전에 반드시 등부등본 새로 발급받아 변동사항 확인하라.

(5) 대리인과 계약시 위임장에 붙은 인감증명서 발급신청자가 본인이 아니고 대리인인 경우 본인에게 대리권 위임여부를 확인하라.

(6) 부동산등기부등본은 매도인측에서 가져온 것으로 확인하지 말고 반드시 직접 발급해서 확인하라.

(7) 공유부동산에 대한 임대차계약 체결시 가능한 공유자 전부와 계약체결하고, 부득이 공유자 일부와 계약체결시 과반수 이상(머릿수가 아닌 지분이 과분수 이상) 공유자와 계약을 체결하라.

(8) 선순위가등기, 가처분 있는 상태에서 가등기,가처분권자가 임차보증금을 책임지겠다는 각서를 받고 임대차계약체결시 나중에 그 부동산이 경매되면 임대차보호법상 대항력 인정받기 어렵다는 점 주의하라 (가등기,가처분권자는 일반적이 채무를 부담하는데 불과함).

2. 강제경매의 공신력

(1) 낙찰자가 소유권취득에 지장이 없는 경우

1) 법원에서 선고한 판결 등 집행권원이 일단 성립되면 기판력 때문에 항소라든가 상고, 재심, 준재심 절차 등을 통해서 판결을 뒤집기 전에는 누구든지 그 효력을 부인할 수 없게 된다. 따라서 강제경매는 일단 성립된 집행권원에 의해 경매절차가 유효하게 진행되어 낙찰이 되

고 대금이 납부되면 낙찰자는 유효하게 소유권을 취득한다(대법원 96.12.20. 선고 96다 42628 판결).

2) 그렇다면 판결 등이 확정된 후 변제가 완료되었음에도 채권자가 그러한 판결 등을 기초로 강제경매를 신청하여 당해 경매절차에서 낙찰을 받고 대금을 납부한 경우 매수인은 소유권을 취득할 수 있을까? 이 경우에도 마찬가지로 소유권취득에 지장을 받지 않는다. 이러한 경우에는 채무자(또는 소유자)는 대금이 납부되기 전에 강제집행정지결정을 받아 경매절차를 정지시키고 나서 이와 별도로 청구이의 소송을 제기하고 강제집행을 불허한다는 취지의 판결을 받아 경매법원에 제출하는 등 경매절차가 취소되도록 조치해야만 한다. 이를 방치하여 경매절차가 그대로 진행된 채 낙찰되고 대금이 납부되면 누구든지 더 이상 다투지 못하고 낙찰자는 소유권을 적법하게 취득하게 된다.

(2) 낙찰자가 소유권취득에 지장을 받는 경우

강제경매의 공신력에는 다음 2가지 예외가 있다.

1) 채무자 명의의 소유권이전등기가 원인무효인 경우

대법원은 강제경매절차를 통하여 부동산을 낙찰받아 대금을 완납하고 그 앞으로 소유권이전등기까지 마쳤으나, 그 후 강제경매절차의 기초가 된 채무자 명의의 소유권이전등기가 애초부터 원인무효였다면, 낙찰자는 소유권을 취득할 수 없다고 판시하고 있다(대법원 1991. 10. 11. 선고 91다21640 판결, 1993. 5. 25. 선고 92다15574 판결). 이는 임의경매11)에서도 마찬

11) 부동산등기에는 공신력이 인정되지 아니하므로, 부동산의 소유권이전등기가 불실등기인 경우 그 불실등기를 믿고 부동산을 매수하여 소유권이전등기를 경료하였다 하더라도 그 소유권을 취득한 것으로 될 수 없고, 부동산에 관한 소유권이전등기가 무효라면 이에 터잡아 이루어진 근저당권설정등기는 특별한 사정이 없는 한 무효이며, 무효인 근저당권에 기하여 진

가지다.

2) 강제경매가 반사회적 법률행위의 수단으로 이용된 경우

대법원은 강제경매가 반사회적 법률행위의 수단[12]으로 이용된 경우에는 경매를 무효로 본다. 따라서 무효인 강제경매절차에서 낙찰을 받고 대금을 납부하면 낙찰자는 소유권을 취득하지 못한다(대법원 1985.11.26 선고 85다카1580 판결, 1988.9.27. 선고 84다카2267 판결).

다만, 대법원은 무효인 공정증서에 의한 강제경매의 경우라도 채무자가 낙찰자에게 객관적으로 보아 무효인 집행권원이 유효인 것처럼 신뢰를 부여[13]함으로써 낙찰자가 그와 같은 신뢰를 갖는데 상당한 이유가 있다고 인정될 경우에는 공신력을 인정하여 소유권취득을 긍정한다(대법원 1973.6.5. 선고 69다1228 판결).

3. 임의경매의 공신력

담보권실행에 의한 임의경매는 경매신청 당시 근저당권 등으로 담보된 피담보채권이 존재하고 있었는지, 존재하지 않았는지에 따라 공신

행된 임의경매절차에서 부동산을 경락받았다 하더라도 그 소유권을 취득할 수 없다(대법원 1967. 1. 23.자 66마1165 결정, 대법원 1993. 5. 25. 선고 92다15574 판결 등).

12) 채권자와 채무자가 허위채무를 부담하고 공증사무소에서 집행력 있는 약속어음공정증서를 작성하여 이를 기초로 강제경매를 신청하고, 채권자가 낙찰을 받는 경우 등

13) 무효인 공정증서상에 집행채무자로 표시된 자가 경매절차가 진행되고 있는 동안에 공정증서의 무효를 주장하여 경매절차를 저지할 수 있었음에도 불구하고 이를 방치하고, 공정증서가 유효임을 전제로 변제를 주장하여 경락허가결정에 대한 항고절차를 취하고, 경락허가결정 확정 후에 경락대금까지 배당받는 경우 그 공정증서가 유효하다는 신뢰를 부여한 것으로서 그 후 공정증서의 무효임을 이유로 강제경매가 무효라고 주장하는 것은 금반언 및 신의칙에 위반되어 허용되지 아니한다(대법원 1973.6.5. 선고 69다1228판결).

력에 차이가 있다.

(1) 담보권 등이 부존재 . 소멸된 경우

담보권에 기초한 임의경매에서는 경매신청 당시 경매의 기초인 담보권이 애초부터 무효였거나 피담보채권[14]이 존재하지 않거나 소멸된 상태에서 경매가 신청되어 당해 경매절차에서 낙찰을 받고 대금을 납부한 경우 낙찰자는 소유권을 취득하지 못한다(대법원 1999. 2. 9. 선고 98다51885 판결). 물론 채무자 또는 소유자가 담보권, 피담보권의 부존재, 소멸을 주장하여 소송에서 승소할 경우를 전제하는 것이기는 하지만 어쨌든 원칙이 그렇다. 임의경매는 공신력을 인정하지 않고 있다. 이는 집행권원이 국가기관 등에 의해 성립된 것과 달리 근저당권 등 담보권은 사적인 계약에 의해 성립되는 것인 만큼 이러한 사적인 계약까지 공신력을 확대해서 적용할 이유가 없기 때문이다. 따라서 임의경매의 경우 채무자 또는 소유자로부터 경매개시결정에 대한 이의신청이라든가 기타 방법으로 경매절차를 다투는 경우에는 유심히 살필 필요가 있다.

(2) 담보권 등이 경매진행 중 소멸된 경우

경매신청 당시에는 담보권, 피담보채권이 존재한 상태에서 경매가 신청되고, 그 후 경매절차가 진행 중에 전부 변제되어 담보권, 피담보채권이 소멸된 경우라면 채무자는 담보권이 말소된 등기부등본을 경매법원에 제출하여 경매절차가 취소되도록 조치해야 하고, 만약 담보권자가 담보권말소등기에 협력하지 않으면 경매절차정지신청을 해서 그 결정을 받아 절차를 정지시켜야 한다. 그리고 나서 후속조치로 경매개시결정에 대한 이의라든가 근저당권말소소송 등을 제기하여 승소판결을 받고 그 판결문을 빨리 경매법원에 제출하는 등 경매절차가 취소되도록 조치해

14) 피담보채권이란 근저당권의 원인된 채권을 말한다. 은행에서 1억 원을 대출하고 이를 담보하기 위해 근더당권등기를 경료했다면 대출금 1억 원이 피담보채권이 된다.

야 한다. 이를 게을리 하여 당해 부동산이 낙찰되고 대금납부가 이루어지면 매수인은 유효하게 소유권을 취득한다(대법원 99.2.9. 선고 98다51855 판결, 2001. 2. 27. 선고 2000다 44348 판결, 2002. 1. 25. 선고 2000다26388 판결).

4. 중중재산의 경우

(1) 종중이라 함은 원래 공동선조의 후손 중 성년이상의 남자를 종원으로 하여 구성되는 종족의 자연발생적인 집단이므로 그 공동선조를 정함에 따라 상대적으로 대소종중으로 구별되는 것이기는 하나 그 성립을 위하여 특별한 조직행위를 필요로 하는 것이 아니며 다만, 그 목적인 공동선조의 분묘수호, 제사봉행, 종원상호간의 친목을 위한 활동을 규율하기 위하여 규약을 정하는 경우가 있고 또 대외적인 행위를 할 때에는 그 대표자를 정할 필요가 있는 것에 지나지 아니하며 반드시 특정한 명칭의 사용 및 서면화된 종중규약이 있어야 하거나 종중의 대표자가 계속하여 선임되어 있는 등 조직을 갖추어야 하는 것은 아니다(대법원 1991.6.14. 선고 91다2946,2953 판결).

(2) 종중재산인 임야와 농지를 종중원에게 명의신탁하는 경우가 많은데, 특히 농지의 경우 중중명의로는 등기를 할 수 없기 때문에 부득이 종중원에게 명의신탁 할 수밖에 없게 된다. 부동산실명법상 명의신탁이 금지되어 있지만 중중의 경우 조세포탈, 강제집행면탈, 기타 법령상제한을 회피할 목적인 아닌 경우에는 명의신탁이 가능하게 되어 있다.

(3) 대법원 판례에 따르면, 「부동산실권리자명의등기에관한법률」 제8조의 특례가 적용되는 종중 등의 명의신탁에 있어서 명의수탁자는 신탁재산을 유효하게 제3자에게 처분할 수 있고 제3자가 명의신탁인 사실

을 알았다 하여도 그의 소유권취득에 영향이 없는 것이기는 하지만, 특별한 사정이 있는 경우, 즉 명의수탁자로부터 신탁재산을 매수한 제3자가 명의수탁자의 명의신탁자에 대한 배임행위에 적극 가담한 경우에는 명의수탁자와 제3자 사이의 계약은 반사회적인 법률행위로서 무효라고 할 것이고, 이때 제3자가 명의수탁자의 배임행위에 적극 가담하는 행위란 수탁자가 단순히 등기명의만 수탁받았을 뿐 그 부동산을 처분할 권한이 없는 줄을 잘 알면서 명의수탁자에게 실질소유자 몰래 신탁재산을 불법처분하도록 적극적으로 요청하거나 유도하는 등의 행위를 의미하는 것이다(대법원 1992. 3. 31. 선고 92다1148 판결, 대법원 1992. 6. 9. 선고 91다29842 판결 등)라고 판결한바 있다.

(4) 따라서 종중이 종중원들에게 명의신탁한 부동산을 제3자가 매수한 경우 매수인이 종중원과 적극적으로 공모하였고, 그러한 배임행위가 반사회적인 법률행위에 해당할 정도에 이르면 그러한 처분행위는 무효가 되지만 그럴 정도에 이르지 않는 경우라면 매수인은 적법하게 소유권을 취득하고, 또한 명의신탁된 종중재산을 강제경매로 낙찰 받은 경우에도 마찬가지다.

(5) 하지만 종중원이 자신에게 명의신탁 된 부동산에 대하여 중종규약에 따르지 않거나 또는 종중총회결의 없이 임의로 돈을 빌리고 담보권을 설정한 후 빌린 돈을 갚지 않아 담보권자가 신청한 임의경매 절차에서 낙찰을 받고 대금을 납부한 경우 후일 종중이 담보권자를 상대로 근저당권 등 원인무효소송을 제기하여 승소판결을 받고 그 판결이 확정될 경우 임의경매는 공신력이 인정되지 않기 때문에 낙찰자는 소유권을 취득하지 못하게 된다.

제 4 절 경매의 하자와 매도인의 담보책임

1. 매도인의 담보책임이란

낙찰 받은 부동산에 하자가 있어서 완전한 권리를 취득할 수 없는 때는 채무자 등에게 담보책임을 물을 수 있는데, 이를 경매와 매도인의 담보책임이라고 한다.

2. 담보책임의 발생요건

다음 중 하나에 해당하여 매수인이 완전한 권리를 취득할 수 없는 경우 매도인의 담보책임이 발생한다. 다만, 권리의 하자인 경우만 해당되고, 물건의 하자로 인한 경우에는 담보책임이 발생할 수 없다.

(1) 권리의 전부 또는 일부가 타인의 권리에 속할 것(민법 제570조 내지 573조).

(2) 수량(면적 등)이 부족하거나 일부멸실 된 경우(민법 제574조).

(3) 제한물권이 있는 경우(민법 제575조).

(4) 저당권 등이 행사된 경우(민법 제576조).

3. 담보책임의 행사방법

(1) 매각대금 반환청구

1) 최고가매수신고인

최고가매수신고 후 부동산에 대한 권리에 하자가 있는 사실을 알게 되면 매각불허가 신청을 하여 입찰보증금을 반환 받도록 조치해야 한다.

2) 매수인

① 대금납부 전

매수인(매각허가결정을 받은 자)이 대금납부 전이면 매각허가결정 취소신청을 하여 허가결정 취소를 받아야 한다.

② 대금납부 후 배당종결 전

대금을 이미 납부하고, 배당종결 전이면 법조문상으로는 채무자를 상대로 매매계약해제 의사를 표시하고 납부한 대금의 반환청구를 구할 수 있게 되어 있지만 그러한 사례를 찾아보기 어렵다. 이런 경우 채무자(또는 소유자)명의의 소유권등기가 애초부터 원인무효였음이 밝혀지거나 경매신청 당시 담보권, 피담보채권이 부존재 또는 소멸 된 사실이 확정판결 등에 의해 증명되는 등 특별한 사정이 있어야 한다. 그렇지 않고 대금납부 후 대항력 있는 유치권자나 임차권자가 존재한 사실 등으로는 대금반환청구를 하기 어렵다.

③ 대금납부 후 배당종결 後

배당이 이미 종결된 후에는 채무자에게 먼저 대금반환을 구하고 자력이 없으면 배당받은 채권자 상대로 부당이득금 반환청구권을 행사해야 한다(민법 제578조 제2항).

또한 채무자가 물건 또는 권리의 흠결을 알고 고지하지 아니하거나 경매신청한 채권자가 하자 있음을 알고 경매를 신청한 때에는 경락인은 그 흠결을 안 채무자나 채권자에 대하여 손해배상을 청구할 수 있다(민법 제578조 제3항).

(2) 대금감액 청구

경매목적물에 면적 등이 부족하거나 일부가 멸실 된 경우(단, 부족 또는 멸실된 부분이 경매가에 포함된 경우)등 사유가 있으면 대금납부 전이면 대금감액청구를 신청하고, 대금이 납부되어 배당종결 전이면 감액된 금액만큼 반환청구권을 행사해야 한다(민법 제578조 후단). 다만, 이 경우에도 감액사유를 구체적으로 증명하여 법원의 허가를 받아야 한다. 배당종결 후에는 채무자에게 대금반환을 구하고 자력이 없으면 배당받은 채권자 상대로 부당이득반환청구를 행사해야 한다(민법 제578조 제2항).

또한 채무자가 물건 또는 권리의 흠결을 알고 고지하지 아니하거나 경매신청한 채권자가 하자 있음을 알고 경매를 신청한 때에는 매수인은 그 흠결을 안 채무자나 채권자에 대하여 손해배상을 청구할 수 있다(민법 제578조 제3항).

제 5 절 경매에서 취득과 승계에 관한문제

1. 경매와 제시 외 건물

(1) 제시 외 건물이란

경매사건을 검색하다보면「제시 외 건물 있음」이라는 문구를 종종 발견하게 된다. 제시 외 건물이란 경매신청에서 누락된 미등기건물이 나중에 집행관현황조사 단계에서 새롭게 발견된 건물을 말한다. 예컨대 본채와 별도로 미등기된 사랑채 같은 경우가 그 예이다. 채권자가 경매신청 할 때 작성하는 '경매할 부동산표시'는 등기부등본을 기준으로 작성하게 된다. 그런데 제시 외 건물은 대개 미등기이거나 건축물대장에도 등재되지 않기 때문에 제시 외 건물이 존재하는지 알 수 없는 경우가 많다. 그래서 이러한 미등기건물은 경매신청 대상에서 누락되기 마련이고, 법원의 경매개시결정문에도 제시 외 건물은 나타나지 않게 되는 것이다.

그러다가 나중에 집행관현황조사 단계에서 경매개시결정문에 포함되지 않은 건물이 발견되면 경매법원에 보고하게 되고, 법원은 경매참가자가 입찰에 응할 때 참고하도록 「제시 외 건물 있음」이라고 표시하게 된다. 경매목적물을 낙찰 받으면 제시 외 건물도 함께 취득하는지 여부가 애매한 경우가 있으므로 이를 정확히 알아두면 실무에서 유용하게 써먹을 수 있다.

(2) 제시 외 건물 취득여부 판단 기준

제시 외 건물은 경매목적 부동산을 낙찰 받으면 별도의 비용부담 없이 낙찰자가 그냥 소유권을 취득하는 경우가 있고, 취득하지 못하는 경우가 있다. 그렇다면 낙찰자가 어떤 경우에 제시 외 건물을 경매목적물과 함께 취득하게 되는가? 대법원 판례는 토지에 대한 경매절차에서 그 지상 건물을 토지의 종물 내지 부합물로 보고 경매를 진행하여 경락된 경우, 경락인이 건물에 대한 소유권을 취득할 수 없다(대법원 1997. 9. 26. 선고 97다10314 판결)고 판결한바 있다. 따라서 제시 외 건물의 취득여부는 당해 제시 외 건물이 감정평가 되어 최저매각가격에 포함되었는지에 달려 있는 것이 아니고, 그것이 부합물 또는 종물에 해당하는지 여부에 달려 있다. 다만, 미등기 상태의 증.개축 건물이 있는 경우 이를 부합물 또는 종물로 보고 감정평가 후 최저경매가에 포함시켜 주된 물건과 함께 경매를 진행시키는 것이 실무이긴 하지만, 만약 그러한 증.개축 부분이 감정가에 포함되어 있지 않다면 추후 증,개축부분에 대한 부당이득반환 문제는 남을지라도 그것이 부합물, 종물에 해당할 경우라면 소유권취득에는 지장을 받지 않는다. 제시 외 건물의 취득여부를 알려면 부합물, 종물이 무엇인지를 알아야 한다.

2. 부합물과 종물

(1) 부합물

1) 부합물이란

경매에서 부합물이란 경매목적물에 부속되어 일체를 이루는 물건을 말한다. 예를 들면 2층짜리 단독주택의 소유자가 임대할 목적으로 옥상에 만든 옥탑방이라든가 본채와 떨어져 지어진 화장실 같은 것을 생각하면 이해하기 쉬울 것이다.

2) 부합물의 소유권의 귀속자

민법 제256조는 '부동산의 소유자는 그 부동산에 부합한 물건의 소유권을 취득한다. 다만, 타인의 권원에 의해 부속된 것은 그러하지 아니하다.'고 규정하고 있다. 따라서 부합물이 타인의 권원, 이를테면 지상권, 전세권, 임차권자가 적법한 권원에 의해 부속시킨 것으로써 그들 소유가 아니라면 그 부합물은 주된 부동산(경매의 경우 경매목적 부동산)을 소유한 자의 소유가 된다. 그리고 경매에서 경매목적부동산을 낙찰 받으면 거기에 딸린 부합물도 함께 소유권을 취득하게 된다.

3) 부합물의 요건

① 대법원 판례에 따르면 부합물이 되려면 타인의 소유가 아닌 주된 건물 소유자의 소유에 해당해야 하고, 또 그 부합물이 독립된 경제적 효용을 갖지 않으면서 거래상으로 별개의 소유권의 객체가 되지 않아야 된다(대법원 1992.12.8. 선고 92다26772,26789 판결).

② 부합물이 되려면 부동산에 부합되어 있어야 한다. 부동산에 부합되는 물건은 부동산도 될 수 있고, 동산도 될 수 있다.

③ 부합의 정도는 독립성을 잃을 정도여야 한다.

④ 부합된 물건을 분리하려면 반드시 훼손이 따라야 하고, 또 분리하는데 과다한 비용이 들거나 분리하면 경제적가치가 심하게 감소될 정

도여야 한다(쉽게 뜯었다 붙였다 할 수 있으면 안 된다는 것임).

⑤ 부합물이 타인의 권원에 속한 물건이 아니어야 한다. 이 의미는 그 부합물을 지상권자나 전세권자, 임차권자 등이 적법한 권원에 의해 부합한 것으로 그들 소유에 해당하면 부합물이 될 수 없기 때문에 낙찰자는 그 부합물을 취득하지 못한다. 다만, 대법원 판례에 따르면, 부합물이 타인의 권원에 의해 부속된 것이라도 그 부속물이 부동산의 구성부분으로 되어 버리면 타인의 권원에 의해 부속된 것이라도 그 부합물은 주된 부동산 소유자가 소유권을 취득한다(대결 1994다카 2428). 따라서 이 경우에는 낙찰자가 소유권을 취득하게 된다.

⑥ 건물의 증축 . 개축된 부분은 건물소유자에게 귀속함이 원칙이지만(민법 제256조), 건물 임차인등이 건물소유자의 승낙을 얻어 증 . 개축하였다면 증 . 개축한 자의 소유로 되어 낙찰자는 소유권을 취득하지 못한다. 다만, 판례는 이 경우에도 증 . 개축부분이 경제적으로 독립성이 없으면 증 . 개축부분은 건물소유자에게 귀속된다고 하므로 낙찰자는 그 부합물을 취득하게 된다.

⑦ 부합의 원인은 인위적이든 자연적이든 상관이 없다.

⑧ 부합하는 물건의 가격이 주된 부동산의 가격을 초과해도 상관없다.

4) 부합물에 해당되는 것들

① 토지의 부합물

㉠ 등기되어 있지 않고, 명인방법도 갖추고 있지 않으면서 타인의 권원에 속하지 않은 토지 위의 수목

㉡ 정원수. 정원석 . 교량 . 돌담 등(단, 고가의 정원수 같은 것은 전세권자, 임차권자 등에 의해 식재된 경우가 있을 수 있는데, 이러한 경우에는 부합물에 해당하지 않을 수 있음을 유의)

㉢ 주유소의 지하에 매설된 유류저장탱크는 토지로부터 분리하는데 과다한 비용이 들고, 이를 분리하여 발굴하는 경우 그 경제적 가치가 현저히 감소할 것이 분명한 경우에는 토지의 부합물에 해당한다는 것이 대법원 판례이다(대판 1994다6345).

㉣ 타인 소유의 토지에 사용 . 수익의 권한 없이 농작물을 경작한 경우 그 농작물의 소유권은 경작한 사람에게 귀속된다(대판 1970.3.10, 70도82). 그러나 수확되지 않은 농작물을 전전 매수한 경우에는 명인방법으로 공시가 되어야만 경작자가 농작물의 소유권을 취득한다는 대법원 판례가 있다.

〈참조 판례〉

물권변동에 있어서 형식주의를 채택하고 있는 현행 민법하에서는 소유권을 이전한다는 의사 외에 부동산에 있어서는 등기를, 동산에 있어서는 인도를 필요로 함과 마찬가지로 이 사건 쪽파와 같은 수확되지 아니한 농작물에 있어서는 명인방법을 실시함으로써 그 소유권을 취득한다고 해석하여야 할 것이다(대법원 1996.2.23. 선고 95도2754 판결).

② 건물의 부합물

㉠ 본 건물에 연이어 증축된 건물로 독립된 소유권의 객체가 될 수 없는 것은 부합물로 본다(대법원 1981.6.15.자 81마151 결정).

㉡ 주택에 딸린 차고. 온실, 옥외 수영장에 딸린 탈의실, 샤워실

㉢ 거실에 있는 고정되어 있는 장식대

㉣ 정화조는 건물의 대지가 아닌 인접한 다른 필지의 지하에 설치된 경우라도 건물의 구성부분으로 부합물에 해당한다(대판 93다 42499).

㉤ 공장건물의 부속건물인 대피소를 증축하여 공장건물과 연결하여 사용하고 있는 경우(대법원 1981.11.10. 선고 80다 2757,2758 판결).

㉥ 기존건물에 접속하여 2배 이상의 면적으로 지었으나 이를 통하지 아니하고는 기존건물에 출입할 수 없는 증축건물(대법원 1981. 12. 8. 선고 80다 2821 판결).

㉦ 기존주택 및 부속건물과 연이어 지은 미등기주택(대법원 1995.5.23. 선고 93다47317 판결).

5) 판례가 부합물로 인정하지 않는 경우

① 증축된 2층이 기존의 1층과 거의 같은 넓이의 크기로 지어져 있고, 경계가 명확하고 서로 차단되어 있으며, 자체적으로 전용부분이 있는 경우에는 부합물로 보지 않는다(대법원 1977. 5. 24. 선고 76다464 판결).

② 기존건물과 대문을 공동으로 사용하고, 2층 베란다 부분이 연결되어 있더라도 몸체가 별도의 벽으로 이루어져 1.25미터 가량 떨어져

있고, 기존건물은 물치장으로, 새 건물은 주거용으로 사용되고 있는 경우 부합물로 보지 않는다(대법원 1988.2.23. 선고 87다카600 판결).

6) 부합물 관련판례

① 건물이 기존건물에 이어 증축된 경우 증축부분이 독립된 부동산인지 아니면 기존 건물에 부합되었는지는 증축부분이 기존 건물에 부착된 물리적 구조 뿐 아니라 그 용도와 기능면에서 기존 건물과 독립한 경제적 효용을 가지고 거래상 별개의 소유권의 객체가 될 수 있는지 여부 및 증축하여 이를 소유하는 자의 의사 등을 종합하여 판단하여야 한다(대법원 1992.12.8. 선고 92다26772,26789 판결).

② 건물의 증축부분이 기존건물에 부합하여 기존건물과 분리하여서는 별개의 독립물로서의 효용을 갖지 못하는 이상 기존건물에 대한 근저당권은 민법 제358조에 의하여 부합된 증축부분에도 효력이 미치는 것이므로 기존건물에 대한 경매절차에서 경매목적물로 평가되지 아니하였다고 할지라도 경락인은 부합된 증축부분의 소유권을 취득한다(대법원 1981.6.15. 선고 81마151 판결).

③ 채무자 소유의 대지와 건물에 대한 경매절차에서 경락인이 위 대지와 건물을 경락받으면서 위 대지상에 있으나 제3자 소유인 별개의 독립된 건물을 채무자 소유 건물의 부합물로 경락을 받았다고 하더라도 그 소유권을 취득할 수 없나(대법원 1990.10.12.선고 90다카27969판결).

④ 건물을 경매신청된 기존건물의 부합물이나 종물로 보아 경매법원에서 경매를 같이 진행하여 경락허가를 하였다 하더라도 이 사건 건물에 대한 경락은 당연무효이고, 따라서 그 경락인인 원고는 이 사건

건물에 대한 소유권을 취득할 수 없다고 판단한 것은 정당하다(대법원 1974.2.12. 선고 73다298,1983.8.23 판결).

⑤ 부합물에 관한 소유권 귀속의 예외를 규정한 민법 제256조 단서의 규정은 타인이 그 권원에 의하여 부속시킨 물건이라 할지라도 그 부속된 물건이 분리하여 경제적 가치가 있는 경우에 한하여 부속시킨 타인의 권리에 영향이 없다는 취지이지 분리하여도 경제적 가치가 없는 경우에는 원래의 부동산소유자의 소유에 귀속되는 것이고 경제적 가치의 판단은 부속시킨 물건에 대한 일반 사회통념상의 경제적 효용의 독립성 유무를 그 기준으로 하여야 한다(대법원 1975.4.8. 선고 74다1743 판결, 대법원 2006.11.9.선고 2004다67691판결).

(2) 종물

1) 종물이란

주된 물건의 경제적 효용을 위해서 이용되는 물건을 종물(종된 물건)이라고 한다. 민법 제100조 제1항은 “물건의 소유자가 그 물건의 상용에 공하기 위하여(일상적으로 사용하도록 이바지하기 위하여) 자기소유인 다른 물건을 이에 부속하게 한 때에는 그 부속물은 종물이다.” 고 규정하고 있고, 동법 제2항은 “종물은 주물의 처분에 따른다(종은 주인이 하는 대로 따른다).”고 규정하고 있다.

2) 종물이 되기 위한 요건

① 종물이 되려면 주물(주인 된 물건) 자체의 경제적 효용을 위해 이용되어야 한다. 주물의 소유자가 종물을 늘상 사용하더라도 주물 자체의 효용과는 직접적인 관계없이 사용되는 물건은 종물이 아니다.

② 부합물은 주물의 구성부분이어야 하지만 종물은 이와 달리 주물의 구성부분이면 안되고 독립된 물건이어야 한다. 이점이 종물과 부합물이 크게 다른 점이다.

③ 민법 제100조 제2항은 종물은 주물의 처분에 따른다고 규정되어 있지만 이는 어디까지나 강행규정이 아니고 임의규정에 불과하므로 반대의 특약, 즉 종물로 삼지 않기로 하는 특약을 할 수 있다. 이러한 특약이 있으면 설령 종물에 해당할지라도 종물로 볼 수 없으므로 낙찰자는 해당 종물을 취득할 수 없게 된다.

④ 대법원 판례에 따르면, 주택에 딸린 광과 같이 등기능력이 없는 경우에는 공시방법을 강구할 수 없기 때문에 이런 경우에는 등기가 없어도 물권변동이 생기지만, 등기가 가능한 경우에는 종물에 대해서도 별도의 공시방법을 갖추어야 한다고 한다.

3) 종물에 해당하는 것

① 토지의 종물

과수원 또는 농장의 창고, 수영장, 골프장 휴게실 등

② 건물의 종물

㉠ 주유소의 주유기(대판 94다6345).

㉡ 횟집으로 사용하는 점포건물에 붙어서 생선을 보관하기 위해 신축한 수족관 (대법원 1988.2.23.선고 83다카 600 판결).

㉢ 낡은 가재도구 등의 보관창고로 사용하는 방과 연탄창고, 본채에서 떨어져있는 공동변소(대법원 1991.5.14. 선고 91다2779 판결).

㉣ 농지에 부속한 양수시설(대판 66누 176).

㉤ 건물 지하 기계실에 설치된 전화교환설비 등

㉥ 백화점 건물의 지하2층 기계실에 설치된 전화교환설비(대법원 1993.8.13. 선고 92다43142 판결).

㉦ 공장저당법에 의해 공장 토지,건물에 설치된 기계.기구 등은 기계.기구목록에 기재해야만 공장저당권의 효력이 미치지만 공장건물이나 토지에 대해 일반 저당권이 설정된 경우에는 공장저당법과 상관없으므로 목록작성이 없더라도 그 저당권의 효력은 민법제 358조에 의해 당연히 공장건물이나 토지의 종물 또는 부합물에 까지 미친다(대법원 1995.6.29. 선고 94다6345 판결).

4) 판례가 종물로 취급하지 않는 경우

호텔 각 방실에 설치된 세탁기, 탈수기, 드라이크리닝, 호텔주방에 시설 된 냉장고, 제방기, 호텔방송실에 시설된 브이티알(비데오), 앰프 등은 호텔경영자나 이용자의 상용에 공여됨은 별론으로 하고, 주물인 부동산 자체의 경제적 효용에 직접 이바지 하지 않음이 명백하므로 종물로 볼 수 없다(대법원 1985.3.26. 선고 84다카 269 판결).

5) 종물 관련판례

① 저당부동산의 종물이라 함은 민법 제100조가 규정하는 종물과

같은 의미로서 어느 건물이 주된 건물의 종물이기 위하여는 주물의 상용에 이바지하는 관계에 있어야 하고, 주물의 상용에 이바지한다 함은 주물 그 자체의 경제적 효용을 다하게 하는 것을 말하는 것으로서, 주물의 소유자나 이용자의 사용에 공여되고 있더라도 주물 그 자체의 효용과 직접 관계가 없는 물건은 종물이 아니다(대법원 2007.12.13.선고 2007도7247 판결).

② 판례는 주물과 종물의 법리를 주된 권리와 종된 권리 상호간에도 유추 적용한다. 따라서 건물에 대한 저당권의 효력은 그 건물 소유를 목적으로 하는 지상권. 임차권에도 미치게 되고, 그 건물의 경락인은 경락 후 건물을 철거한다는 등의 매각조건에서 경매되었다는 특별한 사정이 없는 한 그 건물 소유를 위한 지상권. 임차권도 등기 없이 당연히 취득한다(대법원 1996.4.26. 선고 95다52864 판결).

(3) 종된 권리

1) 종된 권리란

어떤 권리가 있으면 그 권리에 종속되어 있는 권리를 종된권리라고 한다. 종물에 관한 이론은 물건뿐 아니라 권리에 대해서도 동일하게 적용된다.

2) 건물 저당권의 효력

건물에 설정된 저당권의 효력은 건물대지를 이용할 수 있는 지상권. 전세권에도 효력이 미치게 되므로 건물에 저당권이 설정되었다가 실행되어(저당권에 기한 경매절차가 진행되어) 낙찰자가 그 건물의 소유권을 취득하면 그 건물을 철거하기로 한다는 약정이 존재하는 등 특별한 사정이 없으면 낙찰자는 건물을 소유하기 위한 지상권도 등기 없이 취득한다(대법원 1996.4.26. 선고 95다52864 판결).

이 의미는 어떤 토지 위에 지상권자나 전세권자가 건물을 소유하고 있던 중에 그 건물이 경매로 인해 제3자가 낙찰을 받을 경우 낙찰자는 그 건물 뿐 아니라 건물 소유를 위한 지상권이나 전세권도 함께 취득하므로 토지소유자와 건물 소유자 간에 그 건물을 철거하기로 한다는 약정이 존재하는 등 특별한 사정이 없으면 토지 소유자로부터 건물을 철거당하지 않을 권리가 법적으로 보장된다는 것이다.

3. 구분건물 경매에서 미등기 대지권 취득문제

(1) 대지사용권이란

대지권 또는 대지사용권이란 구분소유권자가 전용부분을 소유하기 위해 건물의 대지에 관하여 갖는 권리를 말한다. 대지권은 등기법상 용어이고, 대지사용권은 집합건물의 소유 및 관리에 관한 법률상 용어로써 구별의 실익이 크지 않지만 한 가지 차이점이라면 대지사용권은 분리처분을 할 수 있도록 규약 등으로 정할 수 있지만 대지권은 일단 등기가 되고 나면 전유부분과 분리처분이 금지된다는 점이다.

(2) 경매와 미등기 대지권 취득문제

1) 집합건물의 대지권이 미등기인 상태에서 전유부분만 경매가 진행될 경우 경매대상인 구분건물 소유자가 대지사용권을 취득하였는지, 취득하지 못하였는지에 따라 낙찰자가 대지사용권을 취득여부가 달라진다. 만약 전자의 경우에는 낙찰자는 구분건물취득시 대지사용권도 함께 취득하게 된다. 감정평가시 구분소유자가 대지권을 취득한 경우에는 대

지권도 같이 평가하여 최저경매가에 포함시켜 경매를 진행하는 것이 실무이기 때문에 대지권이 감정가에 포함되어 있다면 대지권을 분리처분할 수 있다는 규약이나 공정증서가 존재하지 않는 등 특별한 사정이 없으면 전유부분낙찰로 대지권도 함께 취득한다고 보면 된다. 다만, 구분건물 소유자가 대지사용권을 취득하였음에도 대지권이 감정평가에서 누락된 경우에는 추후 대지권 취득에 따른 별도의 비용을 부담해야 하는 문제는 남게 된다. 따라서 대지권이 미등기인 집합건물 경매에서는 대지권이 감정가에 포함되었는지 여부를 잘 점검해보아야 한다.

2) 법원실무는 전유부분만의 경매에서 설령 감정가에 대지가격이 포함되어 있어도 매각허가결정문에 대지권 표시가 없으면 대지권에 대한 등기촉탁신청은 각하하므로 이 경우에는 통상적인 절차(당사자가 공동으로 대지권등기를 신청하던지 대지권등기 이행청구 소송 제기 등)를 통해 대지권 등기를 해야 한다.

3) 법원실무는 집행관현황조사결과 경매대상이 된 구분건물 소유자가 대지사용권을 가지고 있음이 밝혀지면 감정평가업자에게 이를 통지하여 대지권도 함께 평가하게 하고 평가된 대지권 가격을 포함하여 최저입찰가를 정하고 있다. 또 신문에 경매공고를 할 때 신문공고의 '비고란'등에 '미등기대지권 있음'이라고 기재하는 등 최저매각가격에 대지권이 포함되어 있음을 표시하도록 하고 있다.

(3) 대지권관련 판례

1) 대지사용권은 전유부분 건물의 종된 권리이다. 아파트와 같은 구분건물의 경우 건물 전유부분만 등기되고, 대지권이 미등기인 경우 건물 전유부분 소유자가 대지사용권을 취득하고 있으면, 그러한 대지권이

미등기이고 또, 경매목적물에 포함되지 않더라도 구분건물을 낙찰 받으면 당연히 대지사용권도 함께 취득한다(대법원 2000.11.16. 선고 98다45652 판결). 다만, 대지사용권을 건물과 분리해서 처분할 수 있는 규약이나 공정증서가 존재하고 있으면 대지사용권을 취득하지 못한다.

2) 집합건물의 소유 및 관리에 관한 법률은 제20조에서, 구분소유자의 대지사용권은 그가 가지는 전유부분의 처분에 따르고, 구분소유자는 규약 또는 공정증서로써 달리 정하지 않는 한 그가 가지는 전유부분과 분리하여 대지사용권을 처분할 수 없으며, 위 분리처분금지는 그 취지를 등기하지 아니하면 선의로 물권을 취득한 제3자에 대하여 대항하지 못한다고 규정하고 있는데, 위 규정의 취지는 집합건물의 전유부분과 대지사용권이 분리되는 것을 최대한 억제하여 대지사용권 없는 구분소유권의 발생을 방지함으로써 집합건물에 관한 법률관계의 안정과 합리적 규율을 도모하려는 데 있다(대법원 2006.3.10. 선고 2004다742 판결).

3) 집합건물법의 규정 내용과 입법 취지 등을 종합하여 볼 때, 경매절차에서 전유부분을 낙찰받은 사람은 대지사용권까지 취득하는 것이고(대법원 2008.9.11. 선고 2007다45777 판결 등), 규약이나 공정증서로써 다르게 정하였다는 특별한 사정이 없는 한 대지사용권을 전유부분과 분리하여 처분할 수는 없으며, 이를 위반한 대지사용권의 처분은 법원의 강제경매절차에 의한 것이라 하더라도 무효라고 하여야 한다.(대법원 2006.3.10. 선고 2004다742 판결 등).

4) 대지사용권은 구분소유자가 전유부분 소유를 하기 위하여 건물의 대지에 대하여 가지는 권리로서(집합건물법 제2조 제6호), 그 성립을 위해서는 집합건물의 존재와 구분소유자가 전유부분 소유를 위하여 당해 대지를 사용할 수 있는 권리를 보유하는 것 이외에는 다른 특별한 요건

이 필요치 않은 사정도 고려하면, 집합건물법 제20조 제3항 소정의 '선의'의 제3자라 함은 원칙적으로 집합건물의 대지로 되어 있는 사정을 모른 채 대지사용권의 목적이 되는 토지를 취득한 제3자를 의미한다 할 것이다(대법원 2009.6.23. 선고 2009다26145 판결).

5) 분양자가 지적정리 등의 지연으로 대지권에 대한 지분이전등기는 지적정리 후 해 주기로 하는 약정하에 우선 전유부분만에 관하여 소유권보존등기를 한 후 수분양자에게 소유권이전등기를 경료하였는데, 그 후 대지에 대한 소유권이전등기가 되지 아니한 상태에서 전유부분에 관한 경매절차가 진행되어 제3자가 전유부분을 경락받은 경우, 그 경락인은 본권으로서 집합건물의소유및관리에관한법률 제2조 제6호 소정의 대지사용권을 취득한다(대법원 2000.11.16. 선고 98다45652, 45669 전원합의체 판결).

6) 집합건물의 소유 및 관리에 관한 법률 제28조는 "건물과 대지 또는 부속시설의 관리 또는 사용에 관한 구분소유자 상호간의 사항 중 이 법에서 규정하지 아니한 사항은 규약으로써 정할 수 있다."라고 규정하고, 같은 법 제29조는 "규약의 설정은 관리단집회에서 구분소유자 및 의결권의 각 4분의 3 이상의 찬성을 얻어 행한다."고 규정하여 단체자치의 원칙에 따라 자율적으로 규약을 제정할 수 있음을 명시하고 있는데, 이러한 절차에 따라 제정된 집합건물의 규약은 그 내용이 강행법규에 위반된다거나 구분소유자의 소유권을 필요하고 합리적인 범위를 벗어나 과도하게 침해 내지 제한함으로써 선량한 풍속 기타 사회질서에 위반된다고 볼 정도로 사회관념상 현저히 타당성을 잃었다고 인정되는 경우에는 무효라고 보아야 할 것이다(대법원 2004.5.13. 선고 2004다2243 판결).

7) 대지사용권이 없는 전유부분의 소유자는 아무런 법률상 원인 없

이 전유부분의 대지를 점유하고 있으므로 그 대지 중 그 소유인 전유부분의 대지권으로 등기되어야 할 지분에 상응하는 면적에 대한 임료 상당의 부당이득을 얻고 있고, 위 대지권으로 등기되어야 할 지분의 소유자는 동액 상당의 손해를 입고 있으므로, 다른 특별한 사정이 없는 한 대지사용권이 없는 전유부분의 소유자는 위 지분의 소유자에게 위 부당이득을 반환할 의무가 있다(대법원 1992.6.23. 선고 91다40177 판결 등).

(4) 대지사용권의 사후 취득등기에 따른 대지권등기

구분건물을 신축한 자가「집합건물의 소유 및 관리에 관한 법률」제2조 제6호의 대지사용권을 가지고 있는 경우에 대지권에 관한 등기를 하지 아니하고 구분건물에 관하여만 소유권이전등기를 마쳤을 때에는 현재의 구분건물의 소유명의인과 공동으로 대지사용권에 관한 이전등기를 신청할 수 있다(부동산등기법 제60조 제1항). 또한 구분건물을 신축하여 양도한자가 그 건물의 대지사용권을 나중에 취득하여 이전하기로 약정한 경우에도 동일하다(부동산등기법 제60조 제2항).

1) 통상 신청절차

① 공동신청 또는 단독신청

대지사용권의 취득등기는 분양자와 현재의 구분소유자가 공동으로 신청하는 것이 원칙이다. 이 경우 전유부분의 최종소유자는 중간자 명의의 등기를 할 필요 없이 분양자로부터 곧바로 자신에게 지분이전등기를 공동으로 신청하는 것이 원칙이고, 분양자의 비협조 등 공동신청이 어려울 때는 판결을 얻어 단독으로 등기를 신청할 수 있다.

② 동시신청

대지사용권의 취득등기는 대지권에 관한 등기와 동시에 신청해야 하며, 이 등기신청서에는 등기원인을 증명하는 서면이나 신청인의 주소증명서면은 첨부하지 아니한다.

③ 등기원인

대지사용권이전등기는 매매에 의한 등기가 아니므로 등기원인은 전유부분에 대한 소유권이전등기를 마친 날인 "○년 ○월 ○일 건물 제○동 ○호 전유부분 취득"이라고 기재한다.

④ 인감증명

이 경우 등기신청서에 첨부할 인감증명은 매도용이 아닌 일반 인감증명서를 첨부하면 된다.

2) 대위등기신청

① 대위등기란

채권자는 자기채권의 보전을 위하여 자기 이름으로 채무자를 대위하여 채무자 명의의 등기를 신청할 수 있다

② 요건

㉠ 채무자의 등기신청권

대위에 의한 등기는 그 전제로서 채무자에게 등기신청권이 있어야 한다.

㉡ 채권

대위의 원인인 채권은 채권적 청구권, 물권적 청구권, 특정물채권, 금전채권 불문한다.

㉢ 무자력 여부

채권자대위권 행사를 위해서는 일반적으로 채무자의 무자력을 필요로 하지만 이 경우에 있어서는 채무자의 무자력을 요건으로 하지 않는다

㉣ 채무자에게 유리하거나 권리에 영향이 없는 등기에 한한다.

③ **대위신청절차**

㉠ 신청인 : 채무자가 단독으로 신청할 수 있는 등기는 채권자가 단독으로 신청하고 채무자가 제3자와 공동으로 신청할 등기는 제3자와 공동으로 신청한다.

㉡ 신청서에 채권자와 채무자의 성명, 주소, 대위원인을 적고 대위원인을 증명할 수 있는 서 면(공정증서, 사서증서 불문)첨부한다

④ **등기완료 후 절차**

대위채권자에게 등기필증 발급하고, 채무자에게 등기를 마쳤다는 사실을 통지한다(등기필 통지).

(5) 구분건물의 전유부분에 설정된 근저당권의 실행으로 경락된 경우 건물대지에 대한 소유권이전등기(등기예규 제1050호)

구분건물의 전유부분에만 설정된 근저당권의 실행으로 경락된 경우 건물대지에 대한 경락인 앞으로의 소유권이전등기 등은 다음 절차에 의한다.

1) 경락허가 결정에 대지에 대한 표시가 있는 경우

① **대지권 등기가 경료되지 않은 경우**

㉠ 전유부분에 대한 등기

전유부분만에 대하여 경락을 원인으로 한 소유권이전등기 촉탁이 있는 경우에는 통상의 절차에 따른다.

㉡ 대지부분에 대한 등기

ⓐ 전유부분 소유자와 토지의 소유자가 일치한 경우

. 등기촉탁서 및 경락허가 결정의 토지의 표시가 등기부와 동일하고, 등기의무자가 토지등기부의 소유자와 동일한 경우에는 토지에 대하여 경매기입등기가 경료되지 않았다 하더라도 토지 부분에 대한 소유권이전등기촉탁은 이를 수리한다.

. 위 1)의 경우 토지 부분에 경료된 부담기입등기 또한 경매법원의 말소등기 촉탁이 있으면 이를 수리한다.

. 등기실행과 관련하여 등기원인은 전유부분의 등기와 동일하게 " ○○년 ○○월 ○○일 경락"으로 기재한다.

ⓑ 전유부분 소유자와 토지의 소유자가 다른 경우

전유부분과 토지부분에 대하여 동시에 소유권이전등기를 촉탁하였으나 등기촉탁서의 등기의무자와 토지등기부의 소유자가 다를 경우에는 전유부분에 대하여는 등기하고 토지부분에 대한 촉탁은 이를 각하한다.

토지부분에 대하여는 순차이전등기를 통하여 등기의무자가 일치된 후, 경매법원의 소유권이전등기 촉탁이 있으면 이를 수리한다.

② 대지권등기가 경료된 경우

㉠ 경매절차 진행 중 또는 대금납부 후에 대지권 등기가 경료된 경우, 경매법원으로부터 대지권까지 포함한 소유권이전등기촉탁이 있으면 이를 수리한다.

㉡ 등기촉탁서와 경락허가결정(경정결정)의 부동산 표시는 등기부와 일치하여야 한다. 단, 토지의 이전할 지분이 대지권 비율과 같으면 이는 동일한 것으로 본다.

㉢ 등기실행과 관련하여 등기원인은 "○○년 ○○월 ○○일 경락(대지권 포함)″으로 기재한다.

㉣ 토지 부분에 경료된 부담기입등기에 대한 경매법원의 말소등기 촉탁은 이를 수리한다.

2) 경락허가 결정에 대지에 대한 표시가 없는 경우

① 대지권등기가 경료되지 않은 경우

경락허가 결정에 전유부분만 기재된 경우 형식적심사권밖에 없는 등기관은 토지까지 경매되었는지 여부를 판단할 수 없으므로 전유부분에 대하여는 통상의 절차에 의하여 이를 수리하고 토지부분에 대한 등기 촉탁은 각하한다(부동산등기법 제55조 제7호).

② 대지권등기가 경료된 경우

㉠ 대지권등기가 경료된 후에는 전유부분만에 대한 소유권이전등기 촉탁은 불가하므로 전유부분만에 대하여 경락인 앞으로 소유권이전등기를 실행하기 위하여는 대지권변경(대지권말소)등기 절차를 선행하여야 한다.

㉡ 따라서 위 절차가 선행되지 않은 상태에서 경락인 앞으로 소유권이전등기 촉탁이 있는 경우에는 이를 전부 각하한다.(부동산등기법 제55조 제2호, 제135조의2 제2항)

㉢ 위 (1)의 경우 경락인의 대위 신청에 의한 대지권변경등기(대지권말소)는 부동산등기법 제102조 내지 제102조의5에서 정한 절차에 따라 처리하고, 이후 전유부분만에 대하여 경락을 원인으로 한 소유권이전등기 촉탁이 있으면 이를 수리한다.

③ **토지 소유권이전등기**

㉠ 이후 토지 부분에 대한 소유권이전등기는 경매법원의 촉탁에 의할 수 없고 통상의 절차에 의하여야 한다. 이 경우 전유부분 취득을 원인으로 한 소유권이전등기신청(공동신청)이 있는 경우의 등기부의 기재는 "○○년 ○○월 ○○일 건물 ○동 ○○호 전유부분 취득〃으로 한다.

㉡ 토지등기 위에 등기된 부담기입등기는 경매법원의 촉탁에 의할 수 없고 통상의 절차에 의하여 말소하여야 한다.

4. 경매와 체납관리비 승계 문제

경매물건 중에는 관리비가 연체된 경우가 많이 있다. 관리비문제는 집합건물에서 주로 문제가 되고 있다. 건물의 종류와 규모에 따라 액수가 다르며, 특히 상가건물의 경우 액수단위가 큰 것이 보통이다. 연체관리비는 관리사무소나 건물관리인에게 문의하면 파악할 수 있다. 그런데 실무에서 연체된 관리비를 전부 승계하는지, 일부만 승계하는지, 전혀 승계할 필요가 없는지에 대한 판단이 애매한 경우가 있다.

(1) 건물의 공용부분이란

1) 집합건물에서 “공용부분”이란 전유부분 외의 건물부분, 전유부분에 속하지 아니하는 건물의 부속물 및 집합건물 및 소유에 관한 법률 제3조 제2항[15] 및 제3항에 따라 공용부분으로 된 부속의 건물을 말한다

---

15) 제3조(공용부분) ① 여러 개의 전유부분으로 통하는 복도, 계단, 그 밖에 구조상 구분소유자

(집합건물및소유에관한법률 제2조 제4호).

2) 집합건물에 있어서 수개의 전유부분으로 통하는 복도, 계단 기타 구조상 구분소유자의 전원 또는 그 일부의 공용에 제공되는 건물부분은 공용부분으로서 구분소유권의 목적이 되지 않으며, 건물의 어느 부분이 구분소유자의 전원 또는 일부의 공용에 제공되는지의 여부는 소유자들 간에 특단의 합의가 없는 한 그 건물의 구조에 따른 객관적인 용도에 의하여 결정되어야 한다(대법원 1995.2.28. 선고 94다9269 판결).

3) 집합건물에서 건물의 안전이나 외관을 유지하기 위하여 필요한 지주, 지붕, 외벽, 기초공작물 등은 구조상 구분소유자의 전원 또는 일부의 공용에 제공되는 부분으로서 구분소유권의 목적이 되지 않는다(대법원 1993.6.8. 선고 92다32272 판결, 1996. 9. 10. 선고 94다50380 판결).

4) 건물의 골격을 이루는 외벽이 구분소유권자의 전원 또는 일부의 공용에 제공되는지 여부는 그것이 1동 건물 전체의 안전이나 외관을 유지하기 위하여 필요한 부분인지 여부에 의하여 결정되어야 하고, 그 외벽의 바깥쪽 면도 외벽과 일체를 이루는 공용부분이라고 할 것이다(대법원 1993.6.8. 선고 92다32272 판결, 1996.9.10. 선고 94다50380 판결).

(2) 공용관리비란

전원 또는 일부의 공용(共用)에 제공되는 건물부분은 구분소유권의 목적으로 할 수 없다.

② 제1조 또는 제1조의2에 규정된 건물부분과 부속의 건물은 규약으로써 공용부분으로 정할 수 있다.

③ 제1조 또는 제1조의2에 규정된 건물부분의 전부 또는 부속건물을 소유하는 자는 공정증서(公正證書)로써 제2항의 규약에 상응하는 것을 정할 수 있다.

④ 제2항과 제3항의 경우에는 공용부분이라는 취지를 등기하여야 한다

공용관리비란 집합건물의 공용부분 자체의 직접적인 유지 관리를 위하여 지출되는 비용이다. 반면 구분소유자가 자기 소유의 전유부분을 사용 . 유지 . 관리하는데 지출되는 비용, 예컨대 집에서 자체적으로 사용하는 수도 , 전기, 난방비 등은 공용관리비에 포함되지 않는다.

(3) 판례가 공용관리비로 보는 것

대법원 판례는 다음의 경우 공용관리비에 해당한다고 한다(2006.6.29. 선고 2004다3598, 3604 판결).

1) 공용부분 그 자체의 직접적인 유지·관리를 위하여 지출되는 비용

2) 전유부분을 포함한 집합건물 전체의 유지·관리를 위해 지출되는 비용 가운데에서도 입주자 전체의 공동의 이익을 위하여 집합건물을 통일적으로 유지·관리해야 할 필요가 있어 이를 일률적으로 지출하지 않으면 안 되는 성격의 비용 중 입주자 각자의 개별적인 이익을 위하여 현실적·구체적으로 귀속되는 부분에 사용되는 비용으로 명확히 구분되지 않는 비용

3) 일반관리비로 아파트 단지를 관리하는 관리소장 이하 관리직원들의 인건비, 사무용품비, 전기안전관리대행수수료, 통신비, 기타 간접관리비용

4) 청소비 . 소독비 .오물수거비 . 승강기유지비 . 난방급탕비 공용부분 . 수선유지비등

(4) 그밖에 공용관리비에 해당하는 것들

1) 보안경비비

2) 화재보험료
3) 장기수선충담금
4) 전기광열비
5) 기타 공동시설 유지에 필요한 비용

(5) 판례가 공용관리비로 보지 않는 경우

1) 중앙집중식 난방방식에 의한 세대별 난방비(전유부분 관리비에 해당)
2) 유선방송료(전유부분 관리비)

(6) 관리비 소멸시효

발생일로부터 3년. 다만, 중간에 시효중단 사유 있으면 중단사유 발생일로부터 3년, 판결이 있으면 확정일로부터 10년.

(7) 낙찰자가 승계하는 체납관리비

집합건물에서 체납관리비의 승계 문제에 관한 대법원 판례(대법원 2007.2.22. 선고 2005다65821 판결)에 따르면, 특정승계인[16]에게 승계되는 관리비는 다음 2가지로 요약할 수 있다.

첫째는 공용부분 관리비에 한해서 특정승계인(낙찰자 등)이 승계한다는 것이고,

둘째는 공용관리비에 대한 연체료는 특별승계인이 승계할 필요가 없다는 것이다.

---

16) 특정승계란 매매. 교환 . 경매 . 공매 등을 통해 소유권이 이전되는 것을 말하고 포괄승계란 상속 . 회사합병 등을 통해 소유권이 이전되는 경우를 말한다.

또한, 대법원은 체납관리비 채권 전체에 대하여 입주자의 지위를 승계한 자에게도 행사할 수 있도록 관리규약에 규정되어 있더라도 관리규약으로 전 소유자의 체납관리비를 양수인에게 승계시키도록 하는 것은 입주자들의 자치규범인 관리규약 제정의 한계를 벗어난 것으로 특별승계인이 그 관리규약을 명시적, 묵시적으로 승인하지 않은 이상 그러한 관리규약은 특별승계인에게는 그 효력이 없다고 판시한바 있다.

제 6 절 공유자 우선매수권과 무잉여시 매수신고

1. 공유자우선매수권

(1) 공유자우선매수권이란

2인 이상이 공유하고 있는 부동산의 일부 지분이 경매가 진행되고 있을 때 다른 공유자가 경매목적 부동산의 지분을 일반 입찰참가인에 우선해서 매수할 수 있는 권리를 공유자우선매수권이라고 한다(민사집행법 제140조). 공유자우선매수권행사가 있으면 법원은 최고가매수신고인이 있더라도 그 공유자에게 매각을 허가해야 하고, 최고가매수신고인을 차순위매수신고인으로 처리한다(민사집행법 재140조 제4항). 따라서 부동산 공유지분 경매에서 그 부동산을 낙찰 받고 싶어도 다른 공유자가 우선매수권을 행사해 버리면 낙찰 받기가 어렵게 된다.

다만, 대법원 판례는 구분소유적 공유지분 경매에서 다른 공유자는 공유자우선매수권을 행사할 수 없다고 한다.

(2) 공유와 구분소유적 공유의 차이점

1) 공유와 구분소유적공유의 의미

① 공유

일반적으로 공유라 함은 하나의 물건을 두 사람 이상이 공동으로 소유하는 관계를 말한다.

② **구분소유적 공유**

구분소유적 공유라 함은 2인 이상이 공유하고 있는 부동산에 대하여 그 위치와 면적 등을 특정해서 소유하기로 약정하고, 전체 면적에서 공유자 각자가 취득한 면적만큼 공유지분으로 등기하는 공유관계를 말한다. 상호명의신탁관계라고도 하는데 「부동산실권리자명의등기에관한 법률」은 몇 가지 예외를 제외하고 부동산을 타인명의로 신탁등기 하지 못하게 되어 있지만 상호명의신탁은 대법원 판례가 인정하고 있다. 예컨대 구분상가건물 내에 있는 특정한 점포 한 개씩을 독립적으로 사용.수익하기로 약정하고 공유로 등기한다든지 600평의 1필지 토지에 대해 일정한 지점을 기점으로 잡고 갑은 이쪽 300평을, 을을 저쪽 300평을 각 소유하기로 약정하고 각자가 취득한 면적만큼 공유지분으로 등기하는 경우이다.

2) 일반공유와 구분소유적공유의 차이점

① 구분소유적공유는 토지이든 건물이든 공유자들 사이에 그 위치와 면적을 특정하여 구분소유하기로 하는 약정이 존재해야만 성립된다. 그러나 일반 공유관계는 이러한 약정 없이 여러 사람이 자기 지분에 대해 공유로 등기하는 형태이다.

즉 구분소유적공유는 실제로는 2인 이상이 공유로 등기된 부동산에 대해 위치와 면적이 특정된 지분을 단독으로 소유하면서 해당 지분을 배타적으로 사용 . 수익하지만 편의상 공유로 등기하는 것에 불과하다.

② 구분소유적공유는 각 공유자들이 소유하고 있는 위치가 어디인지 명확히 구분이 되지만 일반 공유는 이러한 구분이 되지 않는다.

③ 일반 공유는 공유물 전부를 자기 지분의 비율로 사용 . 수익할 수 있고, 공유물 관리에 관한 사항은 공유자 지분의 과반수로써 결정한다(민법 제263조, 제265조). 그러나 구분소유적공유는 공유자들이 각자 소유하고 있는 특정된 지분에 대해서만 배타적으로 사용 . 수익할 수 있고, 공유물 전체를 자기 지분의 비율로 사용 . 수익할 권리는 없다. 또한 공유물 관리에 있어서도 공유자 지분의 과반수로써 결정한다는 민법 제265조 규정은 적용되지 않는다.

④ 일반 공유관계에 있어서는 다른 공유자들을 상대로 공유물 전체에 대한 공유물분할청구를 할 수 있다. 그런데 구분소유적공유는 다른 공유자들 상대로 공유물전체에 대한 공유물분할청구는 할 수 없고, 다른 공유자들 상대로 자신이 소유하고 있는 특정 지분에 대해서만 명의신탁해지를 원인으로 한 지분이전등기를 구할 수 있을 뿐이다(대판 2006다84171).

⑤ 일반 공유의 경우 지분의 가격은 공유물전체를 평가한 가격에서 해당 지분의 면적을 나눈 가격으로 평가되지만 구분소유적공유는 특정된 지분을 독자적으로 평가하여 결정하기 때문에 위치 등에 따라 가격과 쓰임새 등이 다를 수 있다.

⑥ 일반 공유관계에 있는 일부 공유지분이 경매될 경우 다른 공유자는 우선매수권을 행사할 수 있지만, 구분소유적공유관계에 있는 일부 지분이 경매될 경우 다른 공유자는 우선매수권을 행사 할 수 없다(대법원 2006.3.13.자 2005마1078 결정).

(3) 관련판례

1) 구분소유적 공유관계는 어떤 토지에 대하여 그 위치와 면적을 특정하여 여러 사람이 구분소유하기로 하는 약정이 있어야만 적법하게 성립할 수 있고, 공유자들 사이에 그 공유물을 분할하기로 약정하고 그 때부터 각자의 소유로 분할된 부분을 특정하여 각자 점유 . 사용하여 온 경우에도 구분소유적 공유관계가 성립할 수 있지만 공유자들 사이에서 특정부분을 각각의 공유자들에게 배타적으로 귀속시키려는 의사의 합치가 이루어지지 아니한 경우에는 구분소유적 공유관계는 성립될 여지가 없다(대법원 2005 4.29. 선고 2004다71409 판결).

2) 상호명의신탁등기가 되어 있는 구분소유적 공유관계에 있는 토지가 환지된 경우 종전의 상호명의신탁관계는 환지처분에 의하여 종료되고 종전 토지에 상응하는 비율로 순수한 공유지분을 취득하게 되는 것이 원칙이지만 환지 후에도 공유자들이 환지 중 일부분을 각 특정 소유하여 그 부분에 대하여 상호명의신탁관계에 있다고 할 수 있거나 공유자들 상호간에 묵시적으로 종전의 사용상태를 그대로 유지 . 사용 . 수익하기로 하였다는 특별한 사정이 있다면 환지 후에도 구분소유적 공유관계는 그대로 유지된다(대법원 2005.3.11. 선고 2002다 60207 판결).

(4) 우선매수권을 행사할 수 없는 공유자

1) 구분소유적공유자
2) 공유물분할판결에 의한 공유물경매에서 다른 공유자(대법원 1991.12. 16. 선고 91마239 판결).
3) 일괄매각에서 매각대상 부동산 중 일부에 대한 공유자(대법원 2006.3.13.자 005마1078 결정).

(5) 우선매수권 행사시기

1) 매각기일에 집행관이 '매각기일을 종결한다는 고지를 하기 전'까지 할 수 있다(민사집행규칙 제76조제1항). 대법원은 공유자우선매수권 행사는 입찰함 투입을 종결하는 입찰마감시각까지 제한해서는 안 되고, '매각기일 종결고지 전까지'기회를 주어야 한다고 한다(대판 2000. 1. 28, 99마5871). 따라서 우선매수권을 행사하려면 입찰 당일 경매법정 맨 앞줄에 앉아 있다가 집행관이 "우선매수권행사 할 사람 앞으로 나오세요"라고 하면 즉시 대답하고 집행관 앞으로 가서 신고해야 한다.

2) 첫 매각기일 이후 우선매수권행사가 제한될 수 있으므로 우선매수권행사는 첫 매각기일에 하도록 한다.

(6) 우선매수권 행사방법

공유자는 매각기일 전에 미리 집행관 또는 집행법원에 매수보증을 제공하고 최고매수신고가격과 동일한 가격에 우선매수 하겠다고 신고할 수 있는데, 행사방법은 다음 두 가지 방법이 주로 사용되고 있다.

첫째, 입찰기일 전에 미리 경매법원에 가서 우선매수신고서를 제출하고 입찰 당일 경매법정에서 집행관에게 입찰보증금을 제공하는 방법

대법원 판례는 미리 우선매수신고를 하면서 동시에 입찰보증을 제공하지 않더라도 입찰종결 전까지 보증을 제공하면 된다고 한다. 또 입찰기일 전 우선매수신고서를 제출한 공유자가 입찰기일에 참가하여 입찰표를 제출한 사실만으로 우선매수권을 포기한 것으로는 볼 수 없다고 한다(대법원 2002.6.17. 선고 2002마234 판결).

둘째, 입찰기일에 최고가매수신고인이 나타나면 경매법정에서 집행관에게 그 가격에 매수하겠다고 말로 신고한 다음 그 자리에서 우선매수신고서와 입찰보증금을 제공하는 방법(집행관이 입찰종결을 고지하기

전까지 제공).

(7) 건설임대주택임차인 등의 우선매수권행사

1) 임대주택법에 의한 건설임대주택을 민사집행법에 따라 경매하는 경우 해당 임대주택의 임차인은 매각기일까지 보증을 제공하고 최고매수신고가격과 같은 가격으로 채무자인 임대사업자의 임대주택을 우선매수하겠다는 신고를 할 수 있다(임대주택법 제22조 제1항). 이 경우에도 우선매수권행사는 앞에서 설명한 세 가지 방법으로 행사하면 된다.

2) 임대주택에 대한 우선매수신고를 할 수 있는 자는 임대주택법 제21조 1항[17] 의 건설임대주택의 경우에는 우선 분양전환을 받을 수 있는 임차인에 한하며, 그외 임대주택의 경우에는 임대차계약의 당사자에 한한다(임대주택법 제 22조 제2항).

3) 부도 등이 발생한 공공건설임대주택을 매입 또는 낙찰 받은 자는 당초 입주자 모집공고에서 정한 임대의무기간 동안은 매입 또는 낙찰 당시의 임차인(임대주택법 제19조를 위반하지 아니한 임차인으로 동일 임대주택

제21조(건설임대주택의 우선 분양전환) ① 임대사업자가 임대의무기간이 지난 후 「주택법」 제16조에 따라 사업계획승인을 받아 건설한 주택 중 「주택법」 제60조에 따라 국민주택기금의 자금을 지원받아 건설하거나 공공사업으로 조성된 택지에 건설하는 임대주택을 분양전환하는 경우에는 다음 각 호의 어느 하나에 해당하는 임차인에게 우선 분양전환하여야 한다.

1. 입주일 이후부터 분양전환 당시까지 해당 임대주택에 거주한 무주택자인 임차인
2. 건설임대주택에 입주한 후 상속·판결 또는 혼인으로 인하여 다른 주택을 소유하게 된 경우 분양전환 당시까지 거주한 자로서 그 주택을 처분하여 무주택자가 된 임차인
3. 제19조 단서에 따라 임차권을 양도받은 경우에는 양도일 이후부터 분양전환 당시까지 거주한 무주택자인 임차인
4. 선착순의 방법으로 입주자로 선정된 경우에는 분양전환 당시까지 거주한 무주택자인 임차인
5. 분양전환 당시 해당 임대주택의 임차인인 국가기관 또는 법인

에의 계속 거주를 희망 하는 경우에 한한다)에게 임대하여야 한다. 이 경우 잔여 임대의무기간이 2년 미만인 경우는 최소 2년간 임대하여야 한다(임대주택법 제25조 1항).

4) 제1항의 경우 매입 또는 낙찰 받은 자는 매입 또는 낙찰 당시의 잔여계약기간에는 매입 또는 낙찰 당시의 임대조건으로 임대하여야 하고, 그 밖의 임대 의무기간에는 제20조에서 정한 임대보증금 및 임대료에 관한 기준을 따라야 한다(임대주택법 제25조 제2항).

2. 무잉여시 매수신고 요령

(1) 무잉여 경매취소란

경매가 신청된 부동산을 매각하면 그 매각대금에서 경매비용과 경매신청채권자보다 우선하는 채권자에게 배당할 금액을 제하고 나면 경매신청 채권자에게 배당될 돈이 남을 가망이 없을 때 이를 무잉여라고 한다. 법원은 무잉여로 판단되면 일정한 절차를 거쳐 경매절차를 취소해야 한다. 만약 무잉여에 해당한데도 매각절차를 진행시켜 낙찰된 경우 매각허가결정 단계에서 사법보좌관이 매각을 불허한다. 필자도 이런 케이스를 몇 번 본 적이 있는데, 입찰참가 전에 가배당을 해보고 나서 무잉여로 취소될 가망성이 있으면 가능한 입찰에 참가하지 않는 것이 좋다.

(2) 무잉여 판단 시 우선채권의 범위

무잉여 판단에 있어 기준이 되는 우선채권은 경매신청 채권자보다 우선하는 채권을 말하기 때문에 경매신청 채권자보다 우선하는 채권이라도 낙찰자가 인수하는 채권(예를 들어 배당요구하지 않은 최선순위 전세권자의 전세금 등)은 우선채권에 포함되지 아니한다. 대법원 판례에 따르면 이중경매의 경우에는 경매를 신청한 채권자 중에서 최선순위권리자의 권리를 기준으로 우선채권의 범위를 정해야 한다(대법원 2001.12.28. 선고 2001마20940 판결).

(3) 무잉여시 채권자의 조치사항

1) 경매법원은 무잉여로 판단되면 경매를 신청한 채권자에게 자신에게 배당이 돌아올 가망이 있다는 사실을 증명하거나 경매비용과 선순위채권을 배당하고 나면 자신에게 배당이 돌아갈 만한 가격을 정해서 그 가격에 낙찰희망자(매수희망자)가 나타나지 않으면 자신이 그 가격에 매수하겠다는 신청을 하고, 충분한 보증을 제공할 것을 통지한다. 경매신청 채권자는 이 통지를 받은 날부터 **1주일 안에** 위와 같은 신고를 하고 충분한 보증을 제공해야 한다.

2) 여기서 충분한 보증이란 최저매각가격에서 선순위채권과 경매비용을 합한 금액의 차액을 말한다. 예를 들어 최저매각가격이 1억원이고, 경매비용이 500만원이고, 선순위채권액이 1억 500만이면, 제공해야 할 충분한 보증액수는 1,000만원(1억500만원 + 500만원) - 1억원)이 된다.

만약 경매신청 채권자가 위와 같은 조치를 해태하면 법원은 직권으로 경매절차를 취소한다. 그리고 경매신청채권자가 매수신고와 함께 충분한 보증을 제공할 경우 매각기일에 그 가격에 매수하겠다는 매수희망자가 있으면 그 사람을 최고가매수신고인으로 정한다. 그리고 매수희망자가 없으면 경매신청 채권자를 최고가매수신고인으로 처리한다(이 경우 경매신청채권자가 매각허가결정을 받고 기한 내 대금을 납부하지 않으면 제공한 보증은 몰취되어 채권자에게 배당된다).

(4) 무잉여인데 매각허가결정이 된 경우

무잉여로 경매가 취소되어야 함에도 법원이 간과하여 낙찰이 되고 매각허가결정까지 난 경우에는 즉시항고로 다툴 수 있다. 이 경우 즉시항고 할 수 있는 자는 경매신청채권자와 우선채권자에 한하고, 채무자와 소유자는 항고할 수 없다(법원공무원교육원 민사집행실무 214면).

(5) 무잉여 판단법

무잉여로 취소될 가능성 있는 부동산은 괜히 헛수만 할 수 있기 때문에 입찰참가에서 제외시키는 것이 좋다. 그렇다면 무잉여 여부를 어떻게 판단해야 할까? 그 방법은 가배당을 해보면 된다. 경매신청채권자보다 순위가 우선인 채권자의 채권액과 경매비용이 얼마인지를 파악하여 우선채권과 경매비용을 합한 금액을 최저매각가격과 비교해서 최저매각가격이 적으면 무잉여가 될 가능성이 많다. 그런데 우선채권자의 채권액과 경매비용을 알려면 경매기록을 열람해 보아야 하는데 이해관계인이 아니면 기록열람이 어려워 파악이 쉽지 않다. 이 경우 경매정보업체가 제공하는 사이트를 이용하면 배당요구채권자의 총 채권이 얼마인지 대충 파악할 수 있다. 하지만 경매비용은 파악이 어렵기 때문에 경매신청 채권자보다 순위가 빠른 채권액과 최저매각가격을 비교해서 선순위채권자의 채권액이 최저매각가격보다 많으면 일단 무잉여로 취소될 가능성이 많다는 점을 염두에 두어야 한다. 배당방법은 배당절차에서 설명하기로 한다.

【무잉여에 의한 매수신청】

경매부동산 매수신청

채 권 자 ○○○
　　　　○○시 ○○구 ○○동 ○○
　　　　연락처 :

채 무 자 ○○○
　　　　○○시 ○○구 ○○동 ○○

위 당사자 간 귀원 2○○○타경○○○호 부동산임의경매사건에 관하여, 채권자는 귀원으로부터 민사집행법 제102조 제1항에 의한 통지를 20○○. ○. ○. 수령하였는바, 경매신청채권자는 아래의 금액으로 매수신고가 없을 때에는 압류채권자가 같은 가격으로 매수하고자 그 담보로 매수신청액과 최저매각가격의 차액 금 ○○○원을 귀원 20○○ 금 제○○○호로 공탁하였므로 위 경매절차를 속행하여 주시기 바랍니다.

아　　래

매수신고액 : 금 ○○○원

첨 부 서 류

1. 공탁서　　　　1통

2○○○. ○. ○.
위 압류채권자 ○○○ (인)

○○지방법원 귀중

제 7 절 농지경매

1. 농지취득자격증명서

농지취득자격증명 때문에 농지에 대한 입찰참가를 꺼리는 경우가 있는데, 경매에서는 농지취득자격증명 발급조건이 다소 완화된 편이어서 농지취득자격증명 때문에 망설일 필요는 없다고 본다. 농지는 다른 종목에 비해 환금성이 떨어지는 것이 단점인 반면 미래를 보고 잘만 투자하면 효자종목이 될 수 있다. 참고로 집행관은 현장조사 할 때 공부상에는 지목이 농지인데 실제는 주차장으로 사용하는 것처럼 실제 현황이 농지법에서 정한 농지에 해당하는지 의문이 있을 때는 즉시 경매법원에 보고하게 되어 있다. 경매법원은 이러한 보고를 받으면 농지소재지 시장.군수.자치구청장에게 농지현황이 공부상 지목과 다른 사실, 형질변경허가여부, 불법전용여부, 취득시 농지취득자격증명서가 필요한지 여부 등에 대해 의견을 회신해 달라는 사실조회를 하여 회신결과에 따라 농지취득자격증명서 제출여부를 매각조건으로 달게 된다.

(1) 농지취득자격증명서 제출 기한

농지경매에서 농지취득자격증명서 제출을 매각허가 단 때에는 매각허가결정선고 전까지 제출해야 한다. 이때까지 제출하지 않으면 매각이 불허가 되고, 입찰보증금이 몰수될 수 있다(경매법원 경매과 접수계에 미리 제출하거나 또는 매각결정기일 당일 입찰법정에서 사법보좌관이 매각허부결정을 선고하기 직전까지 제출해야 한다).

(2) 농지취득자격증명 신청요령

농지취득자격증명서 신청은 특별한 사정이 없으면 입찰기일 당일 미리 신청해 놓는 것이 좋다. 최고가매수신고할 때 집행관사무소 직원에게 최고가매수신고인증명서를 발급해 달라고 하면 그 자리에서 발급해 주기 때문에 이 서류를 필히 지참하고 가야 한다. 신청은 농지소재지 시. 구. 읍 . 면사무소에 가서 해당 관청에 비치된 양식을 이용하면 된다. 농지법시행령 제7조 2항은 시·구·읍·면의 장은 농지취득자격증명의 발급신청을 받은 때에는 그 신청을 받은 날부터 4일(농업경영계획서를 작성하지 아니하고 농지취득자격증명의 발급신청을 할 수 있는 경우에는 2일) 이내에 적합여부를 확인하여 발급하도록 되어 있다. 실제 농지취득자격증명을 신청해 보면 담당자가 3~4일 정도 기간이 걸리기 때문에 결재를 받아서 연락을 주겠다고 한다. 기간을 촉박하게 신청하면 담당자의 출장, 휴가 등으로 제때 발급을 못 받는 경우가 생길 수 있으므로 농지취득자격증명서는 미리 신청하는 좋다는 것이다. (담당자 휴가, 출장 등으로 기간 내 제출이 어려울 때는 매각허가결정 연기신청을 해서 기간을 연장시킬 방법을 모색해야 하는데 연장을 허가해 줄지는 장담할 수 없다).

(3) 농업경영계획서가 면제되는 경우

농지취득자격증명을 신청할 때는 농업경영계획서가 면제되는 경우를 제외하고는 농업경영계획서도 함께 제출해야 한다. 농지경영계획서에는 취득대상농지의 면적, 취득대상농지의 농업경영에 적합한 노동력 및 농업기계 . 장비확보방안 . 소유농지의 이용실태(농지를 소유하고 있는 자의 경우에 한함)가 포함되어야 한다. 농업경영계획서도 해당관청에 비치된 양식을 사용하면 된다. 농업경영계획서가 면제되는 경우는 다음과 같다.

1) 농지면적이 세대 당 1000㎡ 미만이고 주말. 체험영농[18]을 목적으로 취득하는 경우

---

18) 농업인이 아닌 개인이 주말 등을 이용하여 취미생활이나 여가활동으로 농작물을 경작하거나 다년생식물을 재배하는 것을 말한다(농지법 제6조 2항 3호).

2) 시험. 연구.실습지 목적으로 취득하는 경우

3) 농지전용허가를 받거나 신고한 자가 취득한 경우

4) 농지의 개발사업지구 안에 소재하는 농지로 대통령령이 정하는 1,500㎡(453.8평) 미만의 농지 또는 농업촌정비법에 의해 취득한 경우

〔주말. 체험영농 목적으로 취득시 농업경영계획서 작성례〕

농업경영계획서

성　　명 : ○○○

주민번호 : 000000-0000000

주　　소 : ○○시 ○○구 ○○동 ○○

위 본인은 ○○지방법원 ○○지원 200 타경 12345 임의경매사건에서 2011 년 ○월 ○일 경기도 ○○시 ○○면 ○○리 ○○번지 전 ○○○○㎡ 토지를 낙찰 받고, 2011 년 ○월 ○일 귀 면사무소에 농지취득자격증명서 발급을 신청하였습니다. 위 토지를 현장답사하여 본 바에 의하면, 토지가 임야와 같이 혼재해 있고, 휴경상태이기는 하지만 본인이 거주하는 ○○에서 ○시간 정도 소요되기 때문에 농사를 충분히 지을 수 있고, 우선 비닐하우스로 채소재배를 하고자 합니다. 주말에는 가족과 같이 와서 농사를 돌볼 예정입니다. 구체적인 경작계획은 가족과 협의해서 세워나갈 예정입니다. 마을주민의 협력뿐 아니라 본인과 잘 아는 ○○○가 인근마을에 살고 있기 때문에 농사를 짓는데 도움을 받을 수 있습니다. 그러므로 본인에게 농지취득자격증명서를 발급하여 주시기를 주시기 바랍니다.

20 년 월 일

위 신청인 ○○○(인)

○○시 ○○**면장 귀중**

【등기신청 시 농지자격증명서 첨부 요부】

첨부하여야 하는 경우	첨부가 필요 없는 경우
① 자연인 . 영농조합법인 . 농업회사법인이 농지에 대해 매매 . 증여 . 교환. 양도담보 . 명의신탁해지 . 신탁법상의 신탁 또는 신탁해지 . 사인증여 . 계약해제 . 공매 . 상속인 이외의 자에 대한 특정적 유증 등을 등기원인으로 하여 소유권이전등기를 신청하는 경우 ② 초.등등교육법 및 고등교육법에 의한 학교, 농지법시행규칙 제5조 별표에 해당하는 공공단체등이 그 목적사업을 수행하기 위하여 농지를 취득하여 소유권이전등기를 신청하는 경우 ③ 국가나 지방자치단체로부터 농지를 매수하여 소유권이전등기를 신청하는 경우 및 농지전용허가를 받거나 농지전용신고를 한 농지에 대해 소유권이전등기를 신청하는 경우 ④ 동일가구(세대) 내 친족간의 매매등을 원인으로 소유권이전등기를 신청하는 경우 ⑤ 판결에 의해 농지에 대한 소유권이전등기신청하는 경우 * 경매는 매각허부결정 단계에서 제출하므로 이전등기촉탁시 첨부할 필요 없다.	① 국가.지방자치단체가 농지 취득시 ② 상속 . 포괄유증 . 상속인에 대한 특정적 유증 . 취득시효완성 . 공유물분할 .경매로 매각(매각허부결정 단계에서 제출). 진정명의회복 . 농업법인의 합병 ③ 토지수용 및 공공용지취득과손실보상에관한 특례법에 의한 협의취득 ④ 도시계획구역 내의 농지, 다만 도시계획구역 중 녹지지역 내의 농지에 대해서는 도시계획사업에 필요한 농지에 한함 ⑤ 농지법 제34조2항에 의한 농지전용협의를 완료한 농지 ⑥ 지목이 농지이나 토지의 형상이 농작물의 경작 또는 다년생식물재배지로 이용되지 않음이 관할관청이 발급하는 서면에 의해 증명되는 토지 ⑦ 농지에 대한 소유권이전등기청구권 가등기 및 근저당권설정시 ⑧ 토지거래허가를 받은 경우 ⑨ 공익사업을 위한 토지등의 취득및 보상에관한법률에 의한 농지취득 ⑩ 환매권에 의한 농지취득 ⑪ 농지에 대한 상호명의신탁해지를 원인으로 이전등기시 ⑫ 한국자산관리공사. 유동화전문회사등이 농지저당권실행으로 인한 경매절차에서 담보 농지를 취득하는 경우 ⑬ 한국농촌공사가 한계농지 취득 ⑭ 농지법 제15조에 의한 농지증진사업시행계획에 의해 농지취득 ⑮ 산업집적활성화및공장설립에관한법률에 의해 공장입지승인을 얻은자가 취득하는 경우

【농지자격취득증명서】

<table>
<tr><th colspan="6">농지취득자격증명</th></tr>
<tr><td rowspan="3">농 지
취득자
(신청인)</td><td>성 명
(명칭)</td><td></td><td>주민등록번호
(법인등록번호)</td><td colspan="2"></td></tr>
<tr><td>주 소</td><td colspan="4"></td></tr>
<tr><td>연락
처</td><td></td><td>전화번호</td><td colspan="2"></td></tr>
<tr><td></td><td colspan="2">소 재 지</td><td>지 번</td><td>지 목</td><td>면 적
(㎡)</td></tr>
<tr><td rowspan="5">취 득
농지의
표 시</td><td colspan="2"></td><td></td><td></td><td></td></tr>
<tr><td colspan="2"></td><td></td><td></td><td></td></tr>
<tr><td colspan="2"></td><td></td><td></td><td></td></tr>
<tr><td colspan="2"></td><td></td><td></td><td></td></tr>
<tr><td colspan="2"></td><td></td><td></td><td></td></tr>
<tr><td>취 득
목 적</td><td colspan="5"></td></tr>
<tr><td colspan="6">귀하의 농지취득자격증명신청에 대하여 「농지법」 제8조 및 같은 법 시행령 제7조 제2항에 따라 위와 같이 농지취득자격증명을 발급합니다.

년 월 일

○○도 ○○시 ○○면장

〈유의사항〉
○ 귀하께서 당해 농지의 취득과 관련하여 허위 기타 부정한 방법에 의하여 이 증명서를 발급받은 사실이 판명되면 「농지법」 제59조의 규정에 따라 3년 이하의 징역이나 1천만원이하의 벌금에 처해질 수 있습니다.

○ 귀하께서 취득한 당해 농지를 취득목적대로 이용하지 아니할 경우에는「농지법」 제11조 제1항 및 제62조의 규정에 따라 당해 농지의 처분명령 및 이행강제금이 부과될 수 있습니다.</td></tr>
</table>

2. 농지에 관한 몇 가지 상식

(1) 현행법상 농지의 판단 기준

현행법은 농지를 판단함에 있어 현황주의를 채택하고 있다(농지법 제2조). 즉 토지대장과 등기부에 지목이 무엇이냐에 상관없이 현재 토지현황이 농지법에서 말하는 농지에 해당하면 농지로 보고, 현황이 농지가 아니면 지목이 농지라도 농지로 보지 않는다. 대법원도 공부상 지목은 농지이나 토지의 실제 현황이 농지법상 농지가 아니라면 농지취득자격증명이 없다는 이유만으로 매각불허가를 할 수 없다는 판결을 내린바 있다(대법원 1987. 1. 15. 선고 86마 1095 판결).

(2) 농지법상 농지

농지란 다음 중 어느 하나에 해당하는 토지를 말한다(농지법 제2조, 시행령 제2조 제2항,제3항, 시행규칙 제2조).

1) 전 · 답 . 과수원 그 밖에 법적 지목을 불문하고 실제로 농작물 경작지 또는 다년생식물 재배지[19]로 이용되는 토지(농지의 교환 또는 분합에 의해 양도세가 비과세되는 농지 역시 지적공부상 지목에 상관없이 실제로 경작에 사용되고 있는 농지를 기준으로 판단한다).

2) 농작물 경작지와 다년생식물재배지 개량시설로서 다음에 해당하는 시설의 부지

---

19) 다년생 식물재배지에 해당하는 것은 다음과 같다(농지법 시행령 제2조 1항)

1. 목초·종묘·인삼·약초·잔디 및 조림용 묘목
2. 과수·뽕나무·유실수 그 밖의 생육기간이 2년 이상인 식물
3. 조경 또는 관상용 수목과 그 묘목(조경목적으로 식재한 것을 제외한다)

① 유지 . 양·배수시설, 수로, 농로, 제방

② 그 밖의 농지의 보전이나 이용에 필요한 시설로서 농림수산식품부령으로 정하는 시설(토양의 침식이나 재해로 인한 농작물의 피해를 방지하기 위하여 설치한 계단 · 흙막기 · 방풍림과 그 밖에 이에 준하는 시설을 말함)

3) 농작물경작지와 다년생식물 재배지에 설치하는 농축산물생산시설로서 다음에 해당하는 시설의 부지

① 고정식온실 . 버섯재배사 및 비닐하우스와 그 부속시설

② 축사와 그 부속시설

③ 농막 . 간이저온저장고 . 간이퇴비장 . 간이액비저장조

〈농지에 해당하지 않는 경우〉

1) 측량·수로조사 및 지적에 관한 법률에 따른 지목이 전 . 답 . 과수원이 아닌 토지로 농작물경작지나 다년생식물 재배지로 계속해서 이용되는 기간이 3년 미만인 토지

2) 측량·수로조사 및 지적에 관한 법률에 따른 지목이 임야인 토지로 형질을 변경하지 않고 다음의 다년생식물 지배에 이용되는 토지

① 과수 . 뽕나무 . 유실수 그밖에 생육기간이 2년 이상인 식물

② 조경 또는 관상용 수목과 그 묘목(조경목적으로 식재한 것은 제외)

③ 초지법에 따라 조성된 초지 등 대통령령으로 정하는 토지는 제외한다(초지라 함은 다년생개량목초의 재배에 이용되는 토지 및 사료작물재배지와 목도·진입도로·축사 및 농림수산식품부령이 정하는 부대시설을 위한 토지를 말한다).

(3) 농업인과 농업법인

1) 농업인

농업인은 농업에 종사하는 다음의 개인을 말한다(농지법 제2조. 시행령 제3조).

① 1천 제곱미터 이상의 농지에서 농작물 또는 다년생식물을 경작 또는 재배하거나 1년 중 90일 이상 농업에 종사하는 자

② 농지에 330제곱미터 이상의 고정식온실·버섯재배사·비닐하우스, 그 밖의 농림수산식품부령으로 정하는 농업생산에 필요한 시설을 설치하여 농작물 또는 다년생식물을 경작 또는 재배하는 자

③ 대가축 2두, 중가축 10두, 소가축 100두, 가금 1천수 또는 꿀벌 10군 이상을 사육하거나 1년 중 120일 이상 축산업에 종사하는 자

④ 농업경영을 통한 농산물의 연간 판매액이 120만원 이상인 자

2) 농업법인

농업법인은 영농조합법인과 업무집행권을 갖는 자의 1/3 이상이 농업인인 농업회사법인을 말한다(농지법 제2조).

(4) 농업인 주택

농업인 주택이란 다음의 요건을 갖춘 건축물 및 시설물을 말한다.

1) 농업인 1인 이상으로 구성되는 농업 · 임업 . 축산업을 영위하는 세대로서 다음의 어느 하나에 해당하는 세대의 세대주가 설치하는 것일 것

① 농업 · 임업 . 축산업에 따른 수입액이 연간 총수입액의 2분의 1을 초과하는 세대일 것

② 세대원의 노동력의 2분의 1이상으로 농업.임업.축산업을 영위하는 세대의 세대 주가 설치하는 것일 것

2) 위 1)의 ①, ② 중 어느 하나에 해당하는 세대의 세대원이 장기간 독립된 주거생활을 영위할 수 있는 구조로 된 건축물로(건축물에 부속한 창고·축사 등 농업·임업 또는 축산업을 영위하는데 필요한 시설 포함) 그 부속대지의 총면적이 660㎡ 이하일 것

3) 위 1)의 ①, ② 중 어느 하나에 해당하는 세대의 농업·임업.축산업 경영의 근거가 되는 농지·산림·축사 등이 있는 시(구를 두지 않은 시를 말하며, 도농복합형태의 시에 있어서는 동지역에 한함)·구(도농복합형태의 시의 구는 동 지역에 한함)·읍·면 또는 이에 연접한 시·구·읍·면지역에 설치하는 것일 것

4) 소득세법상 고급주택에 해당하지 않을 것

(5) 귀농주택의 조건

귀농주택이란 영농 또는 영어(營漁) 목적으로 취득하여 귀농 후 3년 이상 농업 또는 어업에 종사하면서 거주하는 주택으로 다음 요건을 갖

춘 주택을 말한다.

1) 1,000㎡ 이상의 농지를 소유하는 자가 해당 농지의 소재지에 있는 주택을 취득하거나 어업인이 취득하는 주택(귀농이전에 취득한 것을 포함)일 것
2) 본적지 또는 연고지에 소재할 것
3) 대지면적이 660제곱미터이내이고 영농 또는 영어의 목적으로 취득할 것
4) 소득세법에서 정한 고가주택에 해당하지 않을 것

※ 귀농으로 세대원 전원이 농어촌주택으로 이사하는 경우 귀농주택을 소유하게 됨으로써 1세대 2주택이 된 경우에는 일반주택을 3년 이상 보유하고 양도하면 1세대 1주택 양도로 보아 양도소득세가 비과세된다.

(6) 농지소유상한

1) 상속으로 농지를 취득한 자로서 농업경영을 하지 아니하는 자는 그 상속 농지중에서 총 1만제곱미터까지만 소유할 수 있다.

2) 대통령령으로 정하는 기간(8년) 이상 농업경영을 한 후 이농한 자는 이농 당시소유 농지 중에서 총 1만제곱미터까지만 소유할 수 있다.

3) 주말·체험영농을 하려는 자는 총 1천제곱미터 미만의 농지를 소유할 수 있다. 이경우 면적 계산은 그 세대원 전부가 소유하는 총 면적으로 한다.

4) 위의 1), 2) 소유 상한을 초과하여 소유하고 있는 농지를 임대하

거나 사용대 하는 경우에는 소유 상한을 초과할지라도 그 기간에는 그 농지를 계속 소유할 수 있다.

(7) 개인의 농지 소유제한

농지는 자기의 농업경영에 이용하거나 이용할 자가 아니면 소유하지 못한다. 다만, 다음의 어느 하나에 해당하는 경우에는 자기의 농업경영에 이용하지 아니할지라도 농지를 소유할 수 있다(농지법 제6조 1항).

1) 주말·체험영농(농업인이 아닌 개인이 주말 등을 이용하여 취미생활이나 여가활동으로 농작물을 경작하거나 다년생식물을 재배하는 것을 말하며, 농지면적이 세대 당 1000㎡ 미만이어야 한다).

2) 상속(상속인에게 한 유증(遺贈)을 포함한다)으로 농지를 취득하여 소유하는 경우

3) 8년 이상 농업경영을 하던 자가 이농(離農)한 후에도 이농 당시 소유하고 있던 농지를 계속 소유하는 경우

4) 농지전용허가(다른 법률에 따라 농지전용허가가 의제되는 인가·허가·승인 등을 포함한다)를 받거나 농지전용신고를 한 자가 그 농지를 소유하는 경우

5) 농지전용협의를 마친 농지를 소유하는 경우

6) 농림수산식품부장관과 협의를 마치고 「공익사업을 위한 토지 등의 취득 및 보상에 관한 법률」에 따라 농지를 취득하여 소유하는 경우

(8) 농지원부란

시·구·읍·면의 장이 농지 소유 실태와 농지 이용 실태를 파악하여 이를 효율적으로 이용하고 관리하기 위하여 작성하는 공적장부를 농지원부라고 한다(농지법 제49조 1항). 농지원부는 농지소재지 시 . 군 . 자치구 . 읍 . 면사무소에서 신청한다. 농지원부가 있으면 없는 것 보다는 낳겠지만 실제로 재촌하면서 농사를 짓지 않으면 무용지물이 될 수 있다. 세법상으로는 농지원부가 있어도 재촌하면서 농사를 지어야만 자경한 것으로 인정해 주고 있다. 8년간 자경에 따른 양도소득세 감면 혜택을 받기 위하여 농지원부를 만들 경우 실제로 재촌하면서 농사를 지었다는 사실이 입증되지 않으면 쉽지 않다는 점 염두에 두어야 한다. 세법상 자경여부 판단은 실제 거주 사실여부, 농업소득이 외 다른 소득이 있는지 여부 등 여러 사정을 감안하여 판단한다. 소유농지 중 자신의 노동력으로 2분지 1만 경작하면 자경으로 인정된다.

(9) 농업진흥구역과 농업보호구역의 차이

농업진흥지역은 녹지지역(단, 특별시 녹지지역은 제외) . 관리지역 . 농림지역 . 자연환경보전지역을 대상으로 해서 지정하며(농지법 제29조), 농업진흥구역과 농업보호구역으로 분류된다(농지법 제28조 2항). 그 중 농업진흥구역은 농지가 집단화되어 농업 목적으로 이용할 필요가 있는 지역을 말하며 특별한 경우 외에는 농업생산 또는 농지개량과 직접적으로 관련되지 아니한 토지이용행위는 할 수 없게 되어 있다. 반면 농업보호구역은 농업진흥구역의 용수원 확보, 수질 보전 등 농업 환경을 보호하기 위하여 필요한 지역으로 농업진흥구역 농지보다 규제가 덜하기 때문에 개발허가 받기가 더 용이하다(전원주택부지 등).

□ 농업진흥구역에서 할 수 있는 행위

농업진흥구역에서는 농업 생산 또는 농지 개량과 직접적으로 관련되지 아니한 토지이용행위를 할 수 없다. 이에 위반 시 5년 이하의 징역 또는 2천만 원 이하의 벌금에 처한다(농지법 제58조). 다만, 다음의 행위는 농업생산 또는 농지개량과 직접 관련된 행위20)가 아니라도 농업진흥구역에서 할 수 있다(농지법 제32조, 시행령 제29조 2,3,5,6,7호 규칙 24조, 25조).

1) 농산물·임산물·축산물·수산물의 가공·처리 시설의 설치 및 농수산업(농업·임업·축산업·수산업을 말한다. 이하 같다) 관련 시험·연구 시설의 설치21)

2) 어린이놀이터, 마을회관, 경로당 . 보육시설 . 유치권 등 노유자시설 . 정자 및 보건진료소 . 농업인이 공동 운영,사용하는 일반목욕장. 구판장 . 운동시설 . 마을공동주차장 . 마을공동취수장 . 마을공동 농산어촌 체험시설 등 농업인의 공동생활에 필요한 편의 시설 및 이용 시설의 설치

---

20) 농업생산 또는 농지개량과 직접 관련된 행위란 다음을 말한다.(농지법시행령 제29조 1항).

1. 농작물의 경작
2. 다년생식물의 재배
3. 고정식온실·버섯재배사 및 비닐하우스와 그 부속시설의 설치
4. 축사와 농림수산식품부령으로 정하는 그 부속시설의 설치
5. 농막 및 간이저온저장고·간이퇴비장 또는 간이액비저장조의 설치
6. 농지개량사업 또는 농업용수개발사업의 시행

21) ① 국내에서 생산된 농.임.축.수산물(단, 임산물의 경우 나무열매 . 대나무 . 버섯에 한함)을 주된 원료로 해서 가공하거나 건조 . 절단 등 처리를 하기 위한 시설로 그 부지의 총면적이 1만㎡(미곡종합처리장의 경우3만㎡) 미만인 시설

② 육종연구를 위한 농수산업에 관한 시험.연구시설로서 부지면적 총면적이 3천㎡미만인 시설

3) 농업인 주택 및 농업법인이 자기가 생산한 농산물을 건조 . 보관하기 위해 설치하는 시설(자기의 농업 또는 축산업의 경영의 근거가 되는 농지.축사 등이 있는 시 . 구 . 읍 .면 또는 이에 연접한 시 . 구 . 읍 .면 지역에 설치하는 경우에 한함)

4) 양생조수의 인공사육시설

5) 건축허가 또는 건축신고 대상 시설이 아닌 간이 양축시설

6) 기타 국방·군사 시설 도로. 철도 등 공공시설. 하천, 제방 등 국토 보존 시설 문화재의 보수·복원·이전 시설. 농어촌 소득원 개발 등 농어촌 발전에 필요한 시설 등 설치

□ 농업보호구역에서의 할 수 있는 행위

농업보호구역에서는 다음의 행위 외의 토지이용행위를 할 수 없다. 이에 위반시 5년 이하 징역 또는 2천만 원 이하 벌금에 처한다(농지법 제32조 제2항, 제58조, 시행령 제30조 제1항, 제2항).

1) 농업진흥구역에서 할 수 있는 토지이용행위

2) 농업인의 소득증대를 위한 시설의 설치

① 관광농원사업으로 설치하는 시설 : 부지 2만㎡미만인 것
② 주말농원사업으로 설치하는 시설 : 부지 3,000㎡미만인 것

3) 태양에너지를 이용하는 발전설비

4) 농업인의 생활여건 개선을 위한 시설

① 단독주택 : 부지 1,000㎡미만인 것

② 제1종근린생활시설 중 수퍼마켓, 일용품 소매점, 의원, 한의원, 탁구장, 체육도장, 지역자치센터, 우체국, 보건소, 공공도서관, 마을회관, 지역아동센터 등 : 부지 1,000㎡미만인 것

③ 제2종 근린생활시설 중 기원, 서점, 테니스장, 에어로빅장, 종교집회장, 공연장, 비디오감상실, 사무소, 소재업소, 사진관, 학원, 직업훈련소, 독서실 등 : 부지 1,000㎡미만인 것

④ 제1종 근린생활시설 중 양수장, 정수장, 대피소, 공중화장실 : 부지 3,000㎡미만인 것

5) 농업진흥구역 또는 농업보호구역에 걸치는 경우

1필지의 토지가 농업진흥구역과 농업보호구역에 걸치는 경우에는 농업진흥구역에 속하는 토지가 330㎡이하인 때는 그 토지부분에 대해 행위제한을 함에 있어 농업보호구역에 관한 규정을 적용한다. 1필지 토지중 일부가 농업진흥지역에 걸치는 경우로서 농업진흥지역에 속하는 토지가 330㎡이하인 때는 그 토지부분에 대해서는 행위제한을 적용하지 아니한다(농지법 제53조 제1항, 제2항, 시행령 제73조).

(10) 농지의 전용허가

1) 농지전용이란

농지전용이란 농지의 농도를 다른 용도로 바꾸는 것이다. 즉 농지를 농작물 경작이나 다년생식물재배 등 농업생산 또는 농지개량 외 용도로 사용하는 것을 말한다. 다만, 농지전용개량시설의 부지와 농축산물생산시설의부지로 사용하는 경우에는 전용으로 보지 않는다(농지법 제2조). 농지를 전용하고자 할 때는 농림수산식품부장관의 허가를 받아야 한다. 농지전용허가를 받지 않고 농지를 전용하거나 부정한 방법으로 농지전용허가를 받은 경우 농업진흥지역 안 농지는 5년 이하 징역, 또는 그 토지의 개별공시지가에 의한 토지가액에 상당하는 금액 이하의 벌금에 처하고, 농업진흥지역 바깥의 농지는 3년 이하 징역, 그 토지의 개별공시지가에 의한 토지가액의 50%에 해당하는 금액이하의 벌금에 처한다. 징역과 벌금은 병과 할 수 있다(농지법 제34조 제1항, 시행령 제57조 제1항 내지 제3항).

2) 농지전용허가를 받지 않아도 되는 경우

① 다른 법률에 따라 농지전용허가가 의제되는 협의를 거쳐 농지를 전용하는 경우

②「국토의 계획 및 이용에 관한 법률」에 따른 도시지역 또는 계획관리지역에 있는 농지로서 제2항에 따른 협의를 거친 농지나 협의대상에서 제외되는 농지를 전용하는 경우

③ 농지전용신고를 하고 농지를 전용하는 경우

④ 산지전용허가를 받지 아니하거나 산지전용신고를 하지 아니하고 불법으로 개간한 농지를 산림으로 복구하는 경우

⑤ 하천관리청의 허가를 받고 농지의 형질을 변경하거나 공작물을 설치하기 위하여 농지를 전용하는 경우

3) 농지전용이 허가되지 않는 경우

도시지역 . 계획관리지역 및 개발진흥지구가 아닌 지역에서 농지를 다음의 시설부지로 사용하는 경우에는 농지전용을 허가할 수 없다(농지법 제37조1항, 시행령 제44조 3항).

① 대기오염물질배출시설
② 폐수배출시설
③ 단독주택. 휴게음식점.제조업소. 단란주점. 문화 및 집회시설, 운수시설, 학원, 도서관, 업부시설, 숙박시설, 위락시설 등 농업진흥이나 농지보전을 저해할 우려가 있는 시설

4) 농지전용허가 절차

시장 . 군수 . 자치구청장에게 전용허가 신청을 하면 이를 심사하여 신청서에 심사의견서 첨부해서 신청서 받은 날부터 10일 내 특별시장, 광역시장, 도지사에게 보내야 하며, 특별시장. 광역시장, 도지사는 10일 이내 종합의견서를 첨부해서 농림수산부장관에게 제출하고(시행령 제33조 제1항), 농림수산부장관이 최종 심사하여 허가여부를 결정한다.

(11) 농지전용신고

농지를 다음 시설의 부지로 전용하고자 하는 자는 시장 . 군수 . 자치구청장에게 신고해야 한다. 신고한 사항을 변경하고자 하는 경우도 같다. 이에 위반 시 3년 이하 징역, 또는 1,000만원 이하 벌금에 처한다

(농지법 제35조 1항, 제59조).

1) 농업인주택, 농축산용시설(그 부지가 농지에 해당하는 농지개량시설과 농축산물생산시설은 제외) . 농수산물 유통. 가공시설

2) 어린이 놀이터, 마을회관 등 농업인의 공동편의시설

3) 농수산관련연구시설과 양어장, 양식장 등 어업용시설

4) 농지전용허가를 받아야 하는 자가 한계농지[22] 중 최상단부터 최하단까지의 평균 경사율이 15% 이상인 농지를 전용하려면 농지법 제34조 1항(농지전용허가) 및 제37조 1항(농지전용허가를 할 수 없는 경우)에도 불구하고 시장 . 군수 . 구청장에게 신고하고 농지를 전용할 수 있다. 이에 위반 시 3년 이하 징역 또는 1,000만 원 이하 벌금에 처한다.

(12) 농지의 지목변경제한

농지는 원칙적으로 전. 답. 또는 과수원 외의 지목으로 변경하지 못한다(농지법 제41조). 다만, 다음의 경우에는 농지를 전. 답. 또는 과수원 외의 지목으로 변경할 수 있다(농지법 제41조).

1) 농지전용허가를 받거나(다른 법률에 의해 농지전용허가가 의제되는 경우 포함)농지전용협의를 한 경우

22)한계농지란 농지법이 정하는 농업진흥지역(농업진흥구역, 농업보호구역) 밖의 농지 중에서 영농 조건이 불리하여 생산성이 낮은 농지로 ① 최상단부에서 최하단부까지의 평균 경사율이 15퍼센트 이상이거나 집단화된 농지의 규모가 2만㎡ 미만인 농지, ② 광업권의 존속기간이 끝났거나 광업권이 취소된 광구의 인근 지역 농지로서 토양오염 등으로 인하여 농업 목적으로 사용하기에 부적당한 농지를 말한다.

2) 다음 목적으로 농지를 전용한 경우

① 전용허가를 받지 않거나 신고를 하지 않고 불법으로 개간된 농지를 산림으로 복구하는 경우

② 하천관리청 허가를 받아 농지를 형질변경하거나 공작물을 설치하기 위해 농지를 전용하는 경우

③ 농지전용신고를 하고 농지를 전용한 경우

④ 농어촌용수개발이나 농업생산기반시설개량사업의 시행으로 농지개량의 부지로 변경되는 경우

⑤ 시장 . 군수 . 자치구청장이 천재지변 그 밖의 불가항력 사유로 농지의 형질이 현저하게 변경되어 원상회복이 불가능하다고 인정되는 경우

(13) 농지자경과 위탁경영

농업경영은 농업인이나 농업법인이 자기의 계산과 책임으로 농업을 영위하는 것을 말한다(농지법 제2조). 현행법상 허용되는 농업경영에는 자경과 위탁경영 두 가지가 있다.

1) 자경

자경(自耕)이란 농업인이 그 소유 농지에서 농작물 경작 또는 다년

생식물 재배에 상시 종사하거나 농작업의 2분의 1 이상을 자기의 노동력으로 경작 또는 재배하는 것과 농업법인이 그 소유 농지에서 농작물을 경작하거나 다년생식물을 재배하는 것을 말한다. 소유농지 중 2분지 1만 경작하면 자경으로 인정하므로 2분지 1은 자경하고 나머지 2분지 1은 소작을 주는 형태로 농사를 지으면 자경으로 인정된다.

2) 위탁경영

위탁경영이란 농지 소유자가 타인에게 일정한 보수를 지급하기로 약정하고 농작업의 전부 또는 일부를 위탁하여 행하는 농업경영을 말한다. 다음의 경우를 제외하고는 소유농지를 위탁경영할 수 없다.

①「병역법」에 따라 징집 또는 소집된 경우

② 3개월 이상 국외 여행 중인 경우

③ 농업법인이 청산 중인 경우

④ 질병, 취학, 선거에 따른 공직 취임, 그 밖에 대통령령으로 정하는 사유로 자경 할 수 없는 경우

⑤ 농지이용증진사업 시행계획에 따라 위탁경영하는 경우

⑥ 농업인이 자기 노동력이 부족하여 농작업의 일부를 위탁하는 경우

【조상 땅 찾아주기 민원처리 절차 및 신청방법】

1. 신청자격

본인 또는 사망자의 상속인

2. 신청방법 및 장소

■ 조상 땅을 찾고자 하는 대상이 주민등록번호가 있는 경우

행정안전부 지적정보센터(정부중앙청사 1308호) 또는 시.도 및 시.군.구청 지적과를 본인 또는 상속인이 직접 방문하여 신청

■ 조상 땅을 찾고자 하는 대상이 주민등록번호가 없는 경우

조상이 토지를 소유하고 있을 것으로 추정되는 서울특별시 . 광역시 . 도청 지적부서를 상속인이 직접 방문신청

단, 동일 시.도 관내인 경우는 가까운 시 . 군 . 구청을 방문 신청 시 팩스를 이용하여 자료를 제공받을 수 있음

3. 구비서류

신분증, 사망자 제적등본(제적등본상 본인과 사망자와의 관계 및 사망일자가 나타나야 함)

4. 수수료 : 없음

5. 자료조회 범위

■ 주민등록번호가 있는 자 : 시 . 군 . 구 . 시 . 도 전국자료 신청가능

■ 주민등록번호가 없는 자 : 성명에 의하여 거주지 또는 토지가 있을 것으로 예상되는 2-3개 읍.면.리.동을 대상으로만 신청 가능

6. 기타사항

채권확보. 담보물권확보 등 이해관계인이나 제3자에 대한 개인정보는 공공기관의개인 정보보호에관한법률에 의거 제공불가

부부.형제.부자지간 등 가족관계라도 위임장(임감증명첨부) 없이는 제공불가

제 8 절 매각허부결정과 즉시항고

1. 매각허부결정절차

(1) 매각허부결정이란

매각허가결정과 매각불허결정을 합쳐서 매각허부 결정이라 한다. 앞에서 설명한 바와 같이 입찰기일에 최고가매수신고인이 정해지면 그로부터 일주일 째 되는 날(보통 오후 2시) 입찰법정에서 사법보좌관이 낙찰자에게 매각을 허가해도 문제가 없다고 판단이 되면 매각허가결정을 선고하고, 매각을 허가해서는 안 되는 사유가 있을 때는 매각불허가결정을 선고한다.

(2) 이해관계인의 진술권

사법보좌관은 경매법정에서 매각허부에 대한 결정을 선고하기 전에 출석한 이해관계인이 있는지를 확인하고(출석한 이해관계인 계십니까?) 출석한 이해관계인이 있으면 관련사건에 대한 진술할 의견이 있느냐고 물어본다. 이때 출석한 이해관계인이 진술할 의견이 있으면 구두로 진술할 수 있는데, 구체적으로 진술해야 한다. 또한 매각을 허가해 주지 말라는 매각불허가신청은 매각허가결정선고 전까지 서면으로 제출할 수 있다(민사집행법 제120조 제2항).

(3) 매각허가에 대한 이의신청

경매절차의 이해관계인은 사법보좌관의 매각허가결정에 대하여 민사집행법 제121조[23]에 해당하는 사유가 있으면 매각허가결정을 선고할

---

23) 민사집행법 제121조(매각허가에 대한 이의신청사유) 매각허가에 관한 이의는 다음 각호 가운데 어느 하나에 해당하는 이유가 있어야 신청할 수 있다.

때까지 이의신청을 할 수 있다. 다만, 이해관계인이라고 해서 무조건 이의할 수 있는 것은 아니고 매각을 허가하면 자기에게 손해가 돌아오는 등 이해관계인 본인과 직접 관련된 사유가 있을 때 한하여 이의할 수 있다(경매개시결정이 부적법하게 송달된 경우는 예외). 다만, 채무자는 손해발생 유무와 상관없이 이의할 수 있다. 이의신청을 하려면 신청서를 작성해서 경매과 접수계에 제출해야 한다.

(4) 직권매각 불허가 사유

다음 사유가 있으면 법원은 직권으로 매각을 불허가 한다.

① 이해관계인의 이의가 정당하다고 인정된 때(민사집행법 제123조 제1항)

② 직권으로 매각불허가 사유가 있다고 인정되는 때(동법 제123조 제2항)

③ 과잉매각으로 되는 때(동법 제124조)

④ 집행정지결정정본이 제출된 때.

---

1. 강제집행을 허가할 수 없거나 집행을 계속 진행할 수 없을 때
2. 최고가매수신고인이 부동산을 매수할 능력이나 자격이 없는 때
3. 부동산을 매수할 자격이 없는 사람이 최고가매수신고인을 내세워 매수신고를 한 때
4. 최고가매수신고인, 그 대리인 또는 최고가매수신고인을 내세워 매수신고를 한 사람이 제108조 각호 가운데 어느 하나에 해당되는 때
5. 최저매각가격의 결정, 일괄매각의 결정 또는 매각물건명세서의 작성에 중대한 흠이 있는 때
6. 천재지변, 그 밖에 자기가 책임을 질 수 없는 사유로 부동산이 현저하게 훼손된 사실 또는 부동산에 관한 중대한 권리관계가 변동된 사실이 경매절차의 진행 중에 밝혀진 때
7. 경매절차에 그 밖의 중대한 잘못이 있는 때

[매각불허가신청서]

매각불허가 신청서

사건 2○○○타경○○○○ 호 부동산(임의)강제경매
채무자 ○○○
소유자 ○○○
최고가매수신고인 ○○○

신청인(채무자) ○○○

위 사건에 관하여 귀원에서 200 . . . 재매각이 실시되어 ○○○가 별지목록 기재 부동산에 대하여 금 ○○○○○원에 최고가매수신고를 하고 위 ○○○에 대한 매각허부결정일이 200 . . . 14:00시로 지정되었는바, 신청인(채무자)○○○는 다음과 같은 이유로 최고가매수신고인○○○에 대하여 매각불허가결정을 내려 주실 것을 신청합니다.

신청이유

1. 최고가매수신고인에게 어떤 이유로 매각을 불허가 해야 하는지에 대한 이유를 자세히 기재

2. 위와 같은 제반사정을 참작하시어 이 사건 부동산 경매사건에서 별지목록 부동산에 대하여 최고가매수신고인 ○○○에 대한 매각을 불허가하여 주시기 바랍니다.

첨부서류

1.

2○○○. ○. ○.

신청인(채무자) ○○○ (인)

○○지방법원 귀중

(5) 매각허부결정은 송달하지 않는다.

사법보좌관이 매각허부결정을 선고하면 선고와 동시에 이해관계인에게 고지한 것으로 보기 때문에 법원게시판 등에 공고만 하고 결정문은 별도로 송달하지 않는다.

따라서 매각허가결정 또는 매각불허가결정에 대한 사법보좌관처분에 대한 이의신청 또는 즉시항고를 제기하려면 입찰법정에서 선고한 날로부터 1주일 안에 경매법원에 제출해야 한다.

2. 매각허가.불허가 결정에 대한 즉시항고

(1) 즉시항고 사유

1) 민사집행법 제121조의 이의사유가 있거나 결정절차에 중대한 잘못[24]이 있는 경우 즉시항고 할 수 있다(민사집행법 제130조 제1항). 매각허가결정 이후부터 항고심 재판까지 사이에 생긴 사유도 항고사유가 된다.

2) 채무자에게 경매개시결정이 송달되지 않은 상태에서 경매가 진행된 때는 모든 이해관계인이 이의신청 및 즉시항고를 할 수 있는 사유가 된다. 그 외에는 이해관계인 자신에게 속한 권리에 관해서만 이의 내지 즉시항고 할 수 있다(다른 이해관계인의 권리에 관한 이유로는 문제를 삼을 수 없다는 것임, 다만, 채무자 . 소유자에게 경매개시결정이 송달되지 않은 상태에서 경매절차가 진행된 때는 모든 이해관계인이 이의,즉시항고 할 수 있음).

3) 임의경매에서는 경매절차의 하자 뿐 아니라 담보권의 소멸, 부존

---

24) 채무자에게 경매개시결정 송달 없이 경매절차가 진행된 경우, 재심.준재심사유 존재, 담보권실행경매에서 경매개시결정 이전에 이미 담보권의 소멸, 부존재, 피담보채권의 부존재, 소멸 등(다만, 경매개시결정 이후에 담보권이 소멸되는 등 사유가 있었음에도 경매절차 취소 없이 그대로 진행되어 경낙된 경우는 즉시항고 사유가 될 수 없다).

재 등도 즉시항고 사유가 되지만 강제경매는 절차적 하자에 대해서만 항고사유가 되고 채무가 존재하지 않는다는 등 실체적 하자는 즉시항고 사유가 되지 않는다.

4) 매수인은 매수허가에 정당한 이유가 없거나 결정에 적은 것 외 매각 조건으로 허가할 것을 주장하여 즉시항고 할 수 있다(동법 제129조 제2항).

5) 매수신고인은 자기에게 매각허가를 하여야 한다고 주장하면서 즉시항고 할수 있다.

3. 사법보좌관처분에 대한 이의신청

(1) 즉시항고 전 단계 절차

사법보좌관이 매각을 허가 또는 불허가 할 경우 이해관계인은 위에서 설명한 즉시항고사유가 있으면 사법보좌관처분에 대한 이의신청을 제기할 수 있다. 사법보좌관제도가 시행되기 전에는 담임판사가 매각허부결정을 하였기 때문에 매각허부결정에 대한 불복을 하려면 즉시항고장을 제출했지만 현재는 사법보좌관이 매각허부결정을 하고 있으므로 즉시항고 제기 전에 사법보좌관처분에 대한 이의신청(매각허가 또는 매각불허가 결정에 대한 이의신청)을 먼저 거치도록 되어 있다(사법보좌관규칙 제4조). 따라서 사법보좌관의 매각허부결정선고가 있으면 그 결정으로 인해 손해[25])를 입게 된 이해관계인은 매각허부결정을 선고한 다음날부터 기산해서 1주일 안(민법에 정한 기간계산법에 따른 초일불산입 원칙에 따라 선고한 날의 다음날부터)에 매각허가결정에 대한 이의신청서 또는 매각불허가결정에 대한 이의신청서를 경매과 접수계에 접수하면 된다. 이의신청 단계에서

25) 손해란 재산상 손해 및 법이 보장한 절차상권리를 침해당한 경우도 포함된다(매각기일 통지받지 못한 경우 등).

는 인지, 송달료 및 항고보증금을 납부할 필요가 없다.

(2) 항고기간 계산법

1) 기간이란

기간이란 어느 시점에서 어느 시점까지 계속된 시간을 말한다. 기간계산은 다른 법률에 규정이 없으면 민법에 규정된 기간계산법을 따르도록 되어 있다. 법률실무에서에서 기간계산은 항소 . 상고 . 항고 등을 제기할 수 있는 만료일을 판단함에 있어서 간과해서는 안 되는 매우 중요한 부분이다. 기간을 잘못 계산해서 항소 . 상고 . 항고 등 제기기간이 도과해 버리면 큰일이 날 수 있다. 민법상 기간을 시 . 분 . 초로 계산할 때는 즉시로부터 기산하고, 일 .주 . 월 . 년으로 정한 때는 초일을 산입하지 않는다(민법 제157조). 단, 연령을 계산할 때는 초일을 산입한다.

2) 기간계산법

민법 제161조는 '**기간의 말일이 토요일 또는 공휴일에 해당한 때에는 기간은 그 익일(다음날)로 만료한다.**'고 규정하고 있다. 민사집행법 제15조 2항은 '항고인은 재판을 고지 받은 날부터 1주의 불변기간 이내에 항고장을 원심법원에 제출하여야 한다.'고 규정하고 있고 기간계산에 대해 별다른 규정이 없으므로 민법에 정한 기간계산법에 따라 계산해야 하는데, 민법은 기간에 있어서 초일을 산입하지 않기 때문에 '고지 받은 날' 또는 '송달된 날'의 다음날부터 기산해서 1주일 안에 즉시항고장(현재는 사법보좌관처분에 대한 이의신청서)을 법원에 제출해야 한다. 그리고 고지 받은 날 또는 송달된 날의 다음날이 토요일 또는 공휴일인 때에는 기간을 계산할 때 포함시켜야 하고, 만료일이 토요일 또는 공휴일인 때에는 기간계산에 포함시키지 않고 그 다음날이 만료일이 된다.

기간의 말일은 오전ㅇ시(자정 12시)까지를 말한다. 따라서 공무원 근무시간이 지났으면 자정 12시 안까지 법원 당직실 직원에게 접수하면 된다.

〈**기간계산 예**〉

매각허가결정선고일이 2011년 12월 20일이라고 가정할 때, 매각허가결정선고는 경매법정에서 사법보좌관이 매각허가 또는 불허가를 결정하여 선고하는 때를 민사집행법 제15조 2항이 정한 **'재판을 고지 받은 날'**로 보기 때문에 2011년 12월 20일 다음날인 2011년 12월 21일부터 1주일이 되는 12월 27일까지 매각허가 또는 매각불허가 결정에 대한 이의신청서를 법원에 제출해야 한다. 만약 12월 21일이 토요일 또는 공휴일이면 그 다음날인 12월 22일까지 제출해야 한다.

3) 이의신청 후 법원의 처리

① 사법보좌관은 이의신청서가 접수되면 검토해서 자신의 처분이 잘못된 것으로 인정될 때는 처음에 내린 결정을 취소하고 다시 새로운 결정을 내릴 수 있다(처분을 경정할 수 있다). 이의신청이 정당하지 않을 때는 사건을 지체 없이 소속법원 판사에게 송부한다(사법보좌관규칙 제4조 제5항).

② 이의신청사건을 송부 받은 판사는 이의신청이 이유가 있다고 인정될 때는 사법보좌관의 처분을 취소하고 새로운 내용의 처분을 내릴 수 있다.

③ 만약 이의신청이 이유 없다고 인정될 때는 사법보좌관이 내린 처분을 그대로 인가하고, 이의신청사건을 항고법원에 송부한다. <u>이 때 이의신청을 즉시항고로 취급하여 절차를 진행한다</u>. 그래서 항고법원은

이의신청서에 인지미첩 등 즉시항고 요건이 갖추어지지 않았으면 상당한 기간 내에 인지 등을 납부하게 하고, 항고보증금을 공탁해서 공탁서 사본을 제출하라는 취지의 보정명령서를 이의신청권자에게 송달한다.

④ 이의신청인이 이 통지를 받으면 매각대금의 10분지 1에 해당하는 돈을 경매법원 공탁과에 공탁하고 공탁서 사본을 제출해야 하고, 그 밖에 보정명령서에 기재된 보정사항을 보정기간 내에 법원에 제출해야 한다. 이를 해태하면 즉시항고가 기각된다.

4. 즉시항고 기각 시 항고보증금은 반환 문제

(1) 채무자 또는 소유자가 제기한 즉시항고가 기각되면 보증으로 제공한 공탁금은 전부 반환받지 못하고, 채권자 등에게 배당된다(민사집행법 제147조 제1항). 즉시항고가 받아들여지면 공탁금은 반환된다.

(2) 채무자 및 소유자를 제외한 이해관계인이 제기한 즉시항고가 기각되면 항고보증금 중에서 즉시항고를 제기한 날부터 기각결정이 확정된 날까지 매각대금(항고보증금이 아님)의 연2할(연20%)의 비율에 의한 금액(항고보증금을 한도로 함)은 반환받지 못하고, 나머지는 반환받을 수 있다(민사집행법 제130조 제7항).

(3) 채무자 . 소유자 . 이해관계인이 제기한 즉시항고가 기각되어 돌려받지 못한 보증금은 경매가 취소 또는 취하되면 전액 반환받을 수 있고, 배당절차에서 배당을 해주고 나머지가 있으면 반환받게 된다.

□ 매각허가결정에 대하여 보증의 제공이 있음을 증명하는 서류를 첨부하지 아니하고 항고를 한 경우의 업무처리요령(재민 95-2)

제1조(목적)

이 예규는 민사집행법 제130조 제1항의 규정에 의하여 매각허가결정에 대하여 항고를 함에 있어 같은조 제3항의 규정에 의한 보증의 제공이 있음을 증명하는 서류(이하 "보증제공 증명서류" 라고 한다)를 첨부하지 아니하여 같은조 제4항의 규정에 의하여 결정으로 항고장을 각하할 경우의 처리요령 및 그 항고장각하결정(이하 "보증제공 증명서류의 불첨부를 이유로 한 항고장각하결정" 이라 한다)에 대하여 불복신청(명칭에 구애받지 않는다)이 있는 경우의 기록송부방법 기타 필요한 사항을 정함을 목적으로 한다.

제2조(적용범위)

이 예규는 강제경매절차 및 담보권의 실행등을 위한 경매절차 모두에 적용한다.

제3조(매각허가결정에 대한 항고의 처리요령)

매각허가 결정에 대하여 항고를 함에 있어 보증제공 증명서류를 첨부하지 아니한 경우, 집행법원은 보증제공 증명서류가 제출되었는지의 여부를 다시 한번 확인한 다음 즉시항고기간이 도과된 직후 결정으로 항고장을 각하한다.

제4조(항고장각하결정에 대하여 불복신청이 있는 경우)

① 보증제공 증명서류의 불첨부를 이유로 한 항고장각하결정에 대하여 불복신청이 있는 경우, 경매법원은 경매기록 일부의 등본 등(이하 "기록등본" 이라고 한다)을 항고법원(시방법원 본원 합의부, 이하 같다)으로 송부한다.

② 제1항에 의하여 항고법원으로 송부할 기록등본은 "1책의 기록에 관하여 수개의 절차에서 동시에 소송이 계속하게 되는 때의 처리요령(재일 80-3)" 2항에 의하여 작성하되, 다음의 각 서류를 편철하여 작성한다.

1. 경매기록 표지의 등본

2. 매각허가결정의 등본

3. 항고장의 등본

4. 항고장각하결정의 등본 및 그 송달보고서의 등본

5. 항고장각하결정에 대한 불복신청서 및 그 불복신청에 대한 집행법원의 의견서

6. 항고인이 불복신청서 이후에 제출한 서류 중 당해 불복신청과 관련된 서류

③ 제1항에 의하여 기록등본을 송부하는 때에는, 경매기록 원본의 표지 오른쪽 위의 여백에 "재민 95-2 예규에 의하여 20 . . . 기록일부의 등본을 ○○지방법원으로 송부"라고 주서하고, 기록등본의 표시 오른쪽 위의 여백에 "재민 95-2 예규에 의한 기록등본임" 이라고 주서한다.

제5조(경매절차의 진행)

보증제공 증명서류의 불첨부를 이유로 한 항고장각하결정에 대하여 불복신청이 있더라도, 집행법원은 제4조 제2항 제5호 및 제6호의 각 서류를 등본하여 경매기록 원본에 편철하고, 그 경매기록 원본에 의하여 이후의 경매절차를 그대로 진행한다.

제6조(항고가 병존하는 경우)

① 보증제공 증명서류를 첨부한 자의 항고와 보증제공 증명서류를 첨부하지 않은 자의 항고가 병존하는 경우에도 집행법원은 보증제공 증명서류를 첨부하지 않은 자의 항고장을 각하하여야 한다.

② 보증제공 증명서류를 첨부한 자의 경락허가결정에 대한 항고와 보증제공 증명서류의 불첨부를 이유로 한 항고장각하결정에 대한 항고가 병존하는 경우, 집행법원은 매각허가결정에 대한 항고에 대하여는 경매기록 원본을, 항고장각하결정에 대한 항고에 대하여는 제4조를 준용하여 작성한 기록등본을 항고법원으로 각 송부한다.

③ 제1항에 있어서 보증제공 증명서류의 불첨부를 이유로 한 항고장각하결정의 고지가 송달불능 등으로 지연되는 경우 집행법원은 우선 보증제공 증명서류를 첨부할 필요가 없는 자 또는 보증제공 증명서류를 첨부한 자의 항고에 대하여 기록송부기간을 준수하여 경매기록 원본을 항고법원

으로 송부한다.

④ 제3항에 의하여 경매기록 원본이 항고법원으로 이미 송부된 후 보증제공 증명서류의 불첨부를 이유로 한 항고장각하결정에 대한 불복신청이 있는 경우, 집행법원은 그 불복신청서 및 집행법원의 의견서 등을 항고법원으로 송부하고, 송부서의 하단에 "경매기록 원본은 경락허가결정에 대한 항고에 의하여 이미 19 . . . 귀 법원으로 송부하였음"이라고 주서한다.

⑤ 제4항에 의하여 서류를 송부받은 항고법원은 먼저 송부된 경매기록 원본에 의하여 제4조를 준용하여 기록등본을 작성한 다음 항고장각하결정에 대한 불복신청사건을 심리한다. 다만 경매기록 원본의 표지 오른쪽 위의 여백에 "재민 95-2 예규에 의하여 19 . . . 기록일부의 등본을 작성함"이라고 주서한다.

⑥ 집행법원은 경락허가결정이 취소됨이 없이 항고법원 또는 대법원으로부터 경매기록 원본이 반송되어 온 때에는 경매절차를 속행한다.

제7조(항고장각하결정이 있기 전에 보증제공이 있은 경우)

매각허가결정에 대한 항고에 대하여 집행법원이 보증제공 증명서류가 첨부되어 있지 않다는 이유로 결정으로 항고장을 각하하였으나, 항고인이 위 항고장각하결정이 있기 전에 보증제공을 하였고 이를 이유로 위 항고장각하결정에 대하여 불복신청을 한 경우, 집행법원은 스스로 위 항고장각하결정을 취소하고(재도의 고안) 경매기록 원본을 항고법원으로 송부한다. 이 경우 항고에 대한 결정이 확정될 때까지 경매절차를 정지한다.

제8조(기록등본 반송시의 처리 등)

① 항고법원 또는 대법원으로부터 기록등본이 반송되어 온 때에는 그 기록등본을 경매기록 원본에 첨철한다.

② 경매기록을 보존할 단계에 이르렀으나 기록등본이 아직 반송되어 오지 않은 경우에는 그 기록등본이 반송되어 올 때까지 경매기록의 보존을 보류한다.

〔매각허가에 대한 이의신청서〕

매각허가에 대한 이의신청서

사　　건　2○○○타경　○○○호　　부동산임의(강제)경매
이의신청인(채무자) ○　○　○
　　　　　　주 소 ○○시 ○○구 ○○동 ○○

위 사건에 관하여 귀원이　년　월　일에 한 결정은　년　월　일에 고지 받았으나, 전부 불복이므로 이의를 제기합니다.

원결정의 표시

최고가매수신고인 ○○○
매각가격 : 금 ○○원
별지목록 기재의 부동산에 대하여 최고가로 매수신고한 위 사람에게 매각을 허가한다.

신 청 취 지

원결정을 취소하고 다시 상당한 재판을 구함.

신 청 이 유

이의신청사유를 기재

첨 부 서 류

1.

2○○○. ○. ○.

위 이의신청인 ○○○ (인)
연락처(☎)

○○지방법원　　귀중

[즉시항고장]

즉 시 항 고 장

항고인(채무자 겸 소유자)　○○○
○○시 ○○구 ○○동 ○○
연락처 :

귀원 2○○○타경○○○호 부동산임의경매사건에 관하여 항고인(채무자 겸 소유자)은 귀원이 20○○. ○. ○.에 선고·고지한 별지목록 기재 부동산에 대한 매각허가결정에 대하여 불복하고 즉시항고를 제기합니다.

원결정의 표시

최고가매수신고인 ○○○
매각가격 : 금 ○○원
별지목록 기재의 부동산에 대하여 최고가로 매수신고한 위 사람에게 매각을 허가한다.

항 고 취 지

원심법원이 별지목록 기재 부동산에 대하여 20○○. ○. ○.에 한 매각허가결정은이를 취소한다. 라는 재판을 구합니다.

항 고 이 유

1. 위 매수인의 대리인 ○○○는 동일인이 공동입찰자의 대리인이 되는 경우 외에는 2인 이상의 다른 입찰자의 대리인으로 될 수 없음에도 불구하

고, 이 사건 매수인과 또 다른 매수인의 입찰을 대리하였습니다.
2. 그러므로 위 매수인에 대한 입찰은 무효임에도 불구하고 매각허가결정을 한 것은 위법이므로 이 사건 항고에 이르렀습니다.

첨 부 서 류

1. 부동산목록 5통
1. 항고보증공탁서사본 1통
1. 입찰표 사본 2통
1. 송달료납부서 1통

20○○. ○. ○.

위 항고인(채무자 겸 소유자) ○○○ (인)

○○지방법원 귀중

제 9 절 채권배당 절차

1. 배당요구종기란

배당요구종기란 채권을 배당받기 원하는 채권자가 매각대금에서 채권을 배당해 달라고 신청할 수 있는 기간이 끝나는 마지막 날(만료일)을 말한다.

2. 배당요구종기 결정 및 공고

법원은 경매개시결정등기가 되면 경매절차에 필요한 기간을 감안하여 배당요구종기를 정하는데, 배당요구종기는 첫 번째 매각기일 이전의 날로 정한다(민사집행법 제84조 제1항). 배당요구종기를 정하면 인터넷 법원경매 등에 공고하고 전세권자를 비롯한 경매법원에 알려진 집행력 있는 정본을 가진 채권자, 경매개시결정 등기 이후에 가압류한 채권자, 민법, 상법, 그 밖의 법률에 의하여 우선변제청구권이 있는 채권자(임차권자, 임금채권 자 등)에게 고지하게 되어 있다. 법원은 특별한 사정이 있으면 배당요구의 종기를 연장할 수 있다.

3. 배당요구종기 왜 중요한가

권리분석 할 때는 배당요구종기에 관해 반드시 체크해야 한다. 배당요구종기에 관해 체크를 소홀히 하거나 잘못하여 입찰보증금을 날리거나 대항력 있는 임차권을 인수하는 사례가 경매실무에서 종종 발생하므로 조심해야 한다. 배당요구종기에 관해 꼭 체크할 사항은 다음과 같다.

첫째, 배당요구종기일이 언제까지 인지 여부

둘째, 소멸기준권리보다 먼저 대항력을 갖추고 확정일자까지 갖춘 임차인이 배당요구종기 <u>안에</u> 배당요구를 하였는지 여부(이 경우 배당요구종기 안에 배당요구 하지 않으면 무조건 인수).

셋째, 위에 해당하는 임차인이 배당요구종기 안에 배당요구를 하였다가 배당요구종기 안에 배당요구 신청을 철회하지 않았는지 여부(배당요구종기 안에 배당요구철회시 낙찰자가 인수)

4. 배당받을 수 있는 채권의 범위

(1) 첫 경매개시결정 전에 등기된 저당권, 근저당권, 전세권, 가압류 . 압류

(2) 첫 경매개시 결정 등기 전 등기된 가압류

(3) 첫 경매개시결정등기 후에 등기한 가압류 . 압류 . 근저당권 . 저당권자 등으로 배당요구종기 전에 권리신고 및 배당요구 신청한 채권자

(4) 배당요구종기 전에 배당요구한 집행력 있는 정본 소지자

(5) 주택 . 상가건물 임차인, 임금채권자 등으로 배당요구종기 전에 배당요구한 채권자 등

(6) 배당요구종기 안에 권리신고 한 담보가등기권자(저당권 취급)

5. 배당요구 신청

(1) 배당요구 시기

배당요구를 할 수 있는 시기는 채무자가 경매개시결정문을 송달 받은 때와 경매개시결정등기가 경료 된 시기 중 먼저 도래한 때부터 배당요구종기까지 할 수 있다. 법원은 배당요구의 종기가 정하여진 때에는 경매개시결정을 한 취지 및 배당요구의 종기를 공고하고, 전세권자 및 법원에 알려진 채권자에게 이를 고지하는데, 실무상 이 고지를 받고 배당요구종기 안에 하는 것이 일반적이다.

(2) 배당요구하지 않아도 배당참가자

다음의 채권자는 배당요구를 하지 않아도 당연히 배당에 참가해서 배당을 받을 수있다. 다만, 법원의 업무 부담을 덜어주고, 또 채권액의 변동이 있을 수 있으므로 배당요구를 하는 것이 좋을 것이다.

1) 먼저 신청된 경매사건의 배당요구종기까지 이중경매를 신청을 한 채권자

2) 첫 경매개시결정등기 전에 등기된 저당권 · 근저당권 . 전세권 . 가압류 . 압류권자

(3) 반드시 배당요구가 필요한 경우

다음의 경우 배당요구종기 안에 반드시 권리신고 및 배당요구를 하여야만 배당을 받을 수 있다.

1) 임금채권자

2) 주택.상가건물임차인

3) 집행력 있는 정본 소지자

4) 그밖에 민법.상법.기타 법률에 의해 우선변제권이 있는 자, 앞에서 본 첫 경매개시결정등기 이후에 한 가압류권자, 근저당권자, 저당권자, 압류권자

5) 첫 경매개시결정등기 후에 체납처분에 의한 압류권자는 배당요구종기까지 교부청구를 하여야만 배당에 참가할 수 있다(대법원 2001. 11. 27. 선고 99다22311 판결).

6) 담보가등기권자는 법원이 통지한 기간까지 담보가등기인지 여부 및 채권신고의 최고기간까지 채권신고를 한 경우에 한하여 배당에 참가할 수 있다.

6. 배당요구 철회할 수 있나

채권자의 배당요구에 따라 매수인이 인수해야할 부담이 바뀌는 경우 배당요구한 채권자는 배당요구의 종기가 지난 뒤에는 철회하지 못한다. 철회를 하려면 배당요구 종기 안에 해야 한다. 예컨대 대항력 있는 임차인이 배당요구를 했다가 배당요구종기 안에 철회할 경우 낙찰자는 임차인의 권리를 인수하게 되므로 철회할 수 없다.

7. 배당요구시 필요서류

권 리 자	필 요 서 류
집행력 있는 정본을 가진 채권자	집행력 있는 정본(집행문이 필요한 경우를 제외하고 집행문을 부여받은 정본 제출, 단, 판례는 사본도 가능하다고 보나 배당단계에서는 정본이 필요).
경매개시결정등기 후 등기된 가압류권자	가압류결정정본 . 부동산등기부등본
경매개시결정등기 후 등기된 (근)저당권자등	부동산등기부등본
주 택 임 차 인	임대차계약서 사본,주민등록등본, 연체된 차임이 있으면 보증금과 연체차임을 공제한 잔여보증금 계산서
상가건물임차인	임대차계약서사본, 등록사항현황서, 연체된 차임이 있으면 보증금과 연체차임을 공제한 잔여보증금 계산서
근로기준법상 임금채권자	다음 서류 중 하나를 갖추면 된다. ①확정판결문 ②체불임금확인서(노동부지방사무소에서 발급)+ ㉮국민연금보험료원천공제계산서(사용자가 교부), ㉯근로소득에 대한 원천징수영수증(사업자가 교부), ㉰국민연금보험료납부사실확인서(국민연금관리공단 발급), ㉱국민건강보험료납부사실확인서(국민건강보험공단 발급) 위 ㉮~㉱는 그 중 한 가지만 구비 위 ㉮~㉱서면을 제출할 수 없는 부득이한 사정이 있는 때에는 사용자가 작성한 근로자명부사본 또는 임금대장사본(단, 이 경우에는 사용자가 사업자등록을 하지 아니하는 등의 사유로 위 ㉮~㉱ 서면을 발급 받을 수 없다는 사실을 소명하는 자료도 함께 제출하여야 함).

8. 배당순위

1순위	집행비용
2순위	제3취득자의 유익비, 필요비 (상환청구 했을 때)
3순위	주택 및 상가건물 소액보증금 중 일정액, 근로기준법상 최종 3개월분 임금, 최종 3년분 퇴직금, 재해보상금
4순위	해당 부동산에 부과된 **당해세**[26] 및 그 가산세
5순위	국세,지방세의 **법정기일**[27] 전에 설정된 저당권, 전세권으로 담보된 채권, 확정일자 있는 임차보증금 채권
6순위	위 3순위 임금채권을 제외한 임금 기타 근로관계 채권
7순위	국세, 지방세 및 그 징수금(체납처분비 가산금 등)
8순위	국세 및 지방세의 다음 순위로 징수하는 공과금 중 산업재해보상보험료, 국민연금보험료, 고용보험료, 의료보험료, 국민의료보험료(단, 이들 채권의 납부기한이 저당권, 전세권 등기보다 앞선 경우에는 저당권, 전세권에 우선한다)
9순위	일반채권, 재산형· 과태료 및 국유재산법상의 사용료·대부료·변상금채권

26) ①국세 (=상속세, 증여세, 재평가세) ②지방세(= 재산세, 자동차세, 도시계획세, 공동시설세, 종합토지세).

27) 법정기일이라 함은 다음 중 어느 하나에 해당하는 기일을 말한다. ① 과세표준과 세액의 신고에 의하여 납세의무가 확정되는 국세(중간예납하는 법인세와 예정신고납부하는 부가가치세 포함)에서 신고한 당해 세액에 대하여는 그 신고일, ② 과세표준과 세액을 정부가 결정·경정 또는 수시부과 결정하는 경우에 고지한 해당 세액에 대하여는 그 납세고지서의 발송일, ③ 원천징수의무자 또는 납세조합으로부터 징수하는 국세와 인지세에 있어서는 그 납세의무의 확정일, ④ 제2차 납세의무자(보증인을 포함한다)의 재산에서 국세를 징수하는 경우에는 납부통지서의 발송일, ⑤ 양도담보재산에서 국세를 징수하는 경우에는 납부통지서의 발송일, ⑥ 납세자의 재산을 압류한 경우에 그 압류와 관련하여 확정된 세액에 대하여는 그 압류등기일 또는 등록일. 근거법은 국세기본법, 지방세법, 국세징수법이다.

9. 배당실시

(1) 배당기일에 지참할 서류

신분증, 대리인 출석시 임감증명서 첨부한 위임장, 대리인 신분증, 임차인은 낙찰자(매수인)명의로 작성된 명도확인서(인감도장 날인하고 낙찰자 인감증명서 첨부), 임대차계약서 원본(법원 출급명령서와 교환), 배당된 채권자는 법원보관금계에서 출급지시서 수령하여 은행에서 수령하면 된다. 만약 임차인이 낙찰자로부터 명도확인서를 받지 못한 경우 배당기일로부터 10일 안에 명도확인서와 낙찰자 인감증명서를 담당경매계에 제출하면 배당금을 수령할 수 있다.

〔명도확인서〕

명도확인서

사건번호 : 2○○○타경 ○○○○호 부동산(강제)임의경매

성명(임차인) ○○○

주소 : 서울시 ○○구 ○○동 ○○

휴대폰 :

위 사건에 관하여 임차인 ○○○은 임차보증금을 배당받고자 매수인에게 목적부동산을 명도하였음을 확인합니다.

첨부서류 : 매수인 인감증명서 1통

2○○○. ○. ○.

매수인 ○○○ (인감도장)

서울시 ○○구 ○○동 ○○

휴대폰 :

서울중앙지방법원 귀중

(2) 배당방법

1) 순위배당

매각대금으로 모든 채권자에게 만족을 주는 배당이 어려울 때에는 우선순위에 따라 순차로 배당하고, 잔액이 있으면 일반채권자에게 안분배당 한다. 이때 배당순위가 같은 채권은 각 배당에 가입된 채권액의 같은 순위의 채권 합산액에 대한 백분율을 배당액으로 한다.

※ 배당비율 = (각 배당채권액 ÷ 동 순위 채권 합산액 × 100)

▣ 사례 - 매각대금으로 모든 채권자의 채권충당이 가능한 경우

[배당할 금액 6,000만원, 경매비용은 제외]

등기일자	권리 및 채권액	권리자	배당액
2011. 5. 20.	근저당 1000만원	갑	1,000만원
2011. 8. 10.	근저당 1000만원	을	1,000만원
2011. 10. 5.	가압류 2000만원	병	2,000만원
2011. 12. 10.	가압류 1,000만원	정	1,000만원
	판결채권자 1,000만원	무	1,000만원

▣ 사례 - 매각대금으로 모든 채권자의 채권충당이 안 되는 경우

[배당할 매각대금 5,000만원, 경매비용은 제외}

등기일자	권리 및 채권액	권리자	배당액
2011. 5. 20.	근저당 1000만원	삽	1,000만원
2011. 8. 10.	근저당 1000만원	을	1,000만원
2011. 10. 5.	가압류 2000만원	병	1,500만원
2011. 12. 10.	가압류 1,000만원	정	750만원
	판결채권자 1,000만원	무	750만원

☞ **배당액**

① 근저당권자 갑의 배당액 = 1,000만원

② 근저당권자 을의 배당액 = 1,000만원

③ 가압류권자 병의 배당액 = 1,500만원
(3000만원 × 2,000만원) ÷ (2,000만원 + 1,000만원 + 1,000만원) = 1,500만원

④ 가압류권자 정의 배당액 = 750만원
(3000만원 × 1,000만원) ÷ (2,000만원 + 1,000만원 + 1,000만원) = 750만원

⑤ 판결에 의한 배당요구권자 무의 배당액 = 750만원
(3000만원 × 1,000만원) ÷ (2,000만원 + 1,000만원 + 1,000만원) = 750만원

(2) 안분 후 흡수배당

배당채권자들 사이에 배당순위가 고정되지 않고 채권자들 사이에 우열관계가 상대 채권자에 따라 변동되는 경우 안분 후 흡수배당한다(대결 1994. 11. 29, 94마 417).

■ **사례**

[배당할 매각대금 3000만원, 경매비용 제외)

등기일자	권리 및 채권액	권리자	배당액
2011. 5. 20.	가압류 2000만원	갑	750만원
2011. 8. 10.	근저당 2000만원	을	1,000만원
2011. 10. 5.	근저당 3000만원	병	1,250만원
2011. 11. 20.	가압류 1,000만원	정	

☞ **배당액**

① 가압류권자 갑의 배당액 = 750만원

(3000만원 × 2000만원) ÷ (2000만원 +2000만원 + 3000만원 + 1,000만원) =750만원

② 근저당권자 을의 배당액 = 2000만원(750만원+11,250,000원+1,250,000원)

(3000만원 × 2000만원) ÷ (1000만원 +2000만원 + 3000만원 +1,000만원) =750원

* 근저당권자 병의 배당액 11,250,000원과 가압류권자 정의 배당액 중 1,250,000원 흡수

③ 근저당권자 병의 배당액 = 250만원

(3000만원 × 3000만원) ÷ (2000만원 +2000만원 + 3000만원+1,000만원)= 11,250,000원

* 가압류권자 정의 배당액 3,750,000원 중 근저당건자 을에게 흡수된 1,250,000원을 제외한 나머지 250만원을 흡수

④ 가압류권자 정의 배당액 = 없음(전부 흡수당함)
(3000만원 × 1000만원) ÷ (2000만원 +2000만원 + 3000만원+1,000만원)=3,750,000원

(3) 배당이의

배당이의는 배당기일에 필히 출석하여 다른 채권자의 배당순위, 배당액수에 대해 이의가 있으면 1차적으로 사법보좌관에게 이의채권자, 이의금액, 이의사유를 밝혀 배당이의를 하고, 다시 소속판사실(또는 법정)에게 배당이의를 하는 것이 실무이다.

1) 배당기일에 출석한 채무자는 채권자의 채권 또는 그 채권의 순위에 대하여 이의할 수 있다.(민사집행법 제151조 제1항).

2) 채무자는 법원에 배당표원안이 비치된 이후 배당기일이 끝날 때까지 채권자의 채권 또는 그 채권의 순위에 대하여 서면으로 이의할 수 있다.(동법 §151②).

3) 기일에 출석한 채권자는 자기의 이해에 관계되는 범위 안에서는 다른 채권자를 상대로 그의 채권 또는 그 채권의 순위에 대하여 이의할 수 있다.(동법§151③).

4) 집행력 있는 집행권원의 정본을 가지지 아니한 채권자(가압류채권자를 제외한다) 에 대하여 이의한 채무자와 다른 채권자에 대하여 이의한 채권자는 배당이의의 소송을 제기하여야 한다.(동법§154①).

5) 집행력 있는 집행권원의 정본을 가진 채권자에 대하여 이의한 채무자는 청구이의 소송을 제기하여야 한다(동법§154②).

6) 이의한 채권자나 채무자가 배당기일부터 1주 이내에 집행법원에 대하여 제1항의 소를 제기한 사실을 증명하는 서류(소제기증명원)를 제출하지 아니한 때 또는 제2항의 소를 제기한 사실을 증명하는 서류와 그 소에 관한 집행정지재판의 정본을 제출하지 아니한 때에는 이의가

취하된 것으로 본다(동법§154③).

〈대지와 건물 일괄매각시 배당표 작성방법〉

대지와 건물을 일괄경매 하더라도 배당절차는 기본적으로 개별경매의 경우와 다르지 않으므로, 대지와 건물을 개별경매하는 경우와 마찬가지로 대지에 대한 권리자는 대지매각대금에서, 건물에 대한 권리자는 건물매각대금에서 각 배당을 받아야 하고, 따라서 대지와 건물을 일괄매각하는 경우 각 재산의 매각대금에서 배당받을 채권자 및 채권이 다른 때에는 각 부동산의 매각대금마다 구분하여 이른바 개별배당재단을 형성한 후 각 대금마다 따로 배당표를 작성하여야 한다.

그리고 이 경우 배당표에 대한 이의는 각 물건마다 작성된 배당표를 대상으로 따로 처리되어야 하는 것이고, 설령 대지와 건물에 대한 배당표가 하나로 작성되었다고 하더라도 이는 대지매각대금에 대한 배당표와 건물매각대금에 대한 배당표의 각 채권자의 배당액이 합산되어 하나로 작성된 것에 불과하므로, 대지 매각대금이 모두 대지에 대한 권리자들에게 배당되었는데, 다만 그들 사이의 배당순위만 문제되는 경우 대지에 대한 선순위 채권자로서 배당을 받지 못한 자는 대지에 대한 후순위 채권자로서 선순위 채권자에 우선하여 배당받은 채권자를 상대로 배당이의를 할 수 있는 것이고, 후순위권자가 건물매각대금으로부터 배당을 받을 수 있어서 결과적으로 후순위 채권자의 배당액에 변경이 없을 것이라고 하여 달리 볼 것이 아니다.(출처 : 대법원 2003. 9. 5. 선고 2001다66291 판결).

(4) 배당이의와 부당이득반환청구권과의 관계

1) 배당이의한 채권자가 배당이의 소제기 기간을 지키지 아니한 경

우에도 배당표에 따른 배당을 받은 채권자에 대하여 소로 우선권 및 그 밖의 권리를 행사하는 데 영향을 미치지 아니한다(민사집행법 제155조).

2) 배당요구를 한 자 또는 배당요구를 하지 않아도 당연히 배당에 참가할 수 있는 채권자는 배당에 관하여 이의를 한 여부 또는 형식상 배당절차가 확정되었는가의 여부에 관계없이 배당을 받지 못할 자이면서도 배당을 받았던 자를 상대로 부당이득반환 청구권을 갖는다고 판시하고 있다(대법원 99다26948판결 등).

3) 다만, 임차권자, 임금채권자처럼 배당요구를 하여야만 배당절차에 참여할 수 있는 채권자가 배당요구를 하지 않은 경우 부당이득반환청구권을 행사할 수 없다(대법원 96다55709판결).

4) 근저당권 등 담보권자가 경매신청서에 피담보채권 중 일부만을 청구금액으로 기재하여 담보권실행을 위한 경매를 신청한 후 청구금액을 확장한 채권계산서만 제출하고 배당요구종기까지 이중경매를 신청하지 않고 그대로 경매절차를 진행시켜 경매신청서에 기재된 청구금액을 기초로 배당표가 작성, 확정되어 배당이 실시되었다면, 신청채권자가 청구하지 아니한 부분의 금원이 후순위채권자에게 배당되었다 하여 이를 법률상 원인이 없는 것이라고 볼 수 없다(대법원 96다495판결).

(5) 배당금을 집행공탁 하는 경우

1) 배당기일에 배당이의가 제기되고, 그로부터 1주일 안에 배당이의에 대한 소제기증명원이 제출된 때

2) 채권이 가압류 된 때

3) 강제집행의 일시정지를 명한 취지를 적은 재판의 정본 또는 담보권 실행을 일시 정지하도록 명한 재판의 정본이 제출된 때(동법§49

②,§266①2).

4) 저당권설정보전을 위한 가등기가 된 때

5) 배당이의 및 배당이의의 소를 제기하고 배당기일로부터 1주일 안에 소제기증명원이 제출된 때

6) 질물보다 먼저 다른 재산에 관한 배당을 실시하는 경우 다른 채권자의 배당금액의 공탁청구가 있는 때(민법§340②).

7) 배당받을 채권자가 배당기일에 출석하지 아니한 때

8) 배당기일까지 명도확인서를 제출하지 못한 임차인이 배당기일로부터 10일 이내에 명도확인서를 제출하지 않은 경우

9) 채권에 정지조건 또는 불확정기한이 붙어 있는 때

(6) 추가배당

배당이의 등으로 배당금이 공탁된 후 추후 추가배당사유(배당이의 소송을 제기한 자가 승소한 경우 등)가 생기면 법원은 추가배당기일을 정하여 각 채권자들에게 통지한다. 추가배당표에 대하여는 종전 배당기일에서 주장할 수 없었던 사유만으로 해야 한다.

10. 배당이의 소

배당이의가 배당기일에 완결되지 않으면 배당이의권자는 배당기일

로부터 1주일 안에 배당이의 소를 제기하고, 집행법원에 소제기증명원을 제출해야만 이의부분에 대한 배당을 저지할 수 있다(소제기증명원은 배당이의한 날로부터 1주일 안에 집행법원에 필히 제출해야 함). 집행법원은 배당이의권자가 배당일로부터 1주일 안에 소제기증명원을 접수하지 않으면 배당이의가 없는 것으로 간주하고 배당을 실시한다(민집 §154③).

배당이의권자가 배당이의 소를 제기하고, 최초 변론기일에 출석하지 않으면 소를 취하한 것으로 간주하고(민집 §158), 이의가 된 부분에 대해 추가배당을 실시한다.

［배당이의소장］

소　　장

원고 ○○○

서울 ○○구○○동○○○

휴대폰번호 :

피고 ○○○

서울 ○○구○○동○○○

배당이의 소

청구취지

1. ○○지방법원 2○○○ 타경○○○○ 호 부동산임의경매사건에 관하여 위 법원이 작성한 배당표는 이를 변경하여 원고에게 금 ○○○○원, 피고에게 금 ○○○○원을 각 배당한다.
2. 소송비용은 피고의 부담으로 한다.

라는 판결을 구합니다.

청구원인

1. 지방법원 2○○○타경 ○○○○ 호 부동산임의경매사건에 관하여 원고는 경매신청채권자이고, 피고는 배당요구채권자입니다. 2○○ .○ . ○. 같은 법원은 배당금 ○○○○원 중, 원고에게 청구금액 ○○○○원 중, 금 ○○○○원을, 피고에게 청구금액 ○○○○원 중, 금 ○○○○원을 배당한다는 배당표를 작성한바 있습니다.

2. 그런데 원고가 알아본 바에 의하면, 피고는 청구채권 금 ○○○○원 중 금 ○○○○원을 이미 변제받았다는 것입니다. 그러므로 피고에 대하여 금 ○○○○원을 배당요구채권으로 하여 배당표가 작성되어야 할 것입니다.

3. 그러므로 원고는 종전 배당표를 청구취지와 같이 변경한다는 판결을 구하고자 본 소에 이른 것입니다.

입증방법

1. 갑제1호증 배당표 사본
1. 갑제2호증 배당기일조서등본
1. 갑제3호증 배당요구서 사본

첨부서류

1. 입증방법 각 1통
2. 소장부본 1통
3. 인지대 및 송달료 납부서 각 1통

2○○○. ○. ○.

원고 ○○○ (인)

○○지방법원 귀중

※ 배당을 실시한 법원 민사과 또는 종합민원실 접수계에 소장 접수(배당을 실시한 법원이 속한 제1심 지방법원 또는 지원)

※ 소가

① 채권자가 소송제기 시 : 원고에 대한 배당 증가액

② 소유자. 채무자가 소송제기 시 : 피고의 배당 감소액

※ 소장접수 할 때 소제기증명원 발급받아 경매계에 접수(필수)

〔소제기증명원 신청〕

소제기증명원 신청서

원고 ○○○
　　○시 ○○구 ○○동 ○○

피고 ○○○
　　○시 ○○구 ○○동 ○○

위 당사자간 배당이의 소가 　년 　월 　일자로 사건번호 2○○○가합 ○○○ 호로 귀원에 접수되었음을 증명하여 주시기 바랍니다.

2○○○. ○. ○.

위 원고 ○○○ (인)

○○지방법원 귀중

※ 인지 500원 첩부

※ 2통 작성하여 소장 접수할 때 제출, 1통 교부받아 경매계에 접수

11. 근로자의 임금채권에 대한 배당신청시 유의사항(재민 97-11)

(1) 근로자의 임금변제권에 기한 배당요구시 첨부할 소명자료

근로자가 집행법원에 「근로기준법」 제38조에서 정한 임금채권 및 「근로자퇴직급여보장법」 제11조에서 정한 퇴직금채권의 우선변제권에 기한 배당요구를 하는 경우에는, 판결 이유 중에 배당요구 채권이 우선변제권 있는 임금채권이라는 판단이 있는 법원의 확정판결이나 노동부 지방사무소에서 발급한 체불임금확인서 중 하나와 다음에서 열거한 서면 중 하나를 소명자료로 첨부하여야 한다.

1) 사용자가 교부한 국민연금보험료원천공제계산서(국민연금법 제77조).

2) 원천징수의무자인 사업자로부터 교부받은 근로소득에 대한 원천징수영수증 (소득세법 제143조).

3) 국민연금관리공단이 발급한 국민연금보험료 납부사실 확인서(국민연금법 제75조).

4) 국민건강보험공단이 발급한 국민건강보험료납부사실 확인서(국민건강보험법 제62조).

5) 노동부 고용지원센타가 발급한 고용보험 피보험자격취득 확인통지서(고용보험법 제14조).

6) 위 가.항 내지 라.항 기재 서면을 제출할 수 없는 부득이한 사정이 있는 때에는 사용자가 작성한 근로자명부(근로기준법 제40조) 또는 임금대장(근로기준법 제47조)의 사본(다만, 이 경우에는 사용자가 사업자등록을 하지 아니하는 등의 사유로 위 가.항 내지 라.항 기재 서면을 발급받을 수 없다는 사실을 소명하는 자료도 함께 제출하여야 함).

(2) 다수 근로자의 임금채권 배당요구시 주의사항

1) 근로자 대표자를 선임하여 그의 명의로 배당요구를 하는 경우

집행법원은 근로자들이 대표자를 선임하여 그에게 배당요구 및 임금채권 추심에 관한 일체의 권한을 위임하고 그와 같은 내용의 결의서나 위임장을 첨부하여 대표자 명의로 배당요구를 하는 경우 그 대표자 이외의 근로자의 배당요구로서는 효력이 없다는 사실 및 근로자 대표자가 사용자와 약속어음 공정증서 등을 작성하고 그에 기하여 자신의 명의로 배당요구를 하는 경우 임금채권 우선변제권을 인정할 수 없다는 사실을 적절히 고지하는 것이 바람직하다.

2) 선정당사자 제도를 이용하여 배당요구를 하는 경우

경매절차에서 동일 채무자에 대하여 동종의 임금채권을 가지는 근로자들이 선정당사자를 선정하여 배당요구를 하는 경우 선정당사자를 배당요구채권자로 인정한다.

① 적용 범위

㉠ 근로자들이 민사소송법 제53조 제1항의 규정에 따라 선정당사자를 선정하여 배당요구를 한 경우

㉡ 근로자들이 경매절차가 개시되기 전에 선정당사자 명의로 가압류를 한 경우(다만 이 경우에 집행법원은 직권으로 근로자별 임금채권액을 조사하여야 한다)

② 서면의 제출

㉠ 선정당사자는 배당요구를 할 때 다음에서 열거한 서면을 첨부하여야 한다.

㉡ 선정자별 배당요구 임금채권액이 기재된 서면

㉢ 선정자별 임금채권이 우선변제권이 있는 임금채권임을 소명하는

제 1. 항 기재의 서면

③ **배당표의 작성**

㉠ 집행법원은 배당표에 선정당사자를 채권자로 기재하고, 선정자별 임금 합계액을 채권액으로 기재한다.

㉡ 배당표에 선정자 및 선정자별 배당채권액 목록을 첨부한다.

④ **배당금의 지급**

㉠ 배당금 출급명령서에도 선정당사자를 채권자로 기재한다.

㉡ 선정당사자에게 근로자들의 배당금 수령용 위임장의 제출을 요구하지 아니하고, 선정당사자에게 선정자들의 배당금 전액을 지급한다.

[배당요구신청서] - 판결 등 소지한 일반채권자

배당요구신청서

인지 500원

사 건 2○○○ 타경○○○○호 부동산(임의)강제경매
채권자 ○○○
채무자 ○○○
소유자 ○○○
배당요구신청인 ○○○
○○시 ○○구 ○○동 ○○ (연락처 :)

청구채권

청구금액 : 원금 ○○○원 및 이에 대한 2○○○. ○. ○.부터 다 갚는 날까지 연 ○%의 비율에 의한 지연이자

신청이유

위 배당요구채권자는 채무자에 대하여 귀원 ○○가단○○대여금 청구사건에 관한 집행력있는 판결정본에 의한 위 표시채권을 가지고 있으므로 매각대금에 대하여 배당요구를 신청합니다.

첨부서면

1.집행력있는 정본 · 사본
2.송달증명
3. 확정증명서

2○○○. ○. ○.
배당요구채권자 ○○○ (인)

○○지방법원 경매 계 귀중

[권리신고 및 배당요구신청서] - 주택임차인

권리신고 및 배당요구신청서

인지 500원

사 건 2○○○타경 ○○○○호 부동산(임의)강제경매
채권자 ○○○
채무자 겸 소유자 ○○○
배당요구채권자 ○○○
○○시 ○○구 ○○동 ○○(연락처 :)

신청인은 임차인으로서 이 사건 매각절차에서 임차보증금을 변제받기 위하여 아래와 같이 권리신고 및 배당요구신청을 합니다.

1	임차부분	전부(방 칸), 일부(층 방 칸)
2	임차보증금	보증금 원에 월세 원
3	점유(임대차)기간	20 . . .부터 20 . . .까지
4	전입일자 (주민등록전입일)	20 . . .
5	확정일자 유무	유(20 . . .), 무
6	임차권·전세권등기	유(20 . . .), 무
7	계약일	20 . . .
8	계약당사자	임대인(소유자) 임차인
9	입주한 날 (주택인도일)	20 . . .

첨부서류

1. 임대차계약서 사본 1통
2. 주민등록표등본 1통

2○○○. ○. ○.

권리신고 겸 배당요구신청인 ○○○(인)

○○지방법원 ○○지원 귀중

※ 임차인, 임금채권자는 반드시 권리신고서와 배당요구서를 동시에 제출해야 함.

[권리신고 및 배당요구신청서] - 상가임차인

권리신고 및 배당요구신청서

인지 500원

사 건 2○○○ 타경 ○○○○호 부동산 (임의)강제경매

채권자 ○○○

채무자 겸 소유자 ○○○

배당요구채권자 ○○○

○○시 ○○구 ○○동 ○○ (연락처 :)

임차인은 이 사건 매각절차에서 임차보증금을 변제받기 위하여 아래와 같이 권리신고 및 배당요구신청을 합니다.

1	임차부분	전부, 일부(층 전부), 일부(층 중 ㎡)
2	임차보증금	보증금 원에 월세 원
3	점유(임대차)기간	20 . . .부터 20 . . .까지
4	사업자등록신청일	20 . . .
5	확정일자 유무	유(20 . . .), 무
6	임차권·전세권등기	유(20 . . .), 무
7	계약일	20 . . .
8	계약당사자	임대인(소유자) 임차인
9	건물의 인도일	20 . . .

첨부서류

1. 임대차계약서 사본 1통
2. 등록사항 등의 현황서 등본 1통
3. 건물도면의 등본 1통 (건물 일부를 임차한 경우)

2○○○. ○. ○.

권리신고 겸 배당요구신청인 ○○○ (인)

○○지방법원 귀중

[배당요구신청서] - 경매개시결정 등기 후 가압류채권자

권리신고 및 배당요구신청

인지 500원

사 건 2○○○타경 ○○○호 부동산(임의)강제경매

채권자 ○○○

채무자 ○○○

소유자 ○○○

권리신고인 겸 배당요구채권자 ○○○
○○시 ○○구 ○○동 ○○
연락처 :

지방법원 타경 호 부동산임의경매사건에 관하여 배당요구채권자는 아래와 같이 민사집행법 제90조 제4호에 해당하는 이해관계인으로서 아래와 같이 배당요구신청을 합니다.

아 래

배당요구채권자는 경매개시결정 등기 후 가압류채권자로서 배당요구를 신청합니다.

청구금액 : 원금 ○○○원 및 이에 대한 20○○. ○. ○.부터 다 갚는 날까지 연 ○○%의 비율에 의한 지연이자

첨 부 서 류

1. 부동산등기부등본 1통
1. 부동산가압류결정문 1통
1. 송달료납부서 1통

2○○○. ○. ○.
위 배당요구채권자 ○○○ (인)

○○지방법원 귀중

※ 개시결정등기 후 등기권자는 권리신고서 및 배당요구서를 동시에 제출하는 것이 실무임.

[권리신고 겸 배당요구신청서] - 경매개시결정 등기 후 등기한 근저당권자

권리신고 및 배당요구신청

인지 500원

사 건 2○○○타경 ○○○○호 부동산(임의)강제경매
채권자 ○○○
채무자 ○○○
소유자 ○○○
권리신고인 겸 배당요구채권자(근저당권자) ○○○
○○시 ○○구 ○○동 ○○
연락처 :

귀원 타경 호 부동산임의경매사건에 관하여 권리신고인 겸 배당요구채권자는 아래와 같이 민사집행법 제268조 제4호에 해당하는 이해관계인으로서 권리신고 겸 배당요구신청을 합니다.

아 래

1. 권리신고
   권리신고인 겸 배당요구채권자는 경매개시결정 후 ○○지방법원 ○○등기소 200 년 월 일자 접수 제○○○호, 채권최고액 금 ○○○원, 채무자 ○○○, 근저당권자 ○○○로 근저당권설정등기를 마쳤습니다.

2. 배당요구
   권리신고인 겸 배당요구채권자는 경매개시결정된 뒤의 근저당권자로서 배당요구합니다.
   청구금액 : 원금 ○○○원 및 이에 대한 년 월 일부터 다 갚는 날까지 연 %의 비율에 의한 이자 및 지연손해금

첨 부 서 류

1. 부동산등기부등본 1통
1. 근저당권설정계약서 1통

20○○. ○. ○.
위 권리신고인 겸 배당요구채권자 ○○○ (인)

○○지방법원 귀중

〔채권계산서〕

채권계산서

사 건 2○○○타경 ○○○○호 부동산(임의)강제경매
채권자 ○○○
채무자 ○○○
소유자 ○○○
배당요구채권자 ○○○

위 사건에 관하여 배당요구권자인 ○○○는 아래와 같이 채권계산서를 제출합니다.

채권계산서

1. 원금 : 금 ○○○원
2. 이자 : 금 ○○○원

원금 ○○○원× 0.20× 256/365일(20○○. ○. ○.부터 20○○. ○. ○. 연20%)= 금 ○○○원

합계 : 금 ○○○○원(원금 + 이자) 끝.

제10절 경매의 정지.취소.취하

1. 경매절차가 정지되는 경우

(1) 강제경매의 정지

경매가 진행 중에 다음 서류가 경매법원에 제출되면 경매절차를 필수적으로 정지해야 한다.(민사집행법 제49조 2호, 4호).

1) 강제집행의 일시정지를 명한 취지를 적은 재판의 정본

채무자가 청구이의 소송 또는 채무부존재 소송 등을 제기하고 별도로 강제집행정지결정을 그 결정문을 경매법원에 제출하면 경매절차가 필수적으로 정지된다.

2) 집행할 판결이 있은 뒤에 채권자가 변제를 받았거나, 의무이행을 미루도록 승낙한 취지를 적은 증서

채권자가 채무자를 상대로 소송을 제기해서 판결을 받은 후에 채권자가 변제를 받고 채무자에게 작성해 준 변제증서(변제확인서 등) 또는 채권자가 변제기한을 연장해 준 경우 그에 대한 증서(합의서등)를 법원에 제출하면 경매절차를 필수적으로 정지해야 한다. 다만, 채권자가 변제를 받았다는 취지를 적은 증서를 제출하여 강제집행이 정지되는 경우 그 정지기간은 2개월로 하고(민사집행법 제51조 제1항), 채권자가 의무이행을 미루도록 승낙하였다는 취지를 적은 증서를 제출하여 강제집행이 정지되는 경우 그 정지는 2회에 한하며 통산하여 6개월을 넘길 수 없다(동법 제

51조 제2항).

(2) 임의경매의 정지

담보권실행의 일시정지를 명한 법원의 결정문이 제출되면 경매절차가 필수적으로 정지된다. 즉 채무자가 경매개시결정에 대한 이의신청 또는 채무부존재소송 . 채무부인의 소송 또는 근저당권말소청구의 소송 등을 제기하고 잠정처분으로 경매절차정지결정(담보권실행절차정지결정)을 받아 그 결정문을 경매법원에 제출하면 경매절차가 정지된다.

2. 경매절차가 취소되는 경우

(1) 강제경매의 취소

다음의 서류가 법원에 재출되면 직권으로 경매절차가 취소된다.

1) 집행할 판결 또는 그 가집행을 취소하는 취지나, 강제집행을 허가하지 아니하거나 그 정지를 명하는 취지 또는 집행처분의 취소를 명한 취지를 적은 집행력 있는 재판의 정본이 제출된 경우 (민사집행법 제49조 1호)

이 의미는 채권자가 1심 재판에서 승소하고 채무자가 항소를 제기한 상태에서 채권자가 가집행할 수 있다는 1심 판결문을 가지고 강제경매를 신청하여 경매진행 중에 2심에서 판결이 뒤집어져 채무자가 승소한 판결문이 제출되거나 채무자가 청구이의 소송 등에서 채무자가 승소한 판결문, 채무자가 강제집행취소를 신청하여 승소한 판결문 등을 제출한 경우를 말한다.

2) 집행을 면하기 위하여 담보를 제공한 증명서류가 제출된 경우(동법 제49조 제3호)

이 경우 채무자가 일방적으로 변제공탁을 한 것으로는 안 되고 채무자가 채권자와 담보제공 조건으로 강제집행을 면제하기로 합의하고 그에 따라 부동산 등에 근저당권이 설정된 부동산등기부등본 등을 제공한 경우가 이에 해당한다.

3) 집행할 판결, 그 밖의 재판이 소의 취하 등의 사유로 효력을 잃었다는 것을 증명하는 조서등본 또는 법원사무관등이 작성한 증서가 제출된 경우(동법 제49조 제5호)

이는 채권자가 1심 판결을 받고 가집행선고에 의해 강제경매를 신청하였다가 2심 재판절차에서 소송을 취하한 소취하증명원, 소를 취하한다는 취지가 기재된 변론조서등본을 말한다.

4) 강제집행을 하지 아니한다거나 강제집행의 신청이나 위임을 취하한다는 취지를 적은 화해조서의 정본 또는 공정증서의 정본이 제출된 경우(민사집행법 제49조 제6호)

채권자가 채무자에게 강제집행을 신청한 기초가 된 판결 등을 가지고 강제집행을 하지 않겠다거나 또는 강제집행의 신청을 취하한다거나 또는 강제집행 신청을 위임한 것을 취소한다는 취지가 기재된 법원의 화해조서 또는 채권자가 작성한 사문서를 공증사무소에서 공증한 인증서가 제출된 경우를 말한다.

(2) 임의경매의 취소

다음의 서류가 법원에 제출되면 임의경매가 취소된다.

1) 담보권등기가 말소된 등기부등본이 제출된 경우

임의경매에서 변제공탁을 하고 변제공탁서를 가지고 임의경매를 정지 또는 취소시킬 수는 없다. 변제공탁은 경매의 정지 . 취소 사유가 될 수 없음을 유의해야 한다. 임의경매에서는 실제 변제가 되었어도 근저당권 등 담보권이 말소된 등기부등본을 제출해야만 경매절차가 취소된다.

2) 담보권등기의 말소를 명한 확정판결 또는 담보권이 부존재하거나 소멸되었다는 확정판결이 제출된 경우

채무자가 채무부인의 소 또는 근저당권말소소송 등에서 승소한 판결문, 조정조서, 화해조서 등을 말한다.

3) 채권자가 담보권실행을 하지 않기로 하거나 경매신청을 취하하겠다는 취지의 법원 화해조서, 공정증서 제출된 경우

개인이 작성한 사문서를 제출해서는 취소되지 않는다.

4) 무잉여로 판명되어 경매법원이 경매신청권자에게 1주일 안에 남을 가망이 있다는 증명을 하거나 경매신청권자가 남을 가망이 있는 금액으로 매수하겠다는 신고를 하고 상당한 담보를 제공하지 않을 때

3. 경매절차 정지와 이중경매

(1) 이중경매란

중복경매란 경매가 이미 신청된 부동산에 다른 채권자가 경매를 신청한 경우 뒤에 신청된 경매를 중복경매 또는 이중경매라고 한다. 이중경매사건은 사건번호 옆에 가로를 치고 '중복'이라고 표시한다. 이중경매는 먼저 신청된 경매절차에서 낙찰자가 대금을 납부하기 전까지 신청할 수 있다.

(2) 병합과 중복의 차이

경매 사건번호 옆에 가로를 치고 '병합'으로 기재된 사건이 있는데, 병합사건은 모사건과 병행해서 진행되는 사건을 말한다. 중복사건은 모사건이 취하, 취소, 정지되면 이에 영향을 받아 중복경매사건으로 다시 경매절차를 진행해야 하는 문제가 생기지만 병합사건은 모사건이 취하, 취소, 정지되더라도 이에 영향을 받지 않고 그대로 이어서 경매절차가 진행되는 점이 중복사건과 다르다.

(3) 중복경매와 배당요구종기와의 관계

부동산에 가압류하지 않은 일반채권자(판결문을 가지고 경매를 신청한 경우)가 배당요구 종기 전에 이중경매를 신청하면 당해 절차에서 배당에 참가할 수 있지만 배당요구종기 후에 신청된 이중경매신청권자는 선행사건에서 배당에 참가할 수 없다(동법 제148 제1항).

(4) 선행사건의 취하.취소.정지와 이중경매

1) 선행사건이 취하 . 취소된 경우

① 우선채권자를 해하지 않는 범위에서 후행사건으로 절차를 속행한다(동법 제87조 제2항).

② 현황조사. 감정평가는 선행사건 것을 그대로 이용한다.

③ 배당요구종기이후에 이중경매를 신청한 경우 집행법원은 새로이 배당요구종기일을 정해야 하고, 이 경우 이미 배당요구 또는 채권을 신고한 사람에 대해서는 별도로 고지하거나 최고하지 아니 한다(동법 제87조 제3항).

④ 중복경매에서 매각대금으로 우선채권자에게 배당하고 중복경매신청권자에게 돌아갈 배당금이 없다고 판단되어 무잉여 취소를 함에 있어서 우선채권의 범위는 경매를 신청한 채권자들 중에서 최우선권리자의 권리를 기준으로 판단한다(대법원 2001.12.28. 선고 2001마2094 판결).

2) 선행사건이 정지된 때

① 배당요구종기 전에 중복경매를 신청한 채권자에게만 속행신청권이 있고, 배당요구종기 후에 신청된 중복경매신청권자는 속행신청권이 없다(따라서 경매절차가 정지된 경우 배당요구종기 후에 신청된 이중경매권자는 경매가 속행될 때까지 무작정 기다릴 수밖에 없다).

② 선행경매절차가 취소된 경우 선행경매사건과 중복경매사건 사이에 저당권 등에 대항할 수 있는 지상권 . 지역권 . 전세권 . 처분금지가처분 등기 등이 새로 마쳐져 있어서 이러한 권리를 낙찰자가 인수하게 될 경우(즉 중복경매절차에서 낙찰자에게 부동산상 부담이 증가된 경우) 중복경매신청권자는 경매진행을 속행해 달라는 신청을 할 수 없다.

4. 최고가매수신고 후 경매취하 요령

경매를 신청한 후 아직 최고가매수인이 결정되지 않은 상태라면 채권자는 대금납부 전까지는 언제든지 경매신청을 취하할 수 있다. 그러나 일단 최고가매수신고인이 결정 된 다음에 변제 등을 이유로 경매신청을 취하하려면 최고가매수신고인의 동의를 얻어야 하고, 차순위매수신고인이 있으면 차순위매수신고인의 동의까지 얻어야 경매를 취하할 수 있다.

〔매각기일연기신청서〕

매각기일연기신청서

사건번호 2○○○ 타경 ○○○ 호 부동산(임의)강제경매

채 권 자 ○○○

채 무 자 ○○○

소 유 자 ○○○

위 사건의 매각기일이 20 . . . : 로 지정되었는 바는 아래와 같은 사유로 위 매각기일의 연기신청을 하오니 허가하여 주시기 바랍니다.

아 래

연기사유:

2○○○. ○. ○.

위 신청인 ○○○ (인)
(연락처)

○○법원 ○○지원 귀중

[강제집행속행명령신청서]

강제집행속행명령신청

사 건 2○○○타경 부동산(임의)강제경매

신청인(채권자) ○○○

○○시 ○○구 ○○동 ○○

피신청인(채무자) ○○○

○○시 ○○구 ○○동 ○○

신 청 취 지

신청인(채권자)의 피신청인(채무자)에 대한 서울중앙지방법원 2010가단 ○○○호 공사대금사건의 집행력 있는 정본에 기초한 강제집행에 대하여 귀원 20○○타기○○○호 강제집행정지결정에 따라 정지된 신청인의 피신청인에 대한 강제집행을 계속하도록 명한다. 라는 결정을 구합니다.

신 청 이 유

1. 신청인(채권자)은 피신청인(채무자)에 대한 서울중앙지방법원 2010가단 ○○○호 공사대금사건의 집행력 있는 정본에 의하여 이 사건 부동산을 경매신청하였는바, 피신청인은 신청인에 대하여 위 집행권원에 표시된 모든 채권을 변제하였다는 이유로 귀원에 청구이의의 소를 제기하고 20○○. ○○. ○. 위 강제집행에 대한 정지결정을 받아 위 강제집행을 정지시킨바 있으나 최근 피신청인은 위 청구이의의 소에서 승소하기 어렵게 되자 위 청구이의의 소를 취하하였습니다.

2. 그러므로 위 강제집행은 계속되어야 마땅할 것이므로 이 사건 강제집행

속행신청에 이른 것입니다.

첨 부 서 류

1. 소취하증명원 1통

2○○○. ○. ○.

위 신청인(채권자) ○○○ (인)

○○지방법원 귀중

〔경매신청취하서〕

부동산강제(임의)경매신청 취하서

사 건 2○○○ 타경 ○○○○호 부동산(임의)강제경매

신청인(채권자) ○○○

피신청인(채무자) ○○○

위 사건에 관하여 채권자는 경매신청을 취하합니다.

2○○○. ○. ○.

채권자 ○○○ (인)

○○지방법원 귀중

제11절 경매절차에 대한 불복

1. 경매개시결정에 대한 이의신청

경매절차의 이해관계인이 경매신청이 부당하다는 이유로 경매절차 개시결정을 취소해 달라는 신청을 경매개시결정에 대한 이의신청이라 한다. 이 신청은 매각대금이 모두 지급되기 전까지 신청할 수 있다. 앞에서 설명한 바와 같이 강제경매는 판결 등에 나타난 채무가 존재하지 않는다는 등 실체적 이유로는 이의신청을 할 수 없다. 다만, 절차상 하자(인지 불첩부, 대리인의 흠결, 변제기 미도래 등)에 대하여는 이의신청을 할 수 있다. 반면 임의경매는 실체적 하자 뿐 아니라 절차상 하자에 대하여도 모두 경매개시결정에 대한 이의신청으로 다툴 수 있다.

[경매개시결정에 대한 이의신청서]

경매개시결정에 대한 이의신청서

사　　건 2○○○ 타경 ○○○○호 부동산(강제)임의경매
신 청 인(채무자) ○○○
피신청인(채권자) ○○○

위 당사자 간 귀원 2011 타경 ○○○호 부동산임의경매사건에 관하여 채무자는 다음과 같이 경매개시결정에 대한 이의를 신청합니다.

신청취지

1. 위 당사자간 귀원 2○○○ 타경 ○○○호 부동산강제경매사건에 관하여 200○ 년 ○월 ○일자 귀 법원이 결정한 강제경매개시결정

은 이를 취소한다.

2. 피신청인의 이 사건 강제경매신청은 이를 각하한다.
라는 재판을 구합니다.

신청이유

1. 이의를 하게 된 이유, 즉 경매개시결정이 부당한 이유를 기재

2. 그러므로 신청취지와 같은 결정을 내려주시기 바랍니다.

첨부서류

1.

2○○○. ○. ○.

채무자 ○○○ (인)

○○지방법원 귀중

2. 즉시항고

(1) 즉시항고란

경매절차에서 불이익을 받은 채권자, 채무자, 기타 이해관계인은 즉시항고로 다툴 수 있는데, 즉시항고는 법령에 즉시항고를 할 수 있다는 규정이 있는 경우에만 할 수 있다. 즉시항고의 재판에 대해서는 다시 재항고할 수 있다.

(2) 즉시항고가 가능한 경우

1) 집행절차를 취소하는 결정, 집행절차를 취소한 집행관의 처분에 대한 이의신청을 기각 ·각하하는 결정 또는 집행관에게 집행절차의 취소를 명하는 결정(민사집행법 제17조 제1항).

2) 집행에 필요한 비용미납으로 경매신청을 각하하거나 집행절차를 취소하는 결정(동법 제18조 제3항).

3) 경매개시결정에 대한 이의신청에 대한 재판(동법 제86조 제3항).

4) 이해관계인의 매각허가여부에 대한 결정(동법 제129조 제1항, 제2항).

(3) 즉시항고 제기기간

재판이 고지된 날부터 1주일 안에 즉시항고장을 제출해야 한다. 즉시항고의 대상이 된 재판을 하였던 법원에 제출한다(항고심 법원에 제출하는 것이 아니고 원재판을 한 법원에 제출하면 원심법원이 즉시항고장과 함께 기록을 항고법원에 송부한다).

(4) 항고이유서 제출기한

항고장에 항고이유서를 적지 않았으면 항고장을 접수한 날로부터 10일 이내에 항고이유서를 원심법원에 제출해야 한다. 이를 해태하면 항고장이 각하될 수 있다.

(5) 집행정지 효력이 없음

민사집행절차에서는 즉시항고를 하여도 집행을 정지하는 효력이 없으므로 집행을 정지하려면 별도로 강제집행정지신청을 해서 그 결정을 받아 경매법원에 제출해야 집행이 정지된다.

[즉시항고장]

즉시항고장

항고인 ○○○(주민등록번호)

서울 ○구 ○○동 ○○번지

전화번호 :

귀원 200 타경 호 부동산임의경매사건에서 귀원이 200 . . . 자 선고한 경매개시결정에 대한 이의신청 기각결정에 대하여 불복이므로 즉시항고 합니다.

항고취지

1. 원 결정을 취소한다.
2. 이 사건 임의개시결정은 이를 취소한다.

라는 재판을 구합니다.

항고이유

1. 채권자는20 년 월 일자로 이 사건 부동산에 대한 임의경매를 신청하여 귀원은 20 년 월 일자로 임의경매개시결정을 하였으나 이 사건 임의경매경시결정의 기초인 이 사건 부동산에 대한 ○○지방법원 ○○등기소 20 년 월 일자 접수 제 ○○○호 경료된 근저당권은 이미 변제로 인해 피담보채권이 소멸되었으므로 위 근저당권은 존재하지 않으나 사정으로 근저당권말소등기를 경료하지 못하고 있던 중 채권자는 이를 악용하여 이 사건 임의경매를 신청한 것입니다.

2. 이에 신청인은 임의경매개시결정에 대한 이의신청을 제기하였으나 신청인이 제대로 대응하지 못하여 신청이 기각되고 말았습니다.

3. 그런데 신청인은 최근 채권자에게 변제하고 교부받은 변제증서를 찾았으므로 이를 증거로 제출하오니 이 사건 임의경매개시결정을 취소하여 주시기 바랍니다.

첨부서류

1. 변제증서 사본 1통

2. 송달료납부서 1통

2○○○. ○. ○.

항고인 ○○○(인)

○○지방법원 귀중

※ 인지 2000원 첩부, 소정의 송달료 납부한 납부서 첨부하여 원심법원에 접수

3. 재항고

즉시항고에 대한 재판이 그 재판에 영향을 미친 헌법 . 법률 . 명령 . 규칙에 위반된 사실이 있으면 대법원에 재항고할 수 있다. 재항고는 재판을 고지 받은 날부터 1주일 안에 재항고 대상이 되는 재판을 한 법원에 재항고장을 제출해야 한다(재항고할 법원이 대법원이면 대법원에 접수하지 않고 2심 법원에 접수).

즉시항고를 할 수 있는 사람이 재판을 고지 받아야 할 사람이 아닌 경우 즉시항고의 제기기간은 그 재판을 고지 받아야 할 사람 모두에게 고지된 날부터 진행한다(민사집행규칙 제12조). 재항고장에 재항고이유서를 기재하지 않았으면 재항고장 접수한 날부터 10일 이내에 재항고이유서를 재항고 대상이 된 재판을 한 법원에 제출해야 한다. 민사집행절차에서 재항고 역시 집행정지효력이 없으므로 집행정지를 하려면 집행정지결정을 받아 제출해야 한다.

4. 경매절차 정지신청

(1) 경매절차 정지신청이란

민사집행절차에서 경매개시결정에 대한 이의신청, 즉시항고, 청구이의 소, 제3자이의 소 등이 제기되더라도 집행이 정지되지 않고 경매절차가 그대로 진행된다. 따라서 경매절차진행을 막기 위해서는 경매절차정지결정(집행정지결정)을 받아서 집행법원에 제출해야 하기 때문에 이러한 결정을 받기 위하여 신청하는 것을 경매절차정지신청이라고 한다.

(2) 관할법원

1) 경매개시결정 또는 즉시항고를 제기한 법원

2) 청구이의 소 또는 제3자이의 소를 제기된 법원

3) 제1심 가집행선고에 의한 강제집행에 있어서는 항소를 제기한 제2심 법원

(3) 신청방법

1) 경매절차정지신청서 1통

2) 신청서에 정부수입인지 1,000원 첩부

3) 송달료 약 5~ 6회분 정도 납부하고 영수증 첨부(송달료는 법원이 탄력있게 운영하므로 부족하지 않을 만큼 납부하면 된다).

4) 소제기증명서 사본 1통

5) 기타 소명자료 첨부(변제영수증 사본 등)

(4) 결정절차

신청을 받은 법원은 신청이 상당한 이유가 있다고 인정될 때는 담보를 제공하게 하거나 또는 담보를 제공하게 하지 않고 강제집행을 정지하도록 명할 수 있다.

(5) 담보제공 방법

법원이 강제집행정지결정에 앞서 담보를 제공하라고 할 경우 담보제공명령서에 기재된 담보제공금액을 법원공탁과에 가서 현금으로 공탁하고 그 공탁서 사본을 경매절차정지신청 법원에 제출해야 한다. 이 때 제공되는 담보는 현금공탁만 가능하고 보증보험증권제출에 의한 담보제공은 허용되지 아니한다. 실무상 여러 가지를 고려해서 담보제공액을 결정하는데 대개 경매신청채권자의 청구액을 담보로 제공하라는 경우가 많다. 필자의 경험에 의하면 변제증서를 소명자료로 제출시 담보제공 없이 집행정지결정을 내리는 경우가 있다.

(6) 정지결정이 나오면

강제집행정지결정이 나오면 경매과 접수계에 결정문을 반드시 제출해야 경매절차가 정지된다는 점 유의해야한다.

〔강제집행정지결정신청서〕

강제집행정지결정신청

신 청 인 ○○○ (-)
○○시 ○○구 ○○동 ○○
전화번호

피신청인 ○○○
○○시 ○○구 ○○동 ○○

신 청 취 지

피신청인의 신청인에 대한 ○○지방법원 2○○○ 가단 ○○○○호 대여금 사건의 집행력 있는 정본에 기초한 강제집행(○○지방법원 2○○○ 타경 ○○○○호)은, 위 당사자 사이의 ○○지방법원 2○○○ 가단○○○○호 청구이의의 소 사건의 판결선고시까지 이를 정지한다. 라는 재판을 구합니다.

신 청 이 유

1. 피신청인은 신청인에 대하여 서울중앙지방법원 2○○○ 가단 ○○○호 대여금사건의 집행정본에 기하여 귀원 2○○○ 타경 ○○○호로 신청인 소유 부동산에 대해 강제경매를 신청하여 경매절차가 진행중에 있습니다.

2. 한편 신청인은 2○○○. ○. ○. 위 집행권원상 채무 전액 금 ○○○ 원과 집행비용 금 ○○○○원을 피신청인에게 변제제공하였으나 피신청인이 수령을 거절하므로 신청인은 같은 날 채무전액 및 집행비용 전액을 ○○지방법원 공탁공무원에게 변제공탁하였으며, 변제공탁을 이유로 2○○○. ○.○.자로 귀원 2○○○가단 ○○○호로 청구이의의 소를 제기

하였습니다.

3. 따라서 신청인의 피신청인에 대한 채무가 소멸되었으므로 ○○지방법원 2○○○가단 ○○○호 청구이의 사건의 판결선고시까지 강제집행을 정지할 것을 명하여 주시기 바랍니다. 정지한

소 명 방 법

1. 소제기증명원 1통
1. 판결문사본 1통
1. 변제공탁서 사본 1통
1. 송달료납부서 1통

2○○○. ○. ○.

위 신청인 ○○○ (인)

○○지방법원 귀중

[강제집행정지결정]

서울남부지방법원
결 정

사　　건 2○○○카기 ○○○○ 강제집행정지
신 청 인 ○○○
　　　　서울시 ○○구 ○○동 ○○-○○
피신청인 ○○○
　　　　서울시 ○○구 ○○동 ○○-○○

주 문

서울남부지방법원 2○○○가단 ○○○○호 대여금 사건의 집행력 있는 판결정본에 기한 강제집행은 위 법원 2○○○가단 ○○○○호 청구이의 사건의 판결선고시까지 이를 정지한다.

이 유

이 사건 신청은 이유 있으므로 주문과 같이 결정한다.

2○○○. ○. ○.

판　사 ○○○

5. 청구이의 소

(1) 청구이의 소란

청구이의 소는 부동산경매 등 강제집행 절차에서 집행권원상 채무가 변제 등으로 소멸되는 등 실체적 사유가 있을 때 채권자의 경매신청

나아가 법원의 경매개시결정이 부당하다며 강제집행을 배제하기 위한 소송을 말한다. 채무자가 청구이의 소송을 통해 집행권원상 청구권을 다투려면 이의원인이 사실심(사실심이란 제2심법원까지를 말하며, 대법원은 사실심이 아닌 법률심에 해당한다) 변론종결 이후에 생긴 사유에 해당하여야 한다(이 의미는 예컨대 서울중앙지방법원에서 20011. 5. 10. 변론을 종결하고 2011. 5. 24. 판결을 선고하여 그 후 확정이 되었다면 2011. 5. 10. 이후에 변제, 상계, 공탁, 대물변제 등으로 청구권이 소멸되는 등 이유로만 청구이의 소송을 통해 다툴 수 있다는 것이고, 변론종결 이전에 생긴 사유로는 다투지 못한다는 것이다).

(2) 관할법원

1) 확정판결에 대한 청구이의 소

제1심 판결법원(민사집행법 제44조 제1항).

2) 지급명령에 대한 청구이의의 소

그 명령을 발한 법원(민사집행법 제58조 제4항).

3) 시 · 군법원에서 한 지급명령에 관한 청구이의의 소로서 집행권원에서 인정된 권리가 소액사건심판법의 적용대상이 아닌 사건의 경우

시 · 군법원이 있는 곳을 관할하는 지방법원 또는 지방법원지원(민사집행법 제22조 제1호).

4) 소송상 화해, 인낙에 대한 청구이의의 소

소송상화해, 인낙이 성립된 법원

5) 제소전 화해에 대한 청구이의의 소

그 화해절차를 행한 1심 법원, 다만 시 · 군법원에서 성립된 화해,

조정(민사조정법 제34조 제4항에 따라 재판상 화해와 동일한 효력이 있는 결정 포함)에 관한 청구이의의 소로서 집행권원에서 인정된 권리가 소액사건심판법의 적용대상이 아닌 사건의 경우에는 시·군법원이 있는 곳을 관할하는 지방법원 또는 지방법원지원(민사집행법 제22조 제1호).

6) 공정증서에 관한 청구이의의 소

채무자의 보통재판적(주소지 등)이 있는 곳의 법원

다만, 그러한 법원이 없는 때에는 민사소송법 제11조의 규정에 따라 채무자에

대하여 소를 제기할 수 있는 법원이 관할한다(민사집행법 제59조 제4항).

[청구이의 소장]

소　　장

원고　주식회사 ○○○○
　　　서울 ○구 ○동 ○○(우편번호 :　　-　)
　　　대표이사 ○○○
　　　전화번호
피고　○○○
　　　서울 ○구 ○○동 ○○○

청구이의의 소

청 구 취 지

1. 피고의 원고에 대한 ○○지방법원 2○○○가단 ○○○호 대여금 사건의 집행력 있는 확정판결에 기한 강제집행은 이를 허가하지 아니한다.
2. 소송비용은 피고의 부담으로 한다.

라는 판결을 구합니다.

청 구 원 인

1. 피신청인은 신청인에 대하여 ○○지방법원 200 가단 10112호 대여금 사건의 집행력 있는 정본에 기초하여 200 . . . ○○지방법원 200 타경 ○○○○호로 부동산강제경매를 신청하여 현재 경매절차가 진행 중에 있습니다.

2. 한편 200 . . . 신청인과 피신청인 사이에 피신청인은 금○○○만원을 지급받으면 원고에 대한 일체의 민,형사상 책임을 묻지 않고, ○○○지방법

원 200 타경 ○○○호로 진행되고 있는 부동산경매신청사건에 대한 취하서를 제출하기로 합의가 성립되었습니다. 그리고 위 합의에 따라 피신청인은 합의금 ○○○원을 전액 수령한바 있습니다.

3. 그런데 피신청인은 합의금 ○○○○원을 전액 수령하여 채무자 소멸되었음에도 불구하고 현재까지 강제경매신청을 취하하지 않고 있습니다.

4. 그러므로 원고는 청구취지와 같은 판결을 구하고자 본 소에 이르게 되었습니다.

입증자료

1. 갑제1호증 변제확인서
1. 갑제2호증 인감증명서 사본
1. 갑제3호증 경매신청취하서 사본
1. 갑제4호증 판결문 사본

첨부서류

1. 입증방법 각 1통
2. 법인등기부등본 1통
3. 위임장 1통
4. 송달료 납부서 1통

2○○○. ○. ○.

신청인 주식회사 ○○○

대표이사 ○○○(인)

○○지방법원 귀중

※ 소가 : 다툼이 되고 있는 채권액

※ 다투고자 하는 채권액에 대한 인지 및 송달료 납부해서 관할법원에 접수

6. 제3자이의 소

제3자이의 소란 경매목적물(또는 집행의 목적물)에 대해 제3자가 자기 소유라고 주장하거나 기타 양도 또는 인도를 저지할 권리가 있다고 주장하는 자가 집행을 막기 위하여 제기하는 소송이다. 대개 유체동산 압류, 경매사건에서 많이 이용된다. 제3자이의 소는 강제집행이 이미 종료되었으면 소송자체가 무의미하기 때문에 소의 이익이 없어 소송을 제기할 필요성이 없게 된다. 제3자이의 소는 현재 강제집행을 진행하고 있는 법원에 제기한다.

[제3자이의 소장]

소 장

원고 주식회사 ○○○○
○시 ○구 ○동 ○○
대표이사 ○○○
전화번호

피고 ○○○
○시 ○구 ○○동 ○○○

제3자이의의 소

청 구 취 지

1. 피고의 원고에 대한 ○○지방법원 2○○○가단 ○○○호 대여금 사건의 집행력 있는 확정판결에 기한 별지목록 기재 부동산에 대한 강제집행은 이를 허가하지 아니한다.
2. 소송비용은 피고의 부담으로 한다.

라는 판결을 구합니다.

청구원인

1. 피고는 소외 ○○○에 대한 청구취지 기재의 집행권원에 기하여 별지목록 기재 부동산에 대한 강제경매를 신청하여 현재 ○○지방법원 2○○ 타경 ○○○○호 사건으로 부동산경매절차가 개시되었습니다.

2. 그러나 별지목록 기재 부동산은 원고가 소외 ○○○로부터 2○○. ○. ○. 금○○○을 차용하면서 별지목록 기재부동산에 관한 양도담보설정계약을 하였고, 위 양도담보 계약을 원인으로 별지목록 기재 부동산에 관하여 소외○○○ 명의로 소유권이전등기를 경료한 것이므로 별지목록 기재 부동산의 실제 소유자는 원고이므로 위 강제집행은 부당한 것입니다.

3. 그러므로 원고는 위 강제집행의 배제를 구하기 위하여 본 소에 이른 것입니다.

입증방법

1. 갑 제1호증 양도담보설정계약서 사본
1. 갑 제2호증 금전소비대차약정서 사본
1. 갑 제3호증 부동산등기부등본

첨부서류

1. 입증방법 각 1통
2. 소장부본 1통
3. 인지대 및 송달료 납부서 각 1통

2○○○. ○. ○.

위 원고 ○○○(인)

○○지방법원 귀중

※ 관할법원 : 강제집행을 실시한 법원에 제기한다.

※ 소가 : 집행목적물 가액

□ 소송목적의 값 산정방법

소송목적의 값은 소송물가액 또는 소가라고도 하며, 원고의 입장에서 보아 전부 승소할 경우에 직접 받게 될 경제적 이익을 객관적으로 평가하여 정한 금액을 말하며, 소송목적에 따라 산정표준은 다음과 같다.

1. 금전 지급 청구의 소

청구금액(이자, 손해배상, 위약금 또는 비용의 청구가 소송의 부대 목적이 되는 때에는 가액에 산입하지 않음).

2. 통상적인 확인의 소

권리의 가액(소극적확인의 소 포함)

3. 증서진부확인의 소

(1) 유가증권 : 그 가액의 2분의 1

(2) 기타증서 : 200,000원

4. 기간이 확정되지 아니한 정기금

기 발생분 및 1년분의 정기금 합산액

5. 물건의 인도, 명도 또는 방해배제를 구하는 소

(1) 소유권에 기한 경우 : 목적물건 가액의　2분의 1

(2) 지상권, 전세권, 임차권, 담보물권에 기한 경우, 또는 그 계약의 해지·해제,계약 기간의 만료를 원인으로 하 는 경우 : 목적물건 가액의 2분의 1

(3) 점유권에 기한 경우 : 목적물건 가액의 3분의 1

(4) 소유권의 이전을 목적으로 하는 계약에 기한 동산인도청구 : 목적물건의 가액

6. 공유물분할청구의 소

목적물건의 가액에 원고의 공유지분 비율을 곱하여 산출한 가액의 3분의 1

7. 경계확정의 소

다툼이 있는 범위의 토지부분의 가액

8. 사해행위취소의 소

취소되는 법률행위의 목적의 가액을 한도로 한 원고의 채권액

9. 등기, 등록 등 절차에 관한 소

(1) 등기, 등록 등 절차에 관한 소

(2) 소유권 이전등기

목적물건의 가액

(3) 지상권, 임차권

목적물건의 가액의 2분의 1

(4) 담보물권, 전세권

목적물건의 가액을 한도로 한 피담보채권액(근저당권의 경우에는 채권최고액)

(5) 지역권 승역지

가액의 3분의 1

□ 인지액 계산방법

1. 제1심 인지액

소장에는 소송목적 가액에 따라 아래 금액 상당의 인지를 첨부하여야 한다.

인지액 계산법 소송목적의 값 청구 금액 인지액 계산법

(1) 1,000만원 미만 소송목적의 값 X 10,000분의 50 = 인지액

(2) 1,000만원 이상 ~ 1억원 미만 소송목적의 값 X 10,000분의 45 + 5,000원 = 인지액

(3) 1억원 이상 ~ 10억원 미만 소송 목적의 값 X 10,000분의 40 + 55,000원 = 인지액

(4) 10억원 이상 소송목적의 값 X 10,000분의 35 + 555,000원 = 인지액

2. 항소장, 상고장의 인지액

항소장에는 위 규정액의 1.5배, 상고장에는 2배의 인지를 붙여야 합니다.

※ 유의사항

▶ 산출된 인지액이 1,000원 미만인 때에는 이를 1,000원으로 하고, 1,000원 이상인 경우에 100원 미만의 단수가 있는 때에는 그 단수는 계산하지 않습니다.

▶ 재산권상의 소로서 그 소송목적의 값을 산출할 수 없는 것과 비재산권을 목적으로 하는 소송의 소송목적의 값은 2,000만 100원으로 합니다. 다만, 민사소송등인지규칙 제15조 제1항 내지 제3항(회사등 관계 소송 등), 제17조의2(특허소송), 제18조(무체재산권에 관한 소)에 정한 소송의 소송목적의 값은 5,000만 100원으로 합니다.

▶ 소장 등에 첨부하거나 보정할 인지액이 1만원 이상인 때에는 전액을 현금으로 납부하여야 합니다.

▶ 인지액이 1만원 미만인 때에도 현금으로 납부할 수 있습니다.

▶ 현금수납 기관은 송달료수납은행에 납부하며 대부분 법원구내에 위치하고 있습니다.

▶ 인지액 상당의 금액을 현금으로 납부할 수 있는 경우에는 신용카드, 직불카드 등(이하 "신용카드등"이라 합니다)으로 납부할 수 있습니다.

□ 송달료 계산법 - (송달료 1회분=3,060원, 2011.10.1.부터)

소장을 제출할 때에는 당사자 수에 따른 계산방식에 의한 송달료를 송달료수납은행 (대부분 법원구내 은행)에 납부하고 그 은행으로부터

교부받은 송달료납부서를 소장에 첨부하여야 하는데 각 사건의 송달료 계산방식은 다음과 같다.

1. 민사 제1심 소액사건 당사자수 X 송달료 10회분
2. 민사 제1심 단독사건 당사자수 X 송달료 15회분
3. 민사 제1심 합의사건 당사자수 X 송달료 15회분
4. 민사항소사건 당사자수 X 송달료 12회분
5. 민사 상고사건(다) 당사자수 X 송달료 8회분
6. 민사 조정사건(머) 당사자수 X 송달료 5회분
7. 부동산 등 경매사건(타경) (신청서상의 이해관계인 수 + 3) X 송달료 10회분

<예시> 민사조정사건 당사자수 2명인 경우 : 2명 X 3,060원 X 5회분 = 30,600원

제 12 절 나홀로 경매신청하기

1. 경매신청절차

(1) 경매신청서에 첨부할 서류[28])를 준비한다.

(2) 경매신청서를 작성한다.

(3) 경매신청서에 필요서류를 첨부해서 신청서 각장 마다 간인하고, 신청인 이름 옆에 도장을 날인하여 신청서를 완성한다.

(4) 부동산소재지 시.군.구청 세무과에 가서 등록세, 지방교육세납부서 교부받아 지정 금융기관에 납부한다. 등록세 납부액은 납부신고 당시 신청서에 기재한 청구금액을 기준으로 한다(판결 등에 의한 강제경매는 원금 + 지연이자).

(5) 신청할 관할법원 구내은행에서 경매예납금 및 송달료를 납부하고, 수입인지 5,000원 어치, 대법원증지(부동산 한 개당 3,000원)를 구입한다.

(6) 수입인지 5000원은 경매신청서 앞장 여백에 풀로 붙이고, 경매예납금납부서(제출용), 송달료납부서(제출용)을 경매신청서 맨 앞장 뒷면에 풀로 붙인다.

(7) 경매신청서와 등록세납세필 확인서 및 통지서(제출용) 및 대법원증지를 경매과 접수계에 접수하고 사건번호를 받으면 경매신청이 완료된다(등록세납세필확인서,통지서, 대법원증지는 등기소에 통지해야 하므로 풀로 붙이면 안 된다).

---

28) 강제경매는 집행문이 부여된 판결문 등 집행권원, 송달증명,확정증명, 부동산등기부등본, 법인이면 법인등기부등본 등, 임의경매는 근저당설정계약서사본, 채권서류사본(단, 근저당설정계약서사본, 채권서류사본은 필수서류는 아님), 부동산등기부등본, 법인이면 법인등기부등본 등.

2. 경매신청시 준비물

(1) 강제경매 신청시

1) 집행문이 부여된 판결문 등 집행권원 . 송달증명서 . 확정증명서 각 1통

단, 1심 재판에서 가집행이 붙어 미확정상태에서 집행시 확정증명은 불필요함

〈강제집행시 집행문 등이 필요한 경우와 필요하지 않은 경우〉

① 지급명령결정, 이행권고결정 : 법원에서 송달받은 정본만 있으면 되고, 집행문, 송달증명, 확정증명 필요 없음.

② 당사자 합의로 조정성립 된 조정조서

집행문, 송달증명은 필요, 확정증명은 필요하지 않음

③ 조정에 갈음하는 결정 : 집행문, 송달증명, 확정증명 필요

④ 법원에서 당사자 합의로 성립된 화해권고결정 : 집행문, 송달증명은 필요, 확정증명은 필요하지 않음

⑤ 화해권고결정 : 집행문, 송달증명, 확정증명 필요

⑥ 집행력 있는 공정증서 : 집행문 필요, 송달증명, 확정증명은 필요하지 않음

2) 경매할 부동산등기부등본

3) 법인등기부등본(채권자 또는 채무자가 법인인 경우)

4) 대리인이 신청할 경우 인감증명서 첨부된 위임장

5) 부동산 목록 30통 정도

6) 등록세.교육세 납세필확인서 및 납세필통지서

7) 경매비용납부서(제출용), 송달료납부서(제출용)

8) 수입인지 5,000원(집행권원 1개 당, 설정계약서 1개 당)

9) 경매할 부동산 한 개당 3,000원 짜리 대법원증지

(2) 임의경매 신청시

1) 집행권원 대신 담보설정계약서사본, 채권원인서류사본(단, 이들 서류는 필수서류는 아님)

2) 나머지는 강제경매와 동일

3. 집행문. 송달증명.확정증명서 신청요령

판결문 등 집행권원을 가지고 강제경매를 신청하려면 판결문 등을 가지고 집행문, 송달증명, 확정증명서를 신청하여 교부받아야 한다. 현재 재판이 계속 중이면 해당 법원에 신청하고, 재판이 종결되어 확정되었으면 1심 법원에 가서 신청하면 된다. 판결문 등 정본(복사본은 안됨)을 가지고 해당 법원 민원실에 가면 집행문. 송달증명.확정증명서 신청양식(아래 예시)이 있으므로 이 양식을 이용해서 신청하면 된다.

【집행문.송달증명.확정증명 신청서】

신 청 서	(* 해당사항을 기재하고 해당 번호란에 "○"표)
사 건 번 호 가단 (차) 원고(채권자) 집행문부여 인지액 500원 송달증명 인지액 500원 피고(채무자) 확정증명 인지액 500원 제3채무자	
1. 집행문부여신청 위 당사자간 사건의(판결, 결정, 명령, 화해조서, 인낙조서, 조정조서) 정본에 집행문을 부여하여 주시기 바랍니다.	
2. 송달증명원 위 사건의(판결, 결정, 명령, 화해조서, 인낙조서, 조정조서) 정본이 20 . . .자로 상대방에게 송달되었음을 증명하여 주시기 바랍니다.	
3. 확정증명원 위 사건의 (판결, 결정, 명령,)이 20 . . .자로 확정되었음을 증명하여 주시기 바랍니다.	
20 . . . 위 (1항, 2항, 3항) 신청인 원고(채권자) (날인 또는 서명) 법원 귀중	
위 (송달, 확정) 사실을 증명합니다. 20 . . . 법원 법원사무관(주사) (인) [유의사항] 1. 사건번호는 법원으로부터 수령한 소송서류 등으로 확인하여 정확하게 기재하기 바랍니다. 2. 위 양식사항 중 '(단독 . . .선고, 기타)란에는 담당재판부와 판결을 선고받은 일자(혹은 지급명령을 고지받은 일자, 화해·조정 등의 일자)를 기재합니다. 3. 위 양식사항 중 당사자를 표시하는 '원고(채권자)', '피고(채무자)'항은 지급명령신청사건의 경우에 '채권자', '채무자'란에 ○표를 하고, 그 외 소액 및 단독, 합의사건의 경우에는 '원고', '피고'란에 ○표를 하여야 합니다. 4. 위 양식사항 중 1 내지 3 신청의 '(판결 …… 조정조서)' 등의 란과 그 하단의 '(1항, 2항, 3 항), '(송달, 확정)'란에는 해당사항에 각 ○표를 하여야 합니다.	

[집행문]

이 정본은 사법보좌관의 명령에 의하여 피고 ○○○에 대한 강제집행을 실시하기 위하여 원고 ○○○에게 내어 준다.

2011. 10. 10.

서울서부지방법원

법원주사 ○○○ (법원관인)

※ 집행문 신청시 집행권원 맨 끝장에 위와 같은 집행문을 첨부하여 교부함.

[송달.확정증명원]

송달/확정증명원

사건 서울서부지방법원 2○○○가단 ○○○○ 임차보증금

원고 ○○○

피고 ○○○

증명신청인 : 원고 ○○○

위 사건에 관하여 아래와 같이 송달 및 확정되었음을 증명합니다.

피고 ○○○ 2010. 10. 20. 송달, 2010. 11. 3. 확정. 끝.

2○○○. ○. ○.

서울서부지방법원

법원주사 ○○○ (법원관인)

〔경매신청시 집행문·송달증명서·확정증명서 요부〕

종 류	집행문	송달증명	확정증명	비 고
이행권고결정	불요	불요	불필요	승계 시 승계집행문 필요
지급명령	불요	불요	불필요	승계 시 승계집행문 필요
판결문	필요	필요	필요	가집행 있는 판결 제외
조정조서	필요	필요	불필요	
조정에갈음하는 결정	필요	필요	필요	
화해조서	필요	필요	불필요	
화해권고결정	필요	필요	필요	
공정증서	필요	불요	불필요	

4. 경매신청서 작성 요령

경매신청서는 아래에서 예시한 서식대로 맞춰 작성하면 된다. 제목은 강제경매이면 「부동산강제경매신청서」라고 쓰고, 담보권에 의한 경매이면 「담보권실행을 위한 부동산경매신청서」 또는 「부동산임의경매신청서」라고 쓰고, 채권자, 채무자, 소유자 인적사항과 청구금액, 신청취지, 신청이유를 쓰고, 그 아래 첨부서류, 신청인의 이름을 쓰고 그 밑에 관할법원을 표시해 주면 된다. 경매신청서는 신청서, 부동산목록, 이해관계인목록이 하나의 세트를 이루기 때문에 위 세 가지를 모두 작성해야 한다.

〔부동산강제경매신청서〕

부동산 강제경매신청서

채권자 ○○○
채무자 ○○○ 인지 5000원
소유자 ○○○

청구금액
금5,000만원 및 이에 대한 2010. 5. 10.부터 다 갚는 날까지 연 20%의 지연이자

경매할 부동산의 표시
별지목록 기재와 같음

신청취지

채권자의 채무자에 대한 위 청구채권의 변제충당을 위하여 채무자 소유의 별지목록 기재 부동산을 압류하고 강제경매절차를 개시한다. 라는 결정을 구합니다.

신청이유

1. 채권자는 채무자에 대하여 서울중앙지방법원 2010가단 12345호 대여금 사건의 집행력 있는 판결정본에 의한 금 5,000만원 및 이에 대한 2010. 5. 10.부터 다 갚는 날까지 연 20%의 비율로 계산한 지연이자 채권이 있습니다.

2. 그러므로 채권자의 위 채권의 변제에 충당하고자 채무자 소유의 별지목록 기재 부동산에 대한 강제경매를 신청 합니다.

첨부서류

1. 집행력 있는 판결정본 1통
2. 송달증명,확정증명 각 1통
3. 등록세 · 교육세 납세필 영수증,납세필확인서 각 1통
4. 송달료 납부영수증 1통
5. 집행비용 예납영수증 1통
6. 부동산목록 30통
7. 부동산등기부동본 1통
8. 법인등기부등본 1통

2○○○. ○. ○.

채권자 ○○○ (인)

서울중앙지방법원 귀중

〔부동산 목록〕

[별지]

부동산 표시

1. 토지
   ○○시 ○구 ○동 ○○번지
   대 120㎡
2. 건물

위 지상 철근콘크리트조 슬라브지붕 단층주택 1층 52.5㎡

〔이해관계인 목록〕

[별지]

이해관계인의 표시

1. 채권자 ○○○

서울 ○구 ○동 ○○

2. 채무자겸소유자 ○○○

서울 ○구 ○동 ○○

3. 근저당권자 주식회사○○은행(소관 : ○○지점)

서울 ○구 ○동 ○○

4. 근저당권자 주식회사○○은행(소관 : ○○지점)

서울 ○구 ○동 ○○

[부동산임의경매신청서]

부동산 임의경매신청서

인지 5,000원

채권자 ○○○

채무자 ○○○

소유자 ○○○

청구금액

금5,000만원 및 이에 대한 2010. 5. 10.부터 다 갚는 날까지 연 18%의 이자

경매할 부동산의 표시

별지목록 기재와 같음

신청취지

채권자의 채무자에 대한 위 청구채권의 변제충당을 위하여 채무자 소유의 별지목록 기재 부동산을 압류하고 경매절차를 개시한다. 라는 결정을 구합니다.

신청이유

1. 채권자는 채무자에게 2009. 5. 10. 금 5,000만원을 이자 연 18%로 정하고 대여하면서 이를 담보하기 위하여 채무자 소유의 별지목록 기재 부동산에 대한 근저당권설정계약을 체결하고, 같은 부동산에 대해 서울중앙지방법원등기과 2009. 5. 10. 접수 제12345호로 근저당권설정등기를 마쳤습니다.

2. 그런데 채무자는 2010. 5. 10.부터 이자를 연체하고 있어서 채권자는 위

채권의 변제에 충당하고자 채무자 소유의 별지목록 기재 부동산에 대한 경매를 신청합니다.

첨부서류

1. 근저당권설정계약서 사본 1통
2. 등록세 · 교육세 납세필 영수증,납세필확인서 각 1통
3. 집행비용 예납영수증 1통
4. 송달료 납부영수증 1통
5. 법인등기부등본 1통
6. 부동산등기부등본 1통
7. 부동산목록 30통

2○○○. ○. ○.

채권자 ○○○ (인)

서울중앙지방법원 귀중

5. 경매비용 내역

<table>
<tr><td colspan="2">정부수입인지</td><td>집행권원 또는 저당권 1개 당 5,000원</td></tr>
<tr><td colspan="2">등록세</td><td>청구금액 × 2/1000(청구금액은 등록세 납부당일까지 이자포함)</td></tr>
<tr><td colspan="2">지방교육세</td><td>등록세의 20/100(20%)</td></tr>
<tr><td colspan="2">송달료</td><td>(이해관계인 수 + 3) ×3,020원</td></tr>
<tr><td colspan="2">대법원증지</td><td>부동산 1개당 3,000원</td></tr>
<tr><td rowspan="8">경매예납금</td><td rowspan="7">경매수수료</td><td>경매신청서 표시채권 10만원 초과~1,000만원까지
(경매신청서 표시채권 -10만원)÷100,000×2,000+5,000원</td></tr>
<tr><td>경매신청서 표시채권 1,000만원 초과~5,000만원까지
(경매신청서 표시채권 -1,000만원)÷100,000×1,500+203,000원</td></tr>
<tr><td>경매신청서 표시채권 5,000만원 초과~1억 원까지
(경매신청서 표시채권 -5,000만원)÷100,000×1,000+803,000원</td></tr>
<tr><td>경매신청서 표시채권 1억 원 초과~3억 원까지
(경매신청서 표시채권 -1억 원)÷100,000×500+1,303,000원</td></tr>
<tr><td>경매신청서 표시채권 3억 원 초과~5억 원까지
(경매신청서 표시채권 -3억 원)÷100,000×300+2,303,000원</td></tr>
<tr><td>경매신청서 표시채권 5억 원 초과~10억 원까지
(경매신청서 표시채권 -5억 원)÷100,000×200+2,903,000원</td></tr>
<tr><td>경매신청서 표시채권 10억 원 초과 : 3,903,000원</td></tr>
<tr><td>감정료</td><td>감정료 계산방식{감정료의 산정기준 등에 관한 예규(재일91-3) 제7조, 제11조, 제19조, 법원공무원여비규칙 제29조}
1) 기본감정료 : 감정가액(임료, 사용료 감정의 경우는 시가액)에 따라 『감정평가업자의 보수에 관한 기준』(위 기준 중 법원의 소송평가에 대하여는 할증율을 적용하여 산정하기로 하는 제2조 제3항 제11호는 적용하지 아니한다) 이 정한 평가수수료의 금액에 80%를 곱한 금액[다만 「부동산가격 공시 및 감정평가에 관한 법률」 제2조에</td></tr>
</table>

		따른 아파트의 경우에는 70%]를 곱한 금액 2) 초과감정료 다음 물건에 대하여는 기본감정료의 50%를 가산한다. 다만 둘이상이 중복되는 경우에는 하나만을 적용한다. ①광산, 온천 또는 광업권 ②어장 또는 어업권 ③특수용도의 건축물(교량, 댐, 선거, 대형공장 기타 이에 준하는 물건) ④산림, 입목, 묘포, 관상용 식물 기타 이에 준하는 식물 ⑤육로나 공로에 의한 통행이 불가능한 도서지역 또는 비무장지역에 소재하는 물건 3) 원격지 감정료 동일한 명령에 의하여 감정할 물건 상호간의 거리가 40㎞이상인 경우에는, 원격지에 소재하는 물건에 대하여 그 기본감정료의 50%의 범위내에서 이를 가산할 수 있다. 4) 동일한 감정명령에 의한 시가 등의 총감정료가 20만원 미만인 때에는 20만원으로 하고, 5,000,000원을 초과할 때에는 5,000,000원으로 함. 5) 여비는 다음과 같은 기준으로 민사소송비용규칙 소정의 여비정액으로 한다. ① 감정가액이 2억원까지는 1인 2회 ② 감정가액이 2억원초과는 2인 2회
	현황조사료	
	유찰수수료	5,000원(5,000원 한도에서 1회 유찰시 1,000원) {집행관에게 지급할 부동산 경매수수료의 예납금 지급에 관한 예규(재민 79-5), 집행관수수료 규칙 16조,17조).
	신문공고료	1) 기본(2필지까지) : 200,000원 2) 추가(2필지 초과되는 경우임) : 1필지당 100,000원 추가

* 매각수수료계산방식{집행관수수료규칙 제16조, 집행관에게 지급할 부동산 경매수수료의 예납 및 지급에 관한 예규(재민 79-5) 제3조 제1항}

[경매예납금 계산표] (서울중앙지방법원 기준)

입찰가격	예 납 금합 계	입 찰 수수료	감정료	현 황 조사비	신 문 공고료	유 찰 수수료
10,000,000	712,260	203,000	200,000	83,260	220,000	6,000
15,000,000	787,260	278,000				
20,000,000	862,260	353,000				
25,000,000	937,260	428,000				
30,000,000	1,012,260	503,000				
35,000,000	1,087,260	578,000				
40,000,000	1,162,260	653,000				
45,000,000	1,237,260	728,000				
50,000,000	1,312,260	803,000				
55,000,000	1,362,260	853,000				
60,000,000	1,412,260	903,000				
65,000,000	1,462,260	953,000				
70,000,000	1,512,260	1,003,000				
75,000,000	1,562,260	1,053,000				
80,000,000	1,612,260	1,103,000				
85,000,000	1,662,260	1,153,000				
90,000,000	1,712,260	1,203,000				
95,000,000	1,762,260	1,253,000				
100,000,000	1,812,260	1,303,000				
110,000,000	1,862,260	1,353,000				
120,000,000	1,912,260	1,403,000				
130,000,000	1,962,260	1,453,000				
140,000,000	2,012,260	1,503,000				
150,000,000	2,062,260	1,553,000				
160,000,000	2,114,260	1,603,000	202,000			
170,000,000	2,168,260	1,653,000	206,000			
180,000,000	2,222,260	1,703,000	210,000			
190,000,000	2,276,260	1,753,000	214,000			
200,000,000	2,330,260	1,803,000	218,000			
250,000,000	2,600,260	2,053,000	238,000			
300,000,000	2,870,260	2,303,000	258,000			
350,000,000	3,040,260	2,453,000	278,000			
400,000,000	3,210,260	2,603,000	298,000			
450,000,000	3,380,260	2,753,000	318,000			
500,000,000	3,550,260	2,903,000	338,000			
550,000,000	3,670,260	3,003,000	358,000			
600,000,000	3,790,260	3,103,000	378,000			
650,000,000	3,910,260	3,203,000	398,000			
700,000,000	4,030,260	3,303,000	418,000			
750,000,000	4,150,260	3,403,000	438,000			

800,000,000	4,270,260	3,503,000	458,000			
850,000,000	4,390,260	3,603,000	478,000			
900,000,000	4,510,260	3,703,000	498,000			
950,000,000	4,630,260	3,803,000	518,000			
1,000,000,000	4,750,260	3,903,000	538,000			

※ 감정료는 물건에 따라 변경될 수 있음.

※ 신문공고료(기본 2필지, 1필지 추가시 110,000원 추가)

※ 현황조사료(교통비, 조사료 포함)

※ 경매예납비는 법원에 따라 다를 수 있으며, 법원 사정에 따라 증.감 변동될 수 있음.

6. 등록세 등 납부요령

경매를 신청할 때는 경매를 신청할 부동산이 소재하고 있는 시.군. 구청 세무과 민원창구에가서 그곳에 비치된 등록세 납부신고서를 이용하여 인적사항, 부동산 표시, 납부세액 등을 기재하여 제출하고 납부서를 교부받아 구내은행 등 취급은행에 납부한 다음 등록세·교육세 납세필영수증·납세필확인서 중에서 보관용 영수증만 떼고 법원제출용은 경매신청 할 때 신청서에 첨부해주면 된다. 납부할 등록세는 경매신청서에 기재된 청구금액을 기준으로 납부해야 한다. 등록세는 청구금액(납부당시의 원금과 이자 포함)의 0.002%(2/1000)이고, 교육세는 등록세의 20%이다. 등록세 납부신고 할때 경매신청서 1부 지참한다.

7. 경매비용. 송달료 등 납부요령

(1) 경매비용 예납

경매예납 비용은 앞에서 예시한 경매비용 내역을 기준으로 계산해서 납부하면 된다. 경매비용은 일반인이 정확히 계산하기가 어려운 경우가 있으므로 정확히 계산하기 어려우면 해당 경매과에 문의해서 납부하던지 아니면 어림잡아 계산해서 납부하고 법원에서 추가로 납부하라고 통지가 오면 그때 납부해도 된다(예컨대 아파트 한 채를 경매신청 할 경우 약 200만 원 정도 납부하고 부족하면 법원에서 추가 납부통지서를 보내주므로 그때 추가로 납부하면 된다). 경매비용예납은 법원구내 은행에 있는 보관금납부서를 작성해서 납부하고 은행직원이 교부한 납부서 중 보관용은 수취하고 제출용을 경매신청서 앞장 뒷면에 풀로 붙여 제출하면 된다.

(2) 송달료 납부

송달료는 {(이해관계인 수+3)×3,060원×10}을 납부하면 된다. 예컨대 이해관계인이 5명이면(8 ×3,060원 × 10)이므로 납부할 송달료는 244,800원이 된다. 법원구내 은행에 비치된 송달료납부서를 작성해서 납부한 다음 은행직원이 교부한 송달료납부영수증 중 보관용은 수취하고 법원제출용을 경매신청서에 앞장 뒷면에 풀로 붙여 제출하면 된다.

(3) 인지 등 납부

그 밖에 정부수입인지 5,000원짜리 구입해서 경매신청서 앞장에 붙이면 되고, 부동산 한 개당 대법원수입증지 3,000원짜리 구입해서 제출해 주면 된다(대법원수입증지는 등기소에 보내야 하므로 풀로 붙이면 안 된다).

8. 경매신청서 접수

경매신청서와 부동산목록, 이해관계인목록 순서로 철하고, 신청서에 첨부서류를 첨부해서 각장마다 도장으로 간인하고, 신청서 맨 끝 채권자 이름 옆에도 도장을 찍고, 부동산소재지 관할법원 경매과 접수계에 접수하고 사건번호를 받으면 경매신청이 완료된다.

9. 경매신청과 채권액 확장문제

(1) 담보권실행을 위한 경매

1) 담보권실행을 위한 임의경매에서 경매를 신청한 채권자가 경매신청서에 피담보채권액 중 일부만을 청구금액으로 기재하였을 경우에는 다른 특별한 사정이 없는 한 신청채권자가 당해 경매절차에서 배당을 받을 금액이 기재된 청구금액을 한도로 확정되기 때문에 청구금액확장신청서나 채권계산서를 제출하는 방법 등에 의하여 청구금액을 확장할 수 없다. 이 경우 경매신청서에 기재하지 못한 나머지 채권을 배당받기 위해서는 배당요구종기 안에 이중경매신청을 해야 한다(대판 1998. 7. 10, 96다39479).

2) 담보권실행을 위한 경매절차에서 신청채권자는 일단 경매신청서에 특정의 피담보채권을 기재함으로써 이를 청구채권으로 표시하였다고 하더라도 당해 근저당권의 피담보채권으로서 다른 채권이 있는 경우에는 그 다른 채권을 청구채권에 추가하거나 당초의 청구채권을 그 다른 채권으로 교환하는 등 청구채권을 변경할 수 있다. 다만, 변경 후의 피담보채권액이 경매신청서에 기재되어 있는 청구채권액을 초과하는 때에는 그 초과하는 금액에 대하여는 배당을 받을 수 없다(대판 1998. 7. 10, 96다39479).

(2) 강제경매

1) 강제경매에서는 경매신청채권자가 경매신청 시 채권액의 일부만을 청구한 경우 나머지 채권을 배당받으려면 배당요구종기 안에 배당요구신청서 또는 청구금액을 확장한 채권계산서를 제출하거나 배당요구종기 안에 이중경매를 신청하면 된다.

2) 강제경매에 있어서 채권의 일부만을 청구한 경우에 강제경매절차가 개시된 후에는 청구금액의 확장은 허용되지 않고, 그 후에 청구금액을 확장하여 잔액의 청구를 하였다 하여도 배당요구의 효력 밖에는 없는 것이므로 강제경매개시결정에 의하여 압류의 효력이 발생한 후에 채무자가 경매부동산을 처분하여 제3자 앞으로 소유권이전등기를 마친 다음 청구금액확장 신청이 있고, 먼저 한 강제경매사건이 강제경매절차에 의하지 않고 종료하게 되면, 청구금액확장신청 이전에 소유권이전등기를 마친 제3취득자는 그 소유권취득을 확장신청인에게 대항할 수 있다(대법원 1983.10.15. 자 83마393 결정). 이는 강제경매를 신청한 채권자가 경매신청 당시 채권의 일부만을 청구하여 경매개시결정이 난 이후 채무자가 해당 부동산을 제3자에게 처분하여 제3자 앞으로 이전등기를 마친 이후 경매신청채권자가 나머지 채권에 대한 확장신청을 할 경우 해당 강제경매절차가 중간에 취하, 취소 등으로 종료하게 될 경우 확장신청한 금액에 대해서는 소유권을 취득한 제3자에게 대항 할 수 없다는 의미가 된다.

제4장 권리분석의 모든것

제 1 절　권리분석의 기초

1. 권리분석의 의미와 목적

권리분석이란 부동산과 관련된 거래관계에서 발생할지 모르는 불측의 손해를 막기 위하여 부동산의 관계관계 등에 하자가 있는지 여부를 조사하고 확인하여 분석하는 작업을 말한다. 법원경매와 공매에 있어서 권리분석은 **첫째**, 소유권취득에 문제가 없는지 여부, **둘째**, 매각대금 외에 추가로 인수해야 하는 부담이 존재하고 있지 않은지 여부, **셋째**, 사용 . 수익이 어려운 제한사항이 존재하지 않는지 여부 등을 조사, 확인, 분석하는데 그 목적이 있다.

2. 권리분석의 중요성

부동산거래관계에서 사고의 대부분은 권리분석을 소홀히 하거나 잘못하여 발생되는 것인 만큼 모든 부동산 거래는 반드시 권리분석이 전제되어야 한다.

3. 권리분석의 범위

권리분석은 좁게는 등기부 등 공적장부를 기준으로 사법상의 권리관계가 그 대상이지만 넓게는 공법상의 가치분석, 건축물의 하자 등 사실관계까지 그 대상을 삼아야 한다.

4. 권리분석의 키포인트

권리분석은 경매.공매 뿐 아니라 부동산과 관련된 모든 거래관계에서 결코 소홀히 할 수 없는 중요한 부분이지만, 일반인이 배우지 않고 분석하기란 쉽지 않다. 하지만 권리분석에 필요한 몇 가지 지식과 원칙을 알면 그리 어려운 분야가 아니다. 권리분석을 잘할 수 있는 주요핵심사항을 정리하면 다음과 같다.

첫째, 부동산등기부에 등기된 권리 상호간에 순위를 파악할 줄 알아야 한다.

둘째, 소멸기준권리의 의미와 소멸기준이 될 수 있는 권리가 무엇인지 정확히 알아야 한다.

셋째, 부동산등기부에 등기된 권리 중에서 소멸기준권리를 찾을 줄 알아야 한다.

넷째, 소멸기준권리를 기준으로 등기부에 등기된 권리 중에서 어떤 권리가 소멸되고, 인수되는지를 파악할 줄 알아야 한다.

다섯째, 주택 및 상가건물 임차권의 대항요건과 대항력이 어떻게 다른지를 정확히 알아야 한다.

여섯째, 임차인이 임대차계약서에 확정일자를 갖춘 경우와 갖추지 않은 경우 어떻게 다르고, 배당요구종기 안에 배당요구를 한 경우와 그렇지 않은 경우가 어떻게 다른지를 정확히 알고 있어야 한다.

일곱째, 주민등록상 세대합가의 의미를 이해하고 이에 대한 파악을 할 줄 알아야 한다.

일곱째, 유치권의 성립 및 대항요건, 법정지상권, 분묘기지권의 성립요건 등을 정확히 알아야 한다.

여덟째, 토지이용계획서에 기재된 각종 규제사항에 대한 의미를 이해하고, 그러한 규제사항들이 어떤 법률의 적용을 받게 되는지를 알아야 한다.

아홉째, 그밖에 몇 가지 예외적인 사항들을 알고 있어야 한다.

5. 권리분석시 방심은 금물

설마가 사람 잡는다는 말이 있듯이 권리분석을 너무 안이하게 했다가 입찰보증금을 포기하는 사례가 실제로 발생하고 있고, 대금납부 후 인수해서는 안 되는 권리가 새롭게 밝혀져 낭패를 보는 경우도 심심찮게 일어나는 것이 법원경매의 현실이다. 따라서 권리분석을 할 때는 방심하거나 자만해서는 안 된다. 애매하거나 잘 모르겠으면 전문가의 자문을 받아서 처리하고, 그래도 확신이 가지 않으면 일단 피하는 것이 상책이다.

6. 권리분석에 필요한 자료와 입수방법

서류명	주요기재 내용	주요확인사항	발급방법
등기부등본	〈표제부〉 부동산의 표시사항(지번.지목.면적. 건물종류.구조.호수.대지권 등) 〈갑구〉 소유권과 제한사항(소유자.가압류. 가처분 등) 〈을구〉 담보물권 등	. 권리의 순위파악 .토지대장.건축물대장과 일치여부	.등기소(과) .인터넷 등기소 .민원24시 .무인발급기
건축물대장	소재지(위치).면적.구조.용도.건축년도.구조.부속건축물.건폐율.용적율.위반건축물표시.소유자 등	.등기부등본과 일치여부 .무허가.미등기건물여부 .부속건물의 동수.	.시.군.구청 .무인발급기 .민원24시

		면적 . 건축법 위반사항	
토지.임야대장	소재지.지번.지목.면적.소유자 등	.등기부등본과 일치여부 .지목.면적.등급.공시지가 등	상동
지적도.임야도	위치.지목.경계.방향.접면도로.주요지형물과의 거리.지적형태 등	.실제현황 일치여부 .위치.경계.지형 등	.시.군.구청 .민원24시
토지이용계획 확인원	공법상 규제사항 등	.용도지역.용도지구.용도구역 .개발제한사항여부 .도시개발계획여부 .도시계획시설여부 .토지거래허가구역여부 등	.시.군.구청 .민원24시
전입세대확인원	전입임차인. 전입일자 등	.임차인의 대항력 구비 여부	주민센타
감정평가서	평가표. 평가의견서 . 평가명세표. 주위환경, 건물구조, 이용상태, 설비내역, 노후정도, 토지의 형상 및 이용상태, 인접도로상태,공부와의 차이 등	.평가내용. 제한상태 등	대법원경매사이트
현황조사서	부동산의 상태, 대항력 있는 임차인, 유치권 . 법정지상권 유무. 공부상 표시와 현황일치여부, 분묘, 부합물 . 종물, 대지사용권의 존재여부 등	.인수할 권리 유무 등	대법원경매사이트
매각물건명세서	매각에 중요한 영향을 미치는 사항	.인수할 권리 유무 등	대법원경매사이트

제 2 절 경매와 관련된 권리의 이해

1. 물권.채권.청구권의 의미

(1) 물권

물권은 「부동산 등 물건과 기타 재산권에 대해 제3자의 간섭을 받지 않고 이익을 얻는 권리」 정도로 이해하면 된다. 물권에는 등기부에 등기되는 권리가 있고 등기되지 않는 권리가 있다. 경매와 관련해서 꼭 알아두어야 할 물권은 근저당권 . 저당권 . 유치권 . 담보가등기, 전세권 . 지상권 . 지역권, 유치권, 법정지상권, 분묘기지권, 점유권 등이 있다.

(2) 채권

채권은 특정인이 특정인에게 어떤 급부나 행위를 하라고 청구할 수 있는 권리를 말한다(돈을 빌려주고 변제기에 빌린 돈 갚으라고 청구하는 것, 부동산을 매수한 사람이 소유권이전등기를 이행하라고 청구하는 것, 화가에게 그림 값을 주고 그림을 그려달라고 청구하는 것 등).

(3) 청구권

청구권은 채권과 혼용해서 쓰기도 한다(예컨내 소유권이선등기를 구하는 권리는 채권이지만 청구권이기도 하다). 청구권은 채권의 본질을 이루지만 엄밀하게는 구별된다. 예컨대 1,000만을 빌려준 사람은 빌린 사람에게 1,000만원의 대여금 채권을 가지게 되지만 변제기가 도래되어야 1,000만원을 갚으라는 청구권이 생기게 된다.

채권은 신분권처럼 일신전속권(부양청구권)에는 발생할 수 없지만 청구권은 신분권 등에서도 발생할 수 있다.

2. 경매.공매와 관련된 권리의 종류

경매.공매와 관련된 권리는 다음과 같은 것이 있다.

(1) 등기되는 권리

1) 담보물권

저당권, 근저당권, 담보가등기

2) 용익물권

지상권, 지역권, 전세권(전세권은 담보물권과 용익물권을 겸함)

3) 채권

가압류, 압류, 등기된 임차권

4) 청구권

소유권보전 가등기, 처분금지가처분, 환매권

5) 물권도 채권도 아닌 것

예고등기(예고등기는 물권도 채권도 아닌 제3자에게 경고하기 위한 권리인데 2011. 10.13.부터 폐지가 되었다. 하지만 현재 등기부에 존속하고 있는 예고등기는 권리분석의 대상이 된다).

(2) 등기되지 않는 권리

1) 물권

유치권, 법정지상권, 분묘기지권, 점유권

2) 채권

주택 및 상가건물임차권

(3) 채권이 물권처럼 취급되는 경우

주의할 점은 주택 및 상가건물임차권은 임대차기간이 만료되어 임차보증금을 반환해 달라는 권리가 생기는데 이러한 권리는 물권이 아니고 채권에 해당한다. 그렇지만 임대차계약서에 확정일자를 받으면 경매와 공매에서는 그 임차권이 물권으로 취급되어 순위에 따라 우선변제 받는 권리가 생기게 된다. 이를 '채권의 물권화'라고 표현한다. 따라서 주택 및 상가건물임차인은 선순위권리자가 없더라도 반드시 확정일자를 받아두면 여러 면에서 유리하다.

3. 권리상호간 순위관계

(1) 물권과 물권 간 순위

물권과 물권 상호간 순위는 먼저 성립된 것이 우선한다. 물권은 등기부 을구에 등기되기 때문에 을구의 순위번호가 빠른 것이 우선한다.

을구 순위번호	권리의 내용	순위관계
1	갑 2008. 05. 10. 근저당등기	1순위
2	을 2008. 10. 05. 근저당등기	2순위
3	병 2009. 06. 20. 근저당등기	3순위

(2) 물권과 채권 간 순위

물권과 채권 간 순위는 물권이 우선하는 것이 원칙이다. 다만, 채권의 피담보채권이 가압류, 압류된 경우에는 후순위 담보물권과 동순위가 되어 안분배당하게 되고, 주택 및 상가건물임차권이 확정일자를 갖추고 있으면 물권으로 취급되기 때문에 임차권보다 먼저 등기된 가압류, 압류와 동순위가 되어 안분배당 된다(단, 압류가 조세채권인 경우에는 당해세, 법정기일 등에 따라 예외가 있음).

권리의 내용	순위관계
갑 2008. 05. 10. 가압류등기	갑과 을은 동순위로 안분배당
을 2008. 10. 05. 근저당등기	
병 2009. 06. 20. 가압류등기	갑과 을이 배당받고 나머지가 있으면 병과 정이 동순위로 안분배당
정 2005. 06. 10. 판결 받고 배당요구신청	

(3) 채권과 채권 간 순위

채권과 채권 간 순위는 서로 동순위 관계에 있다(단, 압류가 조세채권인 경우에는 당해세, 법정기일 등에 따라 예외 있음). 따라서 등기부에 가압류등기 먼저 되었다고 해서 뒤에 한 가압류 보다 순위가 빨라지는 것이 아니고 가압류를 먼저 하였든 뒤에 하였든 순위는 동일하다.

권리의 내용	순위관계
갑 2008. 05. 10. 가압류	갑,을,병은 동순위로 안분배당
을 2008. 10. 05. 가압류	
병 2005. 06. 10. 판결 받고 배당요구신청	

4. 종류별 권리의 개념파악하기

(1) 담보물권

담보물권은 채무불이행시 경매에 붙여 돈을 받기 위해 설정하는 물권이다. 당사자 약정에 의해 설정하는 것을 약정담보물권(근저당권 . 저당권 . 질권 등)이라 하고 법률의 규정에 의해 성립하는 것을 법정담보물권(유치권)이라 한다.

1) 근저당권

근저당권은 장래 계속 변동.증감하는 채권을 담보하는 것으로 이자는 채권최고액에 포함된 것으로 보고, 지연이자(채무불이행으로 인한 손해배상)는 채권최고액 범위에서 제한 없이 담보된다. 근저당권은 다음과 같은 특징을 가지고 있다.

① 결산기가 도래되어 피담보채권이 확정되기 전에는 피담보채권[29]이 영(0)이 되어도 말소되지 않는다.

② 근저당권자가 경매를 신청하면 결산기가 도래되어 채권이 확정되어 보통저당권으로 전환되고, 중간에 경매가 취하, 취소되어도 채권확정에 영향을 받지 않는다.

③ 제3자가 경매를 신청한 때는 매각대금이 완납된 때 결산기가 도래되어 피담보채권이 확정된다. 다만, 제3자가 공동근저당권의 일부목적물에 대해 경매를 신청한 때는 나머지 목적물에 대한 피담보채권은 확정되지 아니한다.

④ 근저당권에서 확정된 피담보채권이 채권최고액을 초과하면 초과되는 금액은 담보되지 않고 일반채권으로 전환된다.

⑤ 채무가 채권최고액을 초과한 상태에서 근저당권을 말소하려면 초과한 금액까지 변제해야 한다.

⑥ 물상보증인[30]이 근저당권을 설정한 때는 채무가 채권최고액을 초과하여도 채권최고액 범위에서만 변제하면 되고, 제3취득자[31]는 채무를 인수한 경우에는 피담보채권이 채권최고액을 초과한 부분까지 변제해야 하고, 채무를 인수하지 않은 때는 채권최고액 범위에서 변제하면 된다.

---

29) 담보권의 기초가 되는 채권을 피담보채권이라 한다.

30) 물상보증인이란 제3자를 위해서 자기 소유재산에 담보를 설정한 자를 말한다.

31) 제3취득자란 근저당권 . 저당권 등 부동산에 부담이 있는 상태에서 부동산을 취득한 자를 말한다.

⑦ 부동산 매매관계에서 근저당채무를 인수하기로 하고 해당 금액만큼 매매대금에서 공제한 경우 매수인이 근저당권자의 승낙 하에 근저당채무를 면책적으로 인수하지 않았다면 이행인수[32]로 본다.
⑧ 근저당권은 매각이 되면 순위에 상관없이 무조건 등기부에서 말소된다. 근저당권은 소멸기준권리에 해당한다.

2) 저당권

채무불이행 시 당해 부동산을 경매하여 후순위권리자보다 우선변제 받는 권리이다. 요즘은 저당권으로 등기하는 경우는 드물고 근저당권으로 등기하는 경향이 많다. 저당권은 ①원본(원금), ②이자, ③위약금, ④채무불이행으로 인한 지연이자, ⑤저당권실행에 따른 경매비용을 담보한다(민법§360). 다만, 지연이자(채무불이행으로 인한 손해배상)는 원금의 변제기일 다음 날부터 1년이 되는 날까지만 담보되고, 이자채권(약정이자를 말함)은 금액에 제한 없이 담보된다. 경매에서 낙찰되면 순위에 관계없이 무조건 등기부에서 말소된다. 소멸기준권리에 해당한다.

3) 담보가등기

담보가등기는 경매에서 매우 주의해야 한다. 등기부에 등기되는 가등기는 두 가지 유형이 있다. 하나는 소유권이전등기보전가등기인데, 이 가등기는 매매계약을 체결하고 이전등기는 나중에 받기로 하고 순위를 보전하기 위해 하는 가등기이다. 다른 하나는 담보가등기인데, 이 가등기는 돈을 빌려주고 채권을 담보하기 위한 가등기이다. 그런데 가등기는 1984년 1월 1일 이전에 설정된 가등기는 소유권보전을 위한 가등기로 취급되기 때문에 문제가 되지 않는다.

---

32) 이행인수란 계약당사자간 내부관계에서 채무를 변제할 책임을 지는데 그치고 채권자에게 직접 채무를 부담하지 않는 계약관계를 말한다,

다만, 그 이후에는 등기부에 대개 가등기로만 등기되기 때문에 등기부만 봐서는 무슨 가등기인지 구별이 잘 안된다. 등기부의 등기원인 기재 란에 '대물변제예약' '대물' '변제' 이런 문구가 들어 있으면 담보가등기로 볼 여지는 있으나 함부로 단정해서는 안 된다. 대법원은 가등기가 담보가등기인지 여부는 그 등기부상 표시나 등기시에 주고 받은 서류의 종류에 의하여 형식적으로 결정될 것이 아니고 거래의 실질과 당사자의 의사해석에 따라 결정될 문제라고 판시하고 있기 때문이다(대법원 1992.2.11. 선고 91다36932 판결).

실무에서는 법원이 경매개시결정등기 직후 가등기권자에게 소유권보전가등기인지 담보가등기인지 신고하라고 최고한다. 그런데 가등기권자가 아무런 신고를 하지 않으면 법원은 소유권이전등기보전을 위한 가등기로 취급하고 업무를 처리한다. 대법원 판례는 담보가등기의 피담보채권은 소비대차[33] 및 준소비대차[34]로 발생한 채권으로 한정된다고 한다. 가끔 가등기권자가 임의경매를 신청하는 경우가 있는데 이런 경우는 담보가등기로 보아도 무방하다.

〈가등기담보에 관한 판례〉

가등기가 담보가등기인지 여부는 그 등기부상 표시나 등기 시 주고 받는 서류의 종류에 의해 형식적으로 결정될 것이 아니고, 거래의 실질과 당사자의 의사에 따라 결정될 문제이다(대법원 1992.2.11. 선고 91다36932 판결). 또, 당해 가등기가 담보가등기인지 여부는 당해 가등기가 실제상

33) 소비대차란 예컨대 돈을 차용하고 언제까지 갚기로 하는 것처럼 금전 기타 대체물의 소유권을 상대방에게 이전할 것을 약정하고, 상대방은 그와 동종·동질·동량의 물건을 반환할 것을 약정하는 계약을 말한다. 돈을 대여하고 차용하는 것을 금전소비대차라고 한다.

34) 준소비대차란 원래는 소비대차가 아닌데 소비대차의 목적으로 할 것을 약정하는 계약을 말한다(예컨대 원래는 공사대금인데 돈을 빌린 것으로 약정하는 것).

채권담보를 목적으로 한 것인지 여부에 의하여 결정되는 것이지, 당해 가등기의 등기부상 원인이 매매예약으로 기재되어 있는지, 대물변제예약으로 기재되어 있는지 하는 형식적 기재에 의해 결정되는 것은 아니다(대법원 1998.10.7. 선고 98마1333 판결).

〔금전소비대차약정서〕

금전소비대차 약정서

채권자 ○○○

주민등록번호 : 000000 - 0000000

주소 : ○시 ○○구 ○○동 ○○

채무자 ○○○

주민등록번호 : 000000 - 0000000

주소 : ○시 ○○구 ○○동 ○○

채권자 ○○○(이하 "채권자"라 한다)과 채무자 ○○○(이하 "채무자'라 한다) 은 아래와 같이 금전소비대차 약정을 체결한다.

아 래

제1조(목적) 채권자는 년 월 일 금 원정을 채무자에게 대여하고 채무자는 이를 차용한다.

제2조(변제기한) 채무자는 차용금 원을 년 월 일까지 변제한다.

제3조(이자) 이자는 원금에 대하여 월 %를 매월 일에 지급한다.

제4조(변제장소) 채무의 변제장소는 채권자의 주소지, 영업소 또는 채권자가 지정하는 장소에서 변제하는 것을 원칙으로 하되, 부득이한 사정으로

채권자의 승낙이 있을 경우 채무자가 지정하는 장소에서 변제할 수 있다.

제5조(지연손해금) 채무자가 원금 또는 이자의 변제를 지체한 때에는 지체된 원금과 이자에 대하여 약정이자와는 별도로 연 %의 비율에 의한 지연손해금을 채권자에게 지급한다.

제6조(기한의 이익의 상실) 채무자가 다음 각호의 1에 해당하는 때에는 채권가가 달리 통지 또는 최고가 없더라도 당연히 위 차용금에 대한 기한의 이익을 상실하고 즉시 나머지 채무금 전부를 변제하여야 한다.

1. 채무자에 대하여 파산, 화의개시,회사정리절차개시의 신청이 있을 때
2. 채무자가 거래은행으로부터 거래정지처분을 받은 때
3. 채무자가 약정이자를 2회이상 지체한 때
4. 채무자가 책임재산을 고의로 훼손, 감소, 은닉하거나 기타 채권자를 해하는 행위를 한 때
5. 채무자가 제3자로부터 강제집행,가압류,가처분,경매신청을 받은 때
6. 채무자가 조세의 체납으로 압류처분을 받은 때
7. 채무자의 신용의 급격한 변경 등으로 인하여 변제기에 채무불이행이 확실시 되는 사유가 발생한 때
8. 채무자가 본 계약을 위반한 때

제8조(연대보증) 보증인은 이 계약에 의한 채무자의 채무를 보증하고, 채무자와 연대하여 채무를 이행하기로 한다.

2011. . .

채권자 ○○○ (인)

채무자 ○○○ (인)

연대보증인 ○○○ (인)

[매매예약서]

매 매 예 약 서

당사자의 표시

예약자(갑) ○○○(-)
○시 ○○구 ○○동 ○○

권리자(을) ○○○(-)
○시 ○○구 ○○동 ○○

[부동산의 표시]

○○시 ○○구 ○○동 ○○
전 ○○○㎡

예약자 ○○○을 (갑)이라 하고, 권리자 ○○○를 (을)이라 하여 아래와 같이 매매예약을 체결한다.

- 아 래 -

제1조 (갑)은 (을)에게 위 부동산을 금○○○○원에 매도할 것을 예약하며 (을)은 이를 승낙한다.

제2조 본 매매 예약의 완결일자는 ○년 ○월 ○일로 하며 위 완결 일자가 경과하였을 때에는 (을)의 매매완결의 의사표시가 없어도 당연히 매매가 완결된 것으로 본다.

제3조 제2조에 의하여 매매가 완결되었을 때에는 (갑),(을) 간에, 위 표시 부동산에 대한 매매 계약이 성립되며, (갑)은 (을)로부터 제1조의 대금을 수령함과 동시에 (을)에게 위 부동산에 관하여 매매로 인한 소유권이전등기절

차를 이행하고 위 부동산을 인도 및 명도 하여야 한다.

제4조 (을)은 (갑)에게 본 예약의 증거금으로 예약당일에 금○○○○원을 지급하기로 하며 위 금액은 제1조의 매매대금에서 공제한다.

제5조 (을)이 제3조에 의한 소유권이전등기시 본 예약 당시 위 표시 부동산에 설정된 근저당 채무를 인수하며, 을이 인수할 근저당 채무는 매매대금에서 정산한다.

제6조 (갑)은 본 예약체결과 동시에 위 부동산에 대하여 (을)에게 매매예약에 의한 소유권이전청구권 보전의 가등기 절차를 이행하기로 한다.

제6조 본 예약에 의한 등기신청비용, 등록세 등은 (갑)이 부담한다.

상기 계약을 증명하기 위하여 본 예약서 2통을 작성하여 (갑) (을) 쌍방이 기명날인 한 후 각자 1통을 소지한다.

2○○○. ○. ○.

예약자 (갑) ○○○(인)

권리자 (을) ○○○(인)

〔대물반환예약서〕

대물반환예약서

당사자 표시

예 약 자 (갑) ○○○(　　-　　)

○시 ○○구 ○○동 ○○

권리자 (을) ○○○(-)

○시 ○○구 ○○동 ○○

[부동산의 표시]

○○시 ○○구 ○○동 ○○

임야 ○○○○㎡

예약자 ○○○을 (갑)이라 칭하고 권리자 ○○○를 (을)이라 칭하여 위 표시 부동산을 담보로 하여 아래와 같이'금전소비대차계약'을 체결한다.

- 아 래 -

제 1 조 (대물반환예약)

① 채권자는 채무자에게 금○○○○원을 대여함에 있어 이자는 월○%로 하여 매월 말일 지급하고, 변제기는 ○년 ○월 ○일까지로 한다. 만일 변제기까지 원리금을 변제하지 못하면 채무자는 대물변제로 상기 부동산의 소유권을 채권자에게 이전한다.

② 채무자가 제1항의 이자 채무를 ○회 이상 연체시 기한의 이익을 상실하고 채권자는 원리금을 일시에 청구할 수 있으며 가등기된 부동산의 경매를 신청할 수 있다.

제 2 조 (담보가등기)

제1조의 채권을 담보하기 위하여 채무자는 채권자에게 상기 부동산에 대한 '담보가등기'절차를 이행하기로 한다.

제 3 조 (청산금의 평가통지)

채권자가 제1조의 규정에 의한 소유권을 취득함에는 2개월 전 목적 부동산의 평가액에서 차용액 원리금의 가액을 초과하는 청산금의 평가액을 채무자에게 통지하여야 한다.

제 4 조 (가등기에 기한 본등기)

제3조의 청산기간을 도과하도록 원리금 등을 변제하지 않을 때에는 채권자는 채무자에게 청산금을 지급함과 동시에 담보가등기에 기한 본등기를 이행함에 있어 채무자는 이 등기절차에 필요한 일체의 서류를 갖추어 이에 협력키로 한다.

제5조 (대물변제계약의 의제)

제4조의 등기를 신청함에 있어서 위 당사자 간에 별도의 대물변제계약을 체결함이 없이도 제3조의 통지서가 채무자에게 송달된 후 2개월이 경과된 다음날에 자동적으로 제1조의 대물변제의 본계약이 성립된 것으로 본다.

제6조 (비용의 부담)

본 계약 이행에 필요한 일체의 비용을 채무자가 부담하되, 다만 법령에 의하여 부담할 세액 등은 채권자가 부담한다.

제7조 (채권의 소멸)

제4조의 등기와 동시에 채무자는 채권자에게 부동산을 인도 또는 명도하고 위 등기와 인도가 된 때에는 제1조에 게기한 채권은 소멸하며, 채권자는 채권증서를 반환하여야 한다.

제 8조 (관할 합의)

본 건에 관한 재판의 관할은 채권자의 주소지 관할로 한다.

상기 계약을 증명하기 위하여 본 예약서 2통을 작성하여 (갑) (을) 쌍방이 기명날인 한 후 각자 1통을 소지한다.

2○○○. ○. ○.

예 약 자 (갑) ○○○(인)

예약 권리자 (을) ○○○(인)

4) 유치권

유치권은 채권을 전부 변제 받을 때까지 채권자가 타인의 물건 또는 유가증권을 점유할 수 있는 법정담보물권이다. 유치권의 종류에는 일반(민사)유치권과 상사유치권이 있다. 유치권이 적법하게 성립하면 낙찰자는 유치권자의 채권을 변제해야만 부동산의 점유를 인도받을 수 있다. 유치권에 대해서는 뒤에서 설명할 특수권리분석에서 자세히 다루기로 한다.

5) 양도담보

담보목적 부동산을 채권자에게 이전시키고 채무변제 시 목적물을 반환받는 물적담보의 일종이다(부동산의 경우 양도담보권자 명의로 등기를 이전한다).

채무자가 채무를 변제하지 않으면 가등기담보법에 의해 실행통지를 하고, 청산절차를 거쳐 권리를 취득하는 방법과 경매를 통해 변제를 받는 방법이 있다.

부동산과 같이 등기 . 등록을 공시방법으로 하는 물건이나 재산권에 대해 양도담보를 설정했는데, 일반채권자가 담보목적물에 대한 강제집행을 하면 양도담보설정자(원소유자)는 제3자이의소를 제기하여 다툴 수 있다.

(2) 용익물권

물건을 사용하기 위한 권리를 용익물권이라 한다.

1) 전세권

전세권은 전세금을 지급하고 전세권등기를 하고 부동산을 사용 . 수익하는 권리로 용익물권과 담보물권을 함께 겸하고 있다. 전세권등기는 소멸기준권리보다 순위가 늦으면 낙찰로 소멸되고, 소멸기준권리 보다 순위가 빠르면 두 가지로 나누어 판단해야 한다. 하나는 전세권자가 배당요구종기 안에 배당요구를 했으면 실제로 배당을 받았는지 여부와 상관없이 낙찰로 소멸된다. 이점이 임차권과 다르다. 다른 하나는 배당요구를 하지 않으면 낙찰자가 인수한다. 따라서 등기부에 소멸기준권리보다 빠른 전세권등기가 있으면 그 전세권자가 배당요구종기 안에 배당요구를 했는지 배당요구를 하지 않았는지를 잘 살펴야 한다. 뒤에서 설명하겠지만 전세권은 소멸기준권리가 되는 경우가 있고, 되지 않는 경우가 있으므로 이를 잘 구별해서 정확히 알아두어야 한다.

〔**전세권설정계약서**〕

전 세 권 설 정 계 약 서

금 일억원 정(₩100,000,000)

전세권설정자는 위 전세금을 금일 수령하고 전세권자의 사용수익을 위하여 본인 소유인 다음의 부동산에 순위 제 1번의 전세권설정계약을 체결하고 다음사항을 약정한다.

제 1 조 끝에 표기한 부동산의 1층 전부 전세권의 목적으로 한다

제 2 조 전세권자는 이 부동산을 상가 이외의 목적으로 쓰지 못한다.

제 3 조 전세금의 반환기는 ○년 ○월 ○일 까지로 한다.

제 4 조 전세권의 존속기간은 ○년 ○월 ○일 까지로 한다.

제 5 조 전세권자는 전세목적물의 현상을 유지하고 보통 관리에 따른 수

리를 하여야 한다.

제 6 조 전세권자가 전세목적물의 원형을 전세권설정자의 승낙 없이 변경함으로써 그 가치가 현저하게 떨어졌을 경우에는 전세권설정자는 전세권의 소멸을 청구할 수 있다.

제 7 조 전세권자는 그 사용수익을 위하여 현상을 변경하였을 경우에는 존속기간이 끝난 후 즉시 원상 복구하여 전세권설정자에게 인도하여야 하며 또한 목적물에 손해가 났을 경우에는 이를 배상하여야 한다.

위 계약을 확실히 하기위하여 이 증서를 작성하고 다음에 기명날인한다.

○ 년 ○월 ○일

전세권설정자 ○○○
(-)
○○시 ○○구 ○○동 ○○ - ○○

전 세 권 자 ○○○
(-)
○○시 ○○구 ○○동 ○○

부동산의 표시

○○○시 ○○구 ○○동 ○○○-○
철근콘크리트구조 슬라브지붕 ○층 제1종 및 제2종 근린생활시설
1층 ○○○㎡
2층 ○○○㎡
3층 ○○○㎡ (끝).

2) 지상권

지상권은 타인의 토지에 건물 . 기타 공작물 . 수목을 소유하기 위해 토지를 사용할 수 있는 권리이다. 지상권이 소멸한 경우에 건물 기타 공작물이나 수목이 현존한 때에는 지상권자는 계약의 갱신을 청구할 수 있고, 지상권설정자가 계약의 갱신을 원하지 아니하는 때에는 지상권자는 상당한 가액으로 전항의 공작물이나 수목의 매수를 청구할 수 있다(민법 제283조). 근저당권 등 담보권 설정의 당사자들이 그 목적이 된 토지 위에 차후 용익권이 설정되거나 건물 또는 공작물이 축조·설치되는 등으로써 그 목적물의 담보가치가 저감하는 것을 막는 것을 주요한 목적으로 하여 채권자 앞으로 아울러 지상권을 설정하였다면, 그 피담보채권이 변제 등으로 만족을 얻어 소멸한 경우는 물론이고 시효소멸한 경우에도 그 지상권은 피담보채권에 부종하여 소멸한다(대법원 2011.4.14. 선고 2011다6342 판결). 소멸기준권리보다 먼저 등기된 지상권은 낙찰자가 인수하고, 소멸기준권리보다 뒤에 등기된 지상권은 낙찰로 소멸한다. 지상권은 소멸기준권리가 되지 못한다.

□ 지상권의 존속기간

〈민법 제280조(존속기간을 약정한 지상권)〉

① 계약으로 지상권의 존속기간을 정하는 경우에는 그 기간은 다음 연한보다 단축하지 못한다.

1. 석조, 석회조, 연와조 또는 이와 유사한 견고한 건물이나 수목의 소유를 목적으로 하는 때에는 30년
2. 전호이외의 건물의 소유를 목적으로 하는 때에는 15년

3. 건물이외의 공작물의 소유를 목적으로 하는 때에는 5년

② 전항의 기간보다 단축한 기간을 정한 때에는 전항의 기간까지 연장한다.

〈**제281조(존속기간을 약정하지 아니한 지상권)**〉

① 계약으로 지상권의 존속기간을 정하지 아니한 때에는 그 기간은 전조의 최단존속기간으로 한다.
② 지상권설정당시에 공작물의 종류와 구조를 정하지 아니한 때에는 지상권은 전조 제2호의 건물의 소유를 목적으로 한 것으로 본다.

◈ 지상권자에게 불리한 것으로 효력이 없는 것(편면적 강행규정)

다음의 경우 당사자 간에 적용하지 않기로 약정을 할지라도 효력이 발생하지 않고 민법 제289조에 따라 무효가 된다.
① 지상권의 존속기간에 관한 민법 제280조 규정
② 지상권의 존속기간을 정하지 않는 경우 적용 최단족속기간 보장 등에 관한 민법 제281조 규정
③ 지상권의 양도 및 임대에 관한 민법 제282조 규정
④ 지상권자의 갱신청구 및 매수청구에 관한 민법 제283조 규정
⑤ 갱신과 존속기간을 정한 민법 제284조 규정
⑥ 지상권자의 수거의무 및 매수청구에 관한 민법 제285조 규정
⑦ 지료증감청구권에 관한 민법 제286조 규정
⑧ 지료연체에 의한 지상권소멸청구에 관한 민법 제287조 규정

3) 구분지상권

토지의 지하 또는 지상의 공간에 상하의 범위를 정해서 건물 기타 공작물을 소유할 목적으로 설정등기 하는 지상권이다. 구분지상권은 그 객체가 토지의 '어떤 층'에 한정되고 건물 기타 공작물 소유만을 위해서 설정될 수 있고 수목의 소유를 목적으로는 설정할 수 없는 점이 지상권과 다르다. 한국전력공사에서 송전탑 등을 설치할 때 많이 이용되고 있으며, 임야나 농지 등을 사용수용하여 송전탑을 설치하는 경우도 있다. 소멸기준권리보다 순위가 빠른 구분지상권은 낙찰자가 인수하고 소멸기준권리보다 순위가 늦으면 낙찰로 말소된다. 다만 한국전력공사에서 사용수용하여 구분지상권을 설정한 때는 순위에 상관없이 말소되지 않는다는 점 주의한다. <u>구분지상권은 소멸기준권리가 되지 못한다.</u>

한국전력공사가 타인 소유의 토지상에 송전선을 설치함으로써 반환하여야 할 부당이득의 범위를 정하기 위한 입체이용저해율을 산정함에 있어, 건물의 이용저해울은 0이라고 할지라도 기타이용률을 구성하는 지상 또는 지하의 이용률을 전체 입체이용률의 15%로 보고 다시 지상과 지하 이용률의 상하배분비율을 2 : 1로 하여 결국 해당 토지의 이용저해율을 10%로 산정한 사례가 있다(대법원 2003. 7. 11. 선고 2001다1911,1928 판결).

4) 점유권

점유란 물건을 사실상 지배할 수 있는 물권으로 등기부에는 등기되는 않는다. 점유는 '사실상 지배'만으로 성립되기 때문이다. 경매에서 유치권자의 점유와 관련하여 종종 문제가 되곤 하는데, 대법원 판례에 따르면 점유[35]라고 함은 물건이 사회통념상 그 사람의 사실적 지배에 속한다고 보여지는 객관적 관계에 있는 것을 말하고, 사실상의 지배가 있다고 하기 위해서는 반드시 물건을 물리적, 현실적으로 지배하는 것만을 의미하는 것은 아니며, 물건과 사람과의 시간적, 공간적 관계와 본권관계, 타인지배의 배제가능성 등을 고려하여 사회관념에 따라 합목적적으로 판단하여야 한다(대법원 2009.9.24. 선고 2009다39530 판결).

임대차종료 후 임차인이 임대인에게 부동산의 열쇠를 넘겨 준 후 임대인의 승낙하에 비품 등을 남겨 놓은 경우, 임차인은 그 집에 대하여 적법한 점유자로 본다는 판례가 있다(대법원 2005.9.30. 선고 2005다24677 판결). 임차인이 임차보증금을 지급하고 주인으로부터 열쇄를 넘겨받으면 사실상 임차물건에 대한 사실상 지배상태에 있는 것으로 보아야 한다.

점유는 선의 . 평온 . 공연하게 이루어져야 한다. 점유과정에 폭력행사와 같이 불법행위가 개입되면 유치권은 성립될 수 없다(예컨대 유리창을 깨고 침입하여 점유하는 것, 출입문을 용접하여 타인의 출입을 봉쇄 하는 것, 열쇠를 강

---

35) 민법 제192조(점유권의 취득과 소멸) ①물건을 사실상 지배하는 자는 점유권이 있다.
②점유자가 물건에 대한 사실상의 지배를 상실한 때에는 점유권이 소멸한다. 그러나 제204조의 규정에 의하여 점유를 회수한 때에는 그러하지 아니하다.
제196조(점유권의 양도) ①점유권의 양도는 점유물의 인도로 그 효력이 생긴다.
제197조(점유의 태양) ①점유자는 소유의 의사로 선의, 평온 및 공연하게 점유한 것으로 추정한다.
②선의의 점유자라도 본권에 관한 소에 패소한 때에는 그 소가 제기된 때로부터 악의의 점유자로 본다.
제204조(점유의 회수) ①점유자가 점유의 침탈을 당한 때에는 그 물건의 반환 및 손해의 배상을 청구할 수 있다.
②전항의 청구권은 침탈자의 특별승계인에 대하여는 행사하지 못한다. 그러나 승계인이 악의인 때에는 그러하지 아니하다.
③제1항의 청구권은 침탈을 당한 날로부터 1년 내에 행사하여야 한다.

제로 부수고 점유를 침탈하는 것, 적법하게 유치권을 행사하고 있음에도 용역업체 직원을 동원하여 강제로 내쫓고 점유하는 것 등).

여기서 선의의 점유란 점유권원이 있는 것으로 알고 점유하는 것을 말하고, 평온한 점유는 폭력에 의하지 않는 점유를 말하며, 공연한 점유는 비밀스럽지 않은 점유, 즉 남이 모르게 하지 않는 점유를 말한다. 점유권은 소멸기준권리가 될 수 없다.

◈ 점유를 침탈당했을 때 대응방법

적법하게 점유권을 행사하고 있는데, 제3자가 점유를 빼앗은 경우 점유를 다시 찾으려면 어떻게 해야 할까? 현실에서 유치권자가 종종 부딪히는 문제이다. 이런 경우 점유보호청구권을 행사해서 점유를 회복해야 한다. 즉 점유를 침탈당한 직접점유자가 점유를 침탈한 자 또는 포괄승계인(상속인), 악의의 특별승계인(점유권한이 없는 자인 것을 알면서 그로부터 점유를 승계한 자)을 상대로 소유권 또는 점유권 등에 의한 점유물반환 청구(건물인도소송 등) 및 손해배상 청구소송을 제기하여 승소판결을 받아 집행관에게 위임하여 점유를 회복한다. 단, 사기로 인한 침탈은 해당되지 않는다. 간접점유자(임대인 등)도 점유보호청구권을 행사할 수 있다. 다만 이 경우에는 1차적으로 직접점유자에게 반환할 것을 청구해야 하고, 직접점유자가 반환을 받을 수 없거나 받기를 원하지 않을 때는 간접점유자 자신에게 직접 반환하라고 청구할 수 있다. 대법원 판례에 따르면, 점유보호청구권은 출소기간이므로, 침탈당한 날로부터 1년 안에 반드시 소송을 제기해야 한다(대판 2002. 4. 26, 2001다8097). 이는 제척기간이므로 침탈당한 날로부터 1년 안에 소송을 제기하지 않으면 점유보호청구권은 더 이상 행사할 수 없게 된다.

5) 법정지상권 . 분묘기지권

법정지상권은 토지와 건물이 동일한 소유자에 속했다가 경매 등으로 소유자가 달라진 경우 건물소유자에게 인정되는 지상권이고, 분묘기지권은 타인의 토지에 분묘를 설치한 자가 그 분묘를 소유하기 위해 타인소유의 토지를 사용할 수 있는 권리를 말한다. 법정지상권과 분묘기지권에 대해서는 뒤에서 설명한 특수권리분석(법정지상권 . 분묘기지권 분석)에서 자세히 다루기로 한다.

(3) 채권

1) 가압류

가압류는 반드시 금전, 즉 돈과 관련된 채권이 있을 때 나중에 하게 될 강제집행을 보전하기 위하여 임시적인 압류조치(보전처분)이다. 채무자가 자발적으로 돈을 갚지 않으면 채무자 상대로 소송을 걸어서 판결 등을 받아 채무자 재산에 강제집행해서 돈을 받아내야 한다. 그런데 판결을 받으려면 상당한 시간이 걸리므로 그 전에 채무자가 재산을 팔아버리거나 근저당권을 설정하는 등 재산가치를 감소시키면 나중에 판결을 받아도 강제집행을 통해 돈 받기가 어렵게 된다. 그래서 채무자가 재산을 처분하더라도 제3자가 가압류를 안고 가기 때문에 채권을 보전할 수 있게 되는 것이다. 가압류권자가 배당기일까지 확정판결을 받지 않으면 법원은 가압류채권을 공탁하고 가압류권자는 확정판결을 받아 공탁금출금청구권을 행사해서 공탁금을 수령해야 한다. 사립학교 경영자가 학교의 교지·교사·체육장 등으로 사용하기 위하여 출연·편입시킨 토지나 건물이 학교경영자 개인 명의로 등기되어 있는 경우, 이를 가압류 목적으로 삼을 수 없다(대법원 2011.4.4. 자 2010마1967 결정). 가압류는 낙찰자가 대금을 완납하면 무조건 말소된다. 가압류는 소멸기준권리에 해당한다.

2) 압류

등기부에 등기된 "압류'는 조세채권을 받기 위한 압류이다. 일반채권자가 판결 등 집행권원을 가지고 부동산에 대한 강제경매신청을 하면 법원이 경매개시결정을 하고 등기부에 강제경매개시결정등기를 하는데 이러한 경매개시결정등기가 일반채권의 압류에 해당한다. 민사집행법에 자주 등장하는 '압류채권자'라는 용어는 경매신청채권자를 지칭하는 것이다. 부동산이 아닌 채권에 대한 압류는 채권압류 및 추심명령 또는 채권압류 및 전부명령으로 하는 것이 일반적이다. 낙찰로 대금이 완납되면 압류는 무조건 말소된다. 압류등기는 소멸기준권리에 해당한다.

3) 임차권등기

임대차기간 만료 후 이사 갈 사정이 생겼을 때 대항력을 유지시킬 목적으로 하는 등기가 임차권등기이다. 임차권등기도 물권이 아니고 채권에 해당한다. 1999. 3. 1. 이후(임차권등기시행일)등기된 주택임차권은 등기부에 등기된 순위에 의해 권리순위가 정해지는 것이 아니다. 즉 대항요건은 등기사항란에 등기된 전입신고일자와 입주일자 중 늦은 날을 기준으로 다른 권리와의 순위관계를 판단해야 한다(주택임대차보호법§33⑤). 임차권등기는 경매절차가 개시되면 자동적으로 배당요구 한 것으로 보기 때문에 다음 두 가지를 잘 판단해야 한다.

첫째, 등기사항란에 등기된 전입신고일자와 입주일자 중에서 늦은 일자의 그 다음날이 소멸기준권리 보다 늦으면 배당에 관계없이 소멸된다.

둘째, 위 일자가 소멸기준권리보다 빠르면, 등기된 임차권자가 보증금을 전액 배당받으면 낙찰로 소멸되고, 보증금을 배당받지 못하면 배당받지 못한 금액 한도에서 낙찰자가 인수한다. 임차권등기는 소멸기준권리가 되지 못한다.

(4) 채권적 청구권

1) 소유권보전가등기

가등기는 앞에서 설명한바와 같이 소유권보존가등기와 담보가등기가 있다. 경매에서 소유권보전가등기가 소멸기준권리보다 늦으면 낙찰로 소멸되고, 소멸기준권리보다 빠르면 낙찰자가 인수한다. 경매. 공매에서 소멸기준권리보다 빠른 소유권보전을 위한 가등기가 있는 상태에서 낙찰로 소유권을 취득하면, 나중에 그 가등기권자가 본등기를 하면 본등기의 순위가 가등기 한 시점으로 소급되어 가등기 후에 이루어진 등기는 줄줄이 말소되기 때문에 낙찰자는 소유권을 잃게 된다(단, 재건축. 재개발 등으로 인한 건물철거 및 토지인도를 목적으로 한 가처분은 예외).

가등기된 상태에서 임대차계약을 체결한 후 가등기권자가 본등기를 했다면 임차인은 본등기권자에게 임차권을 가지고 대항할 수 없기 때문에 보증금 한 푼 받지 못하고 쫓겨나야 한다. 이 경우 임대차계약을 체결한 전 소유자에게 받아야 한다.

소유권보존가등기는 <u>소멸기준권리가 되지 못한다.</u>

(5) 처분금지가처분

처분금지가처분등기는 경매에서 소멸기준권리보다 늦으면 낙찰로 등기부에서 말소되고, 소멸기준권리보다 빠르면 낙찰자가 인수한다. **다만, 재건축.재개발 등에서 건물철거 및 토지인도 청구권보전을 위한 가처분등기는 순위에 상관없이 말소되지 않고 낙찰자가 인수한다는 점을 주의해야 한다**. 가처분은 부동산의 소유권에 관한 다툼이 있을 때 하는 보전조치이기 때문에 가압류처럼 금전채권과는 상관이 없다. 즉 가처분권자가 당해 부동산에 관한 소유권은 자신에게 있으므로 나중에 소유권

말소 또는 소유권이전등기 소송을 제기하여 승소판결을 받아서 소유권을 찾아오겠다는 것이므로 가처분을 인수한 상태에서 낙찰을 받게 되면 나중에 가처분권자가 본안소송에서 승소할 경우 낙찰자는 소유권을 상실하게 된다. 처분금지가처분은 소멸기준권리가 되지 못한다.

[부동산처분금지가처분신청서]

부동산 처분금지가처분 신청서

채권자 주식회사 ○○○○
○○시 ○○구 ○○동 ○○

채무자 ○○○
○○시 ○○구 ○○동 ○○

목적물의 표시

별지목록 기재와 같습니다.

목적물의 가격

금 ○○○○○○원

피보전권리의 요지

○년 ○월 ○일자 매매계약을 원인으로 한 소유권이전등기청구권

신 청 취 지

채무자는 별지목록 기재 부동산에 대하여 매매, 증여, 저당권설정, 임차권설정 그밖에 일체의 처분행위를 하여서는 아니 된다.

라는 결정을 구합니다.

신 청 이 유

1. 피보전권리에 대하여

(1) 채권자는 ○년 ○월 ○일 채무자와 사이에 별지목록 기재 부동산에 관하여 매매대금 ○○○○○원에 매매계약을 체결하고, 같은 날 계약금으로 금○○○원을 지급하고, ○년 ○월 ○일 잔금 ○○○○원을 지급함으로써 이 사건 부동산에 관한 소유권이전등기청구권을 취득하였습니다.

2. 보전의 필요성

그런데 채무자는 이 사건 부동산을 채권자에게 매도하고 잔금까지 수령하고도 부동산 가격이 상승했다는 이유로 대금을 더 올려줄 것을 주장하며 채권자 앞으로 소유권이전등기를 거부하고 있습니다.

그러므로 채권자는 채무자를 상대로 이 사건 부동산에 관한 소유권이전등기철차이행을 구하는 본안소송을 준비중에 있으나 본안소송이 종료되려면 상당한 시간이 소요되기 마련이어서 그 이전에 채무자가 이 사건 부동산을 처분해 버리면 채권자가 본안소송에서 승소하여도 소유권을 넘겨받기 어렵게 되고 말기 때문에 시급히 가처분할 필요성이 있어서 본 가처분신청에 이르게 되었습니다.

3. 담보제공에 대하여

채권자는 경제적 여유가 없으므로 이 사건 부동산처분금지가처분명령의 손해담보는 민사집행법 제19조 제3항, 민사소송법 제122조에 의하여 보증보험주식회사와 지급보증위탁계약을 맺은 문서를 제출하는 방법으로 담보제공을 할 수 있도록 허가하여 주시기 바랍니다.

소명방법

1. 소 갑제 1호증 부동산매매계약서 사본

1. 소 갑제 2호증의 1-2 영수증 사본 2통

첨부서류

1. 소명자료 각 1통
2. 부동산등기부등본 1통
3. 송달료 납부서 1통

2○○○. ○. ○.

위 채권자 주식회사 ○○○ (인)

○○지방법원 귀중

〔부동산목록〕

[별지]

부동산의 표시

○○시 ○○구 ○○동 ○○
철근콘크리트조 슬라브지붕 3층 제1종 및 제2종 근린생활시설
1층 ○○○㎡
2층 ○○○㎡
3층 ○○○㎡ (끝)

6) 환매권

환매권은 부동산에 대한 매매계약을 체결하면서 동시에 매도인(판 사람)이 매수인(산사람)으로부터 지급받은 매매대금과 매수인이 지출한 매매비용을 환매기간 안에 환불해주고 다시 그 부동산의 소유권을 찾아가기로 하는 약정을 하고 등기하는 것을 말한다. 환매권등기는 매수인 앞으로 이전등기와 동시에 하게 되어 있다. 환매기간은 부동산은 5년, 동산은 3년을 넘지 못한다. 약정기간이 이를 넘으면 부동산은 5년, 동산은 3년을 약정한 것으로 본다. 환매기간을 정한 때에는 다시 이를 연장하지 못한다. 환매권은 주등기 밑에 부기등기로 한다. 환매권은 소멸기준권리가 되지 못한다.

(6) 예고등기

예고등기제는 2011. 10.13.부터 폐지된 제도이다. 하지만 기존에 등기된 예고등기는 권리분석에서 빠뜨리면 안 된다. 예고등기는 등기부에 등기로 공시하지만 물권도 아니고 채권도 아니다. 다만, 등기원인의 무효나 취소에 의한 등기의 말소 또는 회복의 소가 제기된 경우에 법원이 「지금 말소회복 소송이 진행 중이므로 거래할 때 조심하라.」는 경고를 주기 위해 재판이 계류 중인 법원이 직권으로 촉탁하는 등기이다. 예고등기는 등기의 무효 또는 취소의 원인이 선의의 제3자에게 대항할 수 있는 경우에 실행되는 등기이다. 경매에서 예고등기는 순위에 관계없이 말소되지 않기 때문에 낙찰자는 예고등기 부담을 안게 된다. 다만, 예고등기권자가 소유권말소 등 본안소송에서 패소하면 낙찰자는 소유권 취득에 지장을 받지 않고, 예고등기권자가 소송에서 승소하여 자신 명의로 등기를 회복하면 낙찰자는 소유권을 잃게 된다. 예고등기는 소멸기준권리가 되지 못한다.

〈물권의 종류〉

물권의 종류		물권의 내용
소유권		소유자가 소유물건을 사용. 수익 . 처분할 수 있는 권리
점유권		물건을 사실상 지배할 수 있는 권리이다. 점유권은 등기되지 않는 권리이다.
용익물권 (물건을 사용하기 위한 물권	지상권	타인의 토지에 건물 . 기타 공작물 . 수목을 소유하기 위해 토지를 사용할 수 있는 권리
	구분지상권	토지의 지하 또는 지상의 공간에 상하의 범위를 전하여 건물 기타 공작물을 소유할 목적으로 인정되는 지상권이다. 구분지상권은 그 객체가 토지의 '어떤 층'에 한정되고 건물 기타 공작물 소유만을 위해서 설정될 수 있고 수목의 소유를 목적으로는 할 수 없는 점이 지상권과 다르다.
	지역권	타인의 토지를 자기 토지의 편익에 이용하는 권리
	전세권36)	. 전세금을 지급하고 타인의 부동산을 사용 . 수익하는 권리 전세권은 용익물권과 담보물권을 같이 겸하는 권리이다.
담보물권 (채권담보를 위한 물권)	저당권	.채무자 또는 제3자가 채권담보를 위해 근저당을 설정하고 후순위권리자 보다 우선변제 받는 권리이다. 저당권을 등기하는 경우는 매우 드물고 거의 근저당권으로 등기하고 있다.
	근저당권	. 계속적 거래관계에서 발생하는 장래에 증감.변동하는 불특정 채권을 결산기까지 일정액의 한도에서 담보하는 저당권으로 후순위권리자에 우선하는 권리이다.
	유치권	채권을 변제 받을 때까지 부동산을 점유할 수 있는 권리를 말한다.
	질권37)	금전을 대여하고 물건을 담보로 인도받아 점유하면서 후순위 권리자보다 우선변제 받은 권리이다.
	담보가등기	. 돈을 빌려 주고 채권담보목적으로 설정하는 가등기를 말한다. 등기부에는 가등기로 등기되기 때문에 외형상 담보가 등기인지 구분하기 어렵다.

	양도담보	. 담보목적 부동산을 채권자에게 이전시키고 채무변제시 반환받는 물적담보의 일종이다(부동산의 경우 양도담보권자 명의로 등기를 이전한다). . 채무자가 채무를 변제하지 않으면 가등기담보법에 의해 실행통지를 하고, 청산절차를 거쳐 권리를 취득하는 방법과 경매를 통해 변제를 받는 방법이 있다.
법정지상권 . 관습법상 법정지상권		권리분석 쉽게하기 법정지상권 분석 참조
분묘기지권		권리분석 쉽게 하기 분묘기지권 분석 참조

---

36) 1. 임차권이 최선순위전세권보다 늦게 대항력을 갖추었더라도 전세권의 목적물과 다른 건물부분을 임차한 경우에는 임차인의 대항력은 유지되므로 이때는 전세권이 말소기준권리가 될 수 없다(판례).

2. 최선순위전세권자의 지위와 대항력을 갖춘 임차인의 권리를 겸유하는 사람이 전세권자로 배당요구를 하여 전세권이 매각으로 소멸된 경우 변제받지 못한 나머지 금액에 대해 대항력을 행사할 수 있다(대판 2010. 7. 26, 2010마900).

3. 타인의 토지에 있는 건물에 전세권을 설정한 때에는 전세권의 효력은 그 건물의 소유를 목적으로 한 지상권 또는 임차권에 미친다(민법§304).

4. 대지와 건물이 동일한 소유자에 속한 경우에 건물에 전세권을 설정한 때에는 그 대지소유권의 특별승계인은 전세권설정자에 대하여 지상권을 설정한 것으로 본다. 그러나 지료는 당사자의 청구에 의하여 법원이 이를 정한다(민법§305①).

5. 그 부속물건이 전세권설정자의 동의를 얻어 부속시킨 것인 때에는 전세권자는 전세권설정자에 대하여 그 부속물건의 매수를 청구할 수 있다. 그 부속물건이 전세권설정자로부터 매수한 것인 때에도 같다(민법§316 ②).

37) 질권은 부동산에는 인정되지 않고 동산 . 채권 기타 재산권(주식 등)에만 인정되는 물권으로 등기를 할 수 없다. 단, (근)저당권으로 담보된 채권에 대한 질권은 (근)저당권부 질권등기로 공시한다.

〈전세권과 임차권의 비교〉

구 분	전세권	주택임대차보호법상 임대차
성 질	물 권	채권, 다만, 대항력 구비 시 물권에 준하는 효력 인정
존속기간	. 최장 10년(단, 10년 범위에서 갱신 가능), 최단존속기간은 건물에 한하여 1년 . 묵시적 법적갱신 인정	.최단 2년(2년 미만으로 정할 시 임차인은 2년을 주장할 수 있고, 2년 미만으로 정한 약정기간을 주장할 수도 있음). . 묵시적 법적갱신 인정
전세금 또는 보증금 반환 확보	. 경매청구권 . 우선변제권	. 확정일자 받으면 우선변제. 소액보증금 우선변제
전세금 . 차임	전세금이 필수 요소	차임이 필수요소, 단, 일정 보증금으로 차임 대체 인정
비용상환청구	. 유익비만 상환청구 인정	유익비. 필요비 모두 상환청구 인정
부속물매수청구	전세권자의 동의를 얻어 부속시킨 물건에 대해 매수청구 인정(민법§316②).	임대인 동의 얻어 부속시킨 물건에 대해 매수청구 인정
목적물 양수인의 지위	전세권자에게 인도청구 불가	양수인은 임대인의 지위를 승계함

제 3 절 권리분석 기법

1. 공적장부 조사 . 분석

(1) 공적장부의 종류

1) 등기부

부동산에 관한 권리, 권리에 대한 제한.부담사항

2) 지적공부(토지대장, 임야대장, 지적도, 임야도, 공유자연명부)

지번, 면적, 지목, 경계, 위치, 형상

3) 건축물대장

소재지, 면적 , 용도, 층수, 건축년도, 위법건물사항

4) 토지이용계획확인서

공법상 이용제한 및 규제사항

5) 공시지가확인원

개별공시지가

6) 환지예정증명원 도시개발산업지구 내 토지의 환자면적, 위치등

7) 무허가건축물대장

소유자 면적, 건축년도, 법정지상권 확인

8) 전입세대열람서

임차인존재, 대항력 여부

(2) 등기부와 지적공부의 불일치

1) 소유권에 관한사항 불일치

① 지적공부에 등록된 토지소유자의 변경사항은 등기관서에서 등기한 것을 증명하는 등기필증, 등기완료통지서, 등기사항증명서 또는 등기관서에서 제공한 등기전산정보자료에 따라 정리한다. 다만, 신규등록하는 토지의 소유자는 지적소관청이 직접 조사하여 등록한다(측량수로조사및지적에관한법률 제88조 제1항).

② 토지소유권에 관한 사항이 등기부와 지적공부상호간 불일치하면 원칙적으로 등기부기재사항을 기준으로 조사, 분석해야 한다

2) 부동산표시에 관한 불일치

① 국토해양부장관은 모든 토지에 대하여 필지별로 소재·지번·지목·면적·경계 또는 좌표 등을 조사·측량하여 지적공부에 등록하여야 한다(측량수로조사및지적에관한법률 제64조 제1항).

② 지적소관청은 필요하다고 인정하는 경우에는 관할 등기관서의 등기부를 열람하여 지적공부와 부동산등기부가 일치하는지 여부를 조사·확인하여야 하며, 일치하지 아니하는 사항을 발견하면 등기사항증명서 또는 등기관서에서 제공한 등기전산정보자료에 따라 지적공부를 직권으로 정리하거나, 토지소유자나 그 밖의 이해관계인에게 그 지적공부와 부동산등기부가 일치하게 하는 데에 필요한 신청 등을 하도록 요구할 수 있다(동법 제88조 제4항).

③ 지적소관청은 토지의 표시 변경에 관한 등기를 할 필요가 있는 경우에는 지체 없이 관할 등기관서에 그 등기를 촉탁하여야 한다. 이 경우 등기촉탁은 국가가 국가를 위하여 하는 등기로 본다(동법 제89조).

④ 등기관이 지적소관청으로부터 「측량·수로조사 및 지적에 관한 법률」 제88조제3항의 통지를 받은 경우에 제35조의 기간 이내에 등기명의인으로부터 등기신청이 없을 때에는 그 통지서의 기재내용에 따른 변

경의 등기를 직권으로 하여야 한다(부동산등기법 제36조 제1항).

⑤ 따라서 등기부와 지적공부상 토지의 표시 즉 지목, 면적이 다를 때는 지적공부를 기준으로 조사, 분석해야 한다

3) 소재지, 지번의 불일치

① 국토해양부장관은 모든 토지에 대하여 필지별로 소재·지번·지목·면적·경계 또는 좌표 등을 조사·측량하여 지적공부에 등록하여야 한다(측량수로조사및지적에관한법률 제64조 제1항).

② 일반적으로 부동산에 관한 등기의 지번표시에 다소의 착오 또는 오류가 있다 할지라도 적어도 그것이 실질상의 권리관계를 표시함에 족한 정도로 동일 혹은 유사성이 있다고 인정되는 경우에 한하여 그 등기를 유효시하고 그 경정등기도 허용되고, 만일 이 표시상의 착오 또는 오류가 중대하여 그 실질관계와 동일성 혹은 유사성조차 인정할 수 없는 경우에는 그 등기는 마치 없는 것과 같은 외관을 가지므로 그 등기의 공시의 기능도 발휘할 수 없으니 이런 등기의 경정을 무제한으로 인정한다면 제3자에게 뜻밖의 손해를 가져 올 경우도 있을 것이므로 이와 같은 경우에는 경정등기를 허용할 수 없고, 그 등기는 무효이다(대법원 2007.7.26. 선고 2007다19006,19013 판결).

〈분필절차를 거치지 않은 분할등기는 무효〉

1필지의 토지를 수필의 토지로 분할하여 등ㄴ기하려면 먼저 지적법이 정하는 바에 따라 지적공부송관청에 의해 지적측량을 하고 그에 따라 필지마다 지번, 지목, 경계, 좌표, 면적이 정해진 후 지적공부에 등록되는등 분할절차를 거쳐야 하고 그런 절차를 거치지 않고 한 분할등기는 무효이다(대법원 1990.12.7. 선고 90다카 25208 판결, 1995.6.16. 선고 94다4615 판결).

4) 건축물대장과 등기부의 불일치

① 건축물대장은 건물신축 후 건축물대장을 만든 다음 등기신청을 하는 것이 일반적이다.

② 등기부와 건축물 대장의 표시 즉 건물의 구조, 면적, 건물번호, 부속건물의 종류, 구조가 불일치하면 건축물대장을 기준으로 조사, 분석하고, 소유자현황이 불일치하면 등기부를 기준으로 조사,분석해야 한다.

〈토지의 면적 계산방법〉

. 면적(㎡) × 0.3025 = 평

. 면적(평) ÷ 0.3025 = 면적(㎡)

※ 농지는 지역에 따라 200평을 한마지기라고 하는 곳이 있고, 300평을 한마지리고 하는 곳이 있다.

2. 등기부 권리분석

(1) 등기부 권리분석의 목적

등기부에 대한 권리분석은 등기부에 등기된 권리 중에서 소멸되는 권리와 인수되는 권리를 파악하기 위해 하는 것이다.

(2) 등기부 권리분석의 핵심

등기부에 대한 권리분석의 핵심은, 첫째, 등기부에 등기된 권리의 순위를 파악하고, 둘째, 등기된 권리 중에서 소멸기준권리를 찾아낸 다음, 셋째, 소멸기준권리와 다른 권리를 비교해서 해당 권리가 소멸되는지 인수되는지를 파악하는 것이다.

다만, 권리분석 시 특별히 주의할 점은 예외적으로 예고등기와, 재개발, 재건축에서 건물철거 및 토지인도청구권을 보전하기 위한 가처분 두 가지는 소멸기준권리보다 후순위라도 매각으로 소멸되지 않는다는 점이다.

(3) 등기부 권리분석의 순서

등기부 권리분석은 다음 순서로 진행한다.

1) 등기부에 등기된 권리 상호간 순위를 파악한다.
2) 등기된 권리 중에서 소멸기준권리를 찾는다.
3) 소멸기준권리와 다른 권리의 순위를 비교하여 소멸기준권리보다 순위가 빠른 권리가 있는지 찾는다.
4) 소멸기준권리보다 빠른 권리가 있으면 그 권리는 인수하게 되므로 해당 권리를 인수하고 입찰에 참여할 것인지, 입찰에 참가하지 않을 것인지 여부를 결정한다.

(4) 소멸기준 권리

1) 소멸기준 권리란

매각으로 인해 소멸되는 권리와 인수되는 권리를 판단하는 기준이 되는 권리를 말한다. 등기되지 않은 권리는 아무리 순위가 빨라도 소멸기준권리가 될 수 없다.

소멸기준권리는 다음과 같은 특징을 가지고 있다.

첫째, 반드시 등기부에 등기된 권리만이 소멸기준권리가 될 수 있다(소멸기준권리는 반드시 등기부를 기준으로 판단해야 하며, 등기되지 않는 권리는 소멸기준권리가 될 수 없다).

둘째, 소멸기준권리는 돈과 관련된 금전채권에 해당하므로 부동산이 낙찰되어 대금이 납부되면 배당에 참가하여 실제 배당을 받았는지 여부와 상관없이 법원의 촉탁으로 등기부에서 말소된다.

2) 소멸기준이 될 수 있는 권리

다음에 해당하는 권리만이 소멸기준권리가 될 수 있다. 당해 등기부에 다음의 권리가 등기되어 있으면 그 중 순위가 가장 빠른 권리가 소멸기준 권리가 된다(전세권등기는 예외가 있음).

① 저당권
② 근저당권
③ 담보가등기
④ 전세권등기(단, 일정한 요건을 갖추어야 함)
⑤ 가압류
⑥ 압류
⑦ 경매개시결정등기

3) 소멸기준권리가 될 수 없는 권리

등기부에 등기된 권리 중 다음에 해당하는 권리는 순위에 상관없이 소멸기준권리가 될 수 없다.

① 처분금지가처분등기
② 소유권이전보전가등기
③ 지상권
④ 지역권
⑤ 환매권
⑥ 건물일부를 목적으로 설정된 전세권
⑦ 예고등기
⑧ 등기된 임차권

※ **주의** : 소멸기준권리가 될 수 없는 권리는 사용을 위한 용익물권, 소유권이전등기청구권 또는 말소등기청구권과 관련되어 있다(단, 등기된 임차권은 대항력 유지를 위한 것에 불과하므로 금전과 관련된 권리라도 소멸기준권리가 될 수 없고, 전세권은 용익물권이지만 담보물권도 겸하고 있으므로 예외적으로 소멸기준권리가 될 수 있음을 유의).

4) 전세권등기가 소멸기준권리가 되기 위한 요건

전세권등기가 소멸기준 권리가 되기 위해서는 다음 세 가지 요건을 전부 갖추어야 한다.

① 건물전체에 대한 전세권이어야 한다.

예컨대 아파트 1개동의 아파트 1채에 대한 전세권등기는 건물 전체에 대한 전세권에 해당하지만, 2층짜리 단독주택의 1층만 전세 얻어 전세권등기를 한 경우에는 건물일부에 대한 전세권에 해당하므로 이 경우에는 소멸기준권리가 될 수 없다.

② 소멸기준권리보다 순위가 빨라야 한다.

전세권등기가 소멸기준권리(저당권, 근저당권, 담보가등기, 가압류, 압류, 경매개시결정등기)보다 순위가 빨라야 한다.

③ 전세권이 매각으로 소멸되어야 한다.

전세권자의 경매신청 또는 배당요구종기 안에 배당요구 신청으로 당해 전세권이 매각으로 소멸되어야 한다. 따라서 소멸기준권리보다 순위가 빠른 전세권자가 경매를 신청하지 않았거나 또는 배당요구종기 안에 배당요구 신청을 하지 않은 경우에는 낙찰자가 인수하게 되므로 소멸기준권리가 되지 못한다(이 경우에는 당해 전세권 다음으로 순위가 빠른 소멸기준권리를 기준으로 권리분석을 하여야 한다).

(5) 소멸 또는 인수 판단 요점정리

1) 매각으로 소멸되는 권리

① 무조건 소멸되는 경우

㉠ 등기부에 등기된 모든 저당권, 근저당권, 가압류, 압류등기

㉡ 부동산등기부에 등기된 소멸기준권리보다 뒤에 성립된 다음의 권리

ⓐ 소유권이전청구권가등기(소유권보전가등기)

ⓑ 처분금지가처분등기(단, 예외적으로 건물철거 및 토지인도청구권을 보전하기 위한 가처분등기는 순위에 상관없이 말소되지 않는다는 점 주의).

ⓒ 지상권등기

ⓓ 지역권등기

ⓔ 전세권등기

ⓕ 환매권등기

② 소멸 또는 인수되는 경우

㉠ 전세권등기

소멸기준권리보다 순위가 빠른 전세권등기는 당해 전세권자가 경매신청을 했거나 배당요구종기 안에 배당요구를 하면 배당여부와 관계없이 소멸되고, 배당요구종기 안에 배당요구를 하지 않으면 낙찰자가 인수한다.

㉡ 가등기(담보가등기)

가등기권자가 경매신청을 했거나(가등기권자가 경매신청 한 때는 담보가등기로 본다), 법원으로부터 담보가등기인지 소유권보전가등기인지 신고하라

는 최고를 받고 배당요구종기 안에 담보가등기라는 신고를 한 경우에는 낙찰로 소멸된다. 만약 가등기가 담보가등기임에도 불구하고 가등기권자가 담보가등기신고를 하지 않아 낙찰자가 인수한 후 나중에 담보가등기로 판명나면 낙찰자는 당해 가등기권자를 상대로 말소등기청구소송을 제기할 수 있고, 낙찰자가 승소판결을 받고 확정되면 당해 가등기는 말소된다.

㉢ 등기된 임차권

ⓐ 등기된 임차권은 등기순위를 가지고 대항력 여부를 판단하지 않고 등기사항란에 등기된 주택인도일자(상가건물은 건물인도일자)와 전입신고일자(상가건물은 사업자등록신청일자)를 가지고 대항력 여부를 판단한다.

ⓑ 등기된 임차권은 제3자의 경매신청이 있으면 자동 배당요구 신청한 것으로 본다.

ⓒ 등기된 임차권이 소멸기준권리보다 먼저 대항력을 갖춘 경우에는 배당기일에 보증금 전액을 배당받아야 소멸되고, 일부라도 배당받지 못하면 배당받지 못한 금액을 낙찰자가 인수한다.

ⓓ 소멸기준권리보다 먼저 대항요건을 갖춘 등기된 임차권자가 확정일자를 갖추지 않았으면 배당에 참가할 수 없기 때문에 당해 임차권은 인수한다(다만, 판결 등 집행권원을 가지고 배당요구 신청하여 보증금을 전액 배당받으면 소멸).

㉣ 주택.상가건물 임차권

임차권 권리분석 참조

2) 매각으로 인수하는 권리

① 소멸기준권리보다 순위가 빠른 다음의 권리

㉠ 처분금지가처분등기
㉡ 가등기(담보가등기 제외)
㉢ 지상권등기
㉣ 지역권등기
㉤ 환매권등기
㉥ 배당요구하지 않은 전세권등기(배당요구시 소멸)

② **예고등기**

순위에 상관없이 인수한다.

③ **건물철거 및 토지인도청구권보전 가처분등기**

건물철거 및 토지인도청구권을 피보전권리로 한 가처분은 소멸권리 기준보다 후순위라도 소멸되지 않고 낙찰자가 인수한다.

④ **등기되지 않은 다음의 권리**

㉠ 진정으로 성립되고 낙찰자에게 대항할 수 있는 유치권
㉡ 법정지상권
㉢ 분묘기지권

(6) 등기순위 및 소멸기준 권리 찾는 방법

1) 등기순위에 관한 부동산등기법 규정

① 부동산에 등기한 권리의 순위는 법률에 다른 규정이 없으면 **등기한 순서**에 따른다(부동산등기법 제 4조 1항).

② 등기의 순서는 등기기록 중 **같은 구**(區)에서 한 등기 상호간에는 **순위번호**에 따르고, **다른 구**에서 한 등기 상호간에는 **접수번호**에 따른다(동법 제4조 제2항).

③ 부기등기(附記登記)의 순위는 주등기의 순위에 따른다. 다만, 같은

주등기에 관한 부기등기 상호간의 순위는 그 부기등기 순서에 따른다(부동산등기법 제5조).

※ **부기등기** : 부기등기란 등기의 순위번호가 독립되어 있지 않고 주등기 밑에 부기해서 한 등기를 말하는데 부기등기는 주등기의 순위를 그대로 이어 받게 된다.

2) 소멸기준권리 찾는 방법

등기부등본에서 소멸기준권리를 쉽게 찾는 방법은 다음과 같다.

첫째, 등기부등본 갑구 또는 을구(표제부는 제외)에 소멸기준권리에 해당하는 권리가 있는지를 먼저 파악한다. 즉 저당권, 근저당권, 가압류, 압류, 전세권, 담보가등기가 있는지를 파악한다. 만약 이러한 권리가 등기되어 있지 않으면 경매개시결정등기가 소멸기준권리가 된다.

둘째, 여기서 주의할 점은 가등기는 담보가등기로 확실히 판명되지 않으면 소멸기준권리로 삼아서는 안 된다. 또한 소멸기준권리보다 순위가 빠른 전세권등기가 있으면 건물전체에 대한 전세권등기인지, 일부건물에 대한 전세권등기인지를 파악해서 건물일부에 대한 전세권이면 소멸기준권리로 삼아서는 아니 되고, 또한 소멸기준권리보다 순위가 빠르면서 건물전체에 대한 전세권일지라도 당해 전세권자가 경매를 신청하지 않았거나 또는 배당요구종기 안에 배당요구 신청을 하지 않았으면 소멸되지 않기 때문에 이 경우에는 소멸기준권리로 삼아서는 안 된다는 점 주의한다.

셋째, 소멸기준이 될 수 있는 권리가 갑구에만 1개 등기되어 있거나 또는 을구에만 1개 등기되어 있으면 그 권리가 소멸기준권리가 된다.

넷째, 소멸기준이 될 수 있는 권리가 2개 이상 등기되어 있으면 그중에서 순위가 가장 빠른 것이 소멸기준권리가 된다.

3) 등기순위 및 소멸기준권리 찾기 사례로 알아보기

사례를 통해서 등기순위 및 소멸권리기준을 설명해 보기로 한다.

▣ 사례 1 〈주택임차권등기 있고, 확정일자 있는 경우〉

부동산등기부등본 - 집합건물

[집합건물] 서울 ○○구 ○○동 ○○-○ 제 ○층 제 ○○호

【 표 제 부 】 (전유부분의 건물의 표시)				
표시번호	접 수	건물번호	건물내역	등기원인 및 기타사항
1		제○층제○○호	철근콘크리트벽식구조 ○○㎡	2005년 8월 5일 등기 도면편철장 제1책 317면

【 갑 구 】 (소유권에 관한 사항)				
순위번호	등기목적	**접 수**	등기원인	권리자및기타사항
1	소유권보존			소유자 ○○○
2	가압류	2006년10월5일 제5218호	2006년10월3일 ○○지방법원 가압류결정(2006카단1235)	청구금액 금 ○원 채권자 ○○○
3	가압류	2007년10월5일 제2456호	2007년10월2일 ○○지방법원 가압류결정(2007카단1536호)	청구금액 금 ○원 채권자 ○○○
4	가등기	2008년1월15일 제2318호	2008년 1월 10일 매매예약	가등기권자○○○
5	임의경매개시결정	2010년5월25일 제 5689호	2010년5월25일 ○○지방법원의 임의	채권자 ○○○

			경매개시결정(2010타경 15669)	

【 을 구 】 (소유권이외의 권리에 관한 사항)				
순위번호	등기목적	접 수	등기원인	권리자 및 기타사항
1	근저당	**2006년8월10일 제111356호**	2005년8월3일 설정계약	채권최고액 금○원 채무자 ○○○ 근저당권자 ○○○
2	근저당권설정	2006년10월10일 제114356호	2005년8월3일 설정계약	채권최고액 금○원 채무자 ○○○ 근저당권자 ○○○
3	주택임차권	2009년7월10일 제115356호	2008년 5월 10일 ○○지방법원의 임차권등기명령(2008카기2354)	임차보증금 금○원 범위 : 3층 ○호 임대차계약일자 2006. 3. 10. **주민등록일자** 2006. 3. 10. **점유개시일자** 2006. 3. 10. **확정일자** 2006. 3. 10. 임차권자 홍길동

〈설명〉

경매부동산에 대한 등기부등본에 위와 같은 권리가 등기되어 있다고 할 때,

① 위 등기부에서 소멸기준권리 후보가 되는 권리는 갑구에서는 2번 가압류, 3번 가압류, 5번 경매개시결정등기가 있다. 을구에서는 1번 근저당권, 2번 근저당권 등기가 있다.

<u>이 중에서 순위가 가장 빠른 것이 소멸기준권리가 된다</u>.

② 같은 구에서는 순위번호로 순위를 정하기 때문에 갑구에서는 순위번호가 가장 빠른 2번 가압류가 가장 빠르고, 을구에서는 1번 근저당권이 가장

빠르다.

③ 별구에서는 접수번호가 빠른 것이 선순위가 되므로 갑구의 순위번호 2번 가압류와 을구의 순위번호 1번 근저당권의 접수번호를 비교해서 어느 것이 접수번호가 빠른지를 확인한다.
④ 그런데 갑구 2번 가압류는 접수일자가 **2006년10월5일 접수번호** 5218**호**이고, 을구 1번 근저당권은 접수일자가 **2006년8월10일 접수번호 제**111356**호**이므로 이 등기부에서는 을구 순위번호 1번 근저당권이 순위가 가장 빠르기 때문에 1번 근저당권이 소멸기준권리가 된다(근저당은 2006년8월10일 접수되고, 가압류는 2006년10월5일 접수되어 근저당의 접수일자가 빠르다).
※ 별구에서는 먼저 접수일자를 비교해서 접수일자가 빠른 것이 선순위가 되고, 접수일자가 같으면 다시 접수번호를 비교해서 접수번호가 빠른 것이 선순위가 된다. 이렇게 하면 쉽게 찾을 수 있다.

⑤ 따라서 을구 1번 근저당권을 비롯하여 이 보다 순위가 늦은 갑구의 가압류, 가등기, 경매개시결정등기, 을구의 근저당권은 매각으로 전부 소멸된다.

⑥ 그 다음 주택임차권등기가 있으므로 주택임차권등기가 소멸기준권리인 을구 순위번호 1번 근저당권 등기일자 보다 먼저 대항요건을 갖추었는지 따져본다.

⑦ 주택임차권의 대항력은 순위번호 또는 접수일자를 기준으로 판단하는 것이 아니고 **권리자 및 기타사항란에 등기된 주민등록일자와 점유개시일자를 기준으로** 해서 소멸기준권리의 등기일자와 비교해서 대항력 요부를 판단한다는 점 앞에서 설명한바 있다.
⑧ **위 등기에서 주택임차권의** 주민등록일자와 점유개시일자는 2006. 3. 10.이므로 임차인은 그 다음날인 2006. 3. 11. **오전** 0시(**자정** 12시)에 대항력을 취득하였다(만약 주민등록일자가 2006. 3. 10.이고, 점유개시일자가 2006. 3. 11. 이면 늦은 날을 기준으로 하므로 2006. 3. 12. 오전 0시에 대항력 취득한다).

⑨ 임차권의 대항력 취득일자와 소멸기준인 근저당권의 등기접수일자를 비교해서 어느 것이 빠른지를 비교해 보면 근저당권의 등기일자는 **2006년8월 10일이므로 근저당보다 먼저 대항요건을 갖추었으므로 위 등기된 임차권은 낙찰자에게 대항할 수 있게 되어 있다.**
⑩ 따라서 위 주택임차권자가 배당기일에 보증금을 전액 배당받으면 등기부에서 소멸되고 보증금을 배당받지 못하면 배당받지 못한 금액을 낙찰자가 인수하게 된다.

▣ 사례 2 〈주택임차권 등기가 있고, 확정일자 없는 경우〉

부동산등기부등본 - 집합건물

[집합건물] 서울 ○○구 ○○동 ○○-○ 제 ○층 제 ○○호

【 표 제 부 】 (전유부분의 건물의 표시)				
표시번호	접 수	건물번호	건물내역	등기원인 및 기타사항
1		제○층제○○호	철근콘크리트벽식구조 ○○㎡	2005년 8월 5일 등기 도면편철장 제1책 317면

【 갑 구 】 (소유권에 관한 사항)				
순위번호	등기목적	**접 수**	등기원인	권리자및기타사항
1	소유권보존			소유자 ○○○
2	가압류	**2006년10월5일 제5218호**	2006년10월3일 ○○지방법원 가압류결정(2006카단1235)	청구금액 금○원 채권자 ○○○
3	가압류	2007년10월5일 제2456호	2007년10월2일 ○○지방법원 가압류결정(2007카단1536호)	청구금액 금○원 채권자 ○○○

4	가등기	2008년1월15일 제2318호	2008년 1월 10일 매매예약	가등기권자 ○○○
5	임의경매개시결정	2010년5월25일 제 5689호	2010년5월25일 ○○지방법원의 임의경매개시결정(2010타경 15669)	채권자 000

【 을 구 】 (소유권이외의 권리에 관한 사항)				
순위번호	등기목적	접 수	등기원인	권리자 및 기타사항
1	근저당	**2006년8월10일** **제111356호**	2005년8월3일 설정계약	채권최고액 금 ○원 채무자 ○○○ 근저당권자 ○○○
2	근저당권설정	2006년10월10일 제114356호	2005년8월3일 설정계약	채권최고액 금 ○원 채무자 ○○○ 근저당권자 ○○○
3	주택임차권	2009년7월10일 제115356호	2008년 5월 10일 ○○지방법원의 임차권등기명령(2008카기2354)	임차보증금 금○원 범위 : 3층 ○호 임대차계약일자 2006. 3. 10. 주민등록일자 2006. 3. 10. 점유개시일자 2006. 3. 10. 임차권자 홍길동

〈**설명**〉

① 앞 사례1의 경우와 등기내용이 동일하나 다만, 주택임차권등기에서 확정일자만 없는 경우이다.

② 주민등록일자와 점유개시일자가 2006. 3. 10.로 2006. 3. 11. 오전 0시에 대항력을 취득하였으므로 을구 순위번호 1번 근저당권의 등기접수일자인 **2006년8월10일보다** 빠르기 때문에 주택임차인은 대항력을 갖추고 있다.

③ 그런데 확정일자를 갖추고 있지 않고 있기 때문에 위 임차권자는 배당에 참여할 수 없게 된다.

④ 따라서 임차권등기권자가 별도로 판결 등을 받아 배당요구를 하고 배당기일에 임차보증금을 전액 변제 받지 않으면 낙찰자가 배당받지 못한 금액을 인수하게 된다.

▣ 사례3 〈토지의 경우〉

등기부등본(말소사항 포함) - 토지

【갑 구】 (소유권에 관한 사항)				
순위번호	등기목적	접 수	등기원인	권리자 및 기타사항
1	소유권이전	1990년8월10일 제1234	1990년 3월20일 매매	소유자 ○○○
2	가압류	2006년5월20일 제5001	○○지방법원 2010카단 560호 가압류결정	청구금액 ○원 가압류권자 000
3	가등기	2010년9월16일 제7001	2010년 5월 15일 매매예약	가등기권자 000
4	처분금지가처분	2011년6월13일 제8001	○○지방법원 2011카단 1560호 가처분결정	피보전권리 소유권이전등기청구권 가처분권자 000

【을 구】 (소유권 이외의 권리에 관한 사항)				
순위번호	등기 목적	접 수	등기원인	권리자 및 기타사항
1	근저당권	2007년7월19일 제5009	2007년 7월 17일 설정계약	채권최고액 금 ○원 채무자 ○○○ 근저당권자 ○○은행
2	지상권	2010년 8월 5일 제7080	2010년 7월 25일 설정계약	지상권자 ○○○
3	근저당권	2010년10월6일 제8080	2010년 10월 2일 설정계약	채권최고액 금 30,000,000원 채무자 000 근저당권자 00은행

〈설명〉

① 위 등기부에서 소멸기준권리가 될 수 있는 것은 갑구 순위번호 2번 가압류, 을구 순위번호 1번, 3번 근저당권이 되는데, 앞과 같은 요령으로 등기순위를 검토하면 그 중 갑구 순위번호 2번 가압류가 가장 순위가 빨라서 이 가압류가 소멸기준권리가 된다.

② 앞에서 설명한 요령대로 갑구 및 을구에 등기된 모든 권리가 위 갑구 가압류보다 순위가 늦게 때문에 매각으로 전부 소멸된다.

▣ 사례 4　〈가등기가 최선순위인 경우〉

등기부등본(말소사항 포함) - 건물

【갑　　구】		(소유권에 관한 사항)		
순위번호	등기목적	접　수	등기원인	권리자 및 기타사항
1	소유권이전	1990년8월10일 제1234	1990년 3월20일 매매	소유자 ○○○
2	**가등기**	**2008년7월20일 제5001**	2008년7월15일 매매예약	가등기권자 ○○○
3	가압류	**2009년9월10일 제6001**	○○지방법원 2010카단 560호 가압류결정	청구금액 ○원 가압류권자 ○○○
4	처분금지가처분	2011년6월13일 제 8001	○○지방법원 2011카단 1560호	피보전권리 소유권 이전등기청구권

			가처분결정	가처분권자 ○○○

【 을 구 】 (소유권 이외의 권리에 관한 사항)				
순위번호	등기 목적	**접 수**	등기원인	권리자 및 기타사항
1	근저당권	**2009년10월20일 제6050**	2009년 10월 15일 설정계약	채권최고액 금 ○원 채무자 ○○○ 근저당권자 ○○은행
2	근저당권	2010년 8월 5일 제7080	2010년 7월 25일 설정계약	채권최고액 금 ○원 채무자 ○○○ 근저당권자 ○○은행
3	지상권	2010년10월6일 제8080	2010년 10월 2일 설정계약	지상권자 ○○○

〈설명〉

① 위 등기부에서 순위관계를 검토하면, 갑구에서는 순위번호 2번 가등기가 순위가 가장 빠르고, 을구에서는 순위번호 1번 근저당권이 순위가 가장 빠른데, 가등기와 근저당권 접수일자를 비교하면, 가등기(**2008년7월20일**)가 근저당권(**2009년10월20일**)보다 빠르기 때문에 이 등기부에서는 가등기 순위가 최선순위가 된다.

② 그 다음 소멸기준 권리를 찾으면, 갑구에서는 소멸기준이 될 수 있는 권리가 가압류 1개가 있고, 을구에서는 1번, 2번 근저당권 2개가 있다. 그 중 갑구 순위번호 3번 가압류와 을구 순위번호 1번 근저당권 접수일자를 비교하면, 가압류(**2009년9월10일**)**가 근저당**(**2009년10월20일**)보다 빠르기 때문에 갑구 3번 가압류가 소멸기준권리가 된다(등기순위만 따지면 가등기가 가장 빠르지만 가등기는 담보가등기가 아닌 이상 소멸기준권리가 될 수 없기 때문에 가압류가 소멸기준권리가 된다).

③ 소멸기준권리인 가압류를 기준으로 소멸, 인수여부를 검토하면, 갑구 2번 가등기만이 가압류보다 순위가 앞고 나머지는 가압류보다 순위가 늦기 때문에 매각으로 가등기만 인수되고 나머지는 전부 소멸된다.

④ 만약 위 등기부에서 갑구 2번 가등기가 담보가등기로 판명되면 갑구 2번 가등기가 소멸기준권리가 되고, 이 가등기뿐만 아니라 이보다 순위가 늦은 등기는 전부 소멸된다.

▣ 사례 5 〈가처분등기가 최선순위인 경우〉

부동산등기부등본 - 집합건물

[집합건물] 서울 ○○구 ○○동 ○○-○ 제 ○층 제 ○○호

【 표 제 부 】 (전유부분의 건물의 표시)				
표시번호	접 수	건물번호	건물내역	등기원인 및 기타사항
1		제○층제○○호	철근콘크리트벽식구조 ○○㎡	2005년 8월 5일 등기 도면편철장 제1책 317면

【 갑 구 】 (소유권에 관한 사항)				
순위번호	등기목적	접 수	등기원인	권리자및기타사항
1	소유권보존			소유자 000 서울시 0구 0동
2	처분금지가처분	2006년10월5일 제5218호	2006년10월3일 ○○지방법원 가처분결정(2006카단1235)	피보전권리 소유권이전등기청구권 가처분권자 ○○○
3	가압류	2007년10월5일 제2456호	2007년10월2일 ○○지방법원	청구금액 ○원 가압류권자 ○○○

			가처분결정(2007카단 1536호)	
4	가압류	2008년1월15일 제2318호	2008년1월12일 ○○지방법원 가압류결정(2008카단 2535)	청구금액 금 ○원 채권자 ○○○
5	임의경매개시 결정	2010년5월25일 제 5689호	2010년5월25일 ○○지방법원의 임의경매개시결정(2010타경 15669)	채권자 ○○○

【 을 구 】	(소유권 이외의 권리에 관한 사항)			
순위번호	등기 목적	**접 수**	등기원인	권리자 및 기타사항
1	근저당권	**2009년10월20일** **제**6050	2009년 10월 15일 설정계약	채권최고액 금 ○원 채무자 ○○○ 근저당권자 ○○은행
2	지상권	2009년10월20일 제7080	2009년 10월 15일 설정계약	지상권자 ○○○

〈설명〉

① 위 등기부에서 갑구는 순위번호 2번 처분금지가처분이 순위가 가장 빠르고, 을구에서는 순위번호 1번 근저당권이 순위가 가장 빠르다.

② 소멸기준권리가 될 수 있는 권리는 갑구 순위 3번 가압류와 을구 순위 1번 근저당권이 있는데, 가압류(**2007년10월5일**) 접수일자가 근저당(**2009년 10월20일**) 접수일자 보다 빠르기 때문에 가압류가 소멸기준권리가 된다.

③ 따라서 가압류를 기준으로 소멸, 인수여부를 검토하면, 갑구 순위번호 2

번 가처분만 가압류보다 순위가 빠르기 때문에 맥가으로 가처분은 인수하고, 나머지는 전부 소멸된다.

▣ 사례 6 〈건물철거.토지인도 가처분등기가 있는 경우〉

등기부등본(말소사항 포함) - 토지

【갑 구】 (소유권에 관한 사항)				
순위번호	등기목적	접 수	등기원인	권리자 및 기타사항
1	소유권이전	1990년8월10일 제1234	1990년 3월20일 매매	소유자 ○○○
2	가압류	2006년5월20일 제5001	○○지방법원 2010카단 560호 가압류결정	청구금액 ○원 가압류권자 000
3	가등기	2010년9월16일 제7001	2010년 5월 15일 매매예약	가등기권자 000
4	처분금지가처분	2011년6월13일 제 8001	○○지방법원 2011카단 1560호 가처분결정	피보전권리 건물철거 및 토지인도청구권 가처분권자 ○○주택재발조합

【 을 구 】 (소유권 이외의 권리에 관한 사항)				
순위번호	등기 목적	접 수	등기원인	권리자 및 기타사항
1	근저당권	2007년7월19일 제5009	2007년 7월 17일 설정계약	채권최고액 금 ○원 채무자 ○○○ 근저당권자 ○○은행
2	지상권	2010년 8월 5일 제7080	2010년 7월 25일 설정계약	지상권자 ○○○
3	근저당권	2010년10월6일 제8080	2010년 10월 2일 설정계약	채권최고액 금 30,000,000원 채무자 000 근저당권자 00은행

〈설명〉
갑구 순위번호 4번 처분금지가처분이 주택재발과 관련된 건물철거 및 토지인도청구권 보전을 가처분이라 할 경우

① 등기순위, 소멸기준권리는 앞과 같은 요령으로 판단하면 갑구 순위번호 2번 가압류가   소멸기준권리가 된다.
② 위 등기부에서는 소멸기준권리인 가압류보다 후순위로 건물철거 및 토지인도청구권을 피보전권리로 한 가처분이 경료되어 있다. 앞에서 설명한 대로 소멸기준권리보다 순위가 늦은 가처분은 낙찰로 인해 소멸되는 것이 원칙이지만 재개발.재건축과 관련된 건물철거 및 토지인도청구권 보전을 위한 가처분은 등기순위에 상관없이 매각으로 소멸되지 않기 때문에 위 등기부에서는 가처분이 비록 소멸기준권리인 가압류보다 후순위이지만 낙찰로 소멸되지 않는다는 점 주의해야 한다.

☞ **주의** : 등기순위에 상관없이 낙찰로 인해 소멸되지 않는 권리는 첫째, 예고등기, 둘째, 재개발,재건축 관련 건물철거 및 토지인도청구권을 피보전권리로 한 가처분 두 가지가 있다는 점 주의

▣ 사례 7 〈예고등기가 있는 경우〉

부동산등기부등본 - 집합건물

[집합건물] 서울 ○○구 ○○동 ○○○ 제 3층 제 301호

【 표 제 부 】 (전유부분의 건물의 표시)

표시번호	접수	건물번호	건물내역	등기원인 및 기타사항
1		제3층제301호	철근콘크리트벽식구조 62. 6753 ㎡	2005년 8월 5일 등기 도면편철장 제1책 317면

【 갑　　구 】 (소유권에 관한 사항)				
순위번호	등기목적	**접　수**	등기원인	권리자및기타사항
1	소유권보존			소유자 ○○○
2	**가압류**	**2006년10월5일 제5218호**	2006년10월3일 서울남부지방법원 가압류결정(2006카단 1235)	청구금액 금 ○원 채권자 ○○○
3	예고등기			
4	가압류	2008년1월15일 제2318호	2008년1월12일 서울남부지방법원 가압류결정(2008카단 2535)	청구금액 금○원 채권자 ○○○
5	임의경매개시결정	2010년5월25일 제 5689호	2010년5월25일 서울남부지방법원의 임의경매개시결정 (2010타경 15669)	채권자 ○○○

【 을　　구 】 (소유권이외의 권리에 관한 사항)				
순위번호	등기목적	**접　수**	등기원인	권리자 및 기타사항
1	근저당권	2005년8월10일 제111356호	2005년8월3일 설정계약	채권최고액 금 ○원 근저당권자 ○○○
2	근저당권	2006년5월10일 제114356호	2005년8월3일 설정계약	채권최고액 금 ○원 채무자 ○○○ 근저당권자 ○○○
3	근저당권	2008년7월10일 제115356호	2005년8월3일 설정계약	채권최고액 금 ○원 채무자 ○○○

〈설명〉

① 위 등기부에서 소멸기준권리 후보는 갑구 순위번호 2번, 4번 가압류, 5

번 경매개시결정등기가 있고, 을구에서는 순위번호 1번, 2번, 3번 근저당권 3개가 있다. ② 그런데 갑구 2번 가압류와 을구 1번 근저당권의 접수일자를 비교하면, 가압류(2006년10월5일)보다 근저당(2005년8월10일)이 빠르기 때문에 을구 순위1번 근저당권이 소멸기준권리가 되고, 이 보다 순위가 늦은 권리는 전부 소멸된다. ③ 그런데 예고등기는 등기순위에 상관없이 매각으로 소멸되지 않기 때문에 위 등기부에서는 매각으로 갑구 순위번호 3번 예고등기만 낙찰자에게 인수되고 나머지는 전부 소멸된다.

☞ 등기부 권리분석은 위와 같은 요령으로 하면 아무리 복잡한 등기부도 쉽게 권리분석을 할 수 있고, 뒤에서 설명할 임차권분석 요령을 더하면 유치권 등 특수물건을 제외한 일반적인 권리분석은 그리 어렵지 않다.

3. 임차권 분석

(1) 임차권 권리분석의 핵심

경매, 공매(특히 압류재산에 대한 공매 및 신탁공매)에서 임차인이 있으면 매각으로 인해 임차권이 소멸되는지, 낙찰자에게 인수되는지 여부만 정확히 파악하면 되는데 임차권 분석의 핵심사항은 다음과 같다.

첫째, 임차인이 대항요건을 소멸기준권리보다 먼저 갖추었는지, 늦게 갖추었는지 여부

둘째, 소멸기준권리보다 먼저 대항요건을 갖추었을 경우 확정일자를 갖추었는지 여부

셋째 대항요건과 확정일자까지 갖추었으면 배당요구종기 안에 배당요구를 하였는지 여부

넷째, 셋째 항에서 배당요구 한 임차인이 배당요구종기 안에 배당요구를 철회하지 않았는지 여부

다섯째, 대항요건과 확정일자까지 갖춘 임차인이 배당요구종기 안에 배당요구를 한 경우 배당받을 수 있는 가능액이 얼마인지 여부

(2) 임차권 권리분석에서 특히 주의할 점

임차권에 대한 권리분석 할 때는 다음 사항을 특히 주의해야 한다.

1) 세대합가

세대합가란 생계를 같이 하는 가족 중 일부가 먼저 주민등록 전입신고하고 살다가 나중에 세대주(아버지 또는 어머니)가 전입신고 한 경우 먼저 전입한 가족의 전입일자가 삭제되고 세대를 합가한 일자를 기준으로 전입일자를 잡게 된다.

이러한 경우 대법원 판례는 가족 구성원 중 누구라도 먼저 주택임대차보호법에서 규정하고 있는 대항요건을 갖추면 그 일자에 대항요건을 취득한 것으로 인정하고 있다. 그러므로 주민등록상 세대합가라는 말이 나오면 반드시 주민등록초본을 열람하여 세대원 중에서 가장 먼저 전입한 사람의 일자를 기준으로 권리분석을 하여야 한다.

2) 2차 경매에서 우선변제권이 소멸된 경우

대항력과 우선변제권을 겸유하는 임차인이 1차 경매에서 배당요구를 하였으나 보증금 전액을 배당받지 못한 경우 **우선변제권은 소멸되고** 경락인에 대항하여 보증금잔액을 반환받을 때까지 임대차존속을 주장할 수 있을 뿐, 2차 경매절차에서 우선변제권에 의한 배당요구는 허용되지 않는다(대법원 2001.3.27. 선고 98다4552 판결).

따라서 대항력과 확정일자 갖춘 임차인이 있는데다가 부동산등기부

등본에 말소된 경매개시결정등기가 있으면 말소된 경매사건에서 당해 임차인이 배당요구를 하였는지 여부를 확인해 볼 필요가 있다. 만약 그 당시 대항력과 우선변제권을 가진 임차인이 말소된 경매절차에서 배당요구신청을 하였음에도 불구하고 임차권이 그대로 존속하고 있는 경우라면 해당 임차인은 말소된 그전 경매절차에서 임차보증금 전액 또는 일부를 변제받지 못한 경우일 수 있다. 이 경우에는 당해 임차인이 배당요구종기 안에 배당요구를 하였을지라도 배당에서 제외되고 낙찰자가 인수할 수 있으므로 주의해야 한다.

3) 임차인 본인이 다른 곳에 주소를 둔 경우

주민등록은 반드시 임차인 본인의 주민등록에 한하지 않고 임차인의 배우자, 자녀, 부모, 동생 등 가족과 함께 입주하고 본인의 주민등록은 사업상 다른 곳에 둔 채 가족 중 1인을 세대주로 하고 나머지를 동거가족으로 한 경우에도 대항력이 생긴다는 주의해야 한다(대법원 1988.6.14. 선고 87다카3093,3094 판결).

4) 건물일부에 대한 선순위 전세권이 있는 경우

대항력 있는 임차인의 점유부분이 선순위 전세권자와 다른 경우 전세권이 매각으로 소멸되어도 임차인의 대항력은 소멸되지 않는다(대법원 1997.8.22. 선고 96다53628 판결).

예컨대 선순위전세권은 1층 부분을 목적으로 하고, 전세권등기 후에 대항력을 갖춘 임차인은 2층 부분을 임차한 경우 해당 주택이 경매로 매각될 경우 임차인의 대항력은 유지되므로 낙찰자에게 대항할 수 있다는 주의해야 한다.

5) 배당요구종기와 배당요구 신청여부

대항력과 확정일자를 갖춘 임차인이 있을 때 당해 임차인이 배당요구종기 안에 배당요구를 하였는지를 꼼꼼히 살펴야 한다. 이런 경우 가끔 배당요구 한 사실만 확인하고 배당요구종기 안에 배당요구를 하였는지를 확인하지 않아 입찰보증금을 포기하는 사례가 생기고 있다. 다시 말하면 대항력과 확정일자를 갖춘 임차인이 배당요구를 하였더라도 배당요구종기가 지나서 하면 배당에서 제외되고 낙찰자가 인수하게 된다는 점 주의해야 한다.

▣ 피해사례 〈배당요구종기를 잘못 체크하여 손해 본 사례〉

다음은 배당요구종기 안에 배당요구를 신청하였는지를 잘못 체크하여 입찰보증금 1,280만원을 날린 실제 피해 사례이다.

사건번호	2008-290**	물건용도	아파트		
감정평가액	160,000,000원	채권자	김○○	개시결정일	2008. 12. 30.
최저경매가	81,920,000	채무자	유○○	감정기일	2009. 01.07.
입찰보증금	16,384,000	소유자	유○○	배당종기일	2009. 03. 13.
청구금액	150,000,000원	유찰횟수	3회	차기예정일	
경매대상	전부	건물면적	57.79㎡	토지면적	18.6㎡

소재지/감정서	면적(단위:㎡)	경매진행결과	임차관계/관리비	등기부 권리관계
서울○○구○○동○○○-○○○ 2층 201호		유찰2009. 6. 12 80% 128,000,000 낙찰 2009.7.17 129,150,000 (80.72%) 신○○ 응찰1명 허가2009. 7. 24.	▶임대차/관리비 우○○ 전입 2002.11. 25. 확정2008. 3. 6. 배당2009. 5.20.	* 집합건물 등기 소유권 유○○ 근저당 김○○ 2008. 9. 6. 180,000,000 임의 김○○ 2008.12.30. 청구액
▶감정평가서 요약 .철근콘크리트조 .슬래브지붕 .아파트	대지 .18.6/93(5.63평) 건물 .57.79(17.48평)			

	총 8층 중 2층 대지감정 80,000,000 건물감정 80,000,000	미납2011. 5. 3. 유찰2009. 9. 24. 64% 102,400,000 유찰2009. 10.30.51% 81,920,000 낙찰2009. 12. 4. 83,600,000 (52.25%) 정○○ 응찰 1명 허가2009. 12.11. 대납2010.01.11. ▶종국결과 배당2010. 2.09.	점유 2층(방3칸) 보증 7,500만 ▶주민센터확인 우○○ 전입2002. 11. 25. 유○○ 전입2007. 12. 31.	150,000,000

위에서 보면, 아파트 감정가는 1억6천만 원이고, 1차 유찰되어 2차 최저경매가는 128,000,000원인데, 2009. 7. 17. 2차 매각기일에 129,150,000원에 낙찰이 되었고, 2009. 7. 24. 매각허가결정이 된 상태이다. 그런데 대금납부기한인 2011. 5. 3. 까지 대금을 납부하지 않아 재경매가 되었으나 다시 유찰되고, 그 다음기일인 2009. 12. 4.자 매각기일에 83,600,000원에 낙찰되어 경매가 종결된 사건이다. 그런데 2차 매각기일인 2009. 7. 17.자로 낙찰 받고 매각허가결정까지 받았다가 왜 입찰보증금 1,280만원을 포기하고 대금을 납부하지 않았을까?

그 이유는 다음과 같다.

위에서 보면 임차인 우××는 보증금 7,500만원에 임대차계약을 체결하여 2002.11. 25.자로 전입신고하고, 2008. 3. 6. 확정일자를 받았으며, 2009. 5.20.자로 배당요구 신청을 하였는데, 소멸기준권리인 근저당권자 김××보다 먼저 대항력과 확정일자를 갖추었기 때문에 대항력과 우선변제권을 가지고 있는 상태이다. 그리고 배당요구를 하였기 때문에 얼핏 보아서는 매각이 되면 임차권과 근저당권이 소멸되어 낙찰자가 인수할 권리가 없는 것처럼 보인다. 하지만 배당요구종기일과 임차인의 배당요구 신청일을 잘 살펴보면 배당요구종기일은 2009. 3. 13.자로 잡혀 있고, 임차인이 배당요구를 한 시점은 배당요구종기일이 지난 2009. 5. 20.에야 하였다는 사실을 알 수 있다. 따라서 임차인은 배당에 참가할 수 없는 것이다. 낙찰자는 매각허가결정이 날 때까지도 이런 사실을 모르고 있다가 대금납부기한이 잡히고 나서야 알게 된 것으로 추정되는데, 만약 임차인이 대금을 납부할 경우 임차보증금 7,500만원을 고스란히 인수해야 하기 때문에 입찰보증금을 포기하고 대금을 납부하지 않았으리라는 점을 추측할 수 있다. 이처럼 임차권 분석시에는 대항력과 확정일자 있는 임차인이 있을 경우 배당요구종기 안에 배당요구를 하였는지를 꼼꼼하게 살펴야만 손해를 막을 수 있는 것이다.

6) 대항력 있는 임차인이 확정일자를 갖추지 않은 경우

대항력만 갖추고 임대차계약서에 확정일자를 갖추지 않은 임차인은 배당요구종기 안에 배당요구 신청을 하여도 배당에서 제외된다. 따라서 대항력 있는 임차인이 확정일자를 갖추지 않았으면 낙찰자가 보증금을 인수하게 되므로 주의해야 한다.

7) 대위변제 등으로 인한 임차인의 순위승진

소멸기준권리보다 늦게 대항력을 갖춘 임차인이 소멸기준권리의 채무를 대위변제하거나 또는 기타 사정으로 소멸기준권리가 말소되고, 임차인 보다 순위가 앞서는 다른 소멸기준권리가 존재하지 않을 때는 임차인의 순위승진으로 인해 대항력을 갖게 되어 낙찰자가 인수한다는 점 주의해야 한다. 따라서 매각대금 납부 직전에 등기부등본을 새로 발급받아서 소멸기준권리가 등기부에서 말소되지 않았는지를 필히 확인해야 한다.

8) 위장 전입자 문제

경매물건 중에는 임차인이 위장 전입자로 의심되는 경우가 있다. 이런 경우 위장전입자인 사실을 입증할 수만 있다면 큰 수익을 바라볼 수 있는 매력 때문에 유혹을 받기가 쉽다. 그렇지만 이러한 경매물건을 낙찰 받은 경우에는 인도명령 또는 명도소송 단계에서 위장전입자인 사실을 구체적으로 입증해야 하기 때문에 섣불리 단정하고 입찰에 참가하기보다는 위장전입자임을 입증할 수 있는 확실한 증거가 있을 때 입찰에 참가하는 것이 안전하다. 우리나라 민사소송제도는 당사자주의가 대원칙인 만큼 소송에서 승소하기 위해서는 권리를 주장하는 자가 그러한 사실을 입증할 책임이 따른다는 점을 염두에 두어야 한다.

(3) 임차권의 소멸 또는 인수 요점 정리

1) 매각으로 소멸되는 경우

① 주택인도(상가건물은 건물인도)일자와 전입신고일자(상가건물은 사업자등록신청일자)를 갖춘 일자가 같으면 그 다음날, 서로 다르면 그중 늦게 갖춘 날의 다음날이 소멸기준권리의 등기일자보다 늦으면, 즉 대항력을 갖추지 않은 경우 당해 임차인은 낙찰자에게 대항하지 못하고 매각으로 소멸한다.

② 대항력과 확정일자까지 갖춘 임차인이 배당요구종기(공매는 배분요구종기일) 안에 배당요구를 하고 배당기일에 보증금 전액을 배당받으면 임차권은 소멸된다(임차인이 대항요건을 갖춘 일자의 다음날이 소멸기준권리의 등기일자와 같으면 임차인의 대항력은 오전0시, 즉 자정12시에 발생하고 소멸기준권리 등기시점은 공무원의 업무개시 시점인 오전 9시로 보기 때문에 임차인의 대항력이

앞서게 된다는 점 주의).

2) 매각으로 인수되는 경우

① 대항력을 갖춘 임차인이 확정일자를 갖추지 않았으면 배당요구 종기 안에 배당요구 신청을 하여도 배당에서 제외되므로 특별한 사정이 없으면 낙찰자가 인수한다.

② 대항력과 확정일자를 갖춘 임차인이 배당요구 종기 안에 배당요구를 하지 않으면 낙찰자가 인수한다.

③ 대항력과 확정일자를 갖춘 임차인이 배당요구 종기 안에 배당요구를 하였다가 배당요구종기 안에 배당요구 신청을 철회하면 낙찰자가 인수한다. 만약 배당요구종기가 지나서 철회하면 철회를 인정하지 않기 때문에 이 경우에는 소멸된다.

④ 대항력과 확정일자를 갖춘 임차인이 배당요구종기가 지나서 배당요구신청을 하면 배당에서 제외되므로 낙찰자가 인수한다.

⑤ 소멸기준권리보다 늦게 대항력을 갖춘 임차인이 매각대금 납부 전에 소멸기준권리의 채무를 대위변제하거나 또는 기타 사정으로 소멸기준권리가 말소되고, 임차인 보다 순위가 앞서는 다른 소멸기준권리가 존재하지 않을 때는 임차인의 순위승진으로 인해 대항력이 생겨 낙찰자가 인수한다.

(4) 임차인의 대항요건과 대항력의 차이점

1) 대항요건이란

주택 및 상가건물임대차에서 대항요건이란 주택의 경우 주택인도와 주민등록전입신고, 상가건물의 경우 건물인도와 부가가치세법 제5조, 소득세법 제168조, 법인세법 제111조에 따른 사업자등록신청을 마치는 것을 대항요건이라고 한다.

〈**대항요건**〉

① 주택 : 주택인도 + 전입신고

② 상가건물 : 건물인도 + 사업자등록신청

2) 대항력이란

① 일반적인 대항력의 의미

대항력이란 주택 및 상가건물 임차인이 대항요건을 갖추면 그 다음날 오전 0시(자정 12시)부터 임차권을 누구에게나 주장할 수 있는 권리를 말한다(임차한 주택에 거주 또는 상가건물을 사용.수익하고 기간 만료시 보증금을 반환받을 권리). 즉 임차인이 대항요건을 갖추면 그 다음날 0시부터 임차건물의 양수인(그 밖에 임대할 권리를 승계한 자를 포함한다)은 임대인의 지위를 승계한 것으로 본다(동법 제3조 제2항). 하지만 위에서 말하는 대항력은 매매라든지, 교환, 상속, 대물변제 등의 방법으로 부동산에 관한 소유권이 변동되었을 때를 의미하는 것이고, 경매와 공매에서는 다르다는 점을 알아야 한다.

〈**보통의 대항력**〉

대항요건 + 그 다음날 오전 0시(자정 12시)

② 경매와 공매에서의 대항력의 의미

민사집행법 제91조 제3항은 「지상권·지역권·전세권 및 등기된 임차권은 저당권·압류채권·가압류채권에 대항할 수 없는 경우에는 매각으로 소멸된다」고 규정하고 있다. 따라서 경매와 공매에 있어서는 대항요건만 갖추어서는 낙찰자에게 대항하지 못하기 때문에 대항요건 외에도 추가적으로 한 가지를 더 요구하고 있는데, 그것은등기부에 등기된 소멸기준권리보다 먼저 대항요건을 갖추고 있어야만 낙찰자에게 대항할 수 있다는 점이다.

〈경매.공매에서의 대항력〉

대항요건 + 대항요건이 소멸기준권리보다 빠를 것

③ 대항력은 언제 발생하는가

대항요건을 갖추면 그 다음날 0시부터 대항력이 생기는데, 주택의 경우 주택인도와 전입신고일자(상가건물은 건물인도 + 사업자등록신청일)가 동일하면 그 다음날 0시부터 대항력이 생기고, 서로 다르면 그 중 늦게 갖춘 날의 다음날 0시부터 대항력이 생긴다. 예컨대 주택을 인도받은 날과 전입신고한 날이 2011. 10. 25.로 같으면 2011. 10. 26. 오전 0시부터 대항력이 생기고, 만약 주택인도일은 2011. 10. 25.이고 전입신고는 2011. 10. 26.이면 늦은 날인 2011. 10. 27. 오전0시부터 대항력이 생긴다.

④ 전입신고와 관련된 대항력 문제

㉠ 주민등록은 반드시 임차인 본인의 주민등록에 한하지 않고 임차인의 배우자, 자녀, 부모, 동생 등 가족과 함께 입주하고 본인의 주민등록은 사업상 다른 곳에 둔 채 가족 중 1인을 세대주로 하고 나머지를 동거가족으로 한 경우에도 대항력이 생긴다.(대판 1988. 6. 14, 87다카3093,3094).

㉡ 임차인이 가족과 함께 전입신고 후 가족의 주민등록은 그대로 두고 임차인 자신만 주민등록을 일시 이전한 경우 대항력이 유지된다(대법원 1996.1.26. 선고 95다30338 판결).

다만 임차인이 가족과 함께 주민등록 전부를 일시 이전했다가 다시 전입한 경우 그전에 취득한 대항력은 상실되고 **새로 전입 신고한 다음 날**에 새로운 대항력을 취득한다(대법원 1998.1.23. 선고 97다43468 판결).

㉢ 다가구용주택38)은 **지번만 정확히 전입신고 되어 있으면** 대항력이 생긴다(대법원 1998.1.23. 선고 97다47828 판결).

㉣ 처음 다가구용 단독주택으로 소유권보존등기가 경료된 건물의 일부를 임차한 임차인은 임차부분을 인도받고 임차건물의 지번을 정확히 기재하여 전입신고를 하면 대항력을 적법하게 취득하고 나중에 다가구용 단독주택이 다세대주택39)으로 변경된 경우라도 임차인이 이미 취득한 대항력을 상실하지 않는다(대법원 2007.2.8. 선고 2006다70516 판결). 다만, **건축중인 다가구주택**을 임차하여 지번만 전입신고한 후 다가구주택이 다세대주택으로 변경된 경우에는 변경된 다세대주택의 지번과 동,호수로 주민등록을 변경하지 않으면 대항력을 부정한 판례가 있다(대법원 1999.9.3. 선고 99다15597 판결).

㉤ 구분건물(아파트.연립주택,빌라)은 지번, 동.호수가 정확히 전입신고 되어 있어야 대항력을 취득한다. 다세대주택이 등기부에는 2층 302호로 등기되어 있는데, 현관문에 표시된 202호로 주민등록을 한 경우

---

38) 19세대 이하가 거주할 수 있는 주택으로 건축법상 단독주택으로 취급된다. 지하층을 제외한 주택 전체 층수가 3층 이하이고 바닥 면적의 합(연면적)이 200평(660㎡)이하인 주택이다. 다가구주택은 각 호수별로 구분되어 있지만 전체건물 소유자가 1인 또는 공유로 등기되어 있다.

39) 공동주택의 일종으로 동당 건축 연면적이 660㎡ 이하이고 4층 이하인 주택으로 각 호수별로 구분등기가 되어 있다(빌라).

대항력이 인정되지 않는다.

ⓑ 다가구주택이 다세대주택으로 변경되고 구분건물로 등기가 되었음에도 **건축물대장 소관청**이 종전 단독주택으로 등록한 일반건축물대장을 그대로 둔 채 변경된 건축물대장을 작성하지 않은 경우 임차인은 지번만 기재하는 것으로 충분하고 동,호수까지 기재할 필요는 없다는 판례가 있다(대법원 1999.9.7. 선고 99다25600 판결).

ⓢ 경매로 말소되는 임차권보다 빠른 최선순위 (근)저당권이 경락되기 전에 말소된 상태에서 경락이 되면 그 임차인은 낙찰자에게 대항력이 생기게 된다(대법원 1996.2.9. 선고 95다49523 판결). 즉 순위가 승진되어 대항력이 생기는 것이다.

ⓞ **대항력 있는 임차인의 점유부분이 선순위 전세권자와 다른 경우 전세권이 매각으로 소멸되어도 임차인의 대항력은 소멸되지 않는다**(대법원 1997.8.22. 선고 96다53628 판결).

예컨대 선순위전세권은 1층 부분을 목적으로 하고, 전세권등기 후에 대항력을 갖춘 임차인은 2층 부분을 임차한 경우 임차인은 낙찰자에게 대항할 수 있다.

ⓙ 기존채권을 임차보증금으로 전환하여 주택인도, 전입신고를 마치면 대항력을 취득한다(대법원 2002.1.8. 선고 2001다4753 판결).

ⓒ 대항력과 우선변제권을 겸유한 임차인이 법원의 잘못 배당으로 배당받을 수 있었던 금액을 배당받지 못한 경우 보증금 중 경매절차에서 배당받을 수 있었던 금액을 공제한 잔액에 대하여 경락인에게 대항할 수 있고, 이때 경락인에게 대항할 수 있는 보증금 잔액은 제대로 된

배당순위에 따른 배당이 실시될 경우의 배당액을 공제한 나머지 금액을 의미하고 현실로 배당받은 금액을 공제한 잔액을 의미하는 것이 아니다. 따라서 이 경우 임차인이 배당받을 수 있었던 금액이 현실로 배당받은 금액보다 많은 경우 그 차액에 대해서는 과다하게 배당받은 후순위채권자를 상대로 부당이득반환을 구할 수는 있어도 경락인을 상대로 반환을 구할 수는 없다(대법원 2001.3.23. 선고 2000다 30165 판결).

㉪ 대항력과 우선변제권을 겸유하는 임차인이 법원경매에서 배당요구한 경우 배당요구 종기가 지나서 철회하는 것은 허용되지 아니한다(민사집행법 제88조 제2항).

5) 사례로 보는 대항력 판단 방법

▣ 사례 1 〈주택인도. 전입신고가 같은 날 이루어진 경우〉

<table>
<tr><td>주택인도 . 전입신고
(건물인도. 사업자등록신청)</td><td></td><td>근저당권 등기
(소멸기준권리)</td></tr>
<tr><td>2010년 10월 20일</td><td></td><td>2010년 10월 21일</td></tr>
<tr><td colspan="3">.대항력 발생시점 : 2010년 10월 21일 오전 0시
.근저당권 효력 : 2010년 10월 21일 주간(특별한 사정 없으면 오전 9시)
〈대항력 유무〉
임차인의 대항력이 소멸기준권리인 근저당권 등기일자보다 빨라서 낙찰자에게 대항가능</td></tr>
</table>

▣ 사례 2 〈주택인도 . 전입신고일이 다른 경우〉

<table>
<tr><td>주택인도
(건물인도)</td><td>전입신고
(사업자등록신청)</td><td>가압류
(소멸기준권리)</td></tr>
<tr><td>2010년 10월 20일</td><td>2010년 10월 21일</td><td>2010년 10월 21일 등기</td></tr>
<tr><td colspan="3">.대항력 발생시점 : 2010년 10월 22일 오전 0시</td></tr>
</table>

.가압류효력 :　2010년 10월 21일 주간(보통 오전 9시) 〈대항력 유무〉 대항력 발생 시점이 소멸기준권리인 가압류 보다 늦기 때문에 임차인은 낙찰자에게 대항불가, 소멸됨

▣ 사례 3 〈대항력은 갖추고 확정일자를 받지 않은 경우〉

주택인도 . 전입신고 (건물인도.사업자등록신청.확정일자)	확정일자 없음	근저당권
2010년 10월 20일		2010년 10월 21일
.대항력 발생시점 : 2010년 10월 21일 오전 0시 .확정일자 받지 않음 .근저당권 효력발생시점 : 2010년 10월 21일 주간(보통 오전 9시) 〈대항력 유무〉 . 임차인은 근저당보다 먼저 대항력을 갖추었으나 확정일자가 없기 때문에 배당요구를 할지라도 배당에 참가할 수 없기 때문에 낙찰자는 임차권을 인수한다.		

▣ 사례 4 〈대항력도 없고 확정일자도 받지 않은 경우〉

주택인도 . 전입신고 (건물인도.사업자등록신청.확정일자)	확정일자 없음	근저당권 (소멸기준권리)
2010년 10월 21일		2010년 10월 21일
.대항력 발생시점 : 2010년 10월 22일 오전 0시 .확정일자 받지 않음 .근저당권 효력발생시점 : 2010년 10월 21일 주간(보통 오전 9시) 〈대항력 유무〉 . 임차인은 소멸기준권리인 근저당보다 늦게 대항력을 갖추었기 때문에 확		

정일자 유무에 상관없이 낙찰자에게 대항 불가, 소멸됨.

▣ 사례 5 〈대항요건 . 확정일자가 같은 날 이루어진 경우〉

주택인도 . 전입신고. 확정일자 (건물인도.사업자등록신청.확정일자)		근저당권 (소멸기준권리)
2010년 10월 20일		2010년 10월 21일
.대항력 발생시점 : 2010년 10월 21일 오전 0시 .확정일자 효력 발생시점 : 2010년 10월 21일 오전 0시 .근저당권 효력발생시점 : 2010년 10월 21일 주간 (보통 오전 9시) 〈대항력 유무〉 . 근저당보다 먼저 대항력 및 확정일자 갖추고 있기 때문에 낙찰자에게 대항 가능 . 배당요구종기 안에 배당요구하지 않으면 낙찰자가 인수 . 배당요구종기 안에 배당요구하고, 배당금 전액 배당받으면 소멸 . 배당요구종기 안에 배당요구하고, 배당금 일부 배당받지 못하면 그 범위에서 인수		

▣ 사례 6 〈확정일자를 먼저 갖추고 대항요건을 갖춘 경우〉

확정일자	주택인도 . 전입신고 (건물인도. 사업자등록신청)	근저당권 (소멸기준권리)
2010년 10월 20일	2010년 10월 21일	2010년 10월 22일
.대항력 발생시점 : 2010년 10월 22일 오전 0시 .확정일자 효력 발생시점 : 2010년 10월 22일 오전 0시(확정일자를 먼저 갖추면 대항력발생시 점부터 확정일자 효력이 생긴다) .근저당권 효력발생시점 : 2010년 10월 22일 주간(보통 오전 9시) 〈대항력 유무〉 . 소멸기준권리인 근저당보다 대항력 먼저 갖추어 낙찰자에게 대항 가능 . 배당요구종기 안에 배당요구하지 않으면 낙찰자가 인수		

. 배당요구종기 안에 배당요구하고, 배당금 전액 배당받으면 소멸

. 배당요구종기 안에 배당요구하고, 배당금 일부 배당받지 못하면 그 범위에서 인수

■ 사례 7 〈주택인도 . 전입신고. 확정일자가 각기 다른 날 이루어진 경우〉

주택인도 (건물인도)	전입신고 (사업자등록신청)	확정일자	근저당권 (소멸기준권리)
2010년 10월 20일	2010년 10월 21일	2010년 10월 22일	2010년 10월 22일

.대항력 발생시점 : 2010년 10월 22일 오전 0시

.확정일자 효력 발생시점 : 2010년 10월 22일 주간

.근저당권 효력발생시점 : 2010년 10월 22일 주간

〈대항력 유무〉

. 소멸기준권리인 근저당보다 대항력 먼저 갖추어 낙찰자에게 대항 가능

. 임차인과 근저당권 순위는 동일하여 안부배당관계임

. 배당요구종기 안에 배당요구하지 않으면 낙찰자가 인수

. 배당요구종기 안에 배당요구하고, 배당금 전액 배당받으면 소멸

. 배당요구종기 안에 배당요구하고, 배당금 일부 배당받지 못하면 그 범위에서 인수

■ 사례 7 〈소유자가 집을 팔고 다시 임차하여 거주하는 경우〉

소유권취득	전입신고.거주	매매계약	잔금수령 후 소유권이전일	근저당권 (소멸기준권리)
2008.10.21.	2008. 10. 25.	2011. 10. 5.	2011. 11. 10.	2011. 12. 10.

.대항력 발생시점 : 2011년 11월 11일 오전 0시

.근저당권 효력발생시점 : 2010년 12월 10일 주간(보통 오전 9시)

〈대항력 유무〉

. 소유하던 집을 팔고 매수인 앞으로 소유권이전등기를 넘겨준 다음 주민등록 이전하지 않고 그 집을 임대받아 계속 거주할 경우 대항력 발생시점은

매수인에게 소유권이전등기를 경료한 다음 날 0시부터 발생한다. . 위 경우 소멸기준권리인 근저당보다 대항력 먼저 갖추어 낙찰자에게 대항 가능 . 배당요구종기 안에 배당요구하지 않으면 낙찰자가 인수 . 만약 확정일자까지 갖춘 상태에서 배당요구종기 안에 배당요구하고, 배당금 전액 배당 받으면 소멸하고, 배당금 일부 배당받지 못하면 그 범위에서 인수

(5) 확정일자를 갖추지 않은 경우

누누이 설명하지만 주택 및 상가건물 임차인이 대항요건만 갖추고 임대차계약서에 확정일자를 받지 않으면 해당 경매절차에서 배당에 참가하지 못한다. 다시 말해서 최선순위 임차인일지라도 임대차계약서에 확정일자를 받지 않으면 배당요구를 하더라도 일반채권자 취급조차 하지 않기 때문에 매각대금에서 채권자에게 배당되고 채무자에게 돌아갈 잉여금이 남아 있어도 배당해 주지 않는다. 따라서 소멸기준권리보다 대항력은 먼저 갖추었지만 임대차계약서에 확정일자를 받지 않은 임차인이 배당요구종기 안에 배당요구를 한 경우 그 임차인이 대항력 갖춘 시점을 배당순위로 알고 입찰에 참가했다가는 큰 코 다치므로 주의해야 한다(다만, 그 임차인이 확정판결에 의해 배당요구한 경우에는 배당에 참가할 수 있는데 이 경우에는 배당을 받지 못한 금액한도로 인수한다).

(6) 위장 전입자 판단법

다음의 경우에는 위장전입자로 의심해볼 필요가 있다.

1) 경매가 신청되기 직전 또는 그리 멀지 않은 시점에 주민등록이 전입되어 있고, 임대차계약서에 확정일자가 없으며, 중개사를 통해 계약을 하지 않고 당사자끼리 직접 체결된 경우(이 경우 대개 가까운 친인척 명의로 계약서 작성).

2) 위의 경우 임차보증금이 최우선변제권에 해당하는 경우

금융기관 등에서 채무독촉과 동시에 경매신청을 하겠다는 예고장을 받거나 이자를 많이 연체하여 경매가 신청될 것 같으면 미리 친인척을 내세워 임대차계약서를 허위로 작성하고 주민등록 전입신고를 하는 경우가 있다.

3) 실제 거주하지 않는 경우

위장 전입자의 경우 주민등록만 옮겨 놓고 실제 거주는 안하는 경우가 대부분이므로 이런 경우에는 직전 주소지를 파악할 수 있으면 출근 또는 귀가시간대에 대기해서 실제로 거주하는지를 알아보거나 인근 주민에게 실제 거주하고 있는 사람이 누구인지, 아파트 등 집합건물 같으면 관리사무소에 관리비 체납 여부를 알아보면서 관리비, 공과금 고지서가 누구 명의로 나가는지 등을 알아보는 방법으로 파악해 보는 것이 좋다. 참고로 위장전입자로 추정되는 사람의 주민등록초본을 발급할 수 있으면 좋겠지만 채권자가 아니면 발급이 안 되고, 주민등록전입세대열람 신청을 하면 직전 주소지는 나오지 않기 때문에 채권자가 아니면 직전 주소지를 파악하기가 여의치 않은 애로점이 있다.

4) 아무튼 위장전입자로 의심이 가더라도 확실한 증거 없이 선불리 낙찰 받았다가는 손해를 볼 수 있음을 유의할 필요가 있다.

(7) 주택임대차보호법 요점 정리

1) 시행시기

① 대항력 : 1981. 03. 05.

② 소액보증금 최우선변제권 : 1984. 06. 14(소액보증금 보호제도 자체는 1984. 1. 1. 부터이나 구체적인 시행은 주택임대차보호법 시행령이 공포된 1984. 06. 14.부터 시행)

③ 우선변제권 : 1990. 02. 19.

④ 임차권등기명령제도 : 1999. 03. 01.

2) 적용범위

① 주택임대차보호법에 위반된 약정(約定)으로서 임차인에게 불리한 것은 그 효력이 없다(주택임대차보호법 제10조). 이를 임차인의 편에서 규정한 법률이기 때문에 편면적 강행규정이라고 한다. 예컨대 주택에 대한 임대차기간을 2년 미만으로 계약을 했어도 임차인은 최소한 2년 기간을 주장할 수 있다.

② 일시사용하기 위한 임대차임이 명백한 경우에는 적용하지 아니한다(동법 제11조).

③ 주택의 등기를 하지 아니한 미등기주택의 전세계약에 관하여는 이 법과 동일하게 적용한다. 이 경우 “전세금”은 “임대차의 보증금”으로 본다(동법 제12조).

④ 이 법은 주거용 건물(이하 “주택”이라 한다)의 전부 또는 일부의 임대차에 관하여 적용한다. 그 임차주택(임차주택)의 일부가 주거 외의 목적으로 사용되는 경우에도 적용된다(동법 제2조).

⑤ 외국인도 일정한 요건을 갖추면 적용대상이 된다.

⑥ 국민주택기금을 재원으로 하여 저소득층 무주택자에게 주거생활 안정을 목적으로 전세임대주택을 지원하는 법인이 주택을 임차한 후 지방자치단체의 장 또는 그 법인이 선정한 입주자가 그 주택을 인도받고 주민등록을 마친 대항력이 인정되는 법인에게도 적용된다(동법 제3조 제2항).

〈대항력 있는 법인이란〉

"대항력이 인정되는 법인"이란 「한국토지주택공사법」에 따른 한국토지주택공사, 지방공기업법 제49조에 따라 주택사업을 목적으로 설립된 지방공사를 말한다(동법시행령 제1조의2).

3) 주거용건물 판단기준

① 주택임대차보호법 제2조 소정의 주거용 건물에 해당하는지 여부는 임대차목적물의 공부상의 표시만을 기준으로 할 것이 아니라 그 실지용도에 따라서 정하여야 하고 또 이 사건의 경우와 같이 건물의 일부가 임대차의 목적이 되어 주거용과 비주거용으로 겸용되는 경우에는 구체적인 경우에 따라 그 임대차의 목적, 전체 건물과 임대차목적물의 구조와 형태 및 임차인의 임대차목적물의 이용관계 그리고 임차인이 그곳에서 일상생활을 영위하는지 여부 등을 아울러 고려하여 합목적적으로 결정하여야 한다(대법원 1988.12.27. 선고 87다카2024 판결).

② 공부상에는 주거용 아닌 상가건물 등으로 등재되어 있는데 임차인이 거주하는 경우 주거용 건물로 볼 수 있으려면 임대차계약 체결 당시를 기준으로 첫째, 건물의 구조상 주거용 또는 그와 겸용 정도의 건물형태가 실질적으로 갖추어져 있어야 한다.

③ 주택임대차보호법이 적용되려면 먼저 임대차계약 체결당시를 기준으로 하여 그 건물의 구조상 주거용 또는 그와 겸용될 정도의 건물의 형태가 실질적으로 갖추어져 있어야 하고, 만일 그 당시에는 주거용 건물부분이 존재하지 아니하였는데 임차인이 그후 임의로 주거용으로 개조하였다면 임대인이 그 개조를 승낙하였다는 등의 특별한 사정이 없는 한 적용되지 않는다(대법원 1986.1.21. 선고 85다카1367 판결).

4) 판례가 주거용 건물로 보는 경우

① 전체 건물 중 1층인 임대차목적물이 공부상 소매점으로 표시되어 있으나, 건축 당시부터 그 면적의 절반 정도가 방(2칸)으로, 나머지

절반 정도가 소매점 등 영업소를 하기 위한 홀(Hall)로 건축되어 있었고, 그러한 상태에서 임차인이 가족들과 함께 거주하면서 음식점을 영업하여 온 사실 등을 인정하여, 위 임대차목적물이 주택임대차보호법 제2조에 정한 주거용건물에 해당한다고 판단(대법원 1996.5.31. 선고 96다5971 판결).

② 공부상 근린생활시설 및 주택, 계약서상 부동상 표시를 점포로 기재, 1층 일부를 주거 및 미용실 경영 목적으로 임차, 1층의 다른 일부를 주거 및 과자점 경영목적으로 임차한 경우 - 건물구조*방, 부엌, 화장실등). 주거용 면적 (거의 반 차지). 자녀들과 입주하여 생활 고려 주거용 인정(대법원 1988.12.27. 선고 87다카2024 판결).

③ 공부상 단층 작업소 및 근리생활시설, 실제는 주택으로 사용, 일부를 주거 및 인쇄소 경영목적으로 임차, 다른 일부를 주거 및 슈퍼마켓경영목적으로 임차한 경우- 건물구조(독자적 출입구), 주거용 면적이 상당한 부분 차지, 자녀들과 입주하여 생활하며 유일한 주거인 사실 등 고려 주거용 건물로 인정

④ 공부상 소매점, 건축당시부터 방 2칸과 영업소를 홀로 건축, 음식점 영업을 목적으로 임차한 경우 - 건물구조 . 주거용 면적 방2칸이 반 차지, 방을 낮에는 손님용으로 그 외는 가족과 함께 거주 달리 주택이 없음, 주거용 인정(대법원 1996. 5. 31. 선고 965971 판결).

5) 판례가 주거용 건물을 부정한 경우

① 등기부상 점포, 사무실 및 주택, 건물이 대로변에 위치, 커다란 양복점 간판 2개, 주거 및 양복점 경영목적으로 임차한 경우, 건물위치

구조. 주거용면적(방 1칸과 부엌이 적은 부분 차지) 입주하여 생활하나 점포일부가 개조된 것 등을 고려 주거용 부정(대법원 1988.12.13.선고 87다카3097 판결).

② 건물이 당초부터 지하1층 지상1.2층은 근린생활시설로, 3층은 주택용도로 건축, 사무실로 사용된 2층을 임차하여 삼계탕집 경영하며 조그만 방 2개 제외하고 대부분 손님을 위한 홀로 방3개, 주방으로 사용한 경우, 본래 용도, 이전의 이용실태, 현재 이용상황을 고려하여 주거용 부정(대법원 1993.10.8. 선고 93다25738, 25745판결).

③ 등기부상 위락시설 및 다방, 건물이 상가건물로서 시장변두리에 위치, 계약서상 용도 다방으로, 계약종료 후 원상회복의무 기재, 임차건물 위치.구조 용도 주거용 면적(방2개와 주방이 적은 부분) 다방이 아닌 연립주택에 거주한 사실 고려하여 주거용 부정(대법원 1996.3.12. 선고 95다51953 판결).

6) 임대기간 등

① 기간을 정하지 아니하거나 2년 미만으로 정한 임대차는 그 기간을 2년으로 본다. 다만, 임차인은 2년 미만으로 정한 기간이 유효함을 주장할 수 있다(동법 제4조 제1항). 예컨대 계약기간을 1년으로 정한 경우 임대인은 계약기간을 1년으로 주장하고 임대차계약을 해지할 수 없지만 임차인은 계약기간을 1년으로 주장하고 계약을 해지할 수도 있고, 2년을 주장하고 2년간 그 집에 거주할 수 있다.

② 임대차기간이 끝난 경우에도 임차인이 보증금을 반환받을 때까지는 임대차관계가 존속되는 것으로 본다(동법 제4조 제2항).

7) 계약의 묵시적 갱신

① 임대인이 임대차기간이 끝나기 6개월 전부터 1개월 전까지의 기간에 임차인에게 갱신거절의 통지를 하지 아니하거나 계약조건을 변경하지 아니하면 갱신하지 아니한다는 뜻의 통지를 하지 아니한 경우에는 그 기간이 끝난 때에 전 임대차와 동일한 조건으로 다시 임대차한 것으로 본다. 임차인이 임대차기간이 끝나기 1개월 전까지 통지하지 아니한 경우에도 또한 같다(동법 제6조 제1항). 위의 경우 임대차의 존속기간은 2년으로 본다(동법 제6조 제2항).

② 임차인이 2기(2회)의 차임을 연체하거나 그 밖에 임차인으로서의 의무를 현저히 위반한 임차인에 대하여는 묵시적 갱신이 인정되지 아니한다(동법 제3항).

8) 묵시적 갱신의 경우 계약의 해지

계약이 묵시적 갱신된 경우 임차인은 언제든지 임대인에게 계약을 해지할 수 있다(동법 제6조의 2 제1항). 이 경우 계약의 해지는 임대인이 그 통지를 받은 날부터 3개월이 지나면 그 효력이 발생한다(동법 제6조의 2 제2항). 다만, 이 경우 임대인은 당사자가 약정으로 차임을 몇 회 연체하면 계약을 해지할 수 있다는 약정을 하고 임차인이 그에 따른 차임을 연체하거나(별다른 약정이 없으면 2회), 그 밖에 임차인으로서의 의무를 현저히 위반한 경우가 아니면 계약을 해지할 수 없다.

9) 월차임 전환 시 산정률의 제한

보증금의 전부 또는 일부를 월 단위의 차임으로 전환하는 경우에는 그 전환되는 금액에 은행법에 따른 은행에서 적용하는 대출금리와 해당 지역의 경제 여건 등을 고려하여 연 1할4푼(연14%)을 곱한 월차임의 범위를 초과할 수 없다(동법 제제7조의2, 시행령 제2조의 2).

10) 차임 등의 증감청구권

당사자는 약정한 차임이나 보증금이 임차주택에 관한 조세, 공과금, 그 밖의 부담의 증감이나 경제사정의 변동으로 인하여 적절하지 아니하게 된 때에는 장래에 대하여 그 증감을 청구할 수 있다. 다만, 임대인이 증액할 경우에는 약정한 차임 등의 20분의 1의 금액을 초과하지 못하고(동법 제7조, 시행령 제2조 제1항), 임대차계약 또는 약정한 차임 등의 증액이 있은 후 1년 이내에는 하지 못한다(시행령 제2조 제2항).

11) 주택 임차권의 승계

① 임차인이 상속인 없이 사망한 경우에는 그 주택에서 가정공동생활을 하던 사실상의 혼인 관계에 있는 자가 임차인의 권리와 의무를 승계하고, 임차인이 사망한 때에 사망 당시 상속인이 그 주택에서 가정공동생활을 하고 있지 아니한 경우에는 그 주택에서 가정공동생활을 하던 사실상의 혼인 관계에 있는 자와 2촌 이내의 친족이 공동으로 임차인의 권리와 의무를 승계한다(동법 제9조 제1항, 제2항).
다만, 임차인이 사망한 후 1개월 이내에 임대인에게 제1항과 제2항에 따른 승계 대상자가 반대의사를 표시한 경우에는 그러하지 아니하다(동법 제9조 제3항).

② 위 경우에 임대차 관계에서 생긴 채권·채무는 임차인의 권리의무를 승계한 자에게 귀속 된다(동법 제9조 제4항).

12) 소액사건심판법 적용

임차인이 임대인에 대하여 제기하는 보증금반환청구소송에 관하여는 청구금액에 상관없이 소액심판법에 의해 심판한다(동법 제13조). 즉 소액심판법에 따라 간이한 절차로 소송을 진행한다는 것임.

13) 임차인의 우선변제권

① 우선변제권이란

대항요건(주택의 인도와 전입신고)과 임대차계약증서상의 확정일자를 갖춘 임차인은 민사집행법에 따른 경매 또는 국세징수법에 따른 공매를 할 때에 임차주택(대지를 포함한다)의 환가대금에서 후순위권리자나 그 밖의 채권자보다 우선하여 보증금을 변제받을 권리가 있는데 이를 임차인의 우선변제권이라고 한다(동법 제3조의 2 제2항).

② 우선변제권이 소멸되는 경우

대항력과 우선변제권을 겸유하는 임차인이 1차 경매에서 배당요구를 하였으나 보증금 전액을 배당받지 못한 경우 **우선변제권은 소멸되고** 경락인에 대항하여 보증금잔액을 반환받을 때까지 임대차존속을 주장할 수 있을 뿐, 2차 경매절차에서 우선변제권에 의한 배당요구는 허용되지 않는다(대법원 2001.3.27. 선고 98다4552 판결).

〈관련판례〉

(1) 저당권 설정 후에 비로소 건물이 신축되고 그 신축건물에 대하여 다시 저당권이 설정된 후 대지와 건물이 일괄 경매된 경우, 주택임대차보호법 제3조의2 제2항의 확정일자를 갖춘 임차인 및 같은 법 제8조 제3항의 소액임차인은 대지의 환가대금에서는 우선하여 변제를 받을 권리가 없다고 하겠지만, 신축건물의 환가대금에서는 확정일자를 갖춘 임차인이 신축건물에 대한 후순위권리자보다 우선하여 변제받을 권리가 있고, 주택임대차보호법 시행령 부칙의 '소액보증금의 범위변경에 따른 경과조치'를 적용함에 있어서 신축건물에 대하여 담보물권을 취득한 때를 기준으로 소액임차인 및 소액보증금의 범위를 정하여야 할 것이다(대법원 2010.6.10. 선고 2009다101275 판결).

(2) 주택임대차보호법은 주거용 건물의 임대차에 관하여 민법에 대한 특례를 규정함으로써 국민 주거생활의 안정을 보장함을 목적으로 하고 있으므로(제1조), 합리적 이유나 근거 없이 그 적용대상을 축소하거나 제한하는 것은 허용되지 않는다고 할 것인바, 주택임대차보호법 제2조가 주거용 건물의 전부 또는 일부의 임대차에 관하여 적용된다고 규정하고 있을 뿐 임차주택이 관할관청의 허가를 받은 건물인지, 등기를 마친 건물인지 아닌지를 구별하고 있지 아니하며, 건물 등기부상 '건물내역'을 제한하고 있지도 않으므로, 점포 및 사무실로 사용되던 건물에 근저당권이 설정된 후 그 건물이 주거용 건물로 용도 변경되어 이를 임차한 소액임차인도 특별한 사정이 없는 한 주택임대차보호법 제8조에 의하여 보증금 중 일정액을 근저당권자보다 우선하여 변제받을 권리가 있다고 할 것이다(대법원 2009.8.20. 선고 2009다26879 판결).

14) 임차인이 경.공매절차에서 배당 받기 위한 요건

① 대항요건(주택의 인도와 전입신고)과 임대차계약증서상에 확정일자를 갖추고 있을 것 (확정일자가 없으면 일반채권자 취급도 안하기 때문에 배당을 전혀 받을 수 없음)

② 법원이 정한 배당요구종기일 안까지(공매는 배분요기종기일 안까지) 임대차계약서 등 관계서류를 첨부해서 권리신고서 및 배당요구신청서(공매는 배분요구신청서)를 반드시 제출할 것(권리신고서 + 배당요구신청서 동시제출).

③ 낙찰자(매수인)가 작성한 명도확인서를 경매법원 또는 공매기관에 제출할 것

만약 이를 제출하지 않으면 배당금은 공탁되므로 명도확인서를 갖추어 별도의 출급청구를 해야 한다.(서울중앙지방법원의 경우 배당기일 종료 후 10일 이내 명도확인서 미제출시 공탁).

대항요건 및 확정일자를 갖춘 임차인과 소액임차인은 임차주택과 그 대지가 함께 경매될 경우뿐만 아니라 임차주택과 별도로 그 대지만이 경매될 경우에도 그 대지의 환가대금에 대하여 우선변제권을 행사할 수 있고(대법원 1996. 6. 14. 선고 96다7595 판결, 1999. 7. 23. 선고 99다25532 판결 등), 이와 같은 우선변제권은 이른바 법정담보물권의 성격을 갖는 것으로서 임대차 성립시의 임차 목적물인 임차주택 및 대지의 가액을 기초로 임차인을 보호하고자 인정되는 것이므로, 임대차 성립 당시 임대인의 소유였던 대지가 타인에게 양도되어 임차주택과 대지의 소유자가 서로 달라지게 된 경우에도 마찬가지라 할 것이다(대법원 2007.6.21. 선고 2004다26133 전원합의체 판결).

15) 최우선변제권

① 최우선변제권이란

㉠ 최우선변제권이란 임차인이 경매개시결정등기 이전에 대항요건(주택의 인도와 전입신고)을 갖추고 있고, 또 보증금이 주택임대차보호법시행령 제4조에서 정한 소액보증금에 해당할 경우 주택임대차보호법시행령 제3조 1항이 정한 일정액의 보증금을 최우선변제 받는 권리를 말한다.

㉡ 임차인의 보증금 중 일정액이 주택가액의 2분의 1을 초과하는 경우에는 주택가액의 2분의 1에 해당하는 금액까지만 우선변제권이 있다(동법시행령 제3조 제2항).

㉢ 하나의 주택에 임차인이 2명 이상이고, 그 각 보증금 중 일정액을 모두 합한 금액이 주택가액의 2분의 1을 초과하는 경우에는 그 각 보증금 중 일정액을 모두 합한 금액에 대한 각 임차인의 보증금 중 일정액의 비율로 그 주택가액의 2분의 1에 해당하는 금액을 분할한 금액을 각 임차인의 보증금 중 일정액으로 본다(시행령 제3조 제3항).

㉣ 하나의 주택에 임차인이 2명 이상이고 이들이 그 주택에서 가정공동생활을 하는 경우에는 이들을 1명의 임차인으로 보아 이들의 각 보증금을 합산한다(시행령 제3조 제4항).

② 최우선변제권이 인정되기 위한 요건

㉠ 경매개시결정등기 이전에 대항요건을 갖추고 있을 것(확정일자는 갖추지 않아도 됨)

㉡ 배당요구종기 안(또는 배분요구종기 안)에 반드시 권리신고 및 배당요구 신청서를 제출할 것(권리신고서 + 배당요구신청서 동시제출)

㉢ 낙찰자가 작성한 명도확인서를 제출할 것

만약 이를 제출하지 않으면 배당금은 공탁되므로 명도확인서를 갖추어 별도의 출급청구를 해야 한다.

③ 주택 소액임대차 최우선변제 한계

㉠ 임차인의 보증금 중 일정액이 주택가액의 2분의 1을 초과하는 경우에는 주택가액의 2분의 1에 해당하는 금액까지만 우선변제권이 있다(시행령 제3조 제2항).

㉡ 하나의 주택에 임차인이 2명 이상이고, 그 각 보증금 중 일정액을 모두 합한 금액이 주택가액의 2분의 1을 초과하는 경우에는 그 각 보증금 중 일정액을 모두 합한 금액에 대한 각 임차인의 보증금 중 일정액의 비율로 그 주택가액의 2분의 1에 해당하는 금액을 분할한 금액을 각 임차인의 보증금 중 일정액으로 본다(시행령 제3조 제3항)

㉢ 하나의 주택에 임차인이 2명 이상이고 이들이 그 주택에서 가정공동생활을 하는 경우에는 이들을 1명의 임차인으로 보아 이들의 각 보증금을 합산한다(시행령 제3조 제4항).

④ 최우선변제금액

대항요건 구비일	지역구분	보증금 한도액	최우선변제금
1984, 06. 14. ~ 1987. 11. 30.	특별시.광역시	3,000,000	3,000,000
	그 밖의 지역	2,000,000	2,000,000
1987.12.01 ~1990.02.18.	특별시.광역시	5,000,000	5,000,000
	그 밖의 지역	4,000,000	4,000,000
1990.02.19. ~1995. 10. 18.	특별시.광역시	20,000,000	7,000,000
	그 밖의 지역	15,000,000	5,000,000
1995.10. 19. ~ 2001 . 09. 14.	특별시.광역시 (군지역 제외)	30,000,000	12,000,000
	그 밖의 지역	20,000,000	8,000,000
2001.09.15. ~ 2008. 08. 20.	서울특별시 기타 과밀억제권역	40,000,000	16,000,000
	광역시 (인천시. 군지역 제외)	35,000,000	14,000,000
	그 밖의 지역	30,000,000	12,000,000
2008.08.21. ~ 2010. 07.25.	서울특별시 기타 과밀억제권역	60,000,000	20,000,000
	광역시 (인천시. 군지역 제외)	50,000,000	17,000,000
	그 밖의 지역	40,000,000	14,000,000
2010.07.26. ~ 현재	서울특별시	75,000,000	25,000,000
	수도권 과밀억제권역	65,000,000	22,000,000
	광역시(수도권 과밀억제권역에 포함된 지역과 군지역은 제외) 및 안산시.용인시.김포시 광주시	55,000,000	19,000,000
	그 밖의 지역	40,000,000	14,000,000
	매각가격의 1/2 한도(토지포함)		

〈주의〉

보증금은 경매개시결정등기 한 때 확정되고, 확정된 보증금은 임차주택의 최초 담보권설정일 기준으로 적용(대항요건 갖춘 시점 또는 확정일자 갖춘 시점이 아님) 예컨대 지역이 서울특별시이고 근저당 설정일이 2008. 8. 25.이면 보증금 6,000만원 이하여야 하고, 최우선변제 한도는 2,000만원이 된다.

□ **서울특별시를 제외한 수도권과실억제권역**

. 인천광역시[강화군, 옹진군, 중구 운남동 . 운북동 . 운서동 . 중산동 . 남북동 . 덕교동 . 을왕동 . 무의동, 서구 대곡동 . 불노동 . 마전동 . 금곡동 . 오류동 . 왈길동 . 당하동 . 원당동, 연수구 송도매립지(인천광역시장이 송도신시가지 조성을 위한 1990. 11. 12. 송도 앞 공유수면 매립공사면허를 받은 지역), 남동유치지역(남동국가산업단지) 제외]

. 고양시, 과천시, 광명시, 구리시, 군포시, 부천시, 성남시, 수원시, 시흥시(반월특수지역 제외), 안양시, 의왕시, 의정부시, 하남시

. 남양주시[호평동 . 평내동 . 금곡동 . 일패동 . 이패동 . 삼패동 . 가운동 . 수석동 . 지금동 . 도농동에 하고, 그 외 지역은 제외]

16) 기타 관련문제

① 임차인이 임차주택을 경락받은 경우 기존 임대인에게 보증금 반환 요구할 수 없다. 소유권 취득으로 임차보증금 반환채권이 혼동으로 소멸되기 때문이다(대법원 1996. 2. 27.선고 95다35616판결, 1996. 11. 22. 선고 96다38216 판결).

② 가등기 . 처분금지가처분등기가 경료된 부동산을 임차한 경우 그 뒤 가등기권자가 본등기를 하거나 가처분권자가 본안소송에서 승소하여 소유권이전등기를 마치면 대항력 있는 임차인이라도 가등기권자.가처분권자에게 대항하지 못한다.

(8) 상가건물임대차보호법 요점 정리

1) 시행시기

① 대항력 : 2002. 11. 01.

② 최우선변제권 : 2002. 11. 01.

③ 우선변제권 : 2002. 11. 01.

④ 임차권등기명령제도 : 2002. 11. 01.

2) 적용범위

① 상가건물임대차보호법은 사업자등록의 대상이 되는 상가건물 및 임대차 목적물의 주된 부분을 영업용으로 사용하는 건물에 적용된다.

② 이 법의 규정에 위반된 약정으로서 임차인에게 불리한 것은 효력이 없다(상가건물임대차보호법 제15조).

③ 보증금액이 다음금액을 초과하면 이 법은 적용되지 않는다(동법 제2조 제1항).

㉠ 서울특별시 : 3억원

㉡ 수도권정비계획법에 따른 과밀억제권역(서울특별시 제외) : 2억5천만원

㉢ 광역시(수도권광역계획법에 따른 과밀억제권역에 포함된 지역과 군지역은 제외), 안산시, 용인시, 김포시 및 광주시 : 1억8천만원

㉣ 그 밖의 지역 : 1억5천만원

④ 이 법 적용대상에 있어 보증금만 있는 때는 해당 보증금을 기준으로 하고, 보증금 외에 차임(임대료)이 있는 경우에는 보증금액과 차임액을 보증금으로 환산한 금액을 합한 금액으로 적용여부를 판단한다.

3) 차임을 보증금으로 환산하는 방법

. 차임 × 100 = 환산보증금 . 보호대상 임대차보증금액 = [(보증금) +(월세 ×100)]

예 : 서울시에 있는 상가건물을 보증금 1억원 월차임 100만원에 임차했다면 보증금은 2억 원이 되므로 상가건물인대차보호법이 적용된다. {1억원 + (100만원 × 100)}= 2억 원

〈월차임에 부가세가 있는 경우〉

보증금 외 월차임이 있는 경우 환산보증금을 계산함에 있어 부가가치세를 월차임에 포함시켜야 하는지 여부가 문제인바, 이에 관한 관련 규정 및 마땅한 판례가 없고, 보증금에 부가세를 포함시키는 것은 임대차보호법 제정취지에도 맞지 않다고 보여지는 점에서 부가세를 제외한 금액만을 월차임으로 보는 것이 타당하다고 본다.

4) 공장건물 . 창고 등의 적용여부

공장건물, 창고 등이 상가건물임대차보호법의 적용대상이 되느냐에 관하여 대법원 판례를 살펴보면, 상가건물 임대차보호법이 적용되는 상가건물에 해당하는지는 공부상 표시가 아닌 건물의 현황·용도 등에 비추어 영업용으로 사용하느냐에 따라 실질적으로 판단하여야 하여야 하고, 단순히 상품의 보관·제조·가공 등 사실행위만이 이루어지는 공장·창고 등은 영업용으로 사용하는 경우라고 할 수 없으나 그곳에서 그러한 사실행위와 더불어 영리를 목적으로 하는 활동이 함께 이루어진다면 상가건물 임대차보호법 적용대상인 상가건물에 해당한다고 보고 있다(대법원 2011.7.28. 선고 2009다40967 판결). 따라서 공장이나 창고, 건테이너박스 등에서 단순히 상품의 보관·제조·가공 등 사실행위만이 이루어지는 경우에는 적용대상이 될 수 없으나, 그곳에서 보관·제조·가공 등 사실행위와 함께 주문을 받고 완성된 제품을 고객에 인도하여 수수료 등을 받는 등 영업활동을 하고 있으면 상가건물임대차보호법이 적용대상이 된다.

5) 임대차기간 등

기간을 정하지 아니하거나 기간을 1년 미만으로 정한 임대차는 그 기간을 1년으로 본다. 다만, 임차인은 1년 미만으로 정한 기간이 유효함을 주장할 수 있다. 임대차가 종료한 경우에도 임차인이 보증금을 돌려받을 때까지는 임대차 관계는 존속하는 것으로 본다(동법 제9조 제1항, 제2항).

6) 계약갱신 요구 등

① 임대인은 임차인이 임대차기간이 만료되기 6개월 전부터 1개월 전까지 사이에 계약갱신을 요구할 경우 정당한 사유 없이 거절하지 못하게 함으로써(동법 제10조 제1항), 상가건물의 경우 임차인은 5년의 범위에서 영업을 보장받게 되는데, 하지만 이는 무조건 보장되는 것은 아니고 일정한 사유가 있으면 보장을 받지 못하게 된다. 상가임대차보호법 제 10조 제1항 후단은 임대인은 다음 각 호의 어느 하나에 해당하는 경우에는 임차인의 계약갱신 요구를 거절할 수 있도록 규정하고 있다.

㉠ 임차인이 3기의 차임액에 해당하는 금액에 이르도록 차임을 연체한 사실이 있는 경우

㉡ 임차인이 거짓이나 그 밖의 부정한 방법으로 임차한 경우

㉢ 서로 합의하여 임대인이 임차인에게 상당한 보상을 제공한 경우

㉣ 임차인이 임대인의 동의 없이 목적 건물의 전부 또는 일부를 전대(轉貸)한 경우

㉤ 임차인이 임차한 건물의 전부 또는 일부를 고의나 중대한 과실로 파손한 경우

㉥ 임차한 건물의 전부 또는 일부가 멸실되어 임대차의 목적을 달성하지 못할 경우

㉦ 임대인이 목적 건물의 전부 또는 대부분을 철거하거나 재건축하기 위하여 목적 건물의 점유를 회복할 필요가 있는 경우

㉧ 그 밖에 임차인이 임차인으로서의 의무를 현저히 위반하거나 임대차를 계속하기 어려운 중대한 사유가 있는 경우

② 임차인의 계약갱신요구권은 최초의 임대차기간을 포함한 전체 임대차기간이 5년을 초과하지 아니하는 범위에서만 행사할 수 있다.

③ 갱신되는 임대차는 전 임대차와 동일한 조건으로 다시 계약된 것으로 본다. 다만, 차임과 보증금은 차임 또는 보증금의 100분의 9의 범위에서 증감할 수 있다(동법 제1조 제3항).

④ 임대인이 제1항의 기간 이내에 임차인에게 갱신 거절의 통지 또는 조건 변경의 통지를 하지 아니한 경우에는 그 기간이 만료된 때에 전 임대차와 동일한 조건으로 다시 임대차한 것으로 본다. 이 경우에 임대차의 존속기간은 1년으로 본다(동법 제1조 제4항).

⑤ 위 경우 임차인은 언제든지 임대인에게 계약해지의 통고를 할 수 있고, 임대인이 통고를 받은 날부터 3개월이 지나면 효력이 발생한다(동법 제1조 제4항).

〈갱신요구권과 최초의임대차기간〉

상가건물 임대차보호법 제10조 제2항은 '임차인의 계약갱신요구권은 최초의 임대차 기간을 포함한 전체 임대차 기간이 5년을 초과하지 않는 범위 내에서만 행사할 수 있다'라고 규정하고 있는바, 위 법률규정의 문언 및 임차인의 계약갱신요구권을 전체 임대차 기간 5년의 범위 내에서 인정하게 된 입법 취지에 비추어 볼 때 '최초의 임대차 기간'이라 함은 위 법 시행 이후에 체결된 임대차계약에 있어서나 위 법 시행 이전에 체결되었다가 위 법 시행 이후에 갱신된 임대차계약에 있어서 모두 당해 상가건물에 관하여 최초로 체결된 임대차계약의 기간을 의미한다고 할 것이다(대법원 2006.3.23. 선고 2005다74320 판결).

7) 차임 등의 증감청구권

차임 또는 보증금이 임차건물에 관한 조세, 공과금, 그 밖의 부담의 증감이나 경제 사정의 변동으로 인하여 상당하지 아니하게 된 경우에는 당사자는 장래의 차임 또는 보증금에 대하여 증감을 청구할 수 있다.

그러나 증액의 경우에는 대통령령으로 정하는 기준에 따른 비율을 초과하지 못한다. 이 경우 증액 청구는 임대차계약 또는 약정한 차임 등의 증액이 있은 후 1년 이내에는 하지 못한다(동법 제11조 제1항, 제2항).

8) 월차임 전환시 산정율의 제한

보증금의 전부 또는 일부를 월 단위의 차임으로 전환하는 경우에는(보증금을 원세로 전환할 경우) 그 전환되는 금액에 「은행법」에 따른 은행의 대출금리 및 해당 지역의 경제 여건 등을 고려하여 연1할5푼(연15%)을 곱한 월차임의 범위를 초과할 수 없다(동법 제12조).

9) 전대차관계에 대한 적용 등

계약갱신 요구 등, 차임 등의 증감청구권, 월차임 전환시 산정율의 제한에 대해서는 전대차에도 적용되며, 임대인의 동의를 받고 전대차계약을 체결한 전차인은 임차인의 계약갱신요구권 행사기간 이내에 임차인을 대위(代位)하여 임대인에게 계약갱신요구권을 행사할 수 있다(동법 제13조 제1항, 제2항).

10) 우선변제권

대항요건(건물인도와 사업자등록신청)을 갖추고, 관할세무서장으로부터 임대차계약서에 확정일자를 받으면 민사집행법에 따른 경매 또는 국세징수법에 따른 공매시 임차건물(임대인 소유의 대지를 포함한다)의 환가대금에서 후순위권리자나 그 밖의 채권자보다 우선하여 보증금을 변제받을 권리가 있다(동법 제5조 제2항). 임차인이 배당받으려면 임대차계약서, 사업자등록증사본 첨부하여 배당요구종기 안(공매는 배분요구종기 안)에 권리신고 및 배당요구 신청을 반드시 하여야 하고, 부동산이 매각되면 배당기일(또는 배분기일)까지 낙찰자가 작성한 명도확인서를 제출해야 한다. 만약 이를 제출하지 않으면 배당금은 공탁되므로 명도확인서를 갖추어 별도의 출급청구를 해야 한다.

〈**관련판례**〉

상가건물의 임차인이 임대차보증금 반환채권에 대하여 상가건물 임대차보호법 제3조 제1항 소정의 대항력 또는 같은 법 제5조 제2항 소정의 우선변제권을 가지려면 임대차의 목적인 상가건물의 인도 및 부가가치세법 등에 의한 사업자등록을 구비하고, 관할세무서장으로부터 확정일자를 받아야 하며, 그 중 사업자등록은 대항력 또는 우선변제권의 취득요건일 뿐만 아니라 존속요건이기도 하므로, 배당요구의 종기까지 존속하고 있어야 하는 것이며, 상가건물을 임차하고 사업자등록을 마친 사업자가 폐업한 경우에는 그 사업자등록은 상가건물 임대차보호법이 상가임대차의 공시방법으로 요구하는 적법한 사업자등록이라고 볼 수 없으므로 (대법원 2006.1.13. 선고 2005다64002 판결), 그 사업자가 폐업신고를 하였다가 다시 같은 상호 및 등록번호로 사업자등록을 하였다고 하더라도 상가건물 임대차보호법상의 대항력 및 우선변제권이 그대로 존속한다고 할 수 없다(대법원 2006.10.13. 선고 2006다56299 판결)

11) 소액임차인의 최우선변제

① 최우선변제권이란

최우선변제권이란 상가건물 임차인이 경매개시결정등기 이전에 대항요건(건물인도와 사업자등록신청)을 갖추고 있고, 또 보증금이 상가건물임대차보호법시행령 제6조에서 정한 소액보증금에 해당할 경우 주택임대차보호법시행령 제7조에서 정한 일정액의 보증금을 최우선변제 받는 것을 말한다.

② 최우선 변제권 요건

최우선변제를 받기 위해서는 다음요건을 갖추어야 한다.

㉠ 경매개시결정등기 이전에 대항요건을 갖추고 있을 것(확정일자는 갖추지 않아도 됨)

㉡ 배당요구종기 안(또는 배분요구종기 안)에 반드시 권리신고 및 배당요구 신청서를 제출할 것

㉢ 배당기일(배분기일)까지 낙찰자가 작성한 명도확인서를 제출할 것

명도확인서 미제출시 배당금은 공탁되므로 명도확인서를 갖추어 별도의 출급청구를 해야 한다.

③ 상가건물임대차 최우선변제 한계

㉠ 임차인의 보증금중 일정액이 상가건물의 가액의 3분의 1을 초과하는 경우에는 상가건물의 가액의 3분의 1에 해당하는 금액에 한하여 우선변제권이 있다(시행령 제7조제2항).

㉡ 하나의 상가건물에 임차인이 2인 이상이고, 그 각 보증금중 일정액의 합산액이 상가건물의 가액의 3분의 1을 초과하는 경우에는 그 각 보증금중 일정액의 합산액에 대한 각 임차인의 보증금중 일정액의 비율로 그 상가건물의 가액의 3분의 1에 해당하는 금액을 분할한 금액을 각 임차인의 보증금중 일정액으로 본다(시행령 제7조제3항).

④ 상가건물임대차 최우선변제 금액

대항요건 구비일	지역구분	적용대상 보증금한도액	소액보증금 범위	최우선 변제금
2002. 11. 01. ~ 208. 8. 20.	서울특별시	2억4,000만원	4,500만원	1,350만원
	수도권과밀억제권역	1억9,000만원	3,900만원	1,170만원
	광역시 (인천시.군지역제외)	1억5,000만원	3,000만원	900만원
	그 밖의 지역	1억4,000만원	2,500만원	750만원

2008. 8.21. ~2010. 7. 25.	서울특별시	2억6,000만원	4,500만원	1,350만원
	수도권과밀억제권역	2억1,000만원	3,900만원	1,170만원
	광역시 (인천시.군지역제외)	1억6,000만원	3,000만원	900만원
	그 밖의 지역	1억5,000만원	2,500만원	750만원
2010. 7. 26. ~ 현재	서울특별시	3억원	5,000만원	1,500만원
	수도권과밀억제권역	2억5,000만원	4,500만원	1,350만원
	광역시(수도권 과밀억제권역에 포함된 지역과 군지역은 제외) 및 안산시.용인시.김포시 광주시	1억8,000만원	3,000만원	900만원
	그 밖의 지역	1억5,000만원	2,500만원	750만원
		매각가격의 1/3 한도(토지포함)		

〈주의〉

보증금은 경매개시결정등기시 보증금이 확정되고, 확정된 보증금은 임차상가건물의 최초 담보권설정일 기준으로 적용(대항요건 갖춘 시점 또는 확정일자 갖춘 시점이 아님) 예컨대 지역이 서울특별시이고 근저당 설정일이 2008. 8. 25.이면 보증금은 4,500만원 미만이어야 하고, 최우선변제 한도는 1,350만원이 된다.

〈주택 및 상가임대차보호법 비교표〉

구 분	주택임대차보호법	상가건물임대차보호법
시행시점	1984년 1월 1일	2002년 11월 1일
대상건물	주거용	영업용건물 중 환산보증금이 기준금액 이하
적용대상	개인 및 한국토지주택공사.주택사업을 목적으로 설립된 지방공사(동법시행령 1조의 2).	개인 및 법인
대항력 요건	주택인도 및 전입신고	건물인도 및 사업자등록신청
임대차 보장기간	최소 2년	최소 1년(최대 5년)
우선변제 요건	주택인도.전입신고,확정일자 구비	건물인도.사업자등록신청,확정일자 구비
확정일자부여	주민센타(동사무소).등기소.공증사무소	관할세무서
임차권등기	가능	가능(상가건물인대차보호법 제6조)
월차임전환시산정율	연 14%(동법시행령 제2조의2)	연15%(동법시행령 제5조)
차임또는 보증금 증액상한선	약정한 차임 또는 보증금의 20분의 1을 초과 하지 못하고, 증액청구는 임대차계약 또는 약정한 차임등의 증액이 있은 후 1년 이내에는 하지 못함(동법시행령 제2조)	청구당시의 차임 또는 보증금의 100분의 9의 금액을 초과하지 못함(동법시행령 제4조)
계약갱신	임대차기간 만료 전 6개월부터 1월까지	좌동
임차인의 계약갱신 요구권	없음(단, 묵시적 갱신은 있음)	있음(최장 5년까지)

차임연체에 따른 계약해제	2회 연체시	3회 연체시

※ 거주 중에 보증금을 올려 임대차계약서 새로 작성한 경우 확정일자는 등기소(과)에서 받아야 한다.

(9) 임차권등기명령 제도

1) 임차권등기명령이란

임대차가 종료된 후 보증금을 돌려받지 못한 임차인은 임차주택 또는 임차건물의 소재지를 관할하는 지방법원, 지방법원지원 또는 시·군법원에 임차권등기명령을 신청할 수 있다(주택임대차보호법 제3조의 3 제1항, 상가건물임대차보호법 제6조 제1항).

2) 임차권등기의 효력

① 임차권등기가 되면 임차인이 다른 곳으로 이사를 가더라도 그전에 취득했던 대항력 및 우선변제권이 그대로 유지된다. <u>임차권등기를 마친 건물을 그 이후에 임차한 임차인은 우선변제를 받을 권리가 없다.</u> 단 임대차의 목적이 주택의 일부분인 경우 및 건물의 일부분인 경우에는 해당 부분으로 한정한다(주택임대차보호법 제3조의3 제6항, 상가건물임대차보호법 제6조 제6항).

② 임차인은 임차권등기명령의 집행에 따른 임차권등기를 마치면 제3조제1항 또는 제2항에 따른 대항력과 제3조의2제2항에 따른 우선변제권을 취득한다. 다만, 임차인이 임차권등기 이전에 이미 대항력이나 우선변제권을 취득한 경우에는 그 대항력이나 우선변제권은 그대로 유지되며, 임차권등기 이후에는 제3조제1항 또는 제2항의 대항요건을 상실하더라도 이미 취득한 대항력이나 우선변제권을 상실하지 아니한다(주

택임대차보호법 제3조의 3 제5항, 상가건물임대차보호법 제6조 제5항).

③ 임차인은 임차권등기명령의 신청과 그에 따른 임차권등기와 관련하여 든 비용을 임대인에게 청구할 수 있다(주택임대차보호법 제3조의 3 제8항, 상가건물임대차보호법 제6조 제8항).

3) 임차권등기 신청시 주의점

임차권등기로 인해 대항력 및 우선변제권이 그대로 유지되기 위해서는 등기부에 임차권등기가 올라가야 하므로 임차권등기를 신청했다고 해서 임차권등기가 경료되기전에 이사를 가면 대항력과 우선변제권을 잃어버리게 되므로 등기부에 임차권등기가 올라가 있는지를 반드시 확인하고 이사를 가야 한다는 점 주의해야 한다.

4) 임차권등기명령 신청시 준비물

① 임차권등기면령신청서 1통
② 정부수입인지(2000원)
③ 송달료(18,360원)
④ 등록세.교육세(3,600원)
⑤ 대법원증지(3,000원)
⑥ 임차인의 주민등록초본 1통(주택), 사업자등록증사본 1통(상가건물)
⑦ 임대차계약서 사본 1통
⑧ 건물등기부등본 1통
⑨ 도면 6매(단, 임차목적물이 건물 일부인 경우만 해당)
⑩ 부동산 목록 6매

[임차권등기명령신청서]

주택임차권등기명령신청서

신 청 인 (임차인) ○ ○ ○(-)
○○시 ○○구 ○○동 ○○(우편번호 : ○○○-○○○)
전화번호 :
피신청인(임대인) ○ ○ ○(-)
○○시 ○○구 ○○동 ○○(우편번호 : ○○○-○○○)

신 청 취 지

별지목록 기재 건물에 관하여 아래와 같은 주택임차권등기를 명한다.
라는 결정을 구합니다.

아 래

1. 임대차계약일자 : 20 년 월 일
2. 임차보증금액 : 금 원, 차임 : 금 원
3. 주민등록일자 : 20 년 월 일
4. 점유개시일자 : 20 년 월 일
5. 확 정 일 자 : 20 년 월 일

신 청 이 유

신청인은 피신청인 소유 별지목록 기재 건물에 대하여 상기 기재와 같이 임차한 후 임대차기간이 만료되었으나 피신청인이 임차보증금을 반환하지 않아 부득이 임차권 등기명령을 구합니다.

첨 부 서 류

1. 건물등기부등본 1통

1. 주민등록등본 1통
1. 임대차계약증서 사본 1통

2○○○. ○. ○.

신청인 ○○○ (인)

○○ 지방법원 귀중

〔부동산 목록〕

[별 지]

부동산의 표시

1동 건물의 표시

○○시 ○○구 ○○동 ○○

철근콘크리트조 슬래브지붕 8층 아파트

1층 223㎡

2층 250㎡

전유부분의 건물표시

건물번호 : 제2층 제201호

구 조 : 철근콘크리트조

면 적 : 65㎡

대지권의 목적인 토지의 표시

○○시 ○○구 ○○동 ○○

대 1256.5㎡

대지권의 표시

소유대지권

대지권비율 1256.5분의 23.5

4. 특수한 권리분석

(1) 유치권분석

1) 유치권이란

유치권이란 채권을 전부 변제 받을 때까지 채권자가 타인의 물건 또는 유가증권을 점유할 수 있는 권리를 말한다. 법원경매에서 유치권 신고 건이 상당수를 차지하고 있는데, 2005년도 이전까지는 유치권 신고 건이 거의 없다가 2005년도에 들어 800여건 가까이 신고 되었고, 2006년부터는 기하급수적으로 늘어나고 있는 실정이다.

2) 유치권이 걸린 부동산의 매력

유치권이 신고된 경매물건은 유치권을 인수할 위험이 있고, 금융대출도 어렵기 때문에 매수를 꺼리는 경우가 많아 낙찰가가 많이 떨어지는 것이 보통이다. 유치권이 걸린 물건은 분석만 잘하면 대박을 낼 수 있는 기회가 될 수 있다.

3) 유치권의 종류

① 일반(민사)유치권

민사상 채권채무관계를 원인으로(사인 간 거래관계)성립되는 유치권[40]을 민사유치권이라고 한다. 일반유치권의 성립요건은 다음과 같다.

ⓐ 채권이 유치목적물과 관련하여 발생할 것(견련관계).

---

40) **민법 제320조(유치권의 내용)** ①타인의 물건 또는 유가증권을 점유한 자는 그 물건이나 유가증권에 관하여 생긴 채권이 변제기에 있는 경우에는 변제를 받을 때까지 그 물건 또는 유가증권을 유치할 권리가 있다.

②전항의 규정은 그 점유가 불법행위로 인한 경우에 적용하지 아니한다.

ⓑ 목적물과 관련이 있으면 되고 채권의 발생원인은 불문한다(계약, 사무관리, 부당이득, 불법행위 등, 금전채권이 아니라도 무방).

ⓒ 채권이 변제기에 있을 것

ⓓ 점유가 계속되어야 하고, 목적물에 대한 점유를 잃으면 유치권도 소멸한다(민법 제328조).

ⓔ 유치권을 행사하지 않기로 하는 특약이 없을 것

건물임차인이 임대차 종료시 건물을 원상복구하여 명도하기로 약정한 경우 임차인은 필요비, 유익비 등으로 유치권을 주장할 수 없다(대법원 1975. 4. 22. 선고 73다2010 판결).

② 상사유치권

상인간의 상행위로 인한 채권을 원인으로 성립하는 유치권[41])을 말한다. 성립요건은 다음과 같다.

ⓐ 채권이 상인간 상행위로 인해 발생되어야 한다.

다만, 상행위는 반드시 쌍방적 상행위일 필요는 없고, 일방적 상행위이라도 무방하다.(예컨대 금융업을 영위하는 상인 '갑'이 인쇄업을 영위하는 '을'에게 자금을 대출하는 경우 '갑'의 행위는 상행위에 해당하지만 '을'의 행위는 보조적 상행위로 추정되는데 이런 경우에도 해당).

ⓑ 유치권의 목적물은 유치권 성립 당시에 채무자 소유의 물건 또는 유가증권 이어야 하고, 유치물에 대한 점유는 채권자와 채무자 사이에 상행위로 인해 취득했어야 한다. 다만, 유치권이 일단 성립된 후 제3자가 유치목적물을 취득하여도 유치권 성립에는 지장이 없다.

ⓒ 민사유치권은 목적물과 개별적인 견련관계를 요하지만 상사유치

41) 상법 **제58조(상사유치권)** 상인간의 상행위로 인한 채권이 변제기에 있는 때에는 채권자는 변제를 받을 때까지 그 채무자에 대한 상행위로 인하여 자기가 점유하고 있는 채무자소유의 물건 또는 유가증권을 유치할 수 있다. 그러나 당사자간에 다른 약정이 있으면 그러하지 아니하다.

권은 견련관계를 요하지 않는다. 다만, 대리상(상법§91), 위탁매매인(상법§111), 운송주선인(상법 제120조), 운송인(상법 제147조, 제800조 제2항)의 경우에는 예외임.

ⓓ 채권이 변제기에 있어야 한다.

ⓔ 점유가 계속되어야 하고, 목적물에 대한 점유 잃으면 유치권도 소멸(민법 제328조).

ⓕ 유치권을 행사하지 않기로 하는 특약이 없어야 한다.

□ 상인과 상행위

1. 상인

(1) 상인이란

기업의 거래로 인해 발생하는 권리.의무의 법적주체를 상인이라 한다. 개인기업은 영업주가 상인이고, 회사는 회사 그 자체가 상인이다.

(2) 상인의 종류

1) 당연상인

자기명의로 상법 제46조에 열거된 기본적 상행위 중 하나 이상을 영업으로 하는 자이다(상법 제4조). 자기명의라 함은 상행위로 인한 권리 의무의 귀속주체가 자기임을 의미한다. 행정관청에 신고명의자, 납세명의자로 신고되어 있더라도 권리의무가 주체가 아니면 상인이 되지 못한다. 남의 명의를 차용하여 사업자등록을 하고 영업을 할 경우 명의를 빌린 자가 상인이 된다(상법 제24조).

2) 의제상인

기본적 상행위에 속하지 않은 행위를 당연상인과 같은 방법에 따라 영업으로 하는 자를 상인으로 의제하는 것이다. 설비상인과 민사회사가 있다.

3) 설비상인

점포 기타 유사한 설비에 의해 상인적 방법으로 영업을 하는 자이다(상법 제5조 1항).

즉, 일반공중과 거래할 수 있는 장소적 시설(점포기타 유사한 설비)을 갖추고 상인이 일반적으로 이용하는 경영방법(상호.영업장부 등 사용)으로 영업을 하는 것을 말한다.

① 민사회사

상행위 이외의 영업을 목적으로 설립된 영리사단법인이 이에 해당한다(수산업회사, 농업회사 등). 민사회사도 상법의 회사 편 규정이 적용되므로 상사회사와 상법의 적용에 별 차이가 없다.

② 소상인

자본금액이 1000만원미만의 상인으로 회사가 아닌 자이다.

2. 상행위

상행위란 실질적으로는 영리를 위한 기업의 활동을 말하고 형식적으로는 상법에서 상행위로 정하고 있는 것을 말한다.

(1)상행위 / 유치권

가) 기본적 상행위(상법§ 46)

기본적 상행위란 아래에서 열거하고 있는 행위를 영업으로 하는 것을 말한다. 다만, 오로지 임금을 받을 목적으로 물건을 제조하거나 노무에 종사하는 자의 행위는 상행위로 보지 않는다(상법 제46조 단서).

1) 동산・부동산・유가증권・기타재산(특허권 등)의 매매

2) 동산 · 부동산 · 유가증권 · 기타재산의 임대차

3) 제조 · 가공 또는 수선에 관한 행위

4) 전기 · 전파 · 가스 또는 물의 공급에 관한 행위

5) 작업 또는 노무의 도급의 인수

6) 출판 · 인쇄 또는 촬영에 관한 행위

7) 광고 · 통신 또는 정보에 관한 행위

8) 수신 · 여신 · 환 기타의 금융거래

9) 객의 집래를 위한 시설에 의한 거래

10) 상행위의 대리의 인수

11) 중개에 관한 행위

12) 위탁매매, 기타 주선에 관한 행위

13) 운송의 인수

14) 임치의 인수

15) 신탁의 인수

16) 상호부금 기타 이와 유사한 행위

17) 보험

18) 광물 또는 토석의 채취에 관한 행위(단, 채취한 것을 판매할 경우만 해당)

19) 기계 · 시설 기타 재산의 물융에 관한 행위(리스)

20) 상호 · 상표 등의 사용허락에 의한 영업에 관한 행위(프랜차이즈)

21) 영업상 채권의 매입 · 회수 등에 관한 행위(팩토링)

나) 보조적상행위

1) 상인이 영업을 위하여 하는 행위는 상행위로 본다(상법 제47조 제1항).

2) 상인의 행위는 영업을 위한 행위로 추정한다(상법 제47조 제2항).

3) 상인의 행위는 영업을 위한 행위인지 구별이 쉽지 않으므로 상

법은 상인의 행위는 영업을 위한 행위로 추정을 하고 있으며 따라서 상행위가 아니라고 주장하는 측에서 그 사실을 입증해야 한다.

다) 담보부사채신탁법상 상행위

담보부사채총액의 인수

라) 유치권과 점유

① 점유의 개념

점유[42]라 함은 물건이 사회통념상 그 사람의 사실적 지배에 속한다고 보여지는 객관적 관계에 있는 것을 말하고, 사실상의 지배가 있다고 하기 위해서는 반드시 물건을 물리적, 현실적으로 지배하는 것만을 의미하는 것은 아니며, 물건과 사람과의 시간적, 공간적 관계와 본권관계, 타인지배의 배제가능성 등을 고려하여 사회관념에 따라 합목적적으로 판단하여야 한다는 것이 대법원 판례의 태도이다(대법원 2009.9.24. 선고 2009다39530 판결). 물건에 대한 점유란 사회관념상 어떤 사람의 사실적 지배에 있다고 보이는 객관적 관계를 말하는 것으로서 사실상의 지배가 있

---

42) 민법 제192조(점유권의 취득과 소멸) ①물건을 사실상 지배하는 자는 점유권이 있다.
②점유자가 물건에 대한 사실상의 지배를 상실한 때에는 점유권이 소멸한다. 그러나 제204조의 규정에 의하여 점유를 회수한 때에는 그러하지 아니하다.
제196조(점유권의 양도) ①점유권의 양도는 점유물의 인도로 그 효력이 생긴다.
제197조(점유의 태양) ①점유자는 소유의 의사로 선의, 평온 및 공연하게 점유한 것으로 추정한다.
②선의의 점유자라도 본권에 관한 소에 패소한 때에는 그 소가 제기된 때로부터 악의의 점유자로 본다.
제204조(점유의 회수) ①점유자가 점유의 침탈을 당한 때에는 그 물건의 반환 및 손해의 배상을 청구할 수 있다.
②전항의 청구권은 침탈자의 특별승계인에 대하여는 행사하지 못한다. 그러나 승계인이 악의인 때에는 그러하지 아니하다.
③제1항의 청구권은 침탈을 당한 날로부터 1년 내에 행사하여야 한다.

다고 하기 위하여는 반드시 물건을 물리적, 현실적으로 지배하는 것만을 의미하는 것이 아니고, 물건과 사람과의 시간적, 공간적 관계와 본권 관계, 타인지배의 배제 가능성 등을 고려하여 사회통념에 따라 합목적적으로 판단하여야 하여야 한다는 것이 대법원 판례이다.

〈관련판례〉

사회통념상 건물은 그 부지를 떠나서는 존재할 수 없는 것이므로 건물의 부지가 된 토지는 그 건물의 소유자가 점유하는 것으로 볼 것이고, 이 경우 건물의 소유자가 현실적으로 건물이나 그 부지를 점거하고 있지 아니하고 있더라도 그 건물의 소유를 위하여 그 부지를 점유한다고 보아야 하며, 미등기건물을 양수하여 건물에 관한 사실상의 처분권을 보유하게 된 양수인은 건물부지 역시 아울러 점유하고 있다고 볼 수 있다(대법원 2008. 7. 10. 선고 2006다39157 판결).

② 점유방법

점유는 선의,평온,공연하게 이루어져야 하고, 점유과정에 폭력행사 등 불법행위가 개입되면 유치권은 성립될 수 없다. (예컨대 유리창을 깨고 침입하여 점유하는 것, 출입문을 용접하여 타인의 출입봉쇄 하는 것, 열쇠를 강제로 부수고 점유를 침탈하는 것, 적법하게 유치권을 행사하고 있음에도 용역업체 직원을 동원하여 강제로 내쫓고 점유하는 것 등).

선의의 점유란 점유할 수 있는 권리가 있는 것으로 알고 점유하는 것이고, 평온한 점유는 폭력에 의하지 않는 점유를 말하며, 비밀리에 즉, 남이 모르게 하지 않는 점유를 공연한 점유라고 한다.

마) 유치권자의 권리와 의무

① 누구에게나 인도를 거부할 수 있다.

② 유치권자는 채권의 변제를 받기 위해 유치물을 경매할 수 있다.

(민법 제322조 제1항).

③ 정당한 이유가 있으면 유치권자는 감정인의 평가에 의해 유치물로 직접 변제에 충당할 것을 청구할 수 있다. 이 경우 유치권자는 미리 채무자에게 통지해야 한다(민법 제322조 제2항).

④ 채무자가 파산한 경우 별제권을 갖는다.

⑤ 유치물의 과실을 수취하여 다른 채권자보다 먼저 채권변제에 충당할 수 있다(천연과실, 법정과실 포함).

⑥ 유치물 보존에 필요한 사용은 채무자 승낙 없이도 가능(민법 제324조 제2항). 그 외 사용에는 채무자의 승낙이 필요, 채무자와 소유자가 다르면 소유자의 승낙을 얻어야 한다.

⑦ 소유자에게 비용(필요비, 유익비) 상환청구권을 갖는다(민법 제325조).

⑧ 유치권자는 선량한 관리자의 주의로 유치물을 점유해야 한다.

⑨ 유치권자는 채무자의 승낙 없이 유치물의 사용, 대여 담보제공 할 수 없다. 단, 보존행위는 예외, 위 규정에 위반시 유치권 소멸 주장을 할 수 있고, 손해를 입힌 경우 손해배상 책임이 따른다(민법 제390조).

⑩ 유치권자는 유치물 소유자의 승낙 없이 유치물을 보존에 필요한 범위를 넘어 사용할 수 없고(민법 제324조 제2항 본문), 유치권자가 유치물을 그와 같이 사용한 경우에는 그로 인한 이익을 부당이득으로 소유자에게 반환하여야 한다(대법원 2009.12.24. 선고 2009다32324 판결).

⑪ 채무자는 상당한 담보제공하고 유치권 소멸청구 할 수 있다(민법 제327조).

바) 유치권자는 신고의무가 없다.

유치권자는 경매법원에 유치권신고를 하지 않아도 유치권성립에는 지장이 없다.

사) 유치권이 인정되는 채권의 유형

① 물건에 대해 지출된 필요비, 유익비

② 목적물의 하자로부터 받은 손해배상채권

③ 운송료

④ 물건수선료

⑤ 공사대금

⑥ 제3취득자의 비용상환채권

⑦ 무능력을 이유로 매매계약이 취소된 경우 매매대금 반환 채권 등

아) 유치권성립이 부정되는 채권의 유형

① 임차보증금 반환채권

② 권리금반환채권(대법원 1994.10.14. 선고 93다62119 판결)

③ 매매계약해제로 인한 매매대금반환 채권(동시이행관계)

④ 대여금 채권

⑤ 토지임차인의 부속물매수채권(대법원 1977.12.13 선고 77다115 판결)

⑥ 원상복구 약정이 있는 경우(대법원 1975.4.22 선고 73다2010 판결) 등

자) 경매에서 유치권 문제

유치권이 신고된 경매물건 중 상당수는 허위가 많고, 신고한 채권액수도 터무니없이 부풀려진 경우가 많다. 유치권이 신고된 경매 사건은 잘 분석해서 대응하면 이른바 대박을 누릴 수 있는 매력이 있는 반면 섣불리 낙찰 받았다가는 낭패를 볼 수 있으므로 일단 유치권이 신고된 경매 건은 조사를 철저히 해서 신중하게 결정해야 한다. 참고로 유치권을 허위로 신고할 경우 입찰방해죄 등 형사처벌을 받을 수 있고, 낙찰가 하락에 따른 채권자 등 제3자에게 손해를 입힌 경우 불법행위로 인한 손해배상 책임이 따른다.

차) 유치권이 걸린 부동산에 대한 대응책

① 유치권성립이 일응 명백한 경우

입찰참가 전 유치권자를 만나서 협상을 타진해 본다. 협상이 성립되면 서면에 의한 합의서를 작성해야 한다. 합의서 내용에 필히 포함되어야 할 사항은 액수, 지급방법과 시기, 인도조건, 금융기관에 대한 대출협조 등을 빠뜨리지 않도록 한다. 대금납부 후 협의가 성립된 때는 대금지급과 목적물인도는 동시이행으로 진행시켜야 한다.

② 유치권성립여부가 불분명한 경우

유치권이 진정으로 성립되는지, 매수인에게 대항이 가능한지 여부가 불확실할 경우에는 1차적으로 유치권자를 만나 협상을 시도해 보고, 협상이 어렵다고 판단되면 유치권자에게 변제해야할 금액과 낙찰로 인한 예상수익, 미래가치 등을 잘 분석해서 후자 쪽이 확실히 유리할 경우에는 입찰 참가를 신중히 결정해 볼 수 있을 것이다. 다만, 유치권이 신고된 물건은 금융대출이 안되거나 제한될 수 있음을 감안해야 한다.

③ 유치권 불성립이 명백한 경우

유치권이 성립되지 않음이 명백하면 입찰을 참가해 볼 수 있으나 이 경우에도 객관적 자료를 근거로 확실하게 검증해야 한다는 점 염두에 두어야 하고, 금융대출 문제도 고려해야 한다.

카) 매수신고 후 유치권이 밝혀진 경우

매수신고 후 유치권 존재사실이 새롭게 밝혀지고, 그것이 자신이 책임질 수 없는 사유에 해당할 경우 <u>매각허가결정 전이면 매각 불허가신</u>

청, 매각허가결정이 확정된 후에는 매각허가결정취소 신청을 해서 그 결정을 받으면 입찰보증금을 반환받을 수 있다.

타) 유치권자가 점유를 침탈당할 때 대응책

적법한 유치권자가 제3자로부터 점유를 침탈당했을 때는 그로부터 1년 안에 점유방해배제청구권 행사로써 부동산인도청구소송을 제기하여 승소판결을 받아 점유를 회복해야 한다. 소송제기 전에 침탈자 상대로 '유치권에 기한 부동산인도청구권'을 피보전권리로 하는 점유이전금지가처분을 신청하고 그 결정을 받으면 결정문을 송달받은 날로부터 2주 안에 집행관사무소에 가서 집행을 위임해야 한다.

파) 유치권 관련 판례

① 채무자 소유의 건물 등 부동산에 경매개시결정의 기입등기가 경료되어 압류의 효력이 발생한 후에 채무자가 위 부동산에 관한 공사대금 채권자에게 그 점유를 이전함으로써 그로 하여금 유치권을 취득하게 한 경우, 그와 같은 점유의 이전은 목적물의 교환가치를 감소시킬 우려가 있는 처분행위에 해당하여 민사집행법 제92조 제1항, 제83조 제4항에 따른 압류의 처분금지효에 저촉되므로 점유자로서는 위 유치권을 내세워 그 부동산에 관한 경매절차의 매수인에게 대항할 수 없다. 그러나 이러한 법리는 경매로 인한 압류의 효력이 발생하기 전에 유치권을 취득한 경우에는 적용되지 아니하고, 유치권 취득시기가 근저당권설정 후라거나 유치권 취득 전에 설정된 근저당권에 기하여 경매절차가 개시되었다고 하여 달리 볼 것은 아니다(대법원 2009.1.15. 선고 2008다70763 판결).

② 채무자 소유의 건물 등 부동산에 강제경매개시결정의 기입등기가 경료되어 압류의 효력이 발생한 이후에 채무자가 위 부동산에 관한 공사대금 채권자에게 그 점유를 이전함으로써 그로 하여금 유치권을 취

득하게 한 경우, 그와 같은 점유의 이전은 목적물의 교환가치를 감소시킬 우려가 있는 처분행위에 해당하여 민사집행법 제92조 제1항, 제83조 제4항에 따른 압류의 처분금지효에 저촉되므로 점유자로서는 위 유치권을 내세워 그 부동산에 관한 경매절차의 매수인에게 대항할 수 없다(대법원 2005. 8. 19. 선고 2005다22688 판결).

③ 채무자 소유의 부동산에 경매개시결정의 기입등기가 경료되어 압류의 효력이 발생한 이후에 채권자가 채무자로부터 위 부동산의 점유를 이전받고 이에 관한 공사 등을 시행함으로써 채무자에 대한 공사대금채권 및 이를 피담보채권으로 한 유치권을 취득한 경우, 이러한 점유의 이전은 목적물의 교환가치를 감소시킬 우려가 있는 처분행위에 해당하여 민사집행법 제92조 제1항, 제83조 제4항에 따른 압류의 처분금지효에 저촉되므로, 위와 같은 경위로 부동산을 점유한 채권자로서는 위 유치권을 내세워 그 부동산에 관한 경매절차의 매수인에게 대항할 수 없고, 이 경우 위 부동산에 경매개시결정의 기입등기가 경료되어 있음을 채권자가 알았는지 여부 또는 이를 알지 못한 것에 관하여 과실이 있는지 여부 등은 채권자가 그 유치권을 매수인에게 대항할 수 없다는 결론에 아무런 영향을 미치지 못한다(대법원 2008.4.11. 선고 2007다27236 판결).

④ 유치권의 성립요건인 유치권자의 점유는 직접점유이든 간접점유이든 관계없지만, 유치권자는 채무자의 승낙이 없는 이상 그 목적물을 타에 임대할 수 있는 처분권한이 없으므로, 유치권자의 그러한 임대행위는 소유자의 처분권한을 침해하는 것으로서 소유자에게 그 임대의 효력을 주장할 수 없고, 따라서 소유자의 동의 없이 유치권자로부터 유치권의 목적물을 임차한 자의 점유는 구 민사소송법 제647조 제1항 단서에서 규정하는 '경락인에게 대항할 수 있는 권원'에 기한 것이라고 볼 수 없다(대법원 2006.8.25. 선고 2006다22050 판결).

⑤ 유치권을 행사하는 자가 스스로 유치물인 주택에 거주하며 사용하는 것은 특별한 사정이 없는 한 유치물인 주택의 보존에 도움이 되는 행위로서 유치물의 보존에 필요한 사용에 해당한다고 할 것이다. 그리고 유치권자가 유치물의 보존에 필요한 사용을 한 경우에도 특별한 사정이 없는 한 차임에 상당한 이득을 소유자에게 반환할 의무가 있다(대법원 2009.9.24. 선고 2009다40684 판결).

⑥ 건물의 신축공사를 한 수급인이 그 건물을 점유하고 있고 또 그 건물에 관하여 생긴 공사금채권이 있다면, 수급인은 그 채권을 변제받을 때까지 건물을 유치할 권리가 있는 것이지만(대법원 1995. 9. 15. 선고 95다16202, 16219 판결 등), 건물의 신축공사를 도급받은 수급인이 사회통념상 독립한 건물이라고 볼 수 없는 정착물을 토지에 설치한 상태에서 공사가 중단된 경우에 위 정착물은 토지의 부합물에 불과하여 이러한 정착물에 대하여 유치권을 행사할 수 없는 것이고, 또한 공사중단시까지 발생한 공사금 채권은 토지에 관하여 생긴 것이 아니므로 위 공사금 채권에 기하여 토지에 대하여 유치권을 행사할 수도 없는 것이다(대법원 2008.5.30. 자 2007마98 결정).

[유치권부존재확인 청구 소장]

<table><tr><td>

소　　장

원고　○○○주식회사
　　　○○시 ○○구 ○○동 ○○
　　　대표이사 ○○○

</td></tr></table>

피고 주식회사 ○○○

○○시 ○○동 ○○구 ○○

대표이사 ○○○

청구취지

1. 원고에 대하여 피고의 별지목록 기재 부동산에 대한 유치권은 부존재함을 확인 한다.
2. 소송비용은 피고의 부담으로 한다.

라는 판결을 구합니다.

청구원인

1. 원고는 소외 주식회사 ○○○에 대한 금 ○○원의 대여금채권에 기하여 별지목록 기재 부동산에 대한 강제경매절차가 귀원 ○○○타경 ○○○호로 진행중에 있습니다.

2. 피고는 위 경매사건에서 별지목록 기재 건물에 대한 공사대금 ○○○○○원의 채권을 주장하며, 위 경매사건에서 유치권신고를 하였으나 원고가 알아본바에 의하면 피고는 공사대금 채권을 전액 변제받아 채권 자체가 존재하지 않은 것으로 판명이 되었습니다.

3 그럼에도 불구하고 피고는 마치 공사대금 채권이 존재한다고 주장하며 유치권신고를 한 다음 낙찰가가 떨어지는 것을 봐서 자신이 낙찰을 받으려는 의도가 분명합니다.

4. 그러므로 원고는 청구취지와 같은 판결을 구하고자 본 소에 이르렀습니다.

입증방법

.갑제1호증 부동산등기부등본
.갑제2호증 유치권신고서 사본

첨부서류

1. 입증방법 각 1통
2. 법인등기부등본 2통
3. 납부서 1통

2○○○. ○. ○.

원고 ○○○주식회사
대표이사 ○○○(인)

○○지방법원 귀중

[별지]

부동산목록

경기도 ○○시 ○○구 ○○동 ○○-○

위 지상 철근콘크리트구조 슬라브지붕 3층 공장 및 사무실 1층 ○○○㎡ 2층 ○○○㎡ 3층 ○○○㎡ 끝)

(2) 법정지상권 분석

1) 법정지상권이란

경매로 토지와 지상건물의 소유자가 달라진 경우 다른 토지유자는 건물소유자에 대해 지상권을 설정한 것으로 보는 것을 법정지상권이라고 한다(민법 제366조). 법정지상권은 강행규정이므로 법정지상권 성립을 배제하는 약정은 무효이다(대법원 1988.10.25. 선고 87다카 1564 판결). 법정지상권 걸린 물건을 잘만 경매 받으면 큰 수익을 낼 수 있다.

(2) 현행법상 법정지상권이 성립하는 경우

민법 제305조제1항	**제305조(건물의 전세권과 법정지상권)** ①대지와 건물이 동일한 소유자에 속한 경우에 건물에 전세권을 설정한 때에는 그 대지소유권의 특별승계인[43]은 전세권설정자에 대하여 지상권을 설정한 것으로 본다. 그러나 지료는 당사자의 청구에 의하여 법원이 이를 정한다. ②전항의 경우에 대지소유자는 타인에게 그 대지를 임대하거나 이를 목적으로 한 지상권 또는 전세권을 설정하지 못한다.
민법 제366조	**제366조(법정지상권)** 저당물의 경매로 인하여 토지와 그 지상건물이 다른 소유자에 속한 경우에는 토지소유자는 건물소유자에 대하여 지상권을 설정한 것으로 본

	다. 그러나 지료는 당사자의 청구에 의하여 법원이 이를 정한다.
가등기담보등에 관한법률 제10조	**제10조(법정지상권)** 토지와 그 위의 건물이 동일한 소유자에게 속하는 경우 그 토지나 건물에 대하여 제4조제2항[44]에 따른 소유권을 취득하거나 담보가등기에 따른 본등기가 행하여진 경우에는 그 건물의 소유를 목적으로 그 토지 위에 지상권(地上權)이 설정된 것으로 본다. 이 경우 그 존속기간과 지료(지료)는 당사자의 청구에 의하여 법원이 정한다.
입목에 관한 법률 제6조	**제6조(법정지상권)** ① 입목의 경매나 그 밖의 사유로 토지와 그 입목이 각각 다른 소유자에게 속하게 되는 경우에는 토지소유자는 입목소유자에 대하여 지상권을 설정한 것으로 본다. ② 제1항의 경우에 지료(地料)에 관하여는 당사자의 약정에 따른다.

3) 법정지상권의 성립요건

① 토지에 (근)저당권설정 당시 건물이 존재하고 있어야 한다.

② 토지에 대한 저당권설정 당시 건물이 있었을 경우에는 토지소유자와 건물 소유자가 동일인에게 속해 있어야 한다(소유자가 서로 다른 때는 성립 안 됨). 저당권 설정당시 동일한 소유자에게 속했으면 되고, 그 후 소유주가 다르게 되어도 성립한다.

---

43) 매매. 교환. 증여.경매.공매 등으로 취득하는 것

44) 가등기담보법 제4조(청산금의 지급과 소유권의 취득) ②채권자는 담보목적부동산에 관하여 이미 소유권이전등기를 마친 경우에는 청산기간이 지난 후 청산금을 채무자등에게 지급한 때에 담보목적부동산의 소유권을 취득하며, 담보가등기를 마친 경우에는 청산기간이 지나야 그 가등기에 따른 본등기(本登記)를 청구할 수 있다.

③ 토지와 지상건물이 동일 소유자에 속한 경우 토지와 건물 중 한쪽에 가등기 담보권.양도담보권.매도담보권 등을 설정한 후 담보권실행으로 토지와 건물소유자가 달라진 경우 법정지상권을 취득한다.

④ 대지와 건물이 동일한 소유자에 속한 경우에 건물에 전세권을 설정한 때는 그 대지 소유권의 특별승계인은 전세권설정자에 대하여 지상권을 설정한 것으로 보기 때문에 이 경우 건물에만 전세권 설정 후 경매로 토지 소유자 변경이 있을 경우 법정지상권을 취득한다.

⑤ 토지에 대한 저당권 설정당시 미등기 무허가 건물이 있었을 경우에는 평수가 아주 적은 건물이라도 법정지상권이 성립한다(대법원 1991. 10.11. 선고 91다23462 판결).

⑥ 토지에 관하여 저당권설정 당시 토지 소유자가 지상에 건물을 신축하고 있었을 경우 사회통념상 독립된 건물로 볼 수 있는 정도에 이르지 않았더라도 건물의 규모와 종류가 외형상 예상할 수 있는 정도까지 건축이 진전되어 있었고, 그 후 경매절차에서 매수인이 매각대금을 다 낸 때까지 최소한의 기둥과 지붕, 주벽이 이루어지는 등 독립된 부동산으로서 건물의 요건을 갖추고 있어야 법정지상권이 인정된다(대법원 2004.2.13. 선고 2003다 29043 판결).

4) 법정지상권과 관련된 몇 가지 문제점

① 건물철거청구와 권리남용 문제

지상에 건물이 있는 대지를 낙찰 받은 자가 법정지상권이 성립되지 않은 건물 소유자에게 당해 건물을 철거하라고 청구할 경우 권리남용에 해당하는가? 이에 관하여 대법원은, 권리행사가 권리의 남용에 해당한다고 할 수 있으려면, 주관적으로 그 권리행사의 목적이 오직 상대방에게 고통을 주고 손해를 입히려는 데 있을 뿐 행사하는 사람에게 아무런 이익이 없는 경우이어야 하고, 객관적으로는 그 권리 행사가 사회질서에 위반된다고 볼 수 있어야 하는 것이며, 이와 같은 경우에 해당하지 않는 한 비록 그 권리의 행사에 의하여 권리행사자가 얻는 이익보다 상대방이 잃을 손해가 현저히 크다고 하여도 그러한 사정만으로는 이를 권리남용이라 할 수 없다고 한다(대법원 2002. 9. 4. 선고 2002다22083, 22090 판결, 2009. 2. 12. 선고 2008다67651, 67668 판결 등).

〈**사례**〉

부산해운대 소재 신축건물 공사건, 공사 약95% 진행, 공사비 약80억 투입, 이 상태에서 대지만 경매신청 되어 낙찰됨. 낙찰자가 건축주 상대로 제기한 건물철거소송에서 건축주는 공정도, 지출된 공사비 등 감안할 때 철거를 요구하는 것은 권리행사자가 얻는 이익보다 상대방이 잃게 되는 손해가 현저할 뿐 아니라 단지 상대방에게 고통을 주고 손해를 입히려는데 있으므로 철거요구는 권리남용에 해당하여 부당하다는 주장임. 이에 대하여 대법원은 권리행사자가 얻는 이익보다 상대방이 잃게 되는 손해가 현저히 크다고 할지라도 대지소유자는 철거이익이 있기 때문에 권리남용에 해당하지 않는다고 판시하였음.

② 건물에 대한 점유자 문제

지상에 건물이 있는 대지를 낙찰 받은 자가 법정지상권이 성립되지 않은 건물에 대한 유치권자, 임차인들은 철거대상인 건물에 대한 권리자일 뿐 대지에 대한 권리자가 아니므로 퇴거를 요구할 수 있고, 이에 불응하면 퇴거청구소송을 제기하여 집행이 가능하다. 다만, 건물등기 있는 차지권의 대항력 문제와 관련해서 주의할 필요가 있다. 민법 제622조 제1항은 "건물의 소유를 목적으로 한 토지임대차는 이를 등기하지 아니한 경우에도 임차인이 그 지상건물을 등기한 때에는 제삼자에 대하여 임대차의 효력이 생긴다고 규정하고 있고, 제2항은 건물이 임대차기간 만료전에 멸실 또는 후폐한 때에는 전항의 효력을 잃는다고 규정하고 있다. 따라서 토지 위에 건물을 지어 소유할 목적으로 토지를 임차한 자가 그 지상에 건물을 짓고 등기를 한 경우에는 그 건물이 토지임대차기간 만료 전에 멸실되거나 또는 당해 건물이 사용.수익이 불가능할 정도로 효용이 없어진 경우가 아니라면 당해 건물소유자는 제3자에게 대항할 수 있게 된다는 점이다.

< 관련판례 >

① 갑이 대지와 건물의 소유자였던 을로부터 이를 임차하였는데 그 후 갑이 그 건물을 강제경매절차에서 경락받아 그 대지에 관한 위 임차권은 등기하지 아니한 채 그 건물에 관하여 갑 명의의 소유권이전등기를 경료하였다면, 갑과 을 사이에 체결된 대지에 관한 임대차계약은 건물의 소유를 목적으로 한 토지임대차계약이 아님이 명백하므로, 그 대지에 관한 갑의 임차권은 민법 제622조에 따른 대항력을 갖추지 못하였다고 할 것이다(대법원 1994.11.22. 선고 94다5458 판결).

② 건물의 소유를 목적으로 한 토지임차인이 이를 등기하지 아니하고 지상건물만을 등기한 때, 그 건물의 양수인은 임대인인 토지소유자의 동의를 얻어 전 소유자의 임차권을 적법히 양수한 경우 외에는 토지임대인이나 토지의 제 3취득자에게 대항할 수 없다(광주고법 1966.6.1. 선고 66나59 제1민사부판결).

㉡ 구분소유적 공유자의 건물신축과 법정지상권 관계

구분소유적 공유관계에 있는 공유자 중 1인이 소유하고 있는 건물과 그 대지는 다른 공유자와의 내부관계에 있어서는 그 공유자의 단독소유로 되었다할 것이므로 건물을 소유하고 있는 공유자가 그 건물 또는 토지지분에 대하여 저당권을 설정하였다가 그 후 저당권의 실행으로 소유자가 달라지면 건물 소유자는 그 건물의 소유를 위한 법정지상권을 취득하게 되며(대법원 1997.12.26. 선고 96다34665 판결), 이는 구분소유적 공유관계에 있는 토지의 공유자들이 그 토지위에 각자 독자적으로 별개의 건물들을 소유하면서 그 토지 전체에 대하여 저당권을 설정하였다가 그 저당권의 실행으로 소유자가 달리지게 된 경우에도 마찬가지이다(대법원 2004. 6. 11. 선고 2003다13533 판결).

5) 법정지상권의 존속기간

법정지상권도 민법 제280조 1항의 각 기간으로 봄이 상당하다(대법원 1992. 6.9. 선고 92다4857 판결).

민법 제280조(존속기간을 약정한 지상권) ①계약으로 지상권의 존속기간을 정하는 경우에는 그 기간은 다음 연한보다 단축하지 못한다. 1. 석조, 석회조, 연와조 또는 이와 유사한 견고한 건물이나 수목의 소유를 목적으로 하는 때에는 30년 2. 전호이외의 건물의 소유를 목적으로 하는 때에는 15년 3. 건물이외의 공작물의 소유를 목적으로 하는 때에는 5년 ② 전항의 기간보다 단축한 기간을 정한 때에는 전항의 기간까지 연장한다.

6) 경매와 법정지상권 성립시기

매각대금 완납한 때 성립한다.

7) 등기문제

법정지상권은 법률의 규정에 의한 물권취득이므로 등기를 요하지 않는다.

단, 등기하지 않으면 지상권을 처분할 수 없다(민법 제187조 단서).

8) 법정지상권의 범위

건물부지와 건물 사용에 필요한 범위가 포함된다.

9) 지료문제

지상권에 있어서 지료의 지급은 그의 요소가 아니어서 지료에 관한 유상 약정이 없는 이상 지료의 지급을 구할 수 없다는 것이 대법원판례이지만(대법원 1999·9·3· 선고 99다24874 판결), 법정지상권은 당사자의 계약이 아닌 법률로 성립을 강제하므로 지상권자는 토지소유자에게 지료지급 의무가 있다. 민법은 법정지상권이 성립할 경우 지료는 법원이 정한다(민법 제305조 제1항, 제366조)고 규정하고 있으나 지료는 1차적으로 당사자가 합의로 정하고 합의가 없으면 법원에 소송을 제기하여 해결해야 할 것이다. 법원에 지료청구시 여러 가지 사정을 고려해서 정하게 되지만 특별한 경우가 아니면 보통 대지감정가의 4~6% 범위에서 정하는 것이 실무인 듯하다.

10) 법정지상권의 소멸

지상권자가 2년 이상 지료를 연체할 때(민법 제287조), 지상권 포기, 합의, 재건축, 개축 등으로 동일성을 인정할 수 없을 때 법정지상권은 소멸한다.

11) 법정지상권이 성립되지 않는 경우

다음의 경우 법정지상권이 성립하지 않는다.

① 건물이 없는 상태에서 토지에만 저당권설정하고 그 후 건물을 지은 경우 법정지상권이 성립하지 않는다.
② 토지에 저당권 설정 후 토지소유자가 저당권자로부터 법정지상권 성립을 인정한다는 승낙을 얻어 건물을 지은 경우에도 법정지상권은 성립하지 않는다.
③ 동일인 소유에 속하는 토지 및 그 지상건물에 대하여 공동저당권이 설정된 후 그 지상건물이 철거되고 신축된 경우에 그 신축건물을

위한 법정지상권은 성립되지 않는다(대법원 2003.12.18. 선고 98다 43601 전원합의체 판결).

④ 미등기건물을 그 대지와 함께 매수한 사람이 그 대지에 관하여만 소유권이전등기를 넘겨받은 경우에는 법정지상권이 성립되지 않는다(대법원 2002.6.20. 선고 2002다 9660 판결).

⑤ 타인소유 대지에 승낙 받아 지은 건물을 매수한 자는 법정지상권을 취득할 수 없다(대법원 1971.12.27. 선고 71다 2124 판결).

〈관습법상 법정지상권〉

① 관습법상법정지상권이란

토지와 건물이 동일 소유자에게 속하였다가 그 중 어느 하나가 매매. 교환 . 증여 기타 사유로 소유자가 분리된 경우 그 건물을 철거한다는 특약이 없는 한 그 건물 소유자는 지상권을 취득하는데 이를 관습법상 법정지상권이라고 한다. 관습법상 법정지상권은 법률에 규정된바 없지만 판례가 인정하고 있다.

② 성립요건

㉠ 토지와 건물이 처분될 당시에 토지 . 건물 소유자가 동일할 것
대지소유자의 승낙을 얻어 신축한 건물의 매수인은 법정지상권을 취득하지 못한다(대법원 1971.12.28. 선고 71다2124 판결).

㉡ 토지, 건물 소유자가 동일하면 되고 그 건물이 미등기건물이거나 무허가건물이라도 법정지상권을 취득한다(대법원 1988.4.12. 선고 87다카 2404 판결).

㉢ 처분원인에는 매매 . 증여 . 공유물분할 . 민사집행법상 강제경매 . 국세징수법상 공매 등이 모두 해당된다.

㉣ 당사자 사이에 건물철거 특약이 없어야 한다.

③ 등기관계

등기는 필요로 하지 않는다. 다만, 제3자에게 처분하려면 등기를 하여야 한다.

즉, 제3자가 관습법상 법정지상권을 취득하려면 건물소유자가 먼저 법정지상권 등기를 경료한 다음 이전등기를 하여야 한다. 만약 법정지상권을 취득한 건물양도인이 법정지상권을 등기하지 않고 양도한 경우 건물 양수인은 양도인을 대위하여 대위소유자에게 법정지상권 설정등기를 하여 줄 것을 청구할 수 있다(대법원 1995.4.11. 선고 1994다39925 판결). 대지소유자가 응하지 않으면 지상권설정등기청구 소송을 제기하면 될 것이다.

④ 효력

민법상 법정지상권 규정이 준용되므로 존속기간은 민법 제280조, 제281조와 같고, 지료는 당사자의 약정에 따르되, 협의가 안 되면 당사자 신청으로 법원이 정한다.

판례는 관습법상 법정지상권이 성립한 건물을 개축 . 증축한 경우는 물론 건물이 멸실되거나 철거 후 신축한 경우에도 법정지상권은 성립하지만 그 범위는 구건물을 기준으로 하여야 한다고 한다(대법원 1997.1.21 선고 96다4080 판결).

(3) 분묘기지권 분석

1) 분묘기지권이란

타인의 토지에 분묘를 설치한 자가 분묘를 소유하기 위해 타인 소유 토지를 사용할 수 있는 권리를 분묘기지권이라 한다. 대법원 판례를 통해 인정되는 권리이다.

2) 성립 요건

① 토지소유자 승낙을 얻어 설치한 경우 토지
② 토지소유자 승낙 없이 분묘를 설치한 후 20년간 평온.공연하게 그 분묘의 기지를 점유하여 분묘기지권을 시효취득한 경우
③ 자기 소유 토지에 분묘를 설치했다가 후에 토지를 타인에게 양도한 경우

3) 성립 안 되는 경우

시신이 실제로 안장되어 있어야 하고, 예장되어 있으면 성립되지 않는다.

또한 외부에서 볼 때 분묘라고 식별할 수 있어야 하고, 평장, 암장 형태로 되어 있으면 분묘기지권은 성립할 수 없다(대법원 1996.6.14 선고 96다 14036 판결).

4) 분묘기지권 범위

붐묘 외에도 분묘를 보호하고 제사에 필요한 주위 토지부분까지 효력이 미친다(대법원 1965.3.23 선고 65다17 판결).

5) 존속기간

분묘의 수호와 봉사를 계속하고 있고, 분묘가 존재하는 동안 존속한다. 수호자가 상당기간 수호와 봉사를 저버리고 있는 경우 토지소유자는 분묘의 이전을 청구할 수 있다고 한다(대법원 1982.1.26 선고 81다 1220 판결).

6) 지료문제

대법원은 분묘를 시효취득하는 경우에는 지료를 지급할 필요가 없다고 한다 (대판 1995. 2. 28, 94다 37912). 지료문제는 당사자 사이에 약정이 있으면 청구가 가능하겠지만, 지료는 지상권의 요소가 아니기 때문

에 분묘기지권자와 약정하지 않는 이상 지료청구는 현실적으로 어렵다고 보아야 한다.

7) 무연고 개장 허가신청 절차

2008년 5월 26일 「장사 등에 관한 법률[45)]」 개정으로 시.도지사 또는 시장.군수.구청장은 일제조사 결과 무연고분묘에 매장된 시체 또는 유골을 화장하여 일정 기간 봉안할 수 있도록 하였다.

〈무연고 개장 허가절차〉

① **공고**

㉠ 공고 시기

개장예정일로부터 3개월 이전

㉡ 공고 방법

ⓐ 1차 공고

개장예정일로부터 3개월 전에 중앙일간신문을 포함한 둘 이상의 일간신문 또는 관할 시・도 및 시・군・구 인터넷 홈페이지와 하나 이상의 일간신문(중앙일간신문)에 공고

ⓑ 2차 공고

1차 공고일로부터 1개월 지난 후 2차 공고

---

45) **장사등에 관한 법률 제28조(무연분묘의 처리)** ①시·도지사 또는 시장·군수·구청장은 제11조에 따른 일제 조사 결과 연고자가 없는 분묘(이하 "무연분묘"라 한다)에 매장된 시체 또는 유골을 화장하여 일정 기간 봉안할 수 있다.

② 시·도지사 또는 시장·군수·구청장은 제1항에 따른 조치를 하려면 보건복지부령으로 정하는 바에 따라 그 뜻을 미리 공고하여야 한다.

③ 시·도지사 또는 시장·군수·구청장은 제1항에 따라 봉안한 유골의 연고자가 확인을 요구하면 그 요구에 따라야 한다.

④ 제1항에 따른 봉안에 관하여는 제12조제3항을 준용한다.

② **개장허가 신청**

ⓐ 신청시기

개장예정일로부터 최소 3개월 전에 2회 이상 공고 후 공고문을 첨부하여 개장허가 신청

ⓑ 구비서류

. 신문 · 인터넷 홈페이지에 공고한 내용(총 2회 이상 공고문 첨부)

. 해당 분묘 사진

. 분묘의 연고자를 알지 못하는 사유서

. 분묘 또는 토지가 개장허가 신청인의 소유임을 증명하는 서류

③ 개장 허가증 교부

개장허가 신청일로부터 3일정도 소요

④ 개장

개장허가증 교부 후 분묘 개장

분묘 개장 후 개장 허가 장소에 매장 또는 봉안 후 10년 이상 안치토록 한다. 안치후 관련자료를 관할관청에 제출해야 한다.

(4) 토지이용계획확인서 분석

1) 토지이용계획확인서란

토지이용계획확인서는 국토의 계획 및 이용에 관한 법률 및 기타 법률에 의해 결정.고시된 지역.지구.구역 지정 등에 관한 사항을 기재한 공문서이다. 토지이용계획확인서에는 주로 해당 토지에 대한 규제사항 등이 기재되기 때문에 이를 분석하면 당해 부동산의 효용이라든지 사용가치 등을 알 수 있다. 예컨대 허름한 단독주택을 경매 받아서 헐고 수익성 있는 건물을 신축하고 싶은데 건축이 가능한지, 용적율과 건폐율

은 얼마나 되는지 등을 알아보려면 토지이용계획확인서를 분석해 보아야 한다. 토지이용계획확인서에 규제사항이 많을수록 사용가치, 경제적 가치가 떨어진다고 볼 수 있다. 토지이용계획확인서는 시청, 군청, 구청 민원실 또는 인터넷 민원24시 등을 통해 발급받을 수 있다.

2) 토지이용확인서의 기재사항

시장. 군수. 구청장은 다음 각 호의 서류를 확인하는 서류(이하, "토지이용계획확인서"라고 한다)의 발급신청이 있는 때에는 대통령령이 정하는 바에 따라 토지이용계획확인서를 발급하도록 규정하고 있다(토지이용규제법 제10조 제1항, 시행령 제9조).

① 지역. 지구등의 지정내용

② 지역.지구 등의 행위제한 내용

③ 그 밖의 대통령으로 정하는 사항

㉠ 「국토의 계획 및 이용에 관한 법률」 제117조에 따라 지정된 토지거래계약에 관한 허가구역

㉡ 그 밖에 일반 국민에게 그 지정내용을 알릴 필요가 있는 사항으로서 국토해양부령으로 정하는 사항

[토지이용계획확인서]

<table>
<tr><td colspan="5" rowspan="2">토지이용계획확인서</td><td colspan="2">처리기간</td></tr>
<tr><td colspan="2">1일</td></tr>
<tr><td rowspan="2">신청인</td><td rowspan="2">성명</td><td rowspan="2"></td><td>주 소</td><td colspan="3"></td></tr>
<tr><td>전 화
번 호</td><td colspan="3"></td></tr>
<tr><td rowspan="2">신청
토지</td><td colspan="3">소재지</td><td>지번</td><td>지목</td><td>면적(㎡)</td></tr>
<tr><td colspan="3">서울 ○구 ○○동</td><td>○○○</td><td>대</td><td>1234,57</td></tr>
<tr><td rowspan="2">지역.지구등
지정여부</td><td>「국토의계획및이용에관한법률」에 따른 지역.지구등</td><td colspan="5">도시지역,제2종 일반주거지역, 일반미관지구, 제1종 지구단위계획구역(○○역 역세권),도로(접함)[이하 공란]</td></tr>
<tr><td>다른 법령 등에 따른 지역.지구 등</td><td colspan="5">가축사육제한구역 〈가축분뇨의 관리 및 이용에 관한 법률〉 학교환경위생정화구역(○○교육청에 반드시 확인요망) 〈학교보건법〉 [이하 공란]</td></tr>
<tr><td>「토지이용규제기본법시행령」제9조제4항각호에 해당되는 사항</td><td colspan="6">〈추가기재〉 ○지구단위계획 재정비 결정고시 : 200 . . (서고시 제200 -○○○호)○기준용적율 : 200% ○건축물최고높이 : 80미터이하 ○불허용도 : 세부개발계획 적용 [이하 공란]</td></tr>
<tr><td>확인
도면</td><td colspan="5"></td><td>범 례</td></tr>
</table>

토지이용계획규제기본법」 제10조 제1항에 따라 귀하의 신청토지에 대한 현재의 토지이용계획을 위와 같이 확인합니다. 2011년 10월 25일 ○○구청장		

3) 토지이용계획확인서 분석 요령

위에서 예시한 토지이용계획확인서를 참고로 토지이용계획확인서 분석요령을 설명해 보고자 한다.

① 지역 . 지구 . 구역 등에 관한 사항 조사 . 분석

㉠ 위 토지이용계획확인서의 지역.지구 등 지정여부에는 「국토의 계획 및 이용에 관한 법률」에 따른 지역.지구 등 기재사항에 도시지역, 제2종 일반주거전용지역, 일반미관지구, 제1종 지구단위계획구역(○○역세권), 도로 접함으로 되어 있고, 다른 법령 등에 따른 지역.지구 등 기재사항에는 가축사육제한구역, 학교환경위생정화구역으로 기재되어 있다. 따라서 해당 지역이 서울이라면 지하철역과 가까운 역세권이고, 도로에 접해 있어서 일단 입지는 좋을 것으로 추정해볼 수 있는데, 이는 현장조사를 통해서 눈으로 직접 확인해 보아야 한다.

㉡ 만약 해당 목적물이 지은 지 오래된 허름한 단독주택이고, 이 단독주택을 낙찰 받아 건물을 헐고 거주 겸 임대목적의 근린생활시설을 신축해 볼 계획으로 경매에 참여할 경우를 가정해 보자, 그렇다면 제2종 일반주거지역과 일반미관지구, 가축사육제한구역, 학교환경위생정화구역에서 할 수 있는 건축행위는 무엇이고, 금지되는 행위는 무엇인지를 알아보아야 한다.

㉢ 먼저 제2종 일반주거전용지역에서 할 수 있는 건축행위를 알아보려면 관계법령인 「국토의 계획 및 이용에 관한 법률 및 동법시행령」을 찾아보면 된다. 동법시행령 제71조 제1항에 용도지역 안에서의 건축물의 용도·종류 및 규모 등의 제한에 대해 규정하고 있고, 별표 3에 제2종 전용주거지역 안에서 건축할 수 있는 건축물이 자세히 나타나 있다.

㉣ 그 다음 일반미관지구에서 건축제한에 대해 알아보려면 관계법령인 동법시행령을 찾아보면 된다. 동법시행령 제73조(미관지구안에서의 건축제한) 제2항에 보면, '미관지구안에서의 건축물의 높이 및 규모(건축물의 앞면길이에 대한 옆면길이 또는 높이의 비율을 포함한다), 부속건축물의 규모, 건축물·담장 및 대문의 형태·색채, 건축물의 바깥쪽으로 돌출하는 건축설비 그 밖의 유사한 것의 형태·색채 또는 그 설치의 제한 및 금지 등에 관하여는 그 지구의 위치·환경 그 밖의 특성에 따른 미관의 유지에 필요한 범위안에서 도시계획조례로 정한다.'고 되어 있다. 따라서 이 경우에는 해당 시.군에서 정한 도시계획조례를 찾아봐야 한다. 이를 알려면 해당 시.군의회 홈페이지에 들어가서 자치법규 검색란을 클릭해서 열람해 보아야 하는데, 만약 검색결과가 없거나 검색이 잘 되지 않으면 직접 시.군청 해당 부서에 문의해 보아야 한다.

㉤ 그 다음 가축사육제한구역에서 금지되는 사항을 알아보면 된다. 관계법령이 「가축분뇨의 관리 및 이용에 관한 법률」로 기재되어 있으므로 이 법률을 찾아보면 된다. 그 다음 학교환경위생정화구역에서 금지되는 사항을 알아보면 되는데 이 경우에는 '관할교육청에 반드시 확인요망'으로 되어 있기 때문에 이 경우에는 「학교보건법 및 시행령」 등 관계법령만 확인해서는 안 되고 관할교육청을 직접 방문해서 알아보아야 한다.

2) 토지이용규제기본법시행령」 제9조제4항 각호에 해당되는 사항 분석

「토지이용규제기본법시행령」 제9조제4항 각호에 해당되는 사항이란 「국토의 계획 및 이용에 관한 법률」 제117조에 따라 지정된 토지거래계약에 관한 허가구역 및 그 밖에 일반 국민에게 그 지정내용을 알릴 필요가 있는 사항으로서 국토해양부령으로 정하는 사항을 말한다. 이러한 사항이 기재되어 있으면 해당 관청에 직접 문의해 보거나 관계법령, 조례 등을 찾아보아야 한다. 예컨대 도시계획 등에 관한 결정고시가 기재되어 있으면 해당관청에 문의해 보고, 용적율, 건폐율 등을 알아보려면 먼저 국토계획 및 이용에 관한 법령을 먼저 찾아보아야 한다. 그런데 국토의 계획 및 이용에 관한 법률 제84조 제1항에는 용도지역 안에서의 건폐율에 대하여, '동법시행령 제85조 제1항에는 용도지역 안에서의 용적율이 각 규정되어 있는데, 동법 시행령 제84조 제2항에는 ' 도시계획조례로 용도지역별 건폐율을 정함에 있어서 필요한 경우에는 당해 지방자치단체의 관할구역을 세분하여 건폐율을 달리 정할 수 있다.'고 되어 있고, 제85조 제2항에는 '도시계획조례로 용도지역별 용적률을 정함에 있어서 필요한 경우에는 당해 지방자치단체의 관할구역을 세분하여 용적률을 달리 정할 수 있다.고 각 규정하고 있다. 따라서 이 경우에는 관할 시.군청 홈페이지 또는 해당 관청을 방문하여 도시계획조례 등을 열람하여 확인해 보아야 한다.

3) 그 밖의 사항 검토 . 분석

① 「토지이용규제법」은 2005. 12. 7 법률 제7715호로 제정되어 일부 조항을 빼고는 그로부터 6개월 후 시행에 들어갔다. 그런데 이 법을 처음 제정시 '토지이용계획서'에 기재되지 않은 사항은 규제를 받지 않는다.'는 조항을 넣은 입법안이 발의되었다가 심의과정에서 이 조항이

삭제되었다.

② 따라서 토지이용계획확인서는 공신력이 없기 때문에 이 문서에 기재되지 않은 추가 제한사항이 있을 수 있으므로 추가 제한사항이 있는지에 대해서 해당 관할청에 알아보아야 한다. 토지이용을 제한하는 공법은 법령이 명료하지 않고 산재되어 있기 때문에 절대로 혼자 해석해서 투자하면 안 된다는 것이다. 따라서 관계 법령과 조례 뿐 아니라 사안에 따라서는 판례까지 검토를 해보아야 한다. 예컨대 토지이용계획확인서에는 나타나지 않지만 해당 지역이 환경보호를 위해 도시계획을 수립중일 수 있다. 만약 환경보호를 위한 도시계획을 수립중이면 그 지역일대가 3년~ 5년간 개발제한구역으로 묶여 버리고, 재건축예정지역으로 검토 중이면 그 지역 일대가 어느 날 갑자기 개발제한구역으로 묶여 버려 해당 기간 동안 일체의 행위가 금지되고 개발제한 구역에서 언제 풀릴 수 알 수 없게 된다. 따라서 해당 시.군청 도시계획과, 건축과 등에 다른 제한 사항은 없는지를 알아보아야 한다는 것이다.

4) 토지이용을 규제하는 법령들

토지이용을 규제하는 법령은 너무 많기 때문에 토지이용계획서에 토지이용을 규제하는 사항이 기재되어 있을 때 어느 법령을 찾아보아야 할지 모르는 경우가 많은데, 토지이용을 규제하는 지역. 지구 등 근거법률은 아래에서 제시하는 법률에 전부 포함되어 있으므로 토지에 대한 사항이 있을 때는 아래 법률조항을 찾아보면 쉽게 파악할 수 있다.

[토지이용규제를 하는 법령]

연번	근 거 법 률	지역·지구 등 명칭
1	「개발제한구역의 지정 및 관리에 관한 특별조치법」 제3조	개발제한구역
2	「건축법」 제12조	건축허가·착공제한지역
3	「경제자유구역의 지정 및 운영에 관한 법률」 제4조	경제자유구역
4	「고도보존에 관한 특별법」 제8조제1항제1호	특별보존지구
5	「고도보존에 관한 특별법」 제8조제1항제2호	역사문화환경지구
6	「고속국도법」 제8조	접도구역
7	「골재채취법」 제34조	골재채취단지
8	「골재채취법」 제22조의2	골재채취금지구역
9	「관광진흥법」 제50조	관광지
10	「관광진흥법」 제50조	관광단지
11	「국민임대주택건설 등에 관한 특별조치법」 제5조	국민임대주택단지예정지구
12	「국토의 계획 및 이용에 관한 법률」 제2조제7호	도시계획시설부지
13	「국토의 계획 및 이용에 관한 법률」 제36조제1항제1호	도시지역

14	「국토의 계획 및 이용에 관한 법률」 제36조제1항제2호	관리지역
15	「국토의 계획 및 이용에 관한 법률」 제36조제1항제3호	농림지역
16	「국토의 계획 및 이용에 관한 법률」 제36조제1항제4호	자연환경보전지역
17	「국토의 계획 및 이용에 관한 법률」 제36조제1항제1호 가목	주거지역
18	「국토의 계획 및 이용에 관한 법률」 제36조제1항제1호 나목	상업지역
19	「국토의 계획 및 이용에 관한 법률」 제36조제1항제1호 다목	공업지역
20	「국토의 계획 및 이용에 관한 법률」 제36조제1항제1호 라목	녹지지역
21	「국토의 계획 및 이용에 관한 법률」 제36조제1항제2호 가목	보전관리지역
22	「국토의 계획 및 이용에 관한 법률」 제36조제1항제2호 나목	생산관리지역
23	「국토의 계획 및 이용에 관한 법률」 제36조제1항제2호 다목	계획관리지역
24	「국토의 계획 및 이용에 관한 법률」 제37조제1항제1호	경관지구
25	「국토의 계획 및 이용에 관한 법률」 제37조제1항제2호	미관지구
26	「국토의 계획 및 이용에 관한 법률」 제37조제1항제3호	고도지구
27	「국토의 계획 및 이용에 관한 법률」 제37조제1항제4호	방화지구

28	「국토의 계획 및 이용에 관한 법률」 제37조제1항제5호	방재지구
29	「국토의 계획 및 이용에 관한 법률」 제37조제1항제6호	보존지구
30	「국토의 계획 및 이용에 관한 법률」 제37조제1항제7호	시설보호지구
31	「국토의 계획 및 이용에 관한 법률」 제37조제1항제8호	취락지구
32	「국토의 계획 및 이용에 관한 법률」 제37조제1항제9호	개발진흥지구
33	「국토의 계획 및 이용에 관한 법률」 제37조제1항제10호	특정용도제한지구
34	「국토의 계획 및 이용에 관한 법률」 제38조의2	도시자연공원구역
35	「국토의 계획 및 이용에 관한 법률」 제39조	시가화조정구역
36	「국토의 계획 및 이용에 관한 법률」 제40조	수산자원보호구역
37	「국토의 계획 및 이용에 관한 법률」 제50조	지구단위계획구역
38	「국토의 계획 및 이용에 관한 법률」 제51조제1항	제1종지구단위계획구역
39	「국토의 계획 및 이용에 관한 법률」 제51조제3항	제2종지구단위계획구역
40	「국토의 계획 및 이용에 관한 법률」 제63조	개발행위허가제한지역
41	「국토의 계획 및 이용에 관한 법률」 제66조	개발밀도관리구역

42	「국토의 계획 및 이용에 관한 법률」 제67조	기반시설부담구역
43	「군사시설보호법」 제4조제1항	군사시설보호구역
44	「군사시설보호법」 제4조제4항제1항제1호 가목	통제보호구역
45	「군사시설보호법」 제4조제4항제1항제1호 나목	제한보호구역
46	「군사시설보호법」 제12조제3항	대공방어협조구역
47	「군용전기통신법」 제9조	특별보호구역
48	「군용항공기지법」 제4조	비행안전구역
49	「군용항공기지법」 제4조	헬기전용작전기지의 비행안전구역
50	「군용항공기지법」 제4조제1호 가목	전술항공작전기지의 비행안전 제1구역
51	「군용항공기지법」 제4조제1호 나목	전술항공작전기지의 비행안전 제2구역
52	「군용항공기지법」 제4조제1호 다목	전술항공작전기지의 비행안전 제3구역
53	「군용항공기지법」 제4조제1호 라목	전술항공작전기지의 비행안전 제4구역
54	「군용항공기지법」 제4조제1호 마목	전술항공작전기지의 비행안전 제5구역
55	「군용항공기지법」 제4조제1호 바목	전술항공작전기지의 비행안전 제6구역
56	「군용항공기지법」 제4조제2호 가목	지원항공작전기지 및 예비기지의 비행안전 제1구역
57	「군용항공기지법」 제4조제2호 나목	지원항공작전기지 및 예비기지의 비행안전 제2구역

58	「군용항공기지법」 제4조제2호 다목	지원항공작전기지 및 예비기지의 비행안전 제3구역
59	「군용항공기지법」 제4조제2호 라목	지원항공작전기지 및 예비기지의 비행안전 제4구역
60	「군용항공기지법」 제4조제2호 마목	지원항공작전기지 및 예비기지의 비행안전 제5구역
61	「군용항공기지법」 제5조	기지보호구역
62	「군용항공기지법」 제21조의2제1항	비상활주로
63	「군용항공기지법」 제21조의2제3항제1호	비상활주로의 비행안전 제1구역
64	「군용항공기지법」 제21조의2제3항제2호	비상활주로의 비행안전 제2구역
65	「군용항공기지법」 제21조의2제3항제3호	비상활주로의 비행안전 제3구역
66	「금강수계 물관리 및 주민지원 등에 관한 법률」 제4조	수변구역
67	「금강수계 물관리 및 주민지원 등에 관한 법률」 제7조	상수원보호구역
68	「기업도시개발특별법」 제5조	기업도시개발구역
69	「낙동강수계 물관리 및 주민지원 등에 관한 법률」 제4조	수변구역
70	「낙동강수계 물관리 및 주민지원 등에 관한 법률」 제7조	상수원보호구역
71	「농지법」 제30조제1항	농업진흥지역
72	「농지법」 제30조제2항제1호	농업진흥구역
73	「농지법」 제30조제2항제2호	농업보호구역
74	「대덕연구개발특구 등의 육성에 관한 특별법」 제4조	연구개발특구

75	「대덕연구개발특구 등의 육성에 관한 특별법」 제35조제1항제1호	주거구역
76	「대덕연구개발특구 등의 육성에 관한 특별법」 제35조제1항제2호	상업구역
77	「대덕연구개발특구 등의 육성에 관한 특별법」 제35조제1항제3호	녹지구역
78	「대덕연구개발특구 등의 육성에 관한 특별법」 제35조제1항제4호	교육연구및사업화시설구역
79	「대덕연구개발특구 등의 육성에 관한 특별법」 제35조제1항제5호	산업시설구역
80	「도로법」 제25조	도로구역
81	「도로법」 제50조	접도구역
82	「도로법」 제50조의2	입체적도로구역
83	「도로법」 제50조의3	도로보전입체구역
84	「도시개발법」 제3조	도시개발구역
85	「도시 및 주거환경정비법」 제4조	정비구역
86	「독도 등 도서지역의 생태계보전에 관한 특별법」 제4조	특정도서
87	「독도 등 도서지역의 생태계보전에 관한 특별법」 제12조의3	시・도특정도서
88	「문화예술진흥법」 제10조의2	문화지구
89	「문화재보호법」 제2조제2항제1호	국가지정문화재구역
90	「문화재보호법」 제8조	보호구역
91	「문화재보호법」 제13조	가지정문화재구역
92	「문화재보호법」 제42조	등록문화재구역
93	「문화재보호법」 제55조제1항	시・도지정문화재구역

94	「문화재보호법」 제55조제2항	문화재자료구역
95	「백두대간 보호에 관한 법률」 제6조제2항	백두대간보호지역
96	「백두대간 보호에 관한 법률」 제6조제2항제1호	핵심구역
97	「백두대간 보호에 관한 법률」 제6조제2항제2호	완충구역
98	「벤처기업 육성에 관한 특별조치법」 제17조	벤처기업전용단지
99	「사방사업법」 제4조	사방지
100	「산림법」 제31조	자연휴양림구역
101	「산림법」 제49조	채종림구역
102	「산림법」 제56조	보안림구역
103	「산림법」 제67조	산림유전자원보호림구역
104	「산림법」 제67조	시험림구역
105	「산업입지 및 개발에 관한 법률」 제6조	국가산업단지
106	「산업입지 및 개발에 관한 법률」 제7조	일반지방산업단지
107	「산업입지 및 개발에 관한 법률」 제7조2	도시첨단산업단지
108	「산업입지 및 개발에 관한 법률」 제8조	농공단지
109	「산업집적활성화 및 공장설립에 관한 법률」 제2조제2호	과밀억제지역
110	「산업집적활성화 및 공장설립에 관한 법률」 제2조제3호	성장관리지역
111	「산업집적활성화 및 공장설립에 관한 법률」 제2조제4호	자연보전지역

112	「산업집적활성화 및 공장설립에 관한 법률」 제35조	특별유치업종을위한지역
113	「산지관리법」 제4조제1항제1호	보전산지
114	「산지관리법」 제4조제1항제1호 가목	임업용산지
115	「산지관리법」 제4조제1항제1호 나목	공익용산지
116	「산지관리법」 제9조	산지전용제한지역
117	「산지관리법」 제28조	채석허가제한지역
118	「산지관리법」 제33조	토사채취허가제한지역
119	「소하천정비법」 제2조제2호	소하천구역
120	「소하천정비법」 제4조	소하천예정지
121	「수도권정비계획법」 제6조제1항제1호	과밀억제권역
122	「수도권정비계획법」 제6조제1항제2호	성장관리권역
123	「수도권정비계획법」 제6조제1항제3호	자연보전권역
124	「수도법」 제5조	상수원보호구역
125	「수목원조성 및 진흥에 관한 법률」 제19조	국립수목원완충지역
126	「수질환경보전법」 제10조제6항	배출시설설치제한지역
127	「습지보전법」 제8조제1항	습지보호지역
128	「습지보전법」 제8조제1항	습지주변관리지역
129	「습지보전법」 제8조제2항	습지개선지역
130	「신항만건설촉진법」 제5조	신항만건설예정지역
131	「신행정수도 후속대책을 위한 연기·공주지역 행정중심복합도시 건설을 위한 특별법」 제2조제2호	예정지역
132	「신행정수도 후속대책을 위한 연기·공주지역 행정중심복합도시 건설을 위한 특	주변지역

	별법」 제2조제3호	
133	「신행정수도 후속대책을 위한 연기·공주지역 행정중심복합도시 건설을 위한 특별법」 제8조	개발행위허가및건축허가제한지역
134	「야생동·식물보호법」 제27조	야생동·식물특별보호구역
135	「야생동·식물보호법」 제33조	시·도야생동·식물보호구역
136	「야생동·식물보호법」 제33조	야생동·식물보호구역
137	「어촌·어항법」 제17조	어항구역
138	「연안관리법」 제2조제3호	연안육역
139	「영산강·섬진강수계 물관리 및 주민지원 등에 관한 법률」 제4조	수변구역
140	「영산강·섬진강수계 물관리 및 주민지원 등에 관한 법률」 제7조	상수원보호구역
141	「온천법」 제3조	온천원보호지구
142	「온천법」 제4조	온천공보호구역
143	「유통단지개발 촉진법」 제5조	유통단지
144	「자연공원법」 제4조	국립공원
145	「자연공원법」 제4조	도립공원
146	「자연공원법」 제4조	군립공원
147	「자연공원법」 제18조제1항제1호	공원자연보존지구
148	「자연공원법」 제18조제1항제2호	공원자연환경지구
149	「자연공원법」 제18조제1항제3호	공원자연마을자구
150	「자연공원법」 제18조제1항제4호	공원밀집마을지구
151	「자연공원법」 제18조제1항제5호	공원집단시설지구
152	「자연공원법」 제25조	공원보호구역

153	「자연환경보전법」 제12조제1항	생태경관보전지역
154	「자연환경보전법」 제12조제2항	생태경관핵심보전구역
155	「자연환경보전법」 제12조제2항	생태경관완충보전구역
156	「자연환경보전법」 제12조제2항	생태경관전이보전구역
157	「자연환경보전법」 제22조	자연유보지역
158	「자연환경보전법」 제23조	시도생태경관보전지역
159	「자연환경보전법」 제39조	자연휴식지
160	「전원개발촉진법」 제5조	전원개발사업구역
161	「전원개발촉진법」 제11조	전원개발사업예정구역
162	「전통사찰보존법」 제2조제6호	전통사찰보존구역
163	「제주국제자유도시 특별법」 제27조	절대보전지역
164	「제주국제자유도시 특별법」 제28조	상대보전지역
165	「제주국제자유도시 특별법」 제29조제1항	관리보전지역
166	「제주국제자유도시 특별법」 제29조제2항	지하수자원보전지구
167	「제주국제자유도시 특별법」 제29조제2항	생태계보전지구
168	「제주국제자유도시 특별법」 제29조제2항	경관보전지구
169	「제주국제자유도시 특별법」 제33조제8항	지하수자원특별관리구역
170	「제주국제자유도시 특별법」 제44조	자유무역지역
171	「주차장법」 제12조제6항	노외주차장설치제한지역
172	「지역균형개발 및 지방중소기업 육성에 관한 법률」 제9조	개발촉진지구

173	「지역균형개발 및 지방중소기업 육성에 관한 법률」 제26조의3	특정지역
174	「지역특화발전특구에 대한 규제특례법」 제9조	지역특화발전특구
175	「지하수법」 제12조	지하수보전구역
176	「철도안전법」 제45조	철도보호지구
177	「청소년활동진흥법」 제47조	청소년수련지구
178	「초지법」 제5조	초지
179	「택지개발촉진법」 제3조	택지개발예정지구
180	「토양환경보전법」 제17조	토양보전대책지역
181	「폐기물처리시설 설치촉진 및 주변지역 지원 등에 관한 법률」 제10조	폐기물처리시설입지
182	「하천법」 제2조제1항제2호	하천구역
183	「하천법」 제9조	하천예정지
184	「하천법」 제10조	연안구역
185	「학교보건법」 제5조	학교환경위생정화구역
186	「한강수계 상수원수질개선 및 주민지원 등에 관한 법률」 제4조	수변구역
187	「항공법」 제2조제7호	공항구역
188	「항공법」 제2조제11호	진입표면구역
189	「항공법」 제2조제13호	수평표면구역
190	「항공법」 제2조제14호	원추표면구역
191	「항공법」 제2조제15호	전이표면구역
192	「항공법」 제107조	공항소음피해지역
193	「항공법」 제107조	공항소음피해예상지역
194	「항만법」 제2조제4호	항만구역

195	「항만법」 제2조제5호	임항구역
196	「항만법」 제36조	항만배후단지
197	「항만법」 제49조제1항	임항지역
198	「해군기지법」 제3조제1항	해군기지구역(육상구역)
199	「해군기지법」 제3조제1항	통제보호구역
200	「해군기지법」 제3조제1항	제한보호구역
201	「해양오염방지법」 제4조의4제1항	환경보전해역
202	「해양오염방지법」 제4조의4제2항	특별관리해역
203	「환경정책기본법」 제22조	특별대책지역

5) 용도지역. 지구. 구역이란

① 용도지역

용도지역이란 토지의 이용 및 건축물의 용도율·건폐율·높이 등을 제한하여 토지를 경제적이고 효율적으로 이용하고 공공복리의 증진을 도모하기 위하여 도시관리계획으로 결정하는 지역을 말한다.

[용도지역]

도시지역	주거지역	.거주의 안녕과 건전한 생활환경의 보호를 위하여 필요한 지역. .건축할 수 있는 건축물은 국토의계획및이용에관한법률 시행령 별표 2~7까지 규정.
	상업지역	.상업이나 그 밖의 업무의 편익을 증진하기 위하여 필요한 지역. .상업지역에서 건축가능 건축물은 동 시행령 별표 8~11까지 규정.
	공업	.공업의 편익을 증진하기 위하여 필요한 지역.

<table>
<tr><td></td><td>지역</td><td>.건축할 수 있는 건축물은 동시행령 별표 12~14까지 규정.</td></tr>
<tr><td></td><td>녹지
지역</td><td>.자연환경·농지 및 산림의 보호, 보건위생, 보안과 도시의 무질서한 확산을 방지하기 위하여 녹지의 보전이 필요한 지역.
.녹지지역에서 건축할 수 있는 건축물은 동시행령 별표 15~17까지 규정.</td></tr>
<tr><td rowspan="3">관리지역</td><td>보전
관리
지역</td><td>.자연환경 보호, 산림 보호, 수질오염 방지, 녹지공간 확보 및 생태계 보전 등을 위하여 보전이 필요하나, 주변 용도지역과의 관계 등을 고려할 때 자연환경보전지역으로 지정하여 관리하기가 곤란한 지역.
.보전관리지약에서 건축할 수 있는 건축물은 동시행령 별표 18~20까지 규정.</td></tr>
<tr><td>생산
관리
지역</td><td>.농업·임업·어업 생산 등을 위하여 관리가 필요하나, 주변 용도지역과의 관계 등을 고려할 때 농림지역으로 지정하여 관리하기가 곤란한 지역.
. 생산관리지역에서 건축할 수 있는 건축물은 동시행령 별표 19에서 규정.</td></tr>
<tr><td>계획
관리
지역</td><td>.도시지역으로의 편입이 예상되는 지역이나 자연환경을 고려하여 제한적인 이용·개발을 하려는 지역으로서 계획적·체계적인 관리가 필요한 지역.
.계획관리지역에서 건축할 수 있는 건축물은 동시행령 별표 20에서 규정.</td></tr>
<tr><td colspan="2">농림지역</td><td>.도시지역에 속하지 않는 농업진흥지역, 보전산지 등으로서 농림업을 진흥시키고 산림을 보전하기 위해 필요한 지역으로 국토의 계획 및 이용에 관한 법률에 따라 도시관리계획으로 결정 고시된 지역.
.농림지역에서의 농지는 농업진흥지역과 농업보호구역으로 나누고, 산지는 보전산지, 준보전산지로 나눈다.
〔농업진흥지역〕 : 농사를 짓기 위한 토지로 농업에</td></tr>
</table>

	직접 관련된 농업인의 시설(농가주택, 기타 농업시설) 등의 건축행위만 허용되는 등 많은 규제가 따른다. 〔**농업보호구역**〕 : 직접적인 영농목적보다는 농업용수 확보, 수질보전, 농업환경등을 보호하기 위해 지정된 토지로 농업진흥지역보다 개발규제가 완화된 편이다(팬션, 가든 부지 등 활용가능성). 농업보호구역에서 할 수 있는 건축행위는 농지법시행령 제30조에 자세히 규정되어 있다. .보전산지는 공익용산지와 임업용산지로 구분된다. 보전산지의 행위제한은 산지관리법 제12조에 규정되어 있다. 〔**공익용산지**〕 : 국가의 기반시설, 군사용 목적 외 민간이 개발하기란 어렵고, 민간이 할 수 있는 행위는 자연휴양림, 약초 및 야생화재배 등 극히 제한된 범위에서만 이용이 가능하고, 주택,공장 등 건축행위는 어렵다. 〔**임업용산지**〕 : 조림, 식목, 유실수, 버섯 등 재배와 관광농원을 영위하는 농업인 또는 조림등 임업을 영위하는 임업인 위주로 이용이 제한된다. 다만 일정 면적 범위에서 식물원, 사회복지시설, 수련원 등의 건축행위는 가능하다. 〔**준보전산지**〕 : 보전산지가 아닌 산지를 말한다. 준보전산지의 행위제한은 국토의 계획 및 이용에 관한 법률에 따른다. 준보전산지는 산지전용에 대한 행위제한이 보전산지보다는 개발규제가 완화된 편이다(주택,공장 등의 개발가능성).

자연 환경 보전 지역	.국토의 계획 및 이용에 관한 법률에 따라 국토 해양부장관이 용도에 따라 지정한 지역으로 자연환경 · 수자원 · 해안 · 생태계 · 상수원 및 문화재의 보전과 수산 자원의 보호 · 육성 등을 위하여 필요한 지역. .건축할 수 있는 건축물에 대해서는 국토의계획및이용에 관한법률시행령 별표 22에 규정.

② **용도지구**

토지의 이용 및 건축물의 용도·건폐율·용적률·높이 등 용도지역의 제한을 강화 또는 완화함으로써 용도지역의 기능을 증진시키고 미관,경관,안전 등을 도모하기 위하여 국토해양부장관, 시·도지사 또는 대도시 시장이 도시·군관리계획으로 결정하는 것을 말한다(국토계획및이용에관한법률 제37조 제1항).

[용도지구]

경관지구	경관을 보호·형성하기 위하여 필요한 지구
미관지구	미관을 유지하기 위하여 필요한 지구
고도지구	쾌적한 환경 조성 및 토지의 효율적 이용을 위하여 건축물 높이의 최저한도 또는 최고한도를 규제할 필요가 있는 지구
방화지구	화재의 위험을 예방하기 위하여 필요한 지구
방재지구	풍수해, 산사태, 지반의 붕괴, 그 밖의 재해를 예방하기 위하여 필요한 지구
보존지구	문화재, 중요 시설물 및 문화적·생태적으로 보존가치가 큰 지역의 보호와 보존을 위하여 필요한 지구
시설보호지구	학교시설·공용시설·항만 또는 공항의 보호, 업무기능의 효율화, 항공기의 안전운항 등을 위하여 필요한 지구
취락지구	녹지지역·관리지역·농림지역·자연환경보전지역·개발제한구역 또는 도시자연공원구역의 취락을 정비하기 위한 지구
개발진흥지구	주거기능·상업기능·공업기능·유통물류기능·관광기능·휴양기능 등을 집중적으로 개발·정비할 필요가 있는 지구

특정용도제한지구	주거기능 보호나 청소년 보호 등의 목적으로 청소년 유해시설 등 특정시설의 입지를 제한할 필요가 있는 지구
그 밖에 대통령령으로 정하는 지구	

③ 용도구역

급진적인 도시화로 인한 도시의 무질서한 확대 및 인구의 과도한 집중을 막기 위해 지정한 구역을 말한다. 용도구역은 개발제한구역, 도시자연공원구역, 시가화조정구역, 수자원보호구역 4가지로 세분된다. 개발제한구역은 '개발제한구역의지정및관리에관한특별조치법' 시가화조정구역은 '국토의 계획 및 이용에 관한 법률시행령'에 이용제한을 두고 있다.

〔용도지역안에서의 건폐율〕

구 분	건 폐 율
제1종전용주거지역	50% 이하
제2종전용주거지역	50% 이하
제1종일반주거지역	60% 이하
제2종일반주거지역	60% 이하
제3종일반주거지역	50% 이하
준주거지역	70% 이하
중심상업지역	90% 이하
일반상업지역	80% 이하
근린상업지역	70% 이하
유통상업지역	80% 이하
전용공업지역	70% 이하
일반공업지역	70% 이하
준공업지역	70% 이하
보전녹지지역	20% 이하
생산녹지지역	20% 이하
자연녹지지역	20% 이하
보전관리지역	20% 이하

생산관리지역	20% 이하
계획관리지역	40%이하
농림지역	20% 이하
자연환경보전지역	20% 이하

※ 도시계획조례로 용도지역별 건폐율을 정함에 있어서 필요한 경우에는 당해 지방자치단체의 관할구역을 세분하여 건폐율을 달리 정할 수 있다(국토의계획및이용에관한법률시행령 제84조 제2항).

[용도지구. 구역 등 안에서의 건폐율]

구 분	건 폐 율
취락지구	60% 이하
도시지역외의 지역에 지정된 개발진흥지구	40% 이하
수산자원보호구역	40% 이하
자연공원법에 따른 자연공원	60% 이하
산업입지 및 개발에 관한 법률 제2조제5호 라목에 따른 농공단지	70% 이하
공업지역에 있는 산업입지 및 개발에 관한 법률에 따른 국가산업단지 · 일반산업단지 · 도시첨단산업단지 . 준산업단지	80% 이하

※ 위에 정한 범위에서 특별시 · 광역시 · 시 또는 군의 도시계획조례로 정하는 비율을 초과하여서는 아니 된다(동법시행령 제84조 제3항).

[용도지역안에서의 용적율]

구 분	용 적 율
제1종전용주거지역	50% 이상 ~ 100% 이하
제2종전용주거지역	100%이상 ~ 150% 이하

제1종일반주거지역	100% 이상 ~ 200% 이하
제2종일반주거지역	150%이상 ~ 250% 이하
제3종일반주거지역	200%이상~ 300% 이하
준주거지역	200% 이상 ~ 500% 이하
중심상업지역	400%이상 ~ 1,500% 이하
일반상업지역	300%이상 1,300% 이하
근린상업지역	200%이상 ~ 900% 이하
유통상업지역	200% 이상 ~ 1,100% 이하
전용공업지역	150% 이상 ~ 300% 이하
일반공업지역	200% 이상 350% 이하
준공업지역	200% 이상 ~ 400% 이하
보전녹지지역	50% 이상 ~ 80% 이하
생산녹지지역	50% 이상 ~ 100% 이하
자연녹지지역	50% 이상 ~ 100% 이하
보전관리지역	50% 이상 ~ 80% 이하
생산관리지역	50% 이상 ~80% 이하
계획관리지역	50% 이상 ~ 80% 이하
농림지역	50% 이상 ~ 80% 이하
자연환경보전지역	50% 이상 ~ 80% 이하

※ 도시계획조례로 용도지역별 용적률을 정함에 있어서 필요한 경우에는 당해 지방자치단체의 관할구역을 세분하여 용적률을 달리 정할 수 있다(동법시행령 제85조 제2항).

※ 주거지역에서는 특별시 · 광역시 · 시 또는 군의 도시계획조례로 제1항의 규정에 의한 용적률의 20퍼센트 이하의 범위 안에서 임대주택(「임대주택법」 제12조제1항에 따라 임대의무기간이 10년 이상인 경우에 한한다)의 추가선설을 허용할 수 있다. 다만, 「도시 및 주거환경정비법」 제30조의2의 규정에 의하여 임대주택 건설이 의무화되는 주택재건축사업의 경우를 제외한다(동법시행령 제85조 제3항).

[용도지구. 구역 등 안에서의 용적율]

구 분	용 적 율

도시지역외의 지역에 지정된 개발진흥지구	100% 이하
수산자원보호구역	80% 이하
자연공원법에 따른 자연공원	100% 이하 다만, 「자연공원법」에 의한 공원밀집마을지구의 경우에는 150퍼센트 이하로 하고, 공원집단시설지구의 경우에는 200퍼센트 이하로 한다.
산업입지 및 개발에 관한 법률 제2조제5호라목에 따른 도시지역 외에 지정된 농공단지	150% 이하

※ 위 지구. 구역 안에서의 용적률은 위에 정한 범위 안에서 특별시·광역시·시 또는 군의 도시계획조례가 정하는 비율을 초과하여서는 아니 된다(동법 시행령 제85조 제5항).

6) 토지거래 허가

① 토지거래허가구역이란

토지의 투기적인 거래가 성행하거나 지가(地價)가 급격히 상승하는 지역과 그러한 우려가 있는 지역을 대상으로 이 지역에 있는 토지를 거래할 때는 시장. 군수. 자치구청장의 허가를 받도록 지정된 구역을 말한다. 토지거래허가구역은 대통령령으로 정하는 지역에 대하여 5년 이내의 기간을 정하여 토지거래계약에 관한 허가구역으로 지정할 수 있다(동법 제117조 제1항).

② 토지거래허가신청

토지허가구역 안에 있는 토지를 거래하고자 할 때는 당사자가 공동으로 시장.군수.구청장에게 토지거래허가를 받아야 하고, 허가받은 사항을 변경하고자 할 때도 허가를 받아야 한다(동법 제118조).

③ **허가대상이 되는 거래계약**

㉠ 대가를 받고 소유권. 지상권을 이전하거나 설정하는 계약 즉, 유상계약을 말한다. 소유권이전가등기, 지상권설정 가등기, 지상권이전가등기 뿐 아니라 매매, 교환, 대물변제, 양도담보, 현물출자 등은 허가 대상에 해당하고, 등기원인이 유상계약이면 이행판결에 의한 소유권이전등기 신청 시에도 토지거래허가증을 첨부해야 한다. 다만, 저당권 . 근저당권 설정계약은 허가대상에 포함되지 않는다.

㉡ 토지거래허가구역 내의 토지에 대해 매매계약 체결 후 등기 전에 해당 토지에 대한 허가구역 지정이 일시 해제되었다가 판결에 의한 등기신청 당시 다시 허가구역으로 지정된 경우, 토지거래허가구약 내의 토지에 대한 매매계약 체결 후 그 등기 전에 해당 토지에 대한 허가구역지정이 해제된 경우 토지거래허가서를 첨부할 필요가 없다(2002. 11. 22. 등기 3402-657 질의회답, 1999. 6. 29. 등기 3402-660 질의회답).

토지거래허가 구역 내의 토지를 민사집행법에 의한 경매.공매 절차를 통해 매수한 경우 토지거래허가를 받을 필요가 없다.

④ **토지거래계약의 허가를 요하지 아니하는 토지의 면적**

다음에 해당하는 경우 토지거래계약 허가를 요하지 아니 한다. 다만, 국토해양부장관이 허가구역을 지정할 당시 당해 지역에서의 거래실태 등에 비추어 타당하지 아니하다고 인정하여 당해 기준면적의 10퍼센트 이상 300퍼센트 이하의 범위에서 따로 정하여 공고한 경우에는 그에 의한다(동법시행령 제118조).

㉠ 주거지역 : 180제곱미터 이하

㉡ 상업지역 : 200제곱미터 이하

ⓒ 공업지역 : 660제곱미터 이하

ⓡ 녹지지역 : 100제곱미터 이하

ⓜ 도시지역안에서 제30조 각호의 규정에 의한 용도지역의 지정이 없는 구역 : 90제곱미터 이하

ⓑ 도시지역외의 지역 : 250제곱미터 이하. 다만, 농지의 경우는 500제곱미터 이하로 하고, 임야의 경우는 1천제곱미터 이하로 한다.

※ 토지거래허가를 요하지 않는 면적을 산정할 때 일단의 토지이용을 위하여 토지거래계약을 체결한 후 1년 이내에 일단의 토지의 전부 또는 일부에 대하여 토지거래계약을 체결한 경우에는 그 일단의 토지 전체에 대한 거래로 본다.

※ 허가구역을 지정할 당시 위의 면적을 초과하는 토지는 허가구역의 지정 후 당해 토지가 분할된 경우에도 그 분할된 토지에 대한 토지거래계약을 체결함에 있어서는 분할후 최초의 거래에 한하여 제1항에 규정된 면적을 초과하는 토지거래계약을 체결하는 것으로 본다. 허가구역의 지정후 당해 토지가 공유지분으로 거래되는 경우에도 또한 같다.

※ 허가대상이 되는 면적에 해당하는 토지를 수인이 공유지분으로 나누어 처분하는 경우에는 그 지분비율에 따라 산정한 면적이 허가대상 면적 미만이라도 그에 따른 최초의 지분이전등기를 신청하는 때에는 토지의 분할에 준해서 허가를 받아야 한다(예규 제1096호).

⑤ 다른 법률관의 관계

㉠ 농지에 대하여 제118조에 따라 토지거래계약 허가를 받은 경우에는 「농지법」 제8조에 따른 농지취득자격증명을 받은 것으로 본다.

㉡ 토지거래허가증을 발급받은 경우에는 「부동산등기 특별조치법」 제3조에 따른 검인을 받은 것으로 본다(동법 제126조 2항).

⑥ 토지거래허가증이 필요하지 않는 예

㉠ 토지거래허가지역 지정 전 또는 등기신청 이전에 토지거래허가구역에서 해제된 경우

㉡ 가등기시 허가증을 받은 경우 본 등기시

㉢ 가등기에 의한 본등기의 본계약체결 일자가 허가구역 지정 이전인 경우

㉣ 공유지분 포기로 인한 다른 공유자 앞으로 소유권이전등기시

㉤ 상속, 유증, 진정명의회복, 취득시효로 인한 소유권이전등기

㉥ 이혼에 따른 재산분할, 증여계약(무상), 명의신탁해지 등

⑦ 토지거래허가를 받지 않은 경우의 매매계약의 효력

㉠ 토지거래허가구역 안의 토지에 대한 매매계약을 체결했지만 토지거래허가를 받은 않은 상태에서는 유동적 무효로 본다. 다시 말해서 매매계약은 토지거래허가를 받을 때까지는 무효이지만 허가를 받으면 소급하여 유효한 것으로 되는 것이다.

㉡ 국토의 계획 및 이용에 관한 법률상 토지거래허가구역 내의 토지에 관한 매매계약은 관할 관청으로부터 허가받기 전의 상태에서는 법률상 미완성의 법률행위로서 이른바 유동적 무효의 상태에 있어 그 계약 내용에 따른 본래적 효력은 발생하지 아니하므로, 관할 관청의 거래허가를 받아 매매계약이 소급하여 유효한 계약이 되기 전까지 양쪽 당사자는 서로 소유권의 이전이나 대금의 지급과 관련하여 어떠한 내용의 이행청구를 할 수 없으며, 일방 당사자는 상대방의 매매계약 내용에 따른 채무불이행을 이유로 하여 계약을 해제할 수도 없다(대법원 1991.12.24. 선고 90다12243 전원합의체 판결, 1992.7.28. 선고 91다33612 판결, 1995.1.24. 선고 93다25875 판결 등).

㉢ 국토의 계획 및 이용에 관한 법률상의 토지거래허가를 받지 않아 거래계약이 유동적 무효의 상태에 있는 경우 그와 같은 유동적 무효

상태의 계약은 관할 관청의 불허가처분이 있을 때뿐만 아니라 당사자 쌍방이 허가신청협력의무의 이행거절 의사를 명백히 표시한 경우에는 허가 전 거래계약관계, 즉 계약의 유동적 무효 상태가 더 이상 지속된다고 볼 수 없고 그 계약관계는 확정적으로 무효가 된다고 할 것이고, 그와 같은 법리는 거래계약상 일방의 채무가 이행불능임이 명백하고 나아가 그 상대방이 거래계약의 존속을 더 이상 바라지 않고 있는 경우에도 마찬가지라고 할 것이다(대법원 1997.7.25. 선고 97다4357, 4364 판결 등).

㉣ 국토이용법 소정의 토지거래계약에 관한 허가구역으로 지정된 구역 안에 위치한 토지에 관하여 매매계약이 체결된 경우 당사자 사이에는 그 매매계약이 효력이 있는 것으로 완성될 수 있도록 서로 협력할 의무가 있는 것이지만, 이러한 의무는 그 매매계약의 효력으로서 발생하는 매도인의 재산권이전의무나 매수인의 대금지급의무와는 달리 신의칙상의 의무에 해당하는 것이어서 당사자 쌍방이 위 협력의무에 기초해 토지거래허가신청을 하고 이에 따라 관할관청으로부터 그 허가를 받았다 하더라도, 아직 그 단계에서는 당사자 쌍방 모두 매매계약의 효력으로서 발생하는 의무를 이행하였거나 이행에 착수하였다고 할 수 없을 뿐만 아니라, 그 단계에서 매매계약에 대한 이행의 착수가 있다고 보아 민법 제565조의 규정에 의한 해제권 행사를 부정하게 되면 당사자 쌍방 모두에게 해제권의 행사 기한을 부당하게 단축시키는 결과를 가져올 수도 있으므로, 국토이용법 소정의 토지거래계약에 관한 허가구역으로 지정된 구역 안의 토지에 관하여 매매계약이 체결된 후 계약금만 수수된 상태에서 당사자가 토지거래허가신청을 하고 이에 따라 관할관청으로부터 그 허가를 받았다 하더라도 그러한 사정만으로는 아직 이행의 착수가 있다고 볼 수 없어 매도인으로서는 민법 제565조에 의하여 계약금의 배액을 상환하여

매매계약을 해제할 수 있다고 할 것이다(대법원 2009.4.23. 선고 2008다 62427 판결).

⑧ 토지거래허가신청의 협력의무이행청구의 소

규제지역 내 토지에 대해 토지에 관하여 거래계약을 체결한 경우 계약의 쌍방 당사자는 공동으로 관할관청의 허가를 신청할 의무가 있고, 이러한 의무에 위배하여 허가신청절차에 협력하지 않는 당사자에 대하여 상대방은 협력의무 이행을 소송으로 구할 이익이 있다.

〈**청구취지 기재례**〉

피고는 원고에게 원고와 피고 사이에 2011. 1. 2. 체결된 별지목록 토지의 매매계약에 관하여 토지거래허가신청절차를 이행하라.

(5) 그 밖의 검토할 사항들

1) 미등기 대지권 취득 문제

앞에서 설명한바 있듯이 대지권이 미등기인 구분건물 경매에서 대지권이 감정가격에 포함되었는지 여부 등을 검토해서 감정가에 포함되어 있지 않으면 가급적 경매참가를 하지 않는 것이 좋을 것이다.

2) 집합건물에 대한 토지별도등기 문제

대지권이 등기된 구분건물의 등기부상 대지권 표시란에 '**토지별도등기 있음**'이라고 표시된 경우에는 대지권 등기가 이루어지기 이전 토지에 (근)저당권, 가압류 등 제한등기가 되어 있음을 의미한다. 주로 건축과정에서 토지를 담보로 PF자금을 대출받고 근저당을 설정한 경우, 공사대금, 대여금, 투자금 채무 등이 발생한 후 이를 변제하지 못하여 토지가 가압류되는 경우가 있다. 토지별도등기는 보통의 경우 낙찰로 소멸되는 것이 원칙이지만, 특별매각조건으로 '토지별도등기 매수인 인수조건'으로 되어 있거나 별도등기 채권자가 배당요구를 하지 않을 때는 낙찰자가 인수하므로 이런 물건은 입찰 참가시 주의해야 한다.

3) 중요한 권리변경 . 경매취소 가능성 검토

① 후순위 임차인의 순위승진 문제

등기부에 등기된 소멸기준권리보다 차순위 임차인은 소멸기준권리자의 채권을 대위변제할 가능성이 있는바, 선순위 채권액이 소액인 경우 그럴 가능성이 더욱 높다. 이런 물건은 입찰 참가 직전까지 대위변제 여부를 확인해 보아야 한다. 만약 최고가매수인이 된 후 이러한 중요한 권리변경이 생길 때는 매각불허가신청을 통해 구제받을 수 있지만 간과하여 매각허가결정이 확정되면 대항력 있는 임차권을 인수하던지, 입찰보증금을 포기하던지 선택해야 한다. 매각대금을 납부할 때도 납부 직전에 등기부등본을 발급하여 대위변제 등으로 소멸기준권리가 말소되어 임차권의 순위가 승진되어 인수할 상황이 발생되지 않았는지 필히 확인해 보아야 한다.

② 무잉여 경매취소가능성

부동산 가격에 비해 경매신청채권자의 채권액이 그리 많지 않은 경우 채무자가 채권을 변제하고 경매를 취하할 가능성이 있고, 특히 배당요구하지 않은 대항력 있는 임차인이 있으면 수회 유찰되어 선순위채권자의 채권액과 집행비용을 변제하고 나면 경매신청권자에게 돌아올 배당금이 없는 경우가 있다. 이런 경우에 법원은 무잉여를 이유로 경매를 직권 취소해야 하지만 업무가 바쁘다 보면 간과하고 그대로 경매가 진행되는 경우가 있다. 이런 경우 설령 경매가 진행되어 낙찰이 되더라도 매각허가결정 단계에서 무잉여로 판명되면 매각불허가결정이 내려지기 때문에 헛고생만 하고 입찰보증금이 상당기간 묶이게 되는 등 손해가 생길 수 있다. 특히 매각기일이 2회 이상 변경, 연기되면 취하될 가능성이 많다.

③ 위법건축물

당해 건물이 위법건축일 경우 철거명령이 내려질 수 있고, 이행강제금 등을 부과받을 수 있으므로 건축물대장을 발급받아 위법건축물로 등재되었는지를 점검해보아야 한다.

〈관련판례〉

① 용도변경 신고에 대하여 행정청은 그 신고가 소정의 형식적 요건을 갖추어 적법하게 제출되었는지 여부만 심사하여 수리할 뿐 실질적인 심사를 하는 것이 아니므로 용도변경 신고내용대로 용도변경을 하였다고 하더라도 그 신고내용에 건축 관련 법규를 위반하는 내용이 포함되어 있었다면, 그 신고를 수리한 행정관청으로서는 사용승인을 거부할 수 있고, 그 사용승인을 거부함에 있어 건축허가의 취소에 있어서와 같은 제약이 따른다고 할 수 없다(대법원 2006.1.26. 선고 2005두12565 판결).

② 건축허가를 받게 되면 그 허가를 기초로 하여 일정한 사실관계와 법률관계를 형성하게 되므로, 수허가자가 입게 될 불이익과 건축행정상의 공익 및 제3자의 이익과 허가조건 위반의 정도를 비교·교량하여 개인적 이익을 희생시켜도 부득이하다고 인정되는 경우가 아니면 함부로 그 허가를 취소할 수 없는바, 건축주가 건축허가 내용대로 완공하였으나 건축허가 자체에 하자가 있어서 위법한 건축물이라는 이유로 허가관청이 사용승인을 거부하려면 건축허가의 취소에 있어서와 같은 조리상의 제약이 따르고, 만약 당해 건축허가를 취소할 수 없는 특별한 사정이 있는 경우라면 그 사용승인도 거부할 수 없다(대법원 1992.4.10. 선고 91누5358 판결, 1996. 9. 10. 선고 96누1399 판결 등).

제5장 나홀로 경매 참여하기

제 1 절 경매물건 선정 방법

1. 물건 검색에 필요한 사이트

경매물건을 취득하려면 입찰참가 전에 수익성 있는 좋은 잘 골라야 한다. 물건선정은 인터넷 경매정보사이트를 이용하는 것이 가장 편리하고 효율적인 방법이다. 인터넷경매정보사이트는 대법원 홈페이지 경매정보사이트와 민간업체에서 제공하는 인터넷경매정보사이트 두 가지는 꼭 병행해서 보는 것이 좋고, 여유가 있다면 경매정보지도 곁들어 보면 좋을 것이다.

2. 물건 선정 요령

(1) 대법원 경매정보사이트를 통한 물건선정

대법원 홈페이지 왼쪽 하단에 보면 7개의 검색란 중 네 번째 '법원

경매정보(경매정보 및 입찰참여)'를 클릭해서 다시 '경매물건'의 '물건상세검색'을 클릭하여 물건을 검색하면 된다. 법원별, 용도별, 감정평가액별, 유찰횟수별로 각 열람할 수 있다.

관심 있는 물건이나 맘에 든 물건이 있으면, 사건번호를 메모하여 당해 물건의 상세내역, 사건진행상황 등을 파악해 보아야한다. **경매사건**이라고 표시된 곳을 클릭하면 당해 사건에 대한 물건내역, 기일내역, 문건접수 . 송달내역, 개발매각 . 일괄매각여부, 물건번호, 유찰횟수, 매각방법, 감정평가액, 최저매각가격, 지분경매여부 등을 자세히 알 수 있고, 집행관현황조사서, 감정평사서, 매각물건명세서등도 열람할 수 있다. 경매에 관한 공고내용 등을 알아보려면'경매공고'란에 들어가서 열람하면 된다.

(2) 경매정보업체 사이트를 통한 물건선정

인터넷 검색창에 **경매**를 치면 여러 개의 경매사이트가 나온다. 그 중 자신의 취향에 맞는 사이트를 골라서 유료회원가입을 하고 정보를 제공받으면 된다. 민간업체가 제공하는 경매정보사이트는 보기 쉽게 정리가 잘 되어 있고, 권리분석까지 해놓은 경우도 있다. 월 회비는 업체마다 차이가 있는데, 적게는 몇 만원에서 10만 원 이상 되는 곳도 있다.

(3) 경매정보지를 통한 물건선정

인터넷 활용에 문제가 있으면 경매정보지 업체에서 제공하는 경매정보지를 정기구독하는 방법을 통해 물건을 선정할 수 있다.

3. 문제 있는 물건 찾기 체크포인트

다음에서 예시한 물건은 소유권취득에 위험이 있는 물건이므로 주의가 필요하다.

(1) 소멸기준권리보다 선순위로 등기된 처분금지가처분 . 가등기 . 지상권 . 지역권 .환매권 등기가 있는 물건(가등기가 담보가등기로 판명된 경우는 예외).

(2) 소멸기준권리보다 순위가 빠른 전세권자가 배당요구종기 안에 배당요구하지 않은 물건(낙찰자 전세권 인수).

(3) 예고등기 있는 물건

(4) 소멸기준권리보다 먼저 대항력 갖춘 임차인이 임대차계약서에 확정일자를 받지 않은 물건(배당참가에서 제외되어 보증금 낙찰자 인수).

(5) 대항력과 확정일자를 갖춘 임차인이 배당요구종기 안에 배당요구를 하지 않았거나 배당요구 했다가 배당요구종기 안에 배당요구를 철회한 물건(낙찰자가 인수).

(6) 대항력과 확정일자를 갖춘 임차인이 배당요구종기 안에 배당요구를 하였지만, 확정일자 순위가 늦어 보증금을 전부 배당받지 못할 가능성 있는 물건(다만, 보증금을 안고 낙찰가 받아도 수익성이 있을 것으로 판단시 입찰고려 대상일 될 수 있다).

(7) 유치권 . 법정지상권 걸린 물건(다만, 이런 물건 중에 수익성이 있는 우량 물건 있으므로 전문가의 도움을 받는 것이 좋다).

(8) 건물경매에서 해당 건물에 대한 철거소송이 진행 중이거나 건물소유주가 철거소송에서 패소한 물건(낙찰 받아도 철거대상).

(9) 건물이 신축된 지 얼마 안 되었거나 신축중인 건물이 경매될 경우 법원에 유치권신고가 안 되어 있어도 유치권자가 존재할 가능성이 있으므로 조사를 철저히 해서 의심스러우면 일단 피하는 것이 상책(유치권자는 경매법원에 신고할 의무가 없으므로 법원에 권리신고 안 해도 유치권이 적법하게 성립하면 낙찰자 인수).

(10) 토지에 '별도등기' 있는 물건

(11) 대지권이 미등기인 집합건물 경매에서 대지권이 감정평가에서 제외된 물건

(12) 경매대상에 포함되지 않은 제시 외 건물이 부합물, 종물에 해당하지 않는 물건

(13) 분묘 있는 토지는 전체 평수, 분묘의 위치, 활용가능성에 따라 결정

(14) 공법상 제한으로 사용.수익에 현저한 지장이 우려되는 물건

제 2 절 현장조사

1. 현장조사란

입찰에 참여하기 전에 당해 부동산을 직접 눈으로 확인하고, 부동산의 제반사항을 조사하는 것을 현장조사라고 한다. 어떤 물건을 대할 때 거기서 받는 느낌이라든지 감각이라는 것이 있기 때문에 현장조사는 서류나 사진만으로는 알 수 없고 느낄 수 없는 부분을 직접 눈으로 확인하고, 해당 부동산을 낙찰 받아도 좋을지를 판단하기 위해 반드시 현장조사가 필요하다.

2. 현장조사 시 준비물

(1) 노트 . 필기도구

현장조사를 나갈 때는 조사하고자 하는 내용을 메모한 노트를 준비해 가는 것이 좋다. 현장조사를 통해서 습득한 중요한 사항을 메모하기 위해서도 필요하다. 농지나 임야 등을 조사하러 갈 때는 필기도구를 빠뜨리지 않도록 한다.

(2) 지적도 . 임야도 . 나침판 등

토지에 대한 현장조사 시 지적도 . 임야도는 필히 지참해야 하고 나침반이 있으면 가지고 가는 것이 좋다(요즘은 스마트폰으로도 방향 탐색이 가능할 수 있지만 지역에 따라 서비스가 안 되는 곳이 있다). 그리고 경매 목적물건에 따라 도면이나 토지이용계획확인원 등이 필요한 경우가 있다. 특히 전 . 답 . 임야는 지번이나 경계확인이 쉽지 않는 경우가 많다. 네비게이션을 과신해서는 안 된다. 농지, 임야는 가능한 현지주민 또는 이장의 협조를 받는 것이 좋다.

(3) 전입세대 열람서류

주택의 경우 부동산 소재지 주민센터(동사무소)를 방문해서 전입세대열람신청을 해서 열람한 서류를 지참하도록 한다. 전입세대열람은 해당물건이 경매가 진행 중임을 알 수 있는 서류(경매정보지, 경매사건 프린트물, 부동산등기부등본 등)를 지참해서 열람신청을 하면 된다.

(4) 기타 준비물

기타 현장조사 할 때는 물건에 따라 준비물이 다를 수 있는바, 상황에 따라 필요하다고 생각되는 자료를 미리 준비해서 지참하도록 한다.

3. 물건별 체크포인트

(1) 아파트

1) 기본 체크사항

① 관리비, 기타 공과금 체납여부(관리사무소 확인)

② 관리상태

③ 점유관계 불투명시 점유자(관리사무소에서 관리비 등 공과금 납부자 확인 등)

④ 시세(인근 중개업소 3곳 이상 방문)

⑤ 주차시설 등

⑥ 교통

⑦ 학교, 편의시설

⑧ 일조권 침해여부 등

〈참고〉

점유관계가 불투명할 경우 현장조사에서 가장 어려운 것이 점유자 조사인데, 관리사무소, 중개업소, 인근수퍼마켓 등을 통해 기지를 발휘해서 요령껏 조사해야 한다. 배당요구 한 임차인은 협조가 잘되는 편이므로 이 경우에는 직접 방문하여 협조를 구해서 내부를 꼼꼼히 살펴보고 나서 임대차관계 등을 물어보는 것이 좋다. 관리사무소에 관리비 체납관계, 중개업소에 당해 물건에 대한 시세를 물어보는 사람이 얼마정도인지 파악하면 입찰경쟁자를 대충 알 수 있다.

2) 수익성 체크포인트

① 가급적 단지규모 1,000세대 이상

② 교통이 좋은 중소형 평수

③ 대지지분이 클수록 유리

④ 햇볕이 잘 드는 5층부터 7층 사이(7층까지는 땅의 기운을 받는다고 함)

⑤ 고층으로 지을수록 벽체를 두텁게, 튼튼하게 짓기 때문에 방음이 잘되어 사생활 보호가 잘된다.

⑥ 상업지구와 혼재되어 있으면 가치가 떨어진다는 것이 일반적인 평가임

⑦ 나홀로 아파트는 특별한 경우 아니면 투자목적으로는 적합하지 않다.
⑧ 1층은 가능한 피할 것

(2) 연립.다세대

1) 기본체크사항

① 교통, 학교, 기타 편의시설
② 일조권 침해여부
③ 위법건축여부(특히 고급빌라의 경우 사선 위반 등 주의)
④ 주차공간
⑤ 도시계획 확인(토지이용계획확인서, 관할청에 문의)
⑥ 연립주택 동 전체가 경매 나온 경우 유찰횟수가 많으면 복잡한 하자가 걸려 있는 경우이므로 싸다고 덥석 낙찰 받았다간 낭패 볼 수 있음을 주의

2) 수익성 체크포인트

① 경매시장에서 다세대주택은 아파트 다음으로 인기 있는 투자종목으로 치솟는 전세금 때문에 차라리 경매를 집을 마련하려는 사람이 들고 있고, 도시형생활주택, 소형주택 선호현상의 증폭으로 인기가 더욱 치솟고 있다.
② 전세금만으로 구입이 가능할 수 있고, 5가구 이상이면 임대주택사업도 가능하다.
③ 20가구 미만 연립, 빌라, 다세대주택도 재건축이 가능해 졌다. 도심요지에 지은 20년 이상 공동주택으로 재건축 추진가능성 있는 물건은 최상의 투자처라 할 수 있다. 다만, 주민 50% 이상 반대시 재건축을 취소할 수 있기 때문에 이런 점도 감안해야 한다.

④ 연립.다세대는 대지지분이 크면 투자성이 좋다고 볼 수 있다.

⑤ 정부의 전세난 해소 방침으로 한국토지주택공사의 매입대상 다세대.연립주택도 노려볼만 하다.

〈다세대.연립주택 매입하여 장기 전세주택활용 방침〉

정부의 전세난 해소 방침에 따른 장기전세주택 활용을 위한 신축다세대주택 매입사업이 2010. 8월부터 한국토지주택공사(LH)를 통해 시행되고 있는데, 2011. 6월 이후부터는 매입주택에 연립주택도 포함키로 했다. 건축비 기준 매입단가도 현재 3.3 (1평)당 321만원에서 350만원으로 상향하기로 하였다. 정부는 8.18 전월세 대책에서 도심 전세난 해결을 위해 연말까지 한국토지주택공사를 통해 민간이 짓는 다세대주택 2만 가구를 사들여 장기전세주택으로 활용할 계획이다. 이번조치로 건축연면적 660㎡(약200평)이하 다세대주택(30가구 미만 단지형 포함)으로 제한돼 있던 매입대상은 연면적 660㎡초과연립주택까지 확대된다. 다만, 수도권과 5대광역시,인구 25만명 이상 도시에서 짓는 주택으로 가구당 전용면적 46~60㎡이어야 한다.

(3) 단독 주택

1) 기본체크사항

① 면적(가능한 50평 이상)

② 땅모양(평평한 정방형)

③ 도로상태(도로에 접해 있으면 좋다)

④ 경계, 입지, 교통여건

⑤ 일조권침해 여부

⑥ 도시계획 확인

⑦ 개발호재

⑧ 구조(리모델링시 철근콘크리크 슬라브 구조가 유리)

⑨ 건축법 위반 여부(건축물대장 확인)

〈참고〉

재개발, 재건축의 경우 2003년 12월 30일부터 지분분리 못하게 규제하고 있으므로 입주권분양에 제한이 있다. 재개발구역 안에 있는 주택. 상가는 불법건축물이 많으므로 특히 유의, 불법건축물은 사업 인.허가를 받기 어렵다는 점 유의(PC방, 식당 등).

2) 수익성 체크포인트

① 단독주택은 2008. 9월 글로벌 금융위기로 부동산시장이 침체된 상황에서도 유일하게 종전 낙찰율(80% 이상)을 유지하고 있는 인기 투자종목 중 하나이다.

② 정부의 준주택 개념 도입으로 주택을 헐고, 요즘 한창 인기 있는 도시형생활주택(원룸형 300세대까지 신축가능), 고시원, 근린상가 등 수익형 건물신축을 노려볼 만하다. 원룸이나 고시원은 역세권, 대학가, 업부타운지역. 산업단지지역이면 유리하다.

③ 주택은 리모델링만 잘해도 탈바꿈시킬 수 있다. 리모델링에 가장 적합한 구조는 철근콘크리트 슬라브구조이다. 2층 이상 단독주택은 1층을 개조하여 테마식당 등 운영을 통해 수익창출이 가능할 수 있다.

(4) 다가구주택

다가구주택은 세입자 많고 명도에 어려움 있지만 잘만 고르면 좋은 투자처가 될 수 있다. 다가구주택은 임대수요가 많은 지역인지 살펴보아야 한다. (역세권, 대학가, 인근에 학교 소재, 업부타운지역. 산업단지 등). 지은 지 오래된 다가구주택은 노후정도, 시설도 챙겨보아야 한다. 건물이 노후해 있으면 수선비가 만만치 않을 수 있다. 다가구주택을 경매받으려다 대출문제로 포기하는 경우가 종종 생기는데, 다가구주택은 방 한 개당 소액보증금 최우선변제금액을 공제하기 때문에 방이 많으면 대출이 생각보다 적게 나온다. 따라서 다가구주택을 경매 받으려면 사전에 대출가능 금액을 확실히 파악해 보아야 한다.

(5) 오피스텔

오피스텔은 전문직업인, 독신자, 신혼부부 등이 선호하는 편이다. 도시형생활주택이 인기상품으로 자리를 잡으면서 오피스텔의 인기가 치솟고 있는 요즘이다. 2011년도 11월 기준 수도권 오피스텔 낙찰가율은 감정가의 93% 달하고 있는 실정이다. 2011년도에 서울 모 지역 오피스텔의 경우 11개 호수를 한사람이 낙찰 받은 적이 있고, 의정부지방법원 고양지원에서 경매된 약 8평짜리 감정가 8200만원 짜리 오피스텔의 경우 5명이 입찰에 참가하여 9410만원에 낙찰된 바 있다. 이처럼 요즘 오피스텔의 인기가 초강세를 보이는 것은 전세난을 겪으면서 소형 오피스텔이 임차인을 구하기가 좋다는 기대심리와 금년 하반기부터 오피스텔를 신규로 구입한 경우 3년만 보유하면 1세대 1주택으로 비과세 되기 때문에 투자자들이 좋은 투자처로 보고 몰리기 때문이라고 판단이 된다, 하지만 부동산 시장은 돌고 도는 것인 만큼 인기나 유행에 너무 민감하지 말고 자기만의 투자전력을 가질 필요는 있다고 생각된다.

오피스텔은 주차공간이 그리 좋은 편이 아니어서 주차여건을 잘 확인할 필요가 있다. 또한 확인이 가능할 수 있다면 불법개조 여부도 점검해 볼 사항이다.

(6) 근린상가

1) 관리비(고액체납 많음)
2) 입지. 상권, 공실율, 권리금 수준
3) 점유관계(인도명령신청에 대비해서 미리 점검)
4) 경계확인(특히 구분되지 않은 오픈상가)
5) 구분되지 않은 오픈상가의 경우 옆 상가와 혼재하여 물건이 적재된 경우 물건 소유자 확인(인도, 명도에 문제가 생김)
6) 유치권발생 여부(상가 수선 등)
7) 무허가. 건축법위반 여부(특히 재래시장에 있는 건물에 많음)
8) 도시계획 확인
9) 시세, 매매, 임대현황(중개업소)
10) 주변 할인마트, 백화점, 재래시장 유무(업종에 따라 영향이 큼)

〈참고〉

1. 상가건물은 임대료와 권리금이 수익률 판단이 기준이 된다.
2. 단지내 상가는 1,000세대 이상은 되어야 활성화가 가능
3. 상가입지는 접근성, 도로현황, 유도인구, 배후지 규모, 인구밀도, 소득수준, 소비성향, 연령층, 주변상권 등이 좌우하므로 이에 대한 분석이 필요
4. 대형 상가건물은 명도가 관건이므로 사전에 점유자 관계를 꼼꼼하게 챙겨 두어야 한다.
5. 지하층 건물이라고 해서 무조건 기피할 필요는 없다. 평수가 크고, 입지가 괜찮으면 지하층 건물도 매매, 임대수요가 있는 편이다(음악연 습장, 인력소개소 등 용도로 찾는 경우 있음).

(7) 공장건물

1) 진입도로
2) 운반용 엘리베이터, 리프트 유무(구건물은 없는 경우가 많은데 이것이 없으면 임차를 꺼리는 경우 있음)
3) 지하층 유무(구건물은 지하층이 있는 경우가 많음, 지층에 소음발생하는 업종이 들어오면 건물이 울리기 때문에 임차 꺼리는 경우 있음)
4) 층고(지은 지 오래된 건물은 층고가 낮은 편임, 층고가 너무 낮으면 업종이 따라 기피하는 경향 있음)
5) 산업폐기물처리 시설
6) 전기세, 수도세(매수인이 거의 인수)
7) 가급적 전용공단 내 위치한 건물이 유리

〈참고〉

1. 공장을 경매 받을 때는 인근에 있는 공장전문 공인중개사무소의 자문을 받는 것이 좋다.

2. 공장건물은 그 지역에 소재해 있는 기업이 잘 돌아가는지 잘 돌아가지 않는지, 그 지역의 경제상황이 좋은지 나쁜지에 따라 매매, 임대에 많은 영향을 미치기 때문에 이런 점도 체크해야 한다.

3. 오래된 공장건물을 싸게 매수하여 리모델링 또는 신축을 통한 수익창출 기대해볼 만하다.

4. 공장건물은 임대료를 면적 기준으로 정하는 것이 보통이다.

5. 산업집적활성화 및 공장설립에 관한 법률」 제20조 1항은 국민경제의 발전과 지역주민의 생활환경 조성 등을 위하여 부득이하다고 인정하여 대통령령으로 정하는 경우를 제외하고는 수도권정비계획법상 과밀억제권역 · 성장관리권역 및 자연보전권역에서는 공장건축면적 500제곱미터 이상의 공장(지식산업센터를 포함)을 신설 · 증설 또는 이전하거나 업종을 변경하는 행위를 <u>금지하고 있다.</u>

또한 같은 법 제40조 제1항은 경매나 그 밖의 법률에 따라 입주기업체의 산업용지 또는 공장 등을 취득한 자가 그 취득한 날부터 지식경제부령으로 정하는 기간 내에 입주계약을 체결하지 못한 경우에는 산업용지 및 공장 등을 입주기업체에 처분하려는 경우를 제외하고는 그 기간이 지난날부터 지식경제부령으로 정하는 기간(6개월) 내에 이를 제3자에게 양도하도록 의무규정을 두고 있다.

(8) 농지 . 임야

1) 도로(도로가 없으면 개설가능성 여부)
2) 마을과의 접근성
3) 고속도로, 철도 등과의 거리
4) 타인이 식재한 수목이 있는지(타인이 적접한 권원에 의해 식재한 수목이 있으면 토지이용에 막대한 지장이 초래된다)
5) 분묘(땅 평수가 크고 입지가 좋으면 분묘가 있어도 입찰 고려 대상)
6) 고압선 통과여부
7) 경사도(경사도 20도를 넘지 않아야 개발에 유리)
8) 공법상 제한사항(토지이용계획확인원, 관청에 문의)
9) 지역. 지구(농업진흥지역, 농업보호구역인지, 보전산지, 준보전산지)
10) 햇볕이 잘 드는 곳(햇볕 잘 들면 방향은 크게 고려할 필요 없다)
11) 토질(비가 오면 죽이 되는 토지, 먼지가 많은 토지는 피함)
12) 저수지와의 거리(가능한 500미터 이상)
13) 무허가 건축물,공작물 존재 여부
14) 위험요소(풍수해 발생)

〈**참고**〉

1. 농지는 잘만 투자하면 창고, 물류센타, 공장부지, 전원주택, 가든부지 등으로 활용가치가 높다.

2. 토지의 가치는 도로가 결정한다. 전원주택을 지으려면 최소 폭 4미터

의 진입도로를 확보해야 건축허가를 낼 수 있다.

3. 보존녹지, 그린벨트. 상수원보호구역, 군사시설 보호구역 등 규제에 묶인 땅, 인근마을과 멀리 떨어진 농지에 둘러싸인 땅은 건축허가를 받기 쉽지 않다.

4. 토지허가구역 내 농지를 경매 받아 매매하려면 특별한 경우가 아니면 2년은 농사를 지어야 하고, 임야는 3년은 보유할 생각을 해야 한다.

5. 농지를 경매 받을시 현실적으로 농사짓기 어렵다고 판단되는 고령자 명의로 받을 경우 농지취득자격증명 발급에 문제가 생길 수 있음을 유의한다.

6. 농지와 임야를 현장조사 할 때는 마을주민이나 이장의 협조를 받는 것이 좋다. 특히 임야는 네비게이션을 과신하면 안 된다.

제 3 절 입찰참가 절차와 방법경매물건 선정 방법

1. 입찰에 참가할 수 없거나 제한되는 자

(1) 매수신청 자격이 없는 자(민사집행규칙 제59조)

1) 채무자 겸 소유자

채권자, 물상보증인[46], 제3취득자[47]는 가능

2) 무능력자

미성년자 . 금치산자 . 한정치산자는 법정대리인이 응찰해야 하고 무능력자가 응찰 시 무효

3) 재경매에서 전(前) 낙찰자

4) 매각 부동산을 평가한 감정인

감정평가법인이 감정인인 때에는 그 감정평가법인 또는 소속 감정평가사

46) 채무자를 위해서 자기 소유 부동산을 담보로 제공한 자

47) 담보가 설정된 물건의 소유권 등을 취득한 자

5) 매각에 관여한 집행관 등

(2) 매수신청이 제한되는 자(민사집행법 제108조)

1) 다른 사람의 매수신청을 방해한 사람

2) 부당하게 다른 사람과 담합하거나 그 밖에 매각의 적정한 실시를 방해한 사람

3) 위 행위를 교사(敎唆)한 사람

4) 민사집행절차에서의 매각에 관하여 경매.입찰방해, 권리행사방해 등으로 유죄판결을 받고 그 판결 확정일부터 2년이 경과하지 않은 자

【매각장소의 질서유지에 관한 예규(재민92-3)】

제1조(목적)

이 예규는 매각장소의 질서를 보다 효율적으로 유지하기 위하여 민사집행법 제108조 제4호 해당자에 대한 판결확정사실의 보고 및 통지, 위 조항 해당자명단의 작성, 송부, 비치 및 휴대, 위 조항 해당자의 매각장소에의 입장 및 매수신청의 금지, 기타 매각장소에 있어서의 질서 교란행위의 감시 등에 관한 사항을 정함을 목적으로 한다.

제2조(판결확정사실의 보고 및 통지)

① 피고인에 대하여, 민사집행절차에서의 매각에 관하여 형법 제136조, 제137조, 제140조, 제140조의2, 제142조, 제315조 및 제323조 내지 제327조에 규정된 죄로 유죄의 판결이 선고되어 확정된 때에는, 당해 판결을 선고한 법원(제1심 판결이 항소되지 아니하고 확정된 때에는 그 제1심 법원, 항소심에서 항소기각 또는 파기자판으로 확정된 때에는 그 항소심 법원)의 법원장 또는 지원장은 그 확정일로부터 15일 이내에, 그 피고인의 주소, 성명, 주민등록번호, 직업, 범죄사실의 요지와 적용법조, 판결선고연월일 및 판결확정연월일을 판결등본을 첨부하여 법원행정처장(참조 재판사무국장)에게 보고하여야 한다.

② 법원행정처장은 제1항에 의하여 보고받은 내용 및 제1항 기재의 죄에 관하여 대법원에서 상고기각으로 확정된 경우에 있어서의 같은 항 기재의 각 사

항을 전국의 각 지방법원(지방법원 지원을 포함한다. 이하 같다)에 통지한다.

제3조(명단의 비치 등)

① 각 지방법원은 제2조 제2항에 의하여 통지받은 사항을 [전산양식 A3371] 에 의한 명단에 기재하여 비치하고, 그 부본을 소속 각 집행법원 및 집행관에게 송부하여야 한다.

② 집행법원이 매각허부의 결정을 함에 있어서는, 최고가매수신고인 또는 차순위매수신고인이 민사집행법 제108조 제4호의 사유에 해당하는 자인지의 여부를 제1항에 의하여 송부받은 명단과 대조하여 미리 확인하여야 한다.

제4조(집행관의 조치)

① 집행관은 제3조의 규정에 의하여 송부받은 명단을 사무실에 비치하고, 매각장소에서는 그 사본을 휴대하여야 한다.

② 집행관은 매각절차를 실시하기에 앞서 미리 제1항의 명단에 기재된 자에 대하여 매각장소에의 입장 및 매수의 신청을 금하여야 한다.

③ 집행관이 제2항의 조치를 취함에 있어서는 매각기일에 매각절차를 개시하기 전에 매각절차에 참여한 자들에게 그 뜻을 구두로 고지하는 외에, 매각장소의 출입구 기타 적당한 장소에 그 취지를 기재한 [전산양식 A3372] 에 의한 서면을 게시하여야 한다.

제5조(매각장소에 있어서의 질서교란행위의 감시 등)

① 집행관은 매각장소에서 매각절차를 진행함에 있어서 경매에 참여한 자 가운데 위력으로 타인의 매수신청을 방해하거나 기타의 방법으로 매각장소의 질서를 어지럽히는 자가 있는지의 여부를 예의 감시하여야 한다.

② 집행관은 제4조 제2항의 조치를 위하여 필요하다고 인정하는 때에는 언제든지 매각장소에 입장하려는 자, 입장하여 있는 자 또는 매수신청을 하려는 자에게 주민등록증 기타 신분증명서의 제시를 요구할 수 있다. 이 경우, 신분증명서의 제시를 요구받은 자가 이에 불응하는 때에는 그 자의 매각장소에의 입장의 금지, 매각장소에서의 퇴장, 매수신청의 금지를 명할 수 있다.

제6조(명단의 정리등)

① 각 지방법원은 제3조의 규정에 의하여 작성된 명단에 기재된 자에 대한 유죄판

결이 확정된 날로부터 2년이 경과한 때에는 지체없이 그 자를 명단에서 삭제하여야 한다.

② 각 지방법원은 제3조의 규정에 의하여 작성된 명단의 기재사항에 추가, 삭제 기타 변경이 있을 때마다 그 부본을 소속 각 집행법원 및 집행관에게 송부하여야 한다.

2. 대리인인 입찰시 유의 점

(1) 공동입찰에서 공동입찰자가 다른 공동입찰자를 대리하는 것은 제한이 없다.

(2) 부동산 입찰절차에서 동일물건에 대해 이해관계가 다른 2인 이상의 대리인이 된경우 그 대리인이 한 입찰은 무효가 된다(대법원 2004. 2. 13. 자 2003마44 결정).

(3) 현행법상 타인의 위임을 받아 경매를 대리할 수 있는 자는 변호사, 법무사, 중개법인, 부동산중개업자(단, 소정의 교육을 이수하고 한국공인중개사협회의 공제가입 한 다음 법원에 매수대리 등록을 마친 경우에 한한다)이다.

(4) 대리권흠결은 매각허가결정이 확정되면 하자가 치유되어 유효하게 된다.

〈위임장에 인감증명이 첨부되지 않은 경우 집행관이 취할 조치〉

기일입찰에서 입찰자의 대리인은 대리권을 증명하는 문서를 집행관에게 제출하여야 하므로(민사집행규칙 제62조 제4항), 임의대리의 경우 대리인은 진정성립이 증명되는 위임장을 제출하는 방법으로 대리권을 증명할 수 있는 것인바, 대리인이 집행관에게 제출한 위임장이 사문서로서 인감증명서가 첨부되어 있지 아니하거나 위임장과 인감증명서의 인영이 틀린 경우라 할지라도 최고가매수신고인 결정 전까지 인감증명서를 제출하거나 그 밖에 이에 준하는 확실한 방법으로 위임장의 진정성립을 증명한 때에는 유효한 입찰로 처리할 수 있다고 할 것이므로, 집행관은 입찰자의 대리인이 제출한 위임장에 인감증명서가 첨부되지 아니한 경우라 할지라도 최고가매수신고인 결정을 하기 전에 그 입찰자 또는 대리인에게 위와 같이 위임장의 진정성립을 증명할 기회를 부여하여야 한다. (대법원 2008.5.30. 자 2008그45 결정).

3. 입찰 참가 전 해야 할일

(1) 매수신고가격 결정

입찰에 참가하기 전 매수신고가격(입찰가)을 얼마로 할 것인지를 결정한다. 매수신고가는 부동산의 종류, 낙찰목적, 시세와 미래가치, 최저매각가격, 유찰횟수, 인근지역 유사물건의 최근 낙찰가율, 낙찰가능성 등 제반사정을 고려해서 결정해야 할 것이다. 입찰가를 결정할 때는 감정평가액은 참고자료만으로 활용해야 하고, 차순위매수신고를 할 것인지를 미리 정해 두는 것이 좋다.

(2) 금융대출 문제

매각잔금을 금융권에서 대출받아 납부할 계획이면 입찰참가 전 금융기관 대출담당자를 방문하여 대출가능 금액, 이자율, 상환방법 등을 미리 상담 받아 보는 것이 좋다. 금융기관의 매수잔금 대출한도는 시가가 아닌 낙찰가 기준으로 정하는 것이 보통이므로 대출한도가 일반 담보대출보다는 낮은 편이다. 대출기간은 대략 2주 정도 잡으면 된다. 유치권 걸린 물건, 법정지상권 걸린 물건은 금융권대출 받기가 어렵다고 보면 된다.

(3) 경매진행상황 최종 점검

입찰참가 직전 대법원홈페이지에 들어가서 경매사건의 진행상황을 최종 확인해 보는 것이 좋다. 당해 경매사건이 갑자기 취하되거나 변경 또는 연기되는 경우가 있다. 매각기일이 갑자기 변경 또는 연기되는 경우는 법원이 무잉여, 과잉매각 여부 등을 판단하기 위한 경우, 매각물건명세서 열람 이후에 매각에 중요한 영향을 미치는 변동사항이 발생하여 매각물건명세서 기재사항이 변경 또는 추가된 경우, 채권자의 기일연기 신청에 따른 기일변경 등이 있다.

(4) 경매진행상황 최종 점검

입찰참가 직전 대법원홈페이지에 들어가서 경매사건의 진행상황을 최종 확인해 보는 것이 좋다. 당해 경매사건이 갑자기 취하되거나 변경 또는 연기되는 경우가 있다. 매각기일이 갑자기 변경 또는 연기되는 경우는 법원이 무잉여, 과잉매각 여부 등을 판단하기 위한 경우, 매각물건명세서 열람 이후에 매각에 중요한 영향을 미치는 변동사항이 발생하여 매각물건명세서 기재사항이 변경 또는 추가된 경우, 채권자의 기일연기 신청에 따른 기일변경 등이 있다.

(5) 경매기록 등 열람

1) 매각물건명세서 열람

① **매각물건명세서란**

경매물건에 대한 매각과 관련하여 법으로 정한 사항을 기재한 명세서를 매각물건명세서라고 한다. 매각물건명세서는 매각에 중요한 영향을 미치는 사항을 기재하므로 입찰에 참가하기 전 반드시 열람해서 참조해야 한다. 매각물건명세서는 매각기일 1주일 전부터 대법원 경매사이트와 법원경매과 열람대에서 사본을 열람할 수 있고, 입찰당일에는 입찰개시 전까지 경매법정에서 열람할 수 있다.

② **매각명세서에 기재할 사항**

㉠ 최선순위 저당권 설정일자
㉡ 부동산의 점유자, 점유권원, 점유기간, 차임 . 보증금에 관한 관계인 진술
㉢ 임차인의 배당요구 신청여부와 그 일자, 전입신고일자 또는 사업자등록신청일자, 확정일자의 유무, 그 일자
㉣ 매각으로 소멸되지 않는 등기된 부동산 위의 권리 또는 가처분
㉤ 법정지상권에 해당될 여지가 있는 부동산이 있으면 그 개요
㉥ 매각목적물에서 제외되는 미등기건물이 있을 경우 그 취지
㉦ 최선순위설정보다 먼저 설정된 가등기담보권 또는 가압류, 또는 소멸되는 전세권이 있는 때는 그 담보가등기, 가압류, 전세권설정일자
㉧ 유치권이 성립될 여지가 있는 점유자가 있으면 그 개요
㉨ 체납관리비 여부 등

2) 집행관현황조사보고서 열람

① **집행관현황조사보고서란**

집행관현황조사보고서란 집행관이 당해 부동산에 대한 현황 등을 조사하여 법원에 보고한 문서를 말한다. 현황조사보고서는 점유관계, 임차인, 유치권, 법정지상권 유무, 분묘 존재 등 부동산에 대한 전반적인 현황이 기재되어 있기 때문에 입찰에 참가하기 전 필히 열람해서 참고해야 한다. 매각기일 2주 전부터는 대법원 법원경매정보 사이트에 들어가서 열람할 수 있고, 매각기일 1주일 전부터는 경매과 열람대에서 사본을 열람할 수 있다. 입찰기일 당일에는 경매법정에서 입찰개시 전까지 열람할 수 있다.

② 현황조사보고서 열람 시 유의점

집행관의 현황조사가 완벽하다고 보면 안 된다. 실제로 경매에서 부동산현황이라든지 임차인관계 등이 누락되는 경우가 있다. 신축된 지 얼마 안 된 소규모 아파트라든지 다세대 주택 같은 경우 부속대지가 인근 토지를 침범해 있는 등 장래 법적분쟁이 예상되는데도 소유자가 제대로 고지하지 않으면 집행관도 알지 못하여 조사에서 누락되는 경우가 있다(경기도 소재 모아파트 경매에서 실제 사례 있음). 또 집행관현황조사보고서 기재사항 중 가장 중요한 것은 점유관계 부분이다. 현황보사보고서에 '폐문부재'로 점유자조사가 제대로 이루어지지 않은 것으로 나타나는 경우가 있다. 이런 경우 직접 조사를 해보아야 한다.

또한 공사가 미완공 상태에서 경매가 진행되거나 신축한 지 얼마 안 된 건물이 경매될 경우 유치권자가 주민등록 전입신고를 하고 거주하면서 유치권행사를 하는 경우가 있다. 이런 경우 점유자가 실제로 받을 공사대금 채권이 있어서 임대차계약을 체결하고 소멸기준권리보다 먼저 대항력을 갖추면 설령 유치권은 대항력이 없더라도 임차권으로 대항할 수 있는 경우가 있기 때문에 이점 유의해야 한다.

3) 감정평가서 열람

① 감정평가서란

감정평가서란 감정평가업자가 경매대상 부동산에 대한 가격을 평가하여 법원에 보고하는 문서를 말한다. 최저매각가격을 정하기 위해 감정평가를 한다. 감정평가서는 평가표 . 평가의견서 . 평가명세표 . 위치도면 . 건물개황도 . 사진 등으로 구성되어 있으며, 가격평가시점, 조사기간, 감정평가서 작성일자, 평가가격, 평가방법, 가격배분 기준, 위치, 주위환경, 교통상황, 건물구조, 이용상태, 설비내역, 노후정도, 토지의 형상 및 이용상태, 인접도로상태 등과 토지이용계획 및 제한상태, 공부와의 차이, 임대관계, 기타 참고사항 등이 나타나 있다. 열람방법은 집행관현황조사보고서와 같다.

② 감정평가 가격의 신뢰성

감정평가업자가 평가한 가격은 물건에 따라 차이는 있겠지만 경매시장에서는 시세보다 약간 높게 평가되는 것으로 보는 것이 대세이다. 단정하기 어렵지만, 유찰율이라든가, 채무자 측에 대한 배려, 감정가격에 따른 평가수수료의 차이 등 여러 가지 이유가 있을 수 있다고 본다. 가격을 평가함에 있어 인근중개업소의 의견을 많이 참작한다. 감정평가액은 시세와는 맞지 않는 경우가 많기 때문에 감정평가액은 참조만 하고 본인이 직접 시세를 조사해 보아야 한다.

③ 감정평가서의 체크 포인트

감정평가서를 볼 때는 공부상 표시와 현황이 일치하는지 여부, 감정시점, 즉 부동산시장이 호황기 때 평가한 가격인지, 불황기 때 평가한 가격인지를 살펴볼 필요가 있다.

④ 부실감정에 따른 손해배상 책임 문제

대법원은 감정평가업자의 부실감정으로 손해를 입은 자는 불법행위로 인한 손해배상청구권을 행사 할 수 있다고 판시하고 있다(대법원 1998.9.22. 선고 97다36293 판결). 잘못된 감정평가에 터잡아 최저매각가격이 결정된 경우 매각기일 전이면 집행이의로 다툴 수 있고, 매각기일 이후에는 매각허가에 대한 이의 또는 매각허가결정에 대한 이의신청, 즉시항고를 통해 다툴 수 있다.

4) 전입세대열람

법원경매에 참가하고자 하는 자는 주민등록법시행규칙 제14조에 따라 해당 물건소재지에 주민등록이 되어 있는 세대주와 동일 세대별 주민등록표 상의 동거인(말소 또는 거주불명 등록된 사람을 포함한다)의 성명과 전입일자를 열람하게 할 수 있고, 동일 세대별 주민등록표상의 세대원이 세대주보다 전입일자가 빠른 경우에는 그 세대원의 성명과 전입일자를 열람하게 할 수 있다. 그 밖에도 신용정보업자, 감정평가업자, 해당 물건의 소유자 본인 및 그 세대원, 저당권설정을 위한 금융기관, 해당 물건의 매매계약자, 임대차계약자, 집행관 등도 전입세대 열람신청을 할 수 있다.

경매참가자가 해당 물건소재지에 주민등록이 되어 있는 전입세대 열람을 하려면 가까운 주민센터를 방문하여 그곳에 비치된 주민등록전입세대 열람신청서를 작성하여 해당 부동산이 경매가 진행되고 있음을 알 수 있는 자료(경매정보지, 대법원경매사건열람프린트물 등)와 함께 제출하면 열람을 제공해 주고 있으므로 현장조사 및 권리분석 할 때 이러한 제도를 활용할 필요가 있다.

5) 상가임대차 등록사항 열람

건물의 임대차에 이해관계가 있는 자는 건물의 소재지 관할 세무서장에게 등록사항 등의 열람 또는 제공을 요청할 수 있다. 이때 관할 세무서장은 정당한 사유 없이 이를 거부할 수 없다(상가임대차보호법 제4조). 하지만 아쉽게도 경매참가자에게는 열람을 제공하지 않고 있으므로 입찰참가 전에 상가임대차 등록사항을 열람하고자 할 때는 이해관계인의 협조를 얻을 수밖에 없다.

① 열람.제공 신청 이해관계인의 범위

㉠ 해당 상가건물의 임대인 및 임차인
㉡ 채권채무관계에 의해 해당 상가건물 등기부등본에 등기된 권리자(근저당권자. 가압류권자 등)
㉢ 열람 또는 제공과 관련하여 법원의 판결을 받은 사람
㉣ 임대인 . 임차인 또는 등기부등본상의 권리자가 부재자인 경우 민법 제22조에 따른 재산관리인
㉤ 위의 사항에 준하는 사람으로 세무서장이 필요하다고 인정하는 이해관계인

② 열람.제공 대상

㉠ 임대인·임차인의 성명, 주소, 주민등록번호(임대인·임차인이 법인이거나 법인 아닌 단체인 경우에는 법인명 또는 단체명, 대표자, 법인등록번호, 본점·사업장 소재지)
㉡ 건물의 소재지, 임대차 목적물 및 면적
㉢ 사업자등록 신청일
㉣ 사업자등록 신청일 당시의 보증금 및 차임, 임대차기간
㉤ 임대차계약서상의 확정일자를 받은 날

ⓗ 임대차계약이 변경되거나 갱신된 경우에는 변경·갱신된 날짜, 보증금 및 차임, 임대차기간, 새로운 확정일자를 받은 날

ⓢ 임대차의 목적이 건물의 일부분인 경우 그 부분의 도면

③ 신청 구비서류

㉠ 임대인

신청인의 신분증, 건물 등기부등본(대리인 신청시 인감증명 첨부한 위임장)

㉡ 임차인

신청인의 신분증, 임대차계약서(대리인 신청시 인감증명 첨부한 위임장)

㉢ 채권자

등기부등본, 판결문 등 채권서류 등 관련자료, 신분증(대리인 신청시 인감증명 첨부한 위임장)

〈경매기록 원본 열람. 복사신청권〉

1. 경매기록 원본 열람.복사 신청권자

경매기록 원본은 경매절차의 당사자 및 앞에서 설명한 민사집행법 제90조, 제268조의 이해관계인 및 이해관계인 이외의 사람으로서 이해관계를 소명한 제3자에 한하여 열람이 허용된다. 경매절차상 이해관계인 외의 사람으로 경매기록에 대한 열람·복사를 신청할 수 있는 이해관계인의 범위는 다음과 같다(재민 2004-3).

(1) 파산관재인이 집행당사자가 된 경우의 파산자인 채무자와 소유자

(2) 최고가매수신고인과 차순위매수신고인, 매수인, 자기가 적법한

최고가 매수신고인 또는 차순위매수신고인임을 주장하는 사람으로서 매수신고시 제공한 보증을 찾아가지 아니한 매수신고인 (3) 민법·상법, 그 밖의 법률에 의하여 우선변제청구권이 있는 배당요구채권자 (4) 대항요건을 구비하지 못한 임차인으로서 현황조사보고서에 표시되어 있는 사람 (5) 건물을 매각하는 경우의 그 대지 소유자, 대지를 매각하는 경우의 그 지상 건물 소유자 (6) 가압류채권자, 가처분채권자(점유이전금지가처분 채권자를 포함한다) (7) 「부도공공건설임대주택 임차인 보호를 위한 특별법」의 규정에 의하여 부도임대주택의 임차인대표회의 또는 임차인 등으로부터 부도임대주택의 매입을 요청받은 주택매입사업시행자

4. 입찰참가시 준비물

본인이 직접 참가할 때는 신분증, 도장, 입찰보증금 또는 경매보증보험증권, 대리인 참가시 위임장(인감증명첨부), 대리인 신분증, 대리인 도장, 입찰보증금 또는 경매보증보험증권을 준비한다. 법인의 경우 법인등기부등본, 법인도장이 필요하다.

대리참가시 위임장은 형식이 정해져 있지 않으므로 양식에 구애받지 않고 작성하면 된다. 다만, 입찰당일에 입찰표 뒷면 위임장 양식을 이용하려면 본인 인감도장을 지참해야 한다.

5. 입찰보증 준비 요령

(1) 현금으로 제공할 경우

입찰보증은 현금, 자기앞수표(당좌수표.가계수표 불가), 경매보증보험증권 중 하나를 입찰표와 함께 제공하면 되고, 입찰보증금은 매수신고가격을 기준으로 하지 않고, 최저매각 가격을 기준으로 제공한다. 입찰기일 전날까지 입찰보증금을 미리 준비하는 것이 좋다. 입찰보증금을 준비할 때는 제공할 보증금이 최저경매가의 10%인지 20%인지를 잘 확인해야 한다. 현금으로 제공할 경우 미리 은행에서 한 장짜리 자기앞수표로 준비하는 것이 좋고, 보증서로 제공할 때는 입찰기일 하루 전까지 앞에서 설명한 내용대로 보증보험회사와 지급위탁계약을 체결하고 보증보험증권을 교부받아야 한다. 은행 자기앞수표는 지급제시 기간이 입찰기일로부터 5일 이상 남아 있어야 한다(은행에서 자기앞수표를 끊을 때는 금액이 부족하지 않도록 주의).

(2) 경매보증보험증권으로 제공할 경우

기일입찰이든 기간입찰이든 보증보험사와 지급위탁계약을 체결하고 보증보험사로부터 교부받은 경매보증보험증권을 제출하는 방법으로 입찰보증을 제공할 수 있다.

보증보험증권으로 입찰보증금을 대신할 때는 증권에 기재된 보험가입금액이 매수신청보증액에 미달하지 않는지, 보험가입자 본인과 입찰자 본인의 성명 등이 일치하는지를 잘 챙겨보아야 한다.

1) 법원경매에서 지급보증위탁계약체결문서란

법원경매에서 제공하는 입찰보증 제공방법 중 하나인 지급보증위탁계약체결문서는 보증보험회사가 경매에서 입찰에 참가하려는 사람과 사이에 낙찰자(매수인)로 결정되었음에도 매각잔금을 납부하지 않으면 법원이 몰취하여 배당금에 산입시켜야할 입찰보증금을 보증보험사가 대신 법원에 지급하겠다는 내용의 지급보증위탁계약을 체결하고, 보증보험사가 교부한 경매보증보험증권을 말한다. 지급보증위탁계약체결문서는 법원이 가압류 . 가처분에 대한 결정을 하면서 그에 대한 손해담보 제공방법으로 많이 있고, 기타 형사재판에 기소된 피고인에게 보석을 허가할 때 그에 대한 보석보증금 제공방법 등으로도 이용되고 있다.

지급보증위탁계약체결문서에 대한 담보제공이 허용되지 않는 경우〉

① 가집행선고 있는 판결에 대하여 상소제기가 있는 때의 강제집행의 일시정지를 위한 담보
② 청구이의의 소의 제기가 있는 때의 강제집행의 일시정지를 위한 담보
③ 민사소송법 제299조 제2항의 규정에 따른 소명에 갈음한 보증
④ 매각허가결정에 대한 항고에 있어서의 보증(민사집행법 제130조 제3항, 제268조,제269조)
⑤ 가압류해방금액(동법 제282조)
⑥ 그 밖에 담보제공의 성질상 제1호 내지 제5호에 준하는 경우

2) 경매보증보험증권 발급 절차 등 안내

① 가입절차

서울보증보험(주) 전국지점 어디에서든 취급하고 있다. 법원 근처에 흔히 볼 수 있는 대리점에서는 취급하지 않는다. 경매보증보험에 가입하려면 신분증, 도장, 입찰공고문 사본(매각공고 내용 확인 가능시 생략가능), 보증보험수수료를 지참하면 된다. 본인의 신용도에 따라 가입이 제한될 수 있다.

② 보험가입 내용

㉠ 보험계약자 : 경매입찰에 응찰하고자 하는 사람

㉡ 보험가입금액 : 매각공고서상의 최저매각가격의 1/10

단, 매각공고서상에 특별매각조건(2/10또는3/10)을 정한 경우에는 그에 따름.

③ 보상하는 손해

법원경매의 응찰자가 경매입찰에 참가하여 낙찰자로 결정되었음에도 불구하고 매수대금을 납부하지 않음으로써 법원이 배당금에 산입시켜야 할 금액을 경매법원의 청구에 의해 보상한다.

④ 보험요율

낙찰 받고자 하는 물건종류에 따라 다르다. 아파트의 경우 기본요율이 계약당 최저매각가격의 0.65%이다. 예컨대 낙찰 받고자 하는 물건의 최저매각가격이 1억원이면 보증금은 1천만원을 제출해야 하므로 보험료로 6만 5천원(1천만원 X 0.65%)을 부담하면 된다.

⑤ 보험료의 환급

㉠ 환급사유

ㅂ험계약자가 입찰기일 전에 보험증권을 회시에 반환한 때

. 입찰기일 전 또는 개찰기일 전에 경매절차가 취하 또는 취소된 때

. 보험계약자의 청약내용 고지 오류 또는 기재 오기 등으로 피보험자가 보험증권의 수취를 거부한 때

단, 보험증권을 경매입찰에 참가하여 사용한 경우에는 환급하지 않는다.

㉡ 환급보험료

상기의 사유로 보험료의 환급을 청구하는 경우에는 납입보험료에서 최저보험료(15,000원)를 공제한 후 환급한다(환급보험료 = 납입보험료 - 최저보험료).

예컨대 경매사건의 최저매각가격 1억원, 입찰보증금 10/100, 물건종류가 아파트인 경우에 증권불이용으로 환급요청 시 66,300원 = 81,300원(1,000만원 x 0.813%) - 15,000원

㉢ 환급절차

보증보험증권 뒷면의 법원확인란에 법원사무관 또는 법원주사의 확인을 받아 보증보험사에 제출해야 한다.

3) 경매보증보험증권으로 낙찰 받고 대금납부하지 않으면

입찰에 참가하여 낙찰을 받고 대금을 납부하지 않으면 입찰보증금을 몰취하여 배당재단에 편입시켜 채권자에게 배당한다. 그런데 경매보증보험증권을 발급받아 입찰에 참가하여 낙찰을 받고 대금을 납부하지 않으면 경매법원은 보증보험사에 입찰보증금을 청구하고 보증보험사는 법원의 청구에 따라 지급보증 한 입찰보증금을 법원에 납부한 다음 보증보험사는 보험가입자에게 해당 금액에 대한 구상권을 행사하고 금융불량거래자로 등재된다. 따라서 보증보험증권으로 낙찰 받았다가 잔금을 납부하지 않으려면 경매보증보험증권을 발급받은 지점에 연락하여 보증보험사가 법원에 대신 변제할 입찰보증금을 사전에 납부해야만 불이익을 면할 수 있다.

6. 부동산 매각방법

법원에서 실시하는 부동산 경매는 기일입찰, 기간입찰, 호가경매 세 가지 방법으로 매각하도록 되어 있다(민사집행규칙 제61조 내지 72조). 그 중 기일입찰이 대부분을 차지하고 있고, 기간입찰은 법원의 사정에 따라 가끔 실시되는 편이다. 호가경매는 농수산물 경매처럼 말로 가격을 부르고 가장 높은 가격을 부른 사람이 낙찰을 받는 방법인데, 호가경매는 거의 20년 동안 실시되지 않고 있어서 특별한 사정이 없으면 앞으로도 실시되지 않을 것으로 보인다.

(1) 기일입찰과 기간입찰의 차이점

1) 기일입찰이란

기일입찰은 법원이 정한 매각기일에 경매에 붙여진 부동산을 낙찰받고 싶은 사람들이 경매법정에 가서 담당집행관이 주재한 가운데 입찰표를 작성해서 입찰보증금과 입찰표, 위임장 등 관계서류를 입찰봉투에 넣어 입찰마간 전까지 입찰함에 투입한 다음 입찰을 개시한 때로부터 1시간이 지나면 입찰을 마감하여 입찰함에 있는 입찰봉투를 꺼내 개봉한 다음 그 중 가장 높은 가격을 쓴 사람을 최고가매수신고인으로 결정하는 방법으로 매각하는 것을 기일입찰이라고 한다. 기일입찰은 서울관내 법원은 오전 10시부터 약 10분간 집행관이 입찰안내를 하고, 10시 10분부터 입찰을 개시해서 오전 11시 10분경에 마감하는 것이 보통이고, 경기도 등 기타 지역은 오전 10시 30분부터 입찰을 개시하여 오전 11시 40분경에 마감하는 것이 보통이다.

2) 기간입찰이란

기간입찰은 입찰 당일 입찰법정에 가지 않고 대신 법원이 정한 입찰기일 안에 입찰표와 입찰보증금(또는 경매보증보험증권) 및 대리인이 있을 경우 위임장 등 관계서류를 기간입찰봉투(연두색 큰 봉투)에 넣어 관할법원 집행관사무소를 직접 방문 제출하거나 또는 등기우편으로 제출한 다음 입찰기간이 지나면 법원이 정한 개찰기일에 경매법정에서 개찰을 실시하여 입찰표에 가장 높은 가격을 쓴 사람을 최고가매수신고인으로 결정하는 방법으로 매각하는 것을 말한다.

3) 기일입찰과 기간입찰이 다른 점

① 기일입찰은 매각기일에 경매법정에서 매각이 이루어지지만 기간입찰은 입찰기일에는 경매법정에 가지 않고 입찰표 등을 미리 법원이 정한 기간 안에 제출한 다음 개찰기일에 가서 경매법정에서 입찰표를 개찰하여 최고가매수신고인을 결정한다.

② 기일입찰은 입찰보증 제공방법이 현금 또는 은행자기앞 수표, 경매보증보험증권, 은행의 지급보증서 중 한 가지 방법으로 제공할 수 있지만, 기간입찰은 현금 또는 은행자기앞 수표로는 제공할 수 없고, 대신 현금입금증명서, 경매보증보험증권, 은행의 지급보증서 중 한 가지 방법으로만 제공할 수 있다.

③ 기일입찰은 입찰에서 떨어지면 그 자리에서 입찰보증금을 반환해 주지만, 기간 입찰은 환급계좌로만 반환된다.

④ 그 밖에 나머지 절차는 차이가 없다.

7. 기일 입찰참가 요령

(1) 입찰시간

기일입찰의 경우 서울관내 법원은 오전 10시에 시작하여 오전 11시 10분경에 입찰을 마감하는 것이 보통이고, 서울지역을 제외한 법원에서는 보통 오전 10시 30분에 시작하여 오전 11시 40분에 입찰을 마감하는 보통이다. 담당집행관이 약 10분 정도 찰 안내를 마치고 나서 입찰개시를 고지하면 종이 울리면서 입찰이 개시된다.

(2) 경매법정에서 행동요령

1) 경매법정 분위기에 휩쓸려 즉흥적으로 입찰가를 쓰지 않도록 한다.

고민 끝에 입찰가를 결정했지만 경매법정 분위기에 휩쓸려 입찰가를 너무 높이 쓰다가는 손해 볼 수 있다. 경매물건은 얼마든지 나오게 되어 있다.

2) 입찰 당일 경매법정에서 내가 입찰에 참가하려는 물건의 경매기록을 보는 사람 이 얼마정도인지 체크해보면 경쟁자가 얼마정도인지 대충 파악할 수 있다.

3) 입찰표 기재사항을 수정해야 할지 모르는 경우를 대비해서 여유분으로 입찰표 한 장을 더 챙겨 두는 것이 좋다.

4) 입찰함에 입찰봉투를 너무 일찍 넣지 말고 입찰분위기를 봐가면서 넣는 것이 좋다.

5) 공유자우선매수신고를 할 생각이면 경매법정 앞부분에 자리를 잡는 것이 좋다(경매법정이 복잡할 때가 많아서 뒤에 있다가는 집행관이 공유자우선매수신고를 하겠다는 말을 듣지 못하고 최고가매수신고인을 결정해 버릴 수 있다).

6) 농지에 대한 최고가매수신고인으로 결정되면 입찰조서에 서명날인 할 때 그 자리에서 집행관사무원에게 최고가매수신고증명서를 교부 달라하여 챙겨두는 것이 좋다.

(3) 입찰표 작성시 주의할 점

1) 입찰표를 기재할 때는 경매법정의 기재대에서 쓰지 않아도 된다. 법원구내 식당이나 인근 커피숍 등 자신이 편리한 곳에서 작성해서 입찰마감 전까지 입찰함에 입찰봉투를 넣으면 된다.
2) 입찰표를 기재할 때는 다른 사람이 보지 않도록 주의하고, 말을 삼가는 것이 좋다. 당신의 경쟁자가 주변에 있을지 모른다.
3) 하나의 경매사건에서 여러 개의 물건이 개별적으로 경매될 경우 1개 이상 부동산을 낙찰 받고자 하면 물건마다 입찰표를 따로 따로 작성해야 한다(단, 여러 개의 물건을 하나로 묶어 실시하는 일괄입찰일 경우에는 물건 개수에 상관없이 용지 한 장을 사용한다).

-입찰표 한 장에 2개 이상 물건 기재하면 입찰이 무효가 된다.

4) 하나의 사건에서 여러 개의 부동산을 개별적으로 매각하는 경우 사건번호 뿐 아니라 물건번호를 꼭 기재해야 하고 물건번호를 기재하지 않으면 입찰이 무효가 된다(예 : 물건번호1, 물건번호2).
5) 입찰가격은 수정하면 무효가 된다(대결 1994. 8. 8, 94마1150). 수정을 해야 하면 입찰표를 한 장 더 달라 해서 새 용지에 작성한다.
6) 일단 제출된 입찰표는 취소나 변경, 교환이 불가능하다.
7) 입찰가격(매수신고가격)을 최저매각가격 미만으로 기재하면 무효가 된다.

다만, 입찰표의 보증금액란의 기재는 입찰절차 운용의 편의상 부가된 기재사항에 지나지 아니하는 것으로 풀이되므로 입찰가액의 10분의 1에 해당하는 금액이 현실적으로 입찰보증금으로 제공된 이상, 그 입찰표 자체를 무효로 처리할 것은 아니라는 하급심 판례가 있다(부산지법 1996. 7. 29. 자 96라123 결정).

8) 매수희망가격을 적을 때는 동그라미(0)하나 더 쓰거나 덜 쓰는 것에 주의해야 한다. 실제로 있었던 일이지만 1억6천으로 기재할 것을 16억 6천으로 기재하는 경우가 생길 수 있다. 이 경우 법원의 태도는 입찰표 기재를 잘못한 것은 본인의 중대한 과실로 보고 매각불허가결정을 받아들이지 않고 있다(서울지법 1995. 8. 25. 자 95라1238 결정). 이 경우에는 16억 6천에 낙찰을 받던지 입찰보증금을 포기하던지 선택해야 한다.

(4) 입찰표 투입요령

1) 입찰표 기재를 마쳤으면 기재사항에 착오가 없는지 다시 한 번 꼼꼼하게 살핀다.
2) 그 다음 입찰보증금을 매수신청보증봉투(하얀 색 작은 봉투)에 넣고, 봉투 앞면에 사건번호, 물건번호, 제출자 이름을 기재하고, 봉투 뒷면에 있는 도장날인 표시부분(3곳)에 도장을 찍는다. 봉투는 풀로 붙이지 않아도 된다.
3) 입찰보증금은 부족하지 않도록 잘 살펴서 넣도록 한다(다소 많으면 상관없다).
4) 그 다음 입찰표와 임찰보증금 봉투 및 관련서류(대리인 입찰시 위임장, 인감증명서, 법인의 경우 법인등기부등본 등)를 입찰봉투(황색 큰 봉투)에 넣고, 봉투 앞면에 있는 사건번호, 물건번호, 제출자 이름을 기재하고, 봉투 뒷면 (인)으로 표시된 부분에 도장을 찍는다.
5) 그 다음 봉투를 반으로 접어 회치키스로 찍은 다음 법대에 앉아 있는 집행관에게 가지고 가서 큰 봉투 입찰자 수취증 연결부분에

집행관의 도장을 받고 그 옆에 있는 집행관사무소 직원으로부터 입찰자 수취증을 교부받고 나서 입찰봉투를 법대 앞에 있는 입찰함에 투입하면 된다.

6) 수취증은 입찰에서 떨어졌을 때 당일 입찰법정에서 입찰보증금 반환받을 때 교환하므로 분실하지 않도록 한다.

(5) 개찰과 최고가매수.차순위매수신고 요령

1) 입찰을 개시한 때로부터 1시간이 지나면 집행관이 입찰마감을 마감하겠다고 고지하고 종이 울리면서 입찰이 마감된다.
2) 입찰이 마감되면 집행관사무소 직원이 입찰함에서 입찰봉투를 꺼내서 사건별로 분류를 하고, 분류작업이 마치면, 집행관이 개찰을 해서 최고가매수신고인 및 차순위매수신고인을 결정한다.
3) 집행관으로부터 최고가매수신고인으로 호명되면 신분증, 도장 가지고 법대 앞으로 가서 집행관사무소 직원 안내에 따라 입찰조서에 최고가매수신고인으로 서명날인을 하면 입찰절차를 마치게 된다.
4) 이때 농지에 대한 최고가매수신고인이 된 경우에는 그 자리에서 최고가매수신고증명서를 교부해 달라고 하여 교부를 받는다.
5) 집행관이 차순위매수신고인으로 호명한 사람은 신고여부는 자유이기 때문에 잘 판단해서 차순위매수신고를 할 것인지를 결정하고 신고할 생각이면 집행관사무소 직원의 안내를 받아 입찰조서에 차순위매수신고인으로 서명날인을 하면 된다.

〈차순위매수신고 자격요건〉

차순위매수신고인이 입찰표에 매수신고한 가격이 최고가매수신고인이 신고한 가격에서 그 입찰보증금을 공제한 금액을 넘어야 하고, 그 미만일 때는 차순위매수신고를 할 수 없다. 예컨대 해당 입찰기일에 입찰최저가격이 8,000만원인데, 최고가매수신고인이 1억원을 쓴 경우, 입찰보증금은 800만원이므로 차순위매수신고액이 쓴 가격이 9,200만원(1억원 - 800만원)을 넘어야 한다.

[기일입찰조서]

서울중앙지방법원

기일입찰조서

사 건 2○○○타경 ○○○○호 부동산(강제)임의경매

채권자 ○○○

채무자 ○○○

부동산의 표시 : 별지목록기재와 같다(/ 번 물건)

입찰기일 : 2○○○. ○. ○. 10:00

입찰 및 개찰장소 : 서울중앙지방법원 별관 제211호 법정

다음과 같이 입찰절차를 진행하였다.

1. 매각물건명세서, 현황조사보고서 및 평가서 사본을 보게 하였다.
2. 특별매각조건을 고지하였다.
3. 최저매각가격 1/10(또는 2/10)의 보증을 제공하지 않으면 매수신청을 할 수 없음을고지하였다.
4. 같은 날 10:00에 입찰을 최고하고, 입찰마감시각과 개찰시각을 고지

하였다.
5. 같은 날 11:10에 입찰을 마감하고, 11: 20에 입찰자를 참여하게 하고 입찰표를 개봉하여 낭독하였다.
6. 입찰자 홍길동이 별첨 입찰표 기재와 같이 입찰하였다.
7. 최고가매수신고인의 성명, 그 입찰가격, 보증금액은 별첨 입찰표 1번 기재와 같고, 그 성명과 입찰가격을 불렀다.
8. 최고가매수인으로부터 위 보증금을 징수하고 영수증을 내어 주었다.
9. 같은날 12: 30에 입찰절차의 종결을 고지하였다.
※ 첨부서류 : 입찰표 1통
이 조서를 현장에서 작성하여 이해관계인에게 읽어준(보여준)즉 승인하고, 다음에 서명날인하였다.

2○○○. ○. ○.

집행관 ○○○ (인)
최고가매수신고인 ○○○ (인)

(6) 입찰보증금반환

입찰이 끝나고 낙찰에서 떨어지면 현금으로 보증제공시 그 자리에서 반환 받고, 경매보증보험증권으로 보증제공시 집행관 또는 경매담당 사무관의 확인을 받아 서울보증보험주식회사에 보증증권을 제출하면 보증보험료를 반환받을 수 있다.

(7) 공유자우선매수신고 요령

입찰기일 전에 공유자우선매수신고를 한 경우에는 집행관이 해당 사건을 부르면 앞으로 나가서 집행관사무소 직원 안내에 따라 공유자우선매수신고 절차를 밟으면 되고, 사전에 공유자우선매수신고를 하지 않은 경우 최고가매수신고인이 나타나면 집행관이 "이 사건에 공유자우선매수신고 할 분은 앞으로 나오세요" 할 때 앞으로 나가서 공유자우선매수를 하겠다고 말하고, 그 자리에서 집행관사무소 안내를 받아 공유자우선매수신고서를 제출하고, 입찰보증금을 제공한 다음 입찰조서에 공유자우선매수인으로 서명날인 하면 된다.

［공유자 우선매수신고서］

공유자 우선매수신고서

사　건　2○○○타경○○○○○ 부동산강제(임의)경매
채권자　○○○
채무자 겸 소유자 ○○○
공유자 ○○○
▣ **매각기일**　2○○○. ○. ○. OO:OO
부동산의 표시 : 별지와 같음

공유자는 민사집행법 제140조 제1항의 규정에 의하여 매각기일까지(집행관이 민사집행법 제115조 제1항에 따라 최고가매수신고인의 성명과 가격을 부르고 매각기일을 종결한다고 고지하기 전까지) **민사집행법 제113조에 따른 매수신청보증을 제공하고** 최고매수신고가격과 같은 가격으로 채무자의 지분을 우선매수하겠다는 신고를 합니다.

첨부서류

1. 공유자의 주민등록표 등본 또는 초본 1통

2. 기타(   )

2○○○. ○. ○.

우선매수신고인(공유자) ○○○ (인)
(연락처 :   )

○○지방법원 귀중

임대주택법에 따른 임차인 우선매수신고서

사 건 2○○○타경○○○○호 부동산강제(임의)경매
채권자 ○○○
채무자(소유자) ○○○
▣ **매각기일** 2○○○. ○. ○. OO:OO
부동산의 표시 : 별지와 같음

임차인은 임대주택법 제15조의2 제1항의 규정에 의하여 매각기일까지(집행관이 민사집행법 제115조 제1항에 따라 최고가매수신고인의 성명과 가격을 부르고 매각기일을 종결한다고 고지하기 전까지) **민사집행법 제113조에 따른 매수신청보증을 제공하고** 최고매수신고가격과 같은 가격으로 채무자인 임대사업자의 임대주택을 우선매수하겠다는 신고를 합니다.

첨부서류

1. 임차인의 주민등록표 등본 또는 초본 1통
2. 기타(   )

2○○○. ○. ○.

우선매수신고인(임차인) ㊞
(연락처 :)

○○지방법원 귀중

(8) 공동입찰 요령

1) 공동입찰이란

하나의 경매물건을 여러 명이 공동으로 입찰하는 것을 공동입찰이라 한다.

2) 공동입찰 방법

공동입찰 할 때는 입찰표와 공동입찰신고서, 공동입찰자목록을 같이 제출해야 한다. 입찰표 기재요령은 앞에서 성명한바와 같고, 공동입찰신고서에는 사건번호, 물건번호(물건번호 있을 때)를 기재하고, 신청인이 서명날인하면 되고, 공동입찰자목록에는 입찰자의 성명, 주민등록번호, 주소, 전화번호를 기재하고, 각자 지분을 명확히 기재해야 한다. 공동입찰자목록은 법원 집행과 및 집행관 사무실에 비치되어 있다.

3) 입찰표등 작성요령

① 입찰표의 본인 기재 란에 "별첨 공동입찰자목록 기재와 같음"이라고 기재한 다음, 입찰표와 공동입찰신고서가 같이 연결된 서류임을 나타내기 위해 두 서류 간에 공동입찰자 전원이 도장으로 간인을 해야 한다.

② 공동입찰자 목록에 각자가 취득하고자 하는 지분을 명확히 표시해

야 한다(민사집행규칙 제62조 제5항). 공동입찰자가 각자의 지분을 기재하지 않으면 평등한 비율로 취득한 것으로 보기 때문에 공동입찰자간에 지분이 다를 경우 소유권 이전등기촉탁 시 애로가 생길 수 있다.

③ 공동입찰에 있어서는 일부에 매각불허가사유가 있으면 전체 부동산에 대해 매각을 불허가하기 때문에(대법원 2001.7.16. 자 2001마1226 결정) 실수하지 않도록 입찰표 등 관계서류를 잘 기재해야 한다.

④ 공동입찰자 중 한사람이 다른 공동입찰자의 1인 또는 수인 또는 전원의 대리인이 될 수 있다.

〔공동입찰신고서〕

공 동 입 찰 신 고 서

법원 집행관 귀하

사건번호 2○○○타경 ○○○○호 부동산임의경매

물건번호 2번

공동입찰자 별지 목록 기재와 같음

위 사건에 관하여 공동입찰을 신고합니다.

2○○○. ○. ○.

신청인 ○○○ 외 1 인(별지목록 기재와 같음)

1. 공동입찰을 하는 때에는 입찰표에 각자의 지분을 분명하게 표시하여야 합니다.
2. 별지 공동입찰자 목록과 사이에 공동입찰자 전원이 간인하십시오.

〔공동입찰자 목록〕

〔기일 입찰표〕

번호	성　　명	주　　　　소		지분
		주민등록번호	전화번호	
1	○○○(인)	○○시○○구 ○○동 ○○		2분지1
		000000-0000000	010-	
2	○○○(인)	○○시○○구 ○○동 ○○		2분지1
		000000-0000000	010-	
	(인)			
		-		
	(인)			
		-		

(앞면)

기 일 입 찰 표

지방법원　집행관　귀하　　　　　입찰기일 : 2○○○년 ○월 ○일

사 건 번 호	2○○○　타 경　○○○ 호	물건 번호	3 ※물건번호가 여러개 있는 경우에는 꼭 기재

입찰자					
본인	성　　명	○○○		전화번호	010-7739-9628
본인	주민(사업자) 등록번호	000000-0000000		법인등록 번　　호	
본인	주　　소	○시○○구○○동 ○○			
대리인	성　　명	○○○		본인과 의관계	동생
대리인	주민등록 번　　호	000000-0000000		전화 번호	010－7739-9638
대리인	주　　소	○시○○구○○동 ○○			

입찰가격	천억	백억	십억	억	천만	백만	십만	만	천	백	십	일	
				1	5	0	0	0	0	0	0	0	원

보증금액	백억	십억	억	천만	백만	십만	만	천	백	십	일	
				1	2	0	0	0	0	0	0	원

보증의 제공방법	☑ 현금·자기앞수표 ☐ 보증서	보증을 반환 받았습니다. 입찰자

※ 주의사항.

1. 입찰표는 물건마다 별도의 용지를 사용하십시오, 다만, 일괄입찰시에

는 1매의 용지를 사용하십시오.

2. 한 사건에서 입찰물건이 여러개 있고 그 물건들이 개별적으로 입찰에 부쳐진 경우에는 사건번호외에 물건번호를 기재하십시오.
3. 입찰자가 법인인 경우에는 본인의 성명란에 법인의 명칭과 대표자의 지위 및 성명을, 주민등록란에는 입찰자가 개인인 경우에는 주민등록번호를, 법인인 경우에는 사업자등록번호를 기재하고, 대표자의 자격을 증명하는 서면(법인의 등기부 등·초본)을 제출하여야 합니다.
4. 주소는 주민등록상의 주소를, 법인은 등기부상의 본점소재지를 기재하시고, 신분확인상 필요하오니 주민등록증을 꼭 지참하십시오.
5. 입찰가격은 수정할 수 없으므로, 수정을 요하는 때에는 새 용지를 사용하십시오.
6. 대리인이 입찰하는 때에는 입찰자란에 본인과 대리인의 인적사항 및 본인과의 관계 등을 모두 기재하는 외에 본인의 위임장(입찰표 뒷면을 사용)과 인감증명을 제출하십시오.
7. 위임장, 인감증명 및 자격증명서는 이 입찰표에 첨부하십시오.
8. 일단 제출된 입찰표는 취소, 변경이나 교환이 불가능합니다.
9. 공동으로 입찰하는 경우에는 공동입찰신고서를 입찰표와 함께 제출하되, 입찰표의 본인란에는"별첨 공동입찰자목록 기재와 같음"이라고 기재한 다음, 입찰표와 공동입찰신고서 사이에는 공동입찰자 전원이 간인 하십시오.
10. 입찰자 본인 또는 대리인 누구나 보증을 반환 받을 수 있습니다.
11. 보증의 제공방법(현금·자기앞수표 또는 보증서)중 하나를 선택하여 ☑표를 기재하십시오.

(뒷면)

위 임 장

대리인	성 명	○○○	직업	회사원
	주민등록번호	000000-0000000	전화번호	010-
	주 소	○시○○구○○동 ○○		

위 사람을 대리인으로 정하고 다음 사항을 위임함.

다 음

서울중앙지방법원 2○○○ 타 경 ○○○○호 부동산 임의경매

경매사건에 관한 입찰행위 일체

매수신청보증 봉투(흰색 작은 봉투)

(앞면)

○○○○ 법원

매수신청보증봉투

본인 1	성 명	○○○ (인)	직 업	회사원
	주민등록번호	000000-0000000	전 화 번 호	010-
	주 소	○시○○구○○동 ○○		
본인 2	성 명		직 업	
	주민등록번호	-	전 화 번 호	
	주 소			
본인 3	성 명	(인감인)	직 업	
	주민등록번호	-	전 화 번 호	
	주 소			

사건번호	타경 호
물건번호	
제 출 자 (인감인)	

주) 크기는 통상의 규격봉투와 같다.

(뒷면)

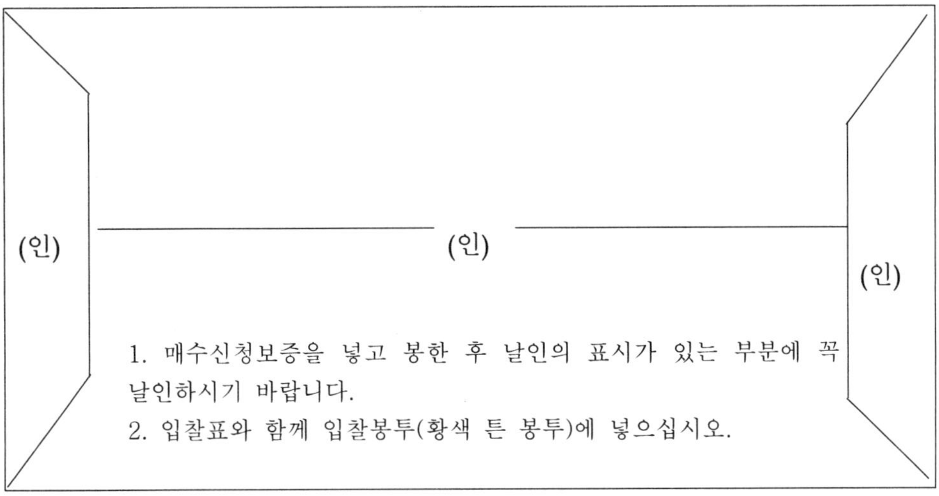

주) 크기는 통상의 규격봉투와 같다.

기일입찰표 유무효처리기준

번호	흠결사항	처리기준
1	입찰기일을 적지 아니하거나 잘못 적은 경우	입찰봉투의 기재에 의하여 그 매각기일의 것임을 특정할 수 있으면 개찰에 포함시킨다.
2	사건번호를 적지 아니한 경우	입찰봉투, 매수신청보증봉투, 위임장등 첨부서류의 기재에 의하여 사건번호를 특정할 수 있으면 개찰에 포함시킨다.
3	매각물건이 여러개인데, 물건번호를 적지 아니한 경우	개찰에서 제외한다. 다만, 물건의 지번·건물의 호수 등을 적거나 입찰봉투에 기재가 있어 매수신청 목적물을 특정할 수 있으면 개찰에 포함시킨다.
4	입찰자 본인 또는 대리인의 이름을 적지 아니한 경우	개찰에서 제외한다. 다만, 고무인·인장 등이 선명하여 용이하게 판독할 수 있거나, 대리인의 이름만 기재되어 있으나 위임장·인감증명서에 본인의 기재가 있는 경우에는 개찰에 포함시킨다.
5	입찰자 본인과 대리인의 주소·이름이 함께 적혀 있지만(이름 아래 날인이 있는 경우 포함) 위임장이 붙어 있지 아니한 경우	본인의 입찰로서 개찰에 포함시킨다.
6	입찰자 본인의 주소·이름이 적혀 있고 위임장이 붙어 있지만, 대리인의 주소·이름이 적혀 있지 않은 경우	본인의 입찰로서 개찰에 포함시킨다.
7	위임장이 붙어 있고 대리인의 주소·이름이 적혀 있으나 입찰자 본인의 주소·이름이 적혀 있지 아니한 경우	위임장의 기재로 보아 본인의 주소·이름을 특정할 수 있으면 개찰에 포함시킨다.
8	한 사건에서 동일인이 본인인 동시에 다른 사람의 대리인이거나, 동일인이 2인 이상의 대리인을 겸하는 경우	쌍방의 입찰을 개찰에서 제외한다.
9	입찰자 본인 또는 대리인의 주소나 이름이 위임장 기재와 다른 경우	이름이 다른 경우에는 개찰에서 제외한다. 이름이 같고 주소만 다른 경우에는 개찰에 포함시킨다.
10	입찰자가 법인인 경우 대표자의 이름을 적지 아니한 경우(날인만 있는 경우도 포함)	개찰에서 제외한다. 다만, 법인등기부등본으로 그 자리에서 자격을 확인할 수 있거나, 고무인·인장 등이 선명하며 용이하게 판독할 수 있는 경우에는

기일입찰봉투 (황색 큰 봉투)

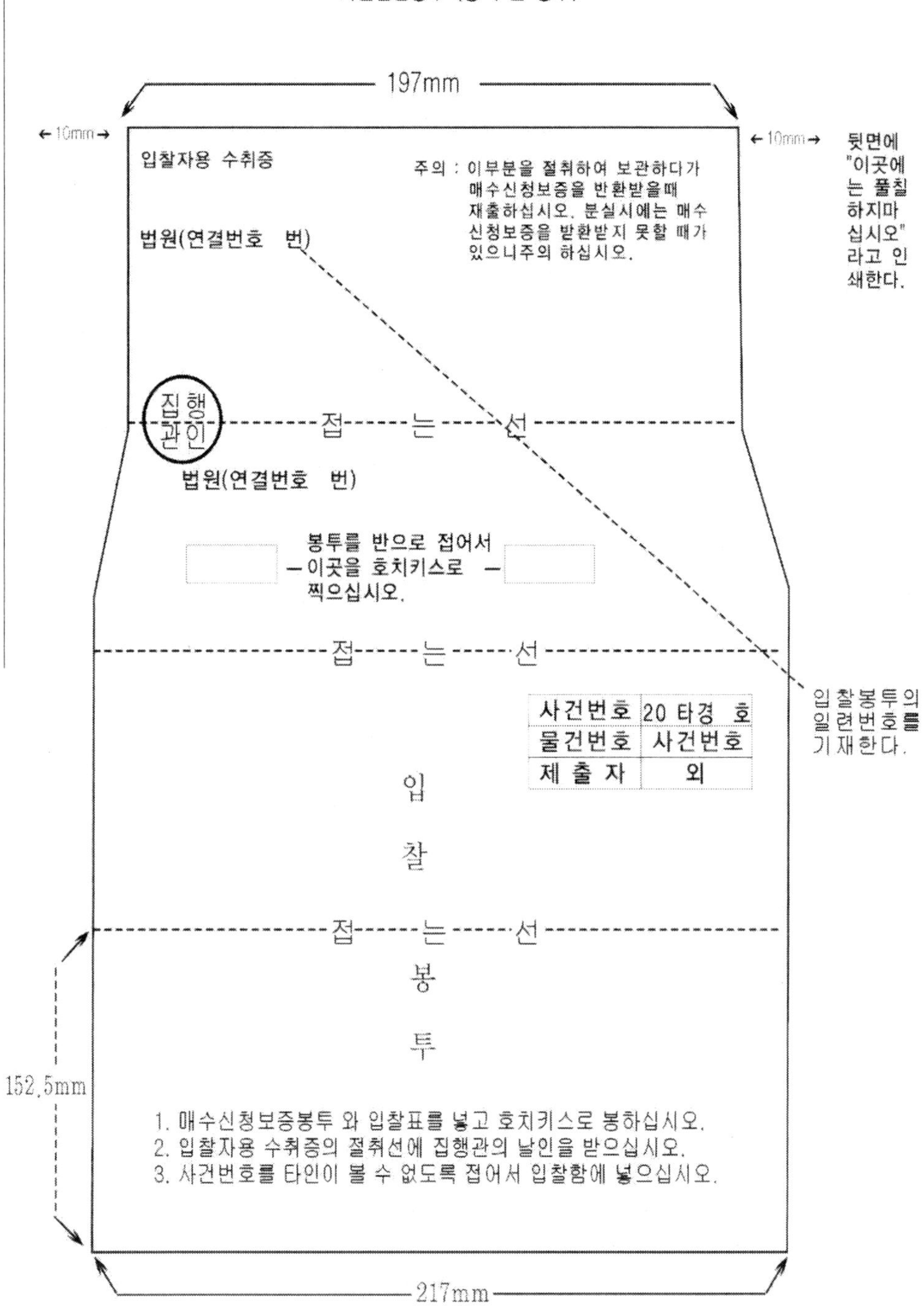

8. 기간입찰 참가요령

(1) 기간입찰에서 매각 방법

앞에서 설명한 바와 같이 기간입찰은 입찰기일에 경매법정에 가지 않고 법원이 정한 입찰기간 안에 입찰표와 입찰보증, 기타 관계서류를 기간입찰봉투에 넣어 관한법원 집행관사무소에 제출한 다음 개찰기일에 경매법정에서 개찰하여 최고가매수신고인, 차순위매수신고인을 결정하는 방법으로 매각을 실시한다.

(2) 기간입찰 참가절차

1) 입찰표 작성 및 제출

① 기일입찰표 작성요령대로 기간입찰표를 작성한다(기일입찰표와 기간입찰표는 서류제목만 다른 뿐 기재사항 등은 같다).

② 입찰표와 입금증명서 또는 경매보증보험증권 및 관계서류(대리인 입찰시 위임장, 인감증명서, 법인의 경우 법인등기부등본 등)를 입찰보증금봉투에 넣고, 그 다음 기간입찰봉투(연두색 큰 봉투)에 넣고 봉합한 다음 기간입찰봉투 앞면에 있는 제출자 이름과 주소, 매각(개찰)기일, 관할법원을 각 기재하고, 기간입찰 봉투 뒷면 날인(인) 표시가 된 부분에 도장을 찍는다.

③ 입찰봉투를 관할법원 집행관사무소에 직접 제출하거나 집행관사무소를 수취인으로 하여 등기우편으로 송부한다(일반우편으로 접수시 개찰에서 제외됨에 주의).

④ 법원이 정한 매각기일(개찰기일)에 경매법정에 가서 매각에 참여한다.

2) 기간입찰 참가시 주의할 점

① 입찰표에 적은 입찰가격을 정정하거나 금액이 불명확시 개찰에서

제외된다.

② 입찰가격 외 기재사항은 정정이 가능하며 정정시 정정할 부분에 줄을 긋고 입찰자 이름 옆에 날인한 도장으로 정정인을 찍어야 한다.

③ 현금 또는 은행자기앞 수표로는 보증제공을 할 수 없으므로, 현금으로 제공하려면 취급은행에서 법원이 안내한 은행계좌로 입금한 다음 입금증명서를 교부받아 제출하여야 한다.

④ 본인임을 확인할 수 있는 서류를 제출해야 한다(발행일로부터 3개월 내)

본인이 입찰에 참가할 때는 주민등록등본(법인은 법인등기부등본), 법정대리인이면 가족관계등록부, 대리인이 참가시 위임장 및 본인의 인감증명서

공동공동입찰시 기간입찰표, 공동입찰신고서, 공동입찰자 목록, 기타 위임장 등 관계서류

⑤ 대리인 입찰시 입찰표 뒷면에 있는 위임장을 사용해도 되고, 별도 용지에 작성해도 된다.

⑥ 공동입찰시 기간입찰표, 공동입찰신고서, 공동입찰자 목록, 기타 위임장 등 관계서류, 입찰보증을 기간입팔봉투에 넣어 제출

⑦ 기간입찰봉투를 평일 직접 제출시에는 오후 6시까지 집행관사무소에 제출하고, 6시가 넘으면 당직실(반드시 집행관 또는 집행관사무소 사무원에 접수해야 하고 그 외는 무효)에 접수

⑧ 기간입찰봉투를 우편으로 접수시는 반드시 등기우편으로 접수해야 하고 일반우편은 개찰에서 제외된다.

⑨ 입금증명서에 의한 보증제공시 보증금환급계좌를 필히 기재하도록 한다.

3) 기간입찰시 입찰보증 준비요령

① 입금증명서에 의한 입찰보증 준비

기간입찰은 현금 또는 은행자기앞 수표로는 보증을 제공할 수 없고, 그 대신 법원이 안내한 법원보관금계좌로 입찰보증금을 입금하고 입금증명서를 제출하는 방법으로 제공해야 한다. 이 경우 법원 구내은행 또는 취급은행에 가서 기간입찰용 법원보관금납부서를 작성해서 은행에 납부하고, 입금증명서를 교부받아 입찰보증 봉투에 넣어 제공해야 한다.

[입금증명서]

[입찰자 기재란]

사건번호	2○○○타경○○○호	매각기일	2○○○년 ○월 ○일
성명 . 날인	○○○ (인)		

이곳에 법원보관금 영수필통지서를 붙여주십시오.

[확인란]

환급금종류	☐ 집행관		☐ 사건담당자		출납공무원
	환급사유	환급통지일	기명 . 날인	환급지시일	기명 . 날인
	미낙찰,취하,취소,미입찰 기타( )	20 . . .	(인)	20 . . .	(인)

② **경매보증보험증권**

기간입찰에서도 경매보증보험증권으로 입찰보증을 제공할 수 있으므로 앞에서 설명한 요령대로 보증보험증권을 발급받아 기간입찰봉투에 넣어 제공하면 된다.

4) 최고가매수인신고 등 방법

최고가매수인신고, 차순위매수인신고, 공유지우선매수신청, 공동입찰 등은 기일입찰방법과 동일하다.

5) 입찰보증금 반환

① 입찰기일 종료 후 일괄반환 처리되고, 입금증명서에 의한 보증제공시 보관금납부서에 기재된 환급계좌로만 반환처리 된다.

② 낙찰을 받지 못하여 보증보험료 환급을 받으려면 집행관 또는 경매담당 사무관 의 확인을 받아 서울보증보험주식회사에 보증증권을 제출해야 한다.

〔기간입찰표〕

(앞면)

기 간 입 찰 표

지방법원 집행관 귀하 매각(개찰)기일 : 2○○○년 ○월 ○일

<table>
<tr><td colspan="3">사 건
번 호</td><td colspan="2">2○○○ 타 경 ○○○○호</td><td>물 건
번 호</td><td colspan="2">1번
※물건번호가 여러개 있는 경우에는
꼭 기재</td></tr>
<tr><td rowspan="6">입
찰
자</td><td rowspan="3">본
인</td><td>성 명</td><td colspan="3">○○○</td><td>전화번호</td><td>010-</td></tr>
<tr><td>주민(사업자)
등록번호</td><td>000000-0000000</td><td colspan="2">법인등
록번
호</td><td colspan="2"></td></tr>
<tr><td>주 소</td><td colspan="5">○○시 ○○구 ○○동 ○○</td></tr>
<tr><td rowspan="3">대
리
인</td><td>성 명</td><td colspan="3">○○○</td><td>본인과의
관 계</td><td>남편</td></tr>
<tr><td>주민등록
번 호</td><td colspan="3">000000-0000000</td><td>전화번호</td><td>-</td></tr>
<tr><td>주 소</td><td colspan="5">○○시 ○○구 ○○동 ○○</td></tr>
</table>

입찰가격	천억	백억	십억	억	천만	백만	십만	만	천	백	십	일	
				2	0	0	0	0	0	0	0	0	원

보증금액	백억	십억	억	천만	백만	십만	만	천	백	십	일	
				1	8	0	0	0	0	0	0	원

보증의 제공방법	☑ 입금증명서 ☐ 보증서	보증을 반환 받았습니다. 입찰자

※ 주의사항.

1. 입찰표는 물건마다 별도의 용지를 사용하십시오, 다만, 일괄입찰시에는 1매의 지를 사용하십시오.
2. 한 사건에서 입찰물건이 여러개 있고 그 물건들이 개별적으로 입찰

에 부쳐진 경우에는 사건번호외에 물건번호를 기재하십시오.

3. 입찰자가 법인인 경우에는 본인의 성명란에 법인의 명칭과 대표자의 지위 및 성명을, 주민등록란에는 입찰자가 개인인 경우에는 주민등록번호를, 법인인 경우에는 사업자등록번호를 기재하고, 대표자의 자격을 증명하는 서면(법인의 등기사항증명서)을 제출하여야 합니다.
4. 주소는 주민등록상의 주소를, 법인은 등기기록상의 본점소재지를 기재하시고, 신분확인상 필요하오니 주민등록등본이나 법인등기사항전부증명서를 동봉하십시오.
5. 입찰가격은 수정할 수 없으므로, 수정을 요하는 때에는 새 용지를 사용하십시오.
6. 대리인이 입찰하는 때에는 입찰자란에 본인과 대리인의 인적사항 및 본인과의 관계 등을 모두 기재하는 외에 본인의 위임장(입찰표 뒷면을 사용)과 인감증명을 제출하십시오.
7. 위임장, 인감증명 및 자격증명서는 이 입찰표에 첨부하십시오.
8. 입찰함에 투입된 후에는 입찰표의 취소, 변경이나 교환이 불가능합니다.
9. 공동으로 입찰하는 경우에는 공동입찰신고서를 입찰표와 함께 제출하되, 입찰표의 본인란에는"별첨 공동입찰자목록 기재와 같음"이라고 기재한 다음, 입찰표와 공동입찰신고서 사이에는 공동입찰자 전원이 간인하십시오.
10. 입찰자 본인 또는 대리인 누구나 보증을 반환 받을 수 있습니다(입금증명서에 의한 보증은 예금계좌로 반환됩니다).
11. 보증의 제공방법(입금증명서 또는 보증서)중 하나를 선택하여 ☑표를 기재 하십시요.

(뒷면)

위 임 장

대리인	성 명	○○○	직업	회사원
	주민등록번호	000000-0000000	전화번호	010-
	주 소	○○시 ○○구 ○○동 ○○		

위 사람을 대리인으로 정하고 다음 사항을 위임함.

다 음

지방법원 2○○○ 타경 ○○○호 부동산임의경매 경매사건에 관한 입찰행위 일체

본인 1	성 명	○○○ (인감인)	직 업	회사원
	주민등록번호	000000-0000000	전 화 번 호	
	주 소	○○시 ○○구 ○○동 ○○		
본인 2	성 명	(인감인)	직 업	
	주민등록번호	-	전 화 번 호	
	주 소			
본인 3	성 명	(인감인)	직 업	
	주민등록번호	-	전 화 번 호	
	주 소			

* 본인의 인감 증명서 첨부
* 본인이 법인인 경우에는 주민등록번호란에 사업자등록번호를 기재

지방법원 귀중

(앞면) **〔기간입찰봉투〕**

보내는 사람(제출자)　　　기간입찰 봉투　　　우표

○○ 지방법원
매각(개찰)기일
200 .　.　.　:

입찰표 재중

※집행관외에는 절대 개봉금지　　　받는 사람 ○○지방법원 집행관 귀하
□□□ - □□□

(뒷면)

인

1. 기간입찰표, 입금증면서 또는 보증서 기타 첨부서류를 이봉투에 함께 넣고 봉한 후 날인의 표시가 있는 부분에 반드시 날인하시기 바랍니다.
2. 우편으로 접수하는 경우에는 반드시 등기우편으로 부쳐야 합니다.

〔기간입찰표 유무효처리기준〕

번호	흠결사항	처리기준
1	매각기일을 적지 아니하거나 잘못 적은 경우	입찰봉투의 기재에 의하여 그 매각기일의 것임을 특정할 수 있으면 개찰에 포함시킨다.
2	사건번호를 적지 아니한 경우	입찰봉투, 보증서, 입금증명서등 첨부서류의 기재에 의하여 사건번호를 특정할 수 있으면 개찰에 포함시킨다.
3	매각물건이 여러개인데, 물건번호를 적지 아니한 경우	개찰에서 제외한다. 다만, 물건의 지번·건물의 호수 등을 적거나 보증서, 입금증명서등 첨부서류의 기재에 의하여 특정할 수 있는 경우, 물건이 1개인 경우, 여러개의 물건이 일괄매각되는 경우에는 개찰에 포함시킨다.
4	본인 또는 대리인의 이름을 적지 아니한 경우	개찰에서 제외한다. 다만, 고무인·인장 등이 선명하여 용이하게 판독할 수 있거나, 대리인의 이름만 기재되어 있으나 위임장·인감증명서에 본인의 기재가 있는 경우에는 개찰에 포함시킨다.
5	본인과 대리인의 주소·이름이 함께 적혀 있지만(이름 아래 날인이 있는 경우 포함) 위임장이 붙어 있지 아니한 경우	본인의 입찰로서 개찰에 포함시킨다.
6	본인의 주소·이름이 적혀 있고 위임장이 붙어 있지만, 대리인의 주소·이름이 적혀 있지 않은 경우	본인의 입찰로서 개찰에 포함시킨다.
7	위임장이 붙어 있고 대리인의 주소·이름이 적혀 있으나 본인의 주소·이름이 적혀 있지 아니한 경우	위임장의 기재로 보아 본인의 주소·이름을 특정할 수 있으면 개찰에 포함시킨다.
8	한 사건에서 동일인이 본인인 동시에 다른 사람의 대리인이거나, 동일인이 2인 이상의 대리인을 겸하는 경우	쌍방의 입찰을 개찰에서 제외한다.
9	입찰자 본인 또는 대리인의 주소나 이름이 위임장 기재와 다른 경우	이름이 다른 경우에는 개찰에서 제외한다. 이름이 같고 주소만 다른 경우에는 개찰에 포함시킨다.
10	입찰자가 법인인 경우 대표자	개찰에서 제외한다. 다만, 법인등기부등본으

	의 이름을 적지 아니한 경우(날인만 있는 경우도 포함)	로 그 자리에서 자격을 확인할 수 있거나, 고무인·인장 등이 선명하며 용이하게 판독할 수 있는 경우에는 개찰에 포함시킨다.
11	본인 또는 대리인의 성명 다음에 날인이 없는 경우	개찰에 포함시킨다.
12	입찰가격의 기재를 정정한 경우	정정인 날인 여부를 불문하고, 개찰에서 제외한다.
13	입찰가격의 기재가 불명확한 경우(예, 5와 8, 7과 9, 0과 6등)	개찰에서 제외한다.
14	보증금액의 기재가 없거나 그 기재된 보증금액이 매수신청보증과 다른 경우	보증서 또는 입금증명서에 의해 정하여진 매수신청보증 이상의 보증제공이 확인되는 경우에는 개찰에 포함시킨다.
15	보증금액을 정정하고 정정인이 없는 경우	
16	동일인이 2개 이상의 입찰봉투를 제출한 경우	입찰봉투에 날인된 접수인을 기준으로 먼저 제출된 것을 유효한 것으로 하여 개찰에 포함시킨다.
17	동일인이 하나의 입찰봉투속에 2개 이상의 입찰표를 제출한 경우	하나의 물건에 대한 여러 장의 입찰표를 제출한 경우에는 개찰에서 제외한다.
18	보증의 제공방법에 관한 기재가 없거나 기일입찰표를 작성·제출한 경우	개찰에 포함시킨다.
19	위임장은 붙어 있으나 위임장이 사문서로서 인감증명서가 붙어 있지 아니한 경우, 위임장과 인감증명서의 인영이 틀린 경우	최고가매수신고인 결정전까지 인감증명서를 제출하거나 그 밖에 이에 준하는 확실한 방법으로 위임장의 진정성립을 증명한 때에는 그 입찰자를 최고가매수신고인(차순위매수신고인)으로 결정할 수 있다.
20	매각물건이 여러 개인데 입찰표에는 물건번호를 특정하여 기재하였으나 보증서에는 물건번호 기재가 누락된 경우	집행법원이 정한 보증금액과 비교하여 당해 매각물건에 관하여 발행된 보증서라는 것이 명백한 경우 개찰에 포함시킨다.
21	입금증명서와 함께 붙어 있는 법원보관금 영수필통지서에 보관금 종류가 기간입찰 매수신청보증금으로 기재되어 있지 않고 경매예납금 등으로 기재된 경우	개찰에 포함시키고, 집행관은 취급점에 정정통지서(전산양식 A1275)를 작성하여 즉시 통지하고 납입여부를 확인한다.

[기간입찰봉투에 흠이 있는 경우 처리기준]

번호	흠결사항	처리기준	비고
1	기간입찰봉투(이하, "입찰봉투"라고 한다)가 입찰기간 개시전 제출된 경우	①직접제출: 접수하지 않음	입찰기간 개시후에 제출하도록 한다.
		②우편제출: 입찰기간 개시일까지 보관하다가 개시일에 접수	입찰봉투 및 기간입찰접수부(이하 "접수부"라고 한다)에 그 취지를 부기한다.
2	입찰봉투가 입찰기간 종료후 제출된 경우	①직접제출: 접수하지 않는다.	지체 이유를 불문한다.
		②우편제출: 접수는 하나 개찰에 포함시키지 않는다.	지체이유를 불문한다. 입찰봉투 및 접수부에 그 취지를 부기한다.
3	입찰봉투가 봉인되지 아니한 경우	①직접제출: 봉인하여 제출하도록 한다. 지체 이유를 불문한다.	
		②우편제출: 접수는 하나 개찰에 포함시키지 않는다. 다만, 날인만 누락된 경우에는 개찰에 포함시킨다.	입찰봉투 및 접수부에 그 취지를 부기한다.
4	비치된 입찰봉투 이외의 봉투가 사용된 경우	①직접제출: 접수하지 않는다	비치된 입찰봉투를 사용하여 제출하도록 한다.
		②우편제출:개찰에 포함시킨다.	
5	입찰봉투에 매각기일의 기재가 없는 경우	①직접제출: 접수하지 않는다	매각기일을 기재하여 제출하도록 한다.
		②우편제출: 접수는 하나, 개찰에 포함시키지 않는다.	입찰봉투를 개봉하여 매각기일을 확인하여 입찰봉투에 매각기일을 기재하고, 접수부에 그 취지를 부기한다.
6	입찰봉투가 등기우편 이외의 방법으	접수는 하나, 개찰에는 포함시키지 않는다.	입찰봉투 및 접수부에 그 취지를 부기

	로 송부된 경우		한다.
7	입찰표가 입찰봉투에 넣어지지 않고 우송된 경우	접수는 하나, 개찰에는 포함시키지 않는다.	접수부에 그 취지를 부기한다.
8	입찰봉투가 집행관이외의 사람을 수취인으로 하여 우송된 경우	접수하고, 그 중 입찰봉투가 봉인된 채로 집행관에게 회부된 경우에 한하여 개찰에 포함시킨다.	
9	집행관등 또는 법원직원이 입찰봉투를 착오로 개찰기일전 개봉한 경우	즉시 재봉한 후 개찰에 포함시킨다	입찰봉투 및 접수부에 그 취지를 부기한다
10	집행관등이외의 자에게 제출된 경우	접수는 하나, 개찰에는 포함시키지 않는다.	입찰봉투 및 접수부에 그 취지를 부기한다
11	접수인과 기간입찰 접수부 등재없이 입찰함에 투입된 경우	개찰에 포함시키지 않는다.	
12	입찰봉투가 법원에 접수되어 집행관등에게 회부된 경우	법원에 접수된 일시가 입찰기간 내인 경우 개찰에 포함시킨다. 법원에 접수된 일시가 입찰기간을 지난 경우 접수는 하나, 개찰에는 포함시키지 않는다.	입찰봉투 및 접수부에 그 취지를 부기한다

[기간입찰에서 첨부서류에 흠이 있는 경우 처리기준]

번호	흠결사항	처리기준	비고
1	입금증명서 또는 보증서, 법인등기부등본, 호적등본, 공동입찰자목록이 같은 입찰봉투에 함께 봉함되지 않고 별도로 제출된 경우	①직접제출 : 접수하지 않는다. ②우편제출 : 접수하고, 개찰에 포함시킨다.	입찰봉투에 넣어 제출하도록 한다.

2	입금증명서 또는 보증서, 법인등기부등본, 호적등본, 공동입찰자목록이 누락된 경우	개찰에 포함시키지 않는다.	
3	주민등록등·초본, 대표자나 관리인의 자격 또는 대리인의 권한을 증명하는 서면으로서 관공서에서 작성하는 증명서 및 인감증명서는 발행일이 입찰기간 만료일 전 6월을 초과한 경우	개찰에 포함시킨다.	6개월 이내에 발행된 것을 다시 제출하도록 한다.
4	주민등록등본, 대리위임장, 인감증명서가 누락된 경우	본인의 입찰로 개찰에 포함시킨다.	

※ 설립중인 회사인 경우에는 발기인, 대표자, 준비행위 등 소명할 수 있는 자료를 제출하여야 한다.

9. 낙찰 후 입찰보증금. 매각대금 반환 받는 방법

낙찰 받은 경매물건에 대항력 있는 임차인이 없는 줄 것으로 알았는데, 대항력 있는 것으로 밝혀졌다든지 유치권자가 없는 것으로 알았는데 유치권자가 있는 것으로 밝혀진 경우와 같이 매각허가결정취소 사유가 있으면 매수를 포기하고, 입찰보증금을 반환 받는 방법이 있으므로 알아두면 실무에서 유용하게 써먹을 수 있다.

(1) 매각허가결정 취소사유

1) 부동산이 현저하게 훼손된 사실이 매각허가결정이 확정된 후에 밝혀졌으나 매수인이 이를 알지 못하고 낙찰 받은 경우(민사집행법 제127조).

2) 매각허가결정 확정 후에 선순위저당권(최선순위 가압류, 압류 등도 포함)이 변제 등으로 말소되어 후순위 임차인이 대항력이 생기게 됨으로써 매수인이 인수하게 될 부동산에 걸친 부담이 현저하게 증가된 때(임차인보다 순위가 빠른 저당권이 있어서 임차인이 권리를 낙찰자가 인수하지 않아도 되기 때문에 낙찰을 받았는데, 그 저당권이 변제 등으로 말소되어 그 다음 순위인 임차인이 최선순위 임차인으로 뛰어 올라 낙찰자가 임차인의 권리를 인수하게 된 경우).

3) 매각허가결정 확정 후에 선순위저당권이 소멸되어 후순위 처분금지가처분 . 가등기 등의 권리를 인수하게 된 사정이 생긴 때

4) 유치권. 법정지상권이 존재하지 않는 것으로 알고 매수신청을 하였으나 유치권 . 법정지상권이 존재한 사실이 밝혀져 매수인이 인수할 부동산상 부담이 현저히 증가된 때

5) 집행정지결정정본이 제출된 때

※ 부동산 경매절차에서 근린생활시설인 매각목적물을 업무시설로 잘못 적용하여 가격평가를 하였다는 사유는 매각허가결정의 취소사유가 되지 않는다(대법원 2005. 8. 8. 자 2005마643 결정).

(2) 입찰보증금 반환 받기 위한 조치사항

1) 매각허가결정 전에 취소사유가 발생한 경우

이 경우에는 매각불허가신청을 해서 매각불허가결정을 받으면 입찰보증금을 반환받을 수 있다.

2) 매각허가결정이 확정된 경우

이 경우에는 매각허가결정취소 신청을 해서 결정이 취소되면 입찰

보증금을 반환받을 수 있다.

3) 대금을 이미 납부한 경우

이런 경우는 실무에서 그리 많지 않겠지만 낙찰을 받고 매각대금을 납부했는데, 매수한 부동산의 권리에 하자가 있어서 소유권취득이 어렵거나 수량부족, 일부멸실이 있는 때는 '제3편 법원경매필수지식 정리'에서 설명한 매도인의 담보책임 법리에 따라 매각대금반환 청구 또는 감액청구를 통해 구제받는 길을 찾아야 한다.

〈부동산에 관한 중대한 권리관계의 변동이란〉

매각허가에 대한 이의신청사유를 규정한 민사집행법 제121조 제6호에서 말하는 '**부동산에 관한 중대한 권리관계의 변동**'이라 함은 부동산에 물리적 훼손이 없는 경우라도 선순위 근저당권의 존재로 후순위 처분금지가처분(가등기 등도 마찬가지)이나 대항력 있는 임차권 등이 소멸하거나 또는 부동산에 관하여 유치권이 존재하지 않는 것으로 알고 매수신청을 하여 매각허가결정까지 받았으나 그 이후 선순위 근저당권의 소멸로 인하여 처분금지가처분(가등기)이나 임차권의 대항력이 존속하는 것으로 변경되거나 또는 부동산에 관하여 유치권이 존재하는 사실이 새로 밝혀지는 경우와 같이 매수인이 소유권을 취득하지 못하거나 또는 매각부동산의 부담이 현저히 증가하여 매수인이 인수할 권리가 중대하게 변동되는 경우를 말한다(대법원 2005. 8. 8. 자 2005마643 결정)

[매각허가결정취소신청서]

매각허가결정취소신청서

사건번호 2○○○타경 ○○○○호 부동산강제(임의)경매
채 권 자 ○○○
채 무 자 ○○○
소 유 자 ○○○
신 청 인(매수인) 성명, 주소, 주민등록번호, 연락번호 기재

위 사건에 관하여 신청인(매수인)은 다음과 같은 이유로 매각허가결정 취소를 신청합니다.

다 음

1. 신청인은 2○○○.○.○.자로 매각허가결정을 받고, 2○○.○. ○.자로 동 결정이 확정되었으나 그 후 신청인이 알아 본바 이 사건 부동산에는 현황조사보고서 및 매각물건명서서에 기재되지 않은 유치권자가 존재한 사실이 밝혀졌으므로 민사집행법 제127조에 따라 매각허가결정취소를 신청합니다.

2○○○. ○. ○.

신청인(매수인) ○○○(인)

○○지방법원 귀중

제 4 절 낙찰 후 절차

1. 낙찰 후 진행절차

매각기일에 최고가매수신고인으로 결정된 다음 당해 부동산을 인도받기 까지 절차는 다음과 같다.

① 농지취득자격증명 교부신청 및 제출(농지의 경우) → ② 차액지급신청 . 채무인수허가신청(해당되는 경우) → ③ 매각허가결정선고 . 확정 → ④ 대금납부기한 지정.통지(매각허부결정에 대한 이의신청이 없을 경우) → ⑤ 대금납부(소유권취득) → ⑥ 소유권이전등기촉탁신청 → ⑦ 인도협상 또는 인도명령 신청 또는 명도소송제기인도

2. 농지취득자격증명서 교부신청 및 제출

농지에 대한 입찰결과 최고가매수신고인으로 결정되었으면 입찰조서에 서명날인 할 때 집행관사무원으로부터 '최고가매수신고인증명서'를 교부받아 농지소재지 읍.면사무소에 가서 농지취득자격증명서를 교부받아 매각허가결정선고 전까지[48] 법원(경매과 접수계)에 제출해야 한다. 이 기간 안에 제출하지 않으면 매각이 불허가 되고, 입찰보증금은 몰취되므로 날짜를 어기지 않도록 한다.

48) 매각허가결정선고는 특별한 경우가 아니면 매각기일 다음날부터 기산하여 1주일이 되는 날 오후 2시에 경매법정에서 사법보좌관이 한다. 예컨대 2011년 12월 5일(월요일)에 매각기일이 었으면 2011년 12월 12알(월요일)오후 2시에 매각허가결정을 선고한다.

[최고가(차순위)매수신고증명서]

<table>
<tr><td>

최고가(차순위)매수신고증명서

사건　2○○○타경　○○○○호 부동산 강제(임의)경매

위 사건에 관하여 2○○○. ○. ○.자 매각기일에서 아래 사람은 별지목록 기재 부동산에 대한 최고가매수인임을 증명합니다.

아　래

성명 ○○○(　-　)
주소 ○○시 ○○구 ○○동 ○○

2○○○. ○. ○.

○○지방법원 집행관 ○○○ (인)

</td></tr>
</table>

3. 차액지급신고 또는 채무인수신고서 제출

(1) 차액지급신고서(상계신청서)제출

배당받을 채권자가 낙찰을 받은 때는 납부할 매각대금에서 자신이 배당받을 채권액을 공제하고 그 차액만 납부하고자 할 때는 매각허가결정선고 전까지 법원(경매과 접수계)에 차액지급신고서(또는 상계신청서)를 제출해야 한다. 실무상으로는 매각허부결정선고 전날까지 제출하는 것이 좋고, 부득이한 사정으로 매각허부선고기일 당일 제출해야 할 경우에는 최소한 오전까지는 제출해 주는 것이 좋다.

[차액지급신고서]

○○지방법원

허	부

차액지급신고서

사　　건　2○○○ 타경 ○○○○호 부동산임의(강제)경매
채 권 자 겸 매수인 ○○○
채 무 자 겸 소유자 ○○○

매수인은, 위 사건 부동산의 채권자(근저당권자)인바, 민사집행법 제143조 제2항의 규정에 따라 매수인이 배당기일에 실제로 배당받을 수 있는 금액을 제외한 나머지 매각대금을 배당기일에 낼 것을 신고합니다. 만일, 매수인이 배당받아야 할 금액에 대하여 이의가 제기된 때에는 매수인은 배당기일에 이에 해당하는 금액을 내겠습니다.

2○○○. ○. ○.

신고인(매수인) ○○○ (인)
전화번호 :

서울중앙지방법원 귀중

※차액지급의 의사는 매각결정기일이 끝날 때까지 법원에 신고되어야 하므로(민집 143조 2항), 그 이후에 된 차액지급의 신고는 부적법합니다.

〔채권상계신청서〕

채권상계 신청서

사건번호 2○○○타경 ○○○○호

채 권 자 ○○○

채 무 자 ○○○

위 사건에 관하여 매수인이 납부할 매각대금을 민사집행법 제143조 제2항에 의하여 매수인이 채권자로서 배당받을 금액한도로 상계하여 주시기 바랍니다.

2○○○. ○. ○.

매수인 겸 채권자 ○○○(인)

연락처(☎)

○○지방법원 귀중

※ 차액지급신고 또는 채권상계신청서 중 한 가지만 제출하면 된다.

(2) 채무인수 신고서 제출

입찰참가 전에 당해 부동산에 등기된 담보권자와 사이에 자신이 낙찰 받는 것을 조건으로 채무인수에 관한 승낙을 얻은 때는 담보권자의 채무인수에 관한 승낙서 및 인감증명서를 첨부하여 매각허가결정선고 전까지 채무인수신고서를 법원(경매과 접수계)에 제출하여야 한다.

[채무인수 신고서]

채무인수 신고서

채 권 자 ○○○
채 무 자 ○○○

위 당사자가 귀원 2011타경 1200호 부동산임의경매사건에 관하여 매수인은 위 부동산의 매각대금에서 배당받을 수 있는 근저당권자 000의 근저당채무 금5천만원의 채무를 인수하였음을 신고합니다.

첨부서류

1. 채무인수계약서 사본 1통
2. 인감증명서 1통

2○○○. ○. ○.
위 매수인 : ○○○ (인)
주 소 : ○○시 ○○구 ○○동 ○○
연락처(☎)

위 채무인수신고에 동의함
2○○○. ○. ○.
배당요구채권자 : ○○○ (인)
주 소 : ○○시 ○○구 ○○동 ○○

○○지방법원 귀중

※ 3월 이내 발행한 채권자의 인감증명서 첨부

［채무인수승낙서］

채무인수 승낙서

사　건 2○○○타경 ○○○○호 부동산 임의(강제)경매
채권자 ○○○
채무자 ○○○

귀원　타경 호 부동산임의경매사건에서 경매목적물을 귀하가 매수하고 그 매수대금으로 1번 근저당권 채권자로부터 채무자가 부담하는 아래 채무를 인수하여 매수대금일부터 지급에 갈음할 것을 승낙합니다.

다　음

금○○○○ 원 및 ○년　○월 ○일부터 ○년 ○월 ○일 까지 연 %의 비율에 의한 이자

첨부 : 인감증명서 1통

2○○○. ○ . ○ .

위 채권자 주식회사 ○○ 은행　대표이사(지배인) ○○○ (인)

매수인 ○○○ 귀하

※ 승낙자가 개인이면 3개월 이내 발행한 주민등본 또는 초본, 인감증명서, 법인이면 3개월 이내 발행한 법인등기부등본, 법인인감증명서 첨부

4. 매각허부결정선고.확정

매각기일에 최고가매수신고인이 결정되면 그 날부터 1주일 안에 경매법정에서 사법보좌관이 최고가매수인에게 매각을 허가할 것인지 불허가할 것인지를 결정하여 선고한다(실무는 매각기일 다음날부터 1주일 째 되는 날 오후 2시에 선고하는 것이 보통이다). 매각허가결정에 대하여 불만이 있는 채무자, 소유자, 기타 이해관계인으로부터 민법에 정한 기간계산법에 따라 매각허가결정선고 다음날부터 기산하여 1주일 안에 즉시항고(현재는 사법보좌관이 매각허부결정을 하기 때문에 매가허가 또는 매각불허가 결정에 대한 이의신청을 제출한다. 다만, 즉시항고장이 제출될 경우에는 이의신청으로 보고 처리한다)가 제기되지 않으면 매각허가결정은 확정되고, 만약 이의신청이 제기되면 사건이 종결될 때까지 매각허가결정은 확정되고 않고 후속절차를 진행할 수 없게 된다.

5. 대금납부기한 지정. 통지

매각허가결정이 확정되면 그날로부터 3일 안에 매각대금납부 기한을 정해서 통지한다. 만약 매각허가결정에 대한 이의신청서가 접수되어 상급심 법원까지 재판절차가 넘어가서 이의신청인(상급법원으로 재판절차가 넘어가면 즉시항고인으로 바뀌게 됨)이 최종 패소하여 확정된 때는 상급심법원으로부터 기록을 송부 받은 날부터 3일 안에 매각대금납부기한을 지정하여 통지한다. 대금납부기한은 1개월 이내의 정하는데, 대금납부기한 마지막 날에 납부할 때는 납부기한통지서에 적힌 마감시간을 잘 확인하여 마감시간 안까지 납부해야 한다. 대금납부기한 지정통지는 임의규정이기 때문에 법원사정에 따라 늦어지는 경우가 있으므로 이런 경우에는 담당 경매계장에게 전화로 문의해 보아야 한다.

〔대금지급기한통지서〕

> **○○ 지방법원**
>
> **대금지급기한통지서**
>
> 사 건 2○○○타경 ○○○○호 부동산강제경매
>
> 채권자 ○○○
>
> 채무자 ○○○
>
> 소유자 ○○○
>
> 매수인 ○○○
>
> 아래와 같이 대금지급기한이 지정되었으므로 지급기한까지 이 법원에 출석하여 매각대금을 납부하시기 바랍니다.
>
> 대금지급기한 2○○○. ○. ○. ○○시 민사집행과
>
> 2○○○. ○. ○.
>
> 법원사무관 (직인생략)

6. 매각대금 납부요령

(1) 대금납부 방법

1) 일반적인 납부방법

매각대금은 현금납부가 원칙이다. 대금지급기한까지는 분할납부도 가능하지만 소유권은 대금전액을 납부해야만 취득하므로 구지 분할해서 납부할 필요는 없다고 본다. 대금을 납부하려면 해당 경매과를 먼저 방

문해서 경매계장으로부터 법원보관금납부명령서를 받아야 한다. 그리고 보관금 취급은행(법원구내 은행 등)에 가서 비치된 법원보관금납부서를 작성해서 납부하면 된다. 입찰보증금을 보증보험증권으로 제공했을 때는 대금전액을 납부하고 법원으로부터 경매보증보험증권을 반환받으면 된다. 당해 부동산을 꼭 낙찰 받고 싶을 때는 대금납부지정과 동시에 납부하는 것이 현명하다. 대금납부 전에 강제집행정지결정문 등이 접수되면 골치가 아파진다.

2) 특별한 지급방법

① 차액지급을 통한 대금 납부

㉠ 차액지급이란

차액지급이란 해당 경매사건에서 배당받을 채권자이면서 동시에 낙찰자가 된 사람은 매각대금에서 자신이 배당받을 금액을 공제한 나머지 금액만 납부할 수 있도록 허가해 달라는 신청을 할 수 있는데, 이 허가를 받으면 매각대금에서 배당받을 금액을 공제한 나머지 대금만 납부하여 소유권을 취득할 수 있다. 이를 차액지급 또는 상계에 의한 대금납부라고 한다(민사집행법 제143조 제2항). 만약 낙찰자가 배당받아야 할 금액에 대하여 배당기일에 가서 배당이의가 제기된 때에는 낙찰자는 배당기일이 끝날 때까지 배당이의 된 금액을 납부해야 한다. 차액지급허가를 받으려면 차액지급신고서 또는 상계신청서를 제출해야 한다.

㉡ 신청기간

차액지급신고서 또는 상계신청서는 매각허가결정을 선고하기 전까지 신청해야 한다. 여기서 매각허가결정을 선고할 때 까지란 사법보좌관이 입찰법정에 좌정하여 해당 경매사건에 대한 사건번호를 부르고 난 다음 매각허가결정을 선고하기 전까지를 말한다(입찰법정에서는 사법보좌관에게 직접 제출).

㉢ 차액지급이 가능한 경우

차액지급을 허가 받으려면 매수한 사람이 실제로 배당을 받을 수 있는 금액이 있어야 한다. 차액지급이 허가되는 경우는 근저당권자처럼 배당이 확실시 되어야 한다. 일반채권자처럼 배당여부가 애매하거나 불분명한 경우에는 차액지급을 허가해 주지 않는 것이 실무이다. 이 경우에는 일단 대금전액을 납부하고 배당기일에 가서 배당을 받아야 한다. 판례는 차액지급이 허용된 후 매수인의 채권 전부 또는 일부가 부존재한 것으로 밝혀지더라도 대금납부의 효력에는 영향을 받지 않는다고 한다(대법원 1990.2.27. 선고 88다카6549 판결). 그렇지만 낙찰자(매수인)는 그로인하여 채무자나 소유자 또는 채권자에게 차액 상당의 부당이득을 반환할 책임이 따르게 될 것이다.

[차액지급신고서]

○○지방법원
차액지급신고서

사　　건　2○○○ 타경　○○○○호 부동산 강제(임의)경매
채 권 자　○○○
채 무 자　○○○
소 유 자　○○○

매수인은, 위 사건 부동산의 채권자(근저당권자)인바, 민사집행법 제143조 제2항의 규정에 따라 매수인이 배당기일에 실제로 배당받을 수 있는 금액을 제외한 나머지 매각대금을 배당기일에 낼 것을 신고합니다. 만일, 매수인이 배당받아야 할 금액에 대하여 이의가 제기된 때에는 매수인은 배당기일에 이에 해당하는 금액을 내겠습니다.

2○○○. ○. ○.

신고인(매수인) ○○○ (인)
연락처(☎)

○○지방법원 귀중

※차액지급의 의사는 매각결정기일이 끝날 때까지 법원에 신고되어야 하므로(민집 143조 2항), 그 이후에 된 차액지급의 신고는 부적법합니다.

〔채권상계신청서〕

채권상계 신청서

사건번호 2○○○ 타경 ○○○○호 부동산 강제(임의)경매

채 권 자 ○○○

채 무 자 ○○○

위 사건에 관하여 매수인이 납부할 매각대금을 민사집행법 제143조 제2항에 의하여

매수인이 채권자로서 배당받을 금액한도로 상계하여 주시기 바랍니다.

2○○○. ○. ○.

매수인 겸 채권자 ○○○(인)

연락처(☎)

○○지방법원 귀중

② 채무인수를 통한 대금 납부

경매대상 부동산에 존재하는 채권자의 승낙이 있으면 대금지급에 갈음해서 채무자 가 부담하고 있는 채무를 인수하는 방법으로 대금을 납부할 수 있다(민사집행법 제143조 제1항). 채무를 인수하는 방법으로 대금을 납부하려면 경매과에 채무인수신청서를 제출하고 법원의 허가를 받아야 한다. 채무인수허가 신청을 할 때는 인감증명서 첨부된 관계채권자의 동의서를 첨부해야 한다. 채무인수신청이 받아들여지면 납부할 매각대금에서 인수한 채무액수를 뺀 나머지 차액만 지급하면 된다. 다만,

매수인이 차액만 지급했으나 매수인이 인수할 채무에 대해 이의가 제기된 때는 배당기일이 끝날 때까지 이의가 제기된 금액을 납부해야 한다(동법 제143조 제3항). 채무인수를 통한 대금납부는 금융기관과 잘 협의만 된다면 자기자본을 별로 들이지 않고 낙찰 받을 수 있는 장점이 있다.

[채무인수 신고서]

채무인수 신고서

채 권 자 ○○○
채 무 자 ○○○

위 당사자가 귀원 2○○○타경 ○○○○호 부동산임의경매사건에 관하여 매수인은 위 부동산의 매각대금에서 배당받을 수 있는 근저당권자 ○○○의 근저당채무 금 ○○○원의 채무를 인수하였음을 신고합니다.

첨부서류

1. 채무인수계약서 사본 1통
2. 인감증명서 1통 (3개월 이내 발행)

2○○○. ○. ○.

위 매수인 : ○○○(인)
주 소 : ○○시 ○○구 ○○동 ○○
연락처(☎)
위 채무인수신고에 동의함

2○○○. ○. ○.

배당요구채권자 : ○○○ (인)
주 소 : ○○시 ○○구 ○○동 ○○

○○지방법원 귀중

(2) 대금납부절차

대금납부기한 통지를 받으면 법원경매과에 가서 그곳에 비치된 대금납부신청서를 기재해서 접수하고 경매계장이 교부한 법원보관금납부명령서를 가지고, 법원구내 은행 또는 법원보관금취급은행에 가서 대금을 납부하고 은행직원이 교부한 대금납부서를 경매과에 제출한 다음 매각대금완납증명서를 교부받으면 된다. 만약 매수보증을 현금 또는 자기앞수표가 아닌 유가증권 또는 지급위탁계약서(보험보험증권등)로 제출한 경우에는 매각대금전액을 현금(자기앞수표 포함)으로 납부해야하고, 유가증권 또는 지급위탁계약서를 반환받으면 된다.

(3) 재매각과 전(前) 매수인의 대금납부 기한

1) 재매각은 최고가매수신고인이 매각허가를 받아 대금납부기한 내에 대금을 납부하지 않고 차순위매수신고인도 없으면 직권으로 다시 매각을 실시하는데 이를 재매각이라고 한다. 재매각은 사유발생일로부터 1주 안에 직권으로 재매각을 명하도록 되어 있다(동법 제138조 제1항).

2) 매각허가결정을 받고 대금을 납부하지 않아 재매각이 된 경우 전 낙찰자는 재매각기일의 3일 전까지 매각대금과 대금지급기한 다음날부터 대금지급일까지 매각대금의 연 20%에 해당하는 지연이자 및 재매각실시로 인해 들어간 절차비용을 납부하면 소유권을 취득한다. 여기서 3일 전까지란 재매각기일의 전날부터 소급하여 3일이 되는 날[49]까지를 의미한다(대법원 1992.6.9. 선고 91마500 판결).

3) 또 자금사정 때문에 대금납부기한을 지키지 못한 경우 재매각기

49) 재매각기일이 3월 10일이면 3월 9일부터 역으로 계산하여 3일이 되는 날이 되므로 3월 7일까지 대금을 납부하면 된다.

일로부터 꼭 3일 전이 아니라도 재매각기일 전까지 대금을 납부하겠다고 하면 받아주는 것이 실무이다. 또 재매각 결과 유찰이 되어 다시 매각기일이 정해진 경우에도 전 매수인이 매각기일 전까지 대금을 납부하면 받아주는 것이 실무이다.

4) 최고가매수인이 대금을 납부하지 않아 차순위매수인이 매각허가를 받고 대금을 나부하지 않아 재매각이 된 경우에는 최고가매수신고인과 차순위매수신고인 중 먼저 대금을 낸 사람이 소유권을 취득하게 된다.

〔매각 대금 납입 신청서〕

매각 대금 납입 신청서
사건번호 2○○○ 타경 ○○○○호 부동산 강제(임의)경매 채 권 자 ○○○ 채 무 자 ○○○ 소 유 자 ○○○ 매 수 인 ○○○ 위 사건에 관하여 매수인은 ○년 ○월 ○일에 대금지급기일 지정을 받았으나 사정에 의하여 지정일에 납입하지 못하였으므로 다음과 같이 매수잔대금, 지연이자 및 진행된 경매절차의 비용을 합산하여 대금납입을 신청합니다. 매수금액 : 보 증 금 : 잔 대 금 : 2○○○. ○. ○. 매수인 ○○○(인) 연락처(☎) **○○지방법원 귀중**

7. 경매에서 소유권취득 시점

경매를 통해 낙찰을 받고 대금을 전액 납부함과 동시에 소유권을 취득한다. 소유권이전등기 여부와는 상관없이 원시취득 한다. 일반매매에서는 부동산을 매수하고 잔금까지 지불했어도 소유권이전등기를 마치지 않으면 소유권을 취득하지 못하지만 경매는 대금납부가 곧 소유권취득이기 때문에 이점이 일반매매와 크게 다르다.

〈경매에서 돈 대는 사람과 낙찰 명의자가 다를 때 소유권취득자〉

대법원 판례에 따르면, 경락(매각)대금을 실제로 누가 부담했느냐에 상관없이 경매목적 부동산의 소유권은 대외적,대내적으로 자기 명의로 경락을 받은 매수인이 취득한다고 판시하고 있다(대법원 2002.3.15. 선고200다7011,7028 판결).

[매각대금 완납 증명서]

매 각 대 금 완 납 증 명

사　건 2○○○타경 ○○○○호부동산 임의(강제)경매
채 권 자 ○○○
채 무 자 ○○○
소 유 자 ○○○
매 수 인 ○○○

위 사건의 별지목록기재 부동산을 금 ○○○○원에 낙찰받아 ○년 ○월 ○일에 그 대금전액을 납부하였음을 증명하여 주시기 바랍니다.

2○○○. ○. ○.

매수인 ○○○ (인)

연락처(☎)

○○지방법원 귀중

[부동산목록]

부동산목록

1. 서울시 ○구 ○동 ○○
   대 50㎡

2. 위 지상
   철근콘크리트 슬라브지붕
   1층 단독주택 36㎡

8. 경매와 공매가 경합할 때 소유권 취득 문제

같은 부동산이 법원경매와 한국자산관리에서 시행하는 공매가 동시에 진행되는 경우가 있다. 한국자산관리공사에서 실시하는 부동산공매의 경우 공매공고사실을 등기부에 등기하지 않기 때문에 등기부만 가지고는 공매가 진행된 사실을 알 수 없었는데, 2011. 4. 4. 개정되어 2012. 1. 1.부터 시행되는 국세징수법에 의하면, 세무서장은 공매공고를 한 압류재산이 등기 또는 등록을 필요로 하는 경우에는 공매공고를 한 즉시 그 사실을 등기부 또는 등록부에 기입하도록 관계 관서에 촉탁하도록 하였으므로(국세징수법 제67조의 2), 2012. 1. 1.이후 공고된 공매 건에 대해서는 등기부를 발급해 보면 공매진행여부를 알 수 있게 되었다.

법원공매와 공매가 동시에 진행되고 있는 부동산의 경우 누가 먼저 최고가매수신고인이 되었느냐에 상관없이 매각대금을 먼저 완납한 쪽이 소유권을 취득한다. 그리고 한쪽 절차에서 낙찰이 되어 대금납부가 이루어지면 다른 쪽에 그 사실을 통지하고 이 통지를 받은 기관은 해당 절차를 취소하게 되어 있다.

9. 소유권이전등기 촉탁신청 방법

(1) 이전등기촉탁 시점

낙찰을 받고 대금을 납부하면 소유권을 원시취득 하기 때문에 처분하기 전에는 등기를 내지 않아도 상관은 없다. 하지만 지방세법 제20조 제1항은 취득세 과세물건을 취득한 자는 그 취득한 날부터 60일[상속으로 인한 경우는 상속개시일부터, 실종으로 인한 경우는 실종선고일부터 각각 6개월(납세자가 외국에 주소를 둔 경우에는 각각 9개월)] 이내에 그 과세표준에 제11조에 규정된 세율을 적용하여 산출한 세액을 대통령령으로 정하는 바에 따라 신고하고 납부하도록 되어 있고, 이 기간을 넘기면 신고불성실 가산세 20%, 납부불성실 가산세 1일 1만분의 3을 추가부담 해야 한다. 따라서 가능한 위 시점을 넘기지 않고 소유권이전등기촉탁신청을 하는 것이 좋을 것이다.

(2) 소유권이전등기 촉탁서 제출요령

소유권이전등기촉탁서를 작성해서 소정의 비용을 납부하고, 필요서류를 첨부하여 경매과 접수계에 제출하면 된다(우편제출 가능). 이전등기촉탁신청이 법원에 접수되면 경매계장은 부동산 소재지 등기과(소)에 전산으로 등기촉탁을 하고, 등기관이 심사하여 신청에 흠이 없으면 낙찰자 명의로 이전등기를 하고, 매각으로 소멸되는 등기는 전부 말소한다. 금융기관 등에서 대출받지 않고 자기비용으로 낙찰 받은 때는 스스로 이전등기촉탁신청서를 작성해서 비용을 납부하고 필요서류를 첨부하여 경매법원 경매과에 접수해도 되고, 법무사사무소에 위임하여 처리해도 된다. 다만, 금융기관에서 잔금을 대출받아 납부하는 경우에는 금융기관이 지정한 법무사를 통해 소유권이전등기와 근저당권설정등기가 동시에 이루어지도록 처리 하는 것이 실무이다.

(3) 소유권이전등기 촉탁을 위한 취득세 등 비용

1) 소요비용 내역

낙찰로 소유권이전등기에 소요되는 비용은 지방세인 취득세(등록세와 통합), 지방교육세, 농특세, 인수하지 않는 등기상 권리 1개당 정액 등록세 3600원, 국민주택채권매입 비용(단, 매입대상에 해당할 경우), 인지세, 등기수수료(대법원증지), 우편료 등이다.

① 세금(취득세.등록세.지방교육세.농특세 포함)

㉠ 주택

구 분		2011. 12. 31.까지	2012. 01. 01.이후
9억원 이하, 1주택자	국민주택규모(85㎡이하)	낙찰가의 1.2%	낙찰가의 2.2%
	국민주택규모이상	낙찰가의 1.7%	낙찰가의 2.7%
9억원 초과, 다주택자		낙찰가의 2.6%	낙찰가의 4.6%

〈**참고**〉 취득세는 원래 4%이지만, 주택시장의 침체에 따른 거래활성화를 위해 지방세특례제한법 제40조 제2의 규정에 의해 2011. 1.부터 50% 경감하여 2%를 적용했다가 2011. 3. 22.부터 75%를 경감하여 2011. 12. 말까지 1%를 적용하였다. 그런데 2011. 11. 1. 지방세특례제한법 개정안 심의, 의결로 9억원 이하 1주택자에게만 75% 감경에서 50% 감경으로 상향조정하여 2012. 12. 말까지 1년간 연장하기로 하였다. 다만, 취득가격이 9억원 이상인 경우와 다주택자에게는 감면 연장이 안 되어 원래대로 4%를 적용받게 된다.

㉡ 토지

ⓐ 농지(유상취득)

취득세	지방교육세	농특세	합 계
3%	0.2% (등록세의 20%)	0.2% (취득세의 10%)	3.4%

※ 취득세에 등록세 1% 포함

※ 농업인이 취득시 1.60%

ⓑ 농지 외 토지(유상취득)

취득세	지방교육세	농특세	계
4%	0.4% (등록세의 20%)	0.2% (취득세의 10%)	4.6%

※ 취득세에 등록세 2% 포함

ⓒ 상가건물

취득세	지방교육세	농특세	합 계
4%	0.4% (등록세의 20%)	0.2% (취득세의 10%)	4.6%

※ 취득세에 등록세 2% 포함

〈**참고**〉 30일이내에 등기.등록시에 세액의 50%를 선납하고, 나머지 50%는 취득세 납부기한(취득 후 60일 이내)까지 납부할 수 있다.

② **국민주택채권 매입 비용**

㉠ 시가표준(낙찰가가 아님)이 유상취득의 경우 주택은 2천만 원 이상, 토지 5백만 원 이상, 주택.토지를 제외한 일반건축물은 1천만 원 이상, 상속.증여 그밖의 무상취득의 경우 1천만 원 이상에 해당하는 부동산에 대한 소유권보존등기, 소유권이전등기, 저당권설정 및 이전등기시에는 국민주택채권을 매입하여야 한다.

㉡ 국민주택채권은 국민은행, 우리은행, 농협(각 지점 포함) 창구에서 매입할 수 있다. 국민주택채권매입과 동시에 매도하면 할인료(은행에 따라 다소 차이는 있으나 매입금의 약 10% 내외)만 부담하면 된다. 예컨대 채권할인율이 8%이고, 서울에 있는 시가표준액 1억원짜리 아파트를 낙찰 받았다면, 국민주택채권매입비용은 1억원 × 21/1000 = 210만원이지만 할인을 하면, 168,000원만 부담하면 된다.

[국민주택채권매입 기준표]

◈**유상취득**

<table>
<tr><th>구 분</th><th>시가표준액</th><th colspan="2">매 입 율</th></tr>
<tr><td rowspan="12">주택</td><td rowspan="2">2천만원 ~5천만원 미만</td><td>특별시 및 광역시</td><td rowspan="2">13/1000</td></tr>
<tr><td>그밖의 지역</td></tr>
<tr><td rowspan="2">5천만원 ~ 1억원 미만</td><td>특별시 및 광역시</td><td>19/1000</td></tr>
<tr><td>그밖의 지역</td><td>14/1000</td></tr>
<tr><td rowspan="2">1억원~ 1억6천만원 미만</td><td>특별시 및 광역시</td><td>21/1000</td></tr>
<tr><td>그밖의 지역</td><td>16/1000</td></tr>
<tr><td rowspan="2">1억6천만원~2억6천만원 미만</td><td>특별시 및 광역시</td><td>23/1000</td></tr>
<tr><td>그밖의 지역</td><td>18/1000</td></tr>
<tr><td rowspan="2">2억6천만원~ 6억원 미만</td><td>특별시 및 광역시</td><td>26/1000</td></tr>
<tr><td>그밖의 지역</td><td>21/1000</td></tr>
<tr><td rowspan="2">6억원 이상</td><td>특별시 및 광역시</td><td>31/1000</td></tr>
<tr><td>그밖의 지역</td><td>26/1000</td></tr>
<tr><td rowspan="6">토지</td><td rowspan="2">5백만원~5천만원 미만</td><td>특별시 및 광역시</td><td>25/1000</td></tr>
<tr><td>그밖의 지역</td><td>20/1000</td></tr>
<tr><td rowspan="2">5천만원 ~1억원 미만</td><td>특별시 및 광역시</td><td>40/1000</td></tr>
<tr><td>그밖의 지역</td><td>35/1000</td></tr>
<tr><td rowspan="2">1억원 이상</td><td>특별시 및 광역시</td><td>50/1000</td></tr>
<tr><td>그밖의 지역</td><td>45/1000</td></tr>
<tr><td rowspan="6">일반 건축물</td><td rowspan="2">1천만원~1억3천만원 미만</td><td>특별시 및 광역시</td><td>10/1000</td></tr>
<tr><td>그밖의 지역</td><td>8/1000</td></tr>
<tr><td rowspan="2">1억3천만원~2억5천만원 미만</td><td>특별시 및 광역시</td><td>16/1000</td></tr>
<tr><td>그밖의 지역</td><td>14/1000</td></tr>
<tr><td rowspan="2">2억5천만원 이상</td><td>특별시 및 광역시</td><td>20/1000</td></tr>
<tr><td>그밖의 지역</td><td>18/1000</td></tr>
</table>

◈ **상속.증여 그밖의 무상취득**

구 분	시가표준액	매 입 율	
상속.증여.무상취득	1천만원~5천만원 미만	특별시 및 광역시	18/1000
		그밖의 지역	14/1000
	5천만원~1억5천만원 미만	특별시 및 광역시	28/1000
		그밖의 지역	25/1000
	1억5천만원 이상	특별시 및 광역시	42/1000
		그밖의 지역	39/1000

③ 인지세

낙찰가격	납부할 인지세
낙찰가 5천만원 ~ 1억원 이하	7만원
1억원 초과~10억원 이하	15만원
10억원 초과	35만원

※ 1억원 미만 주택은 인지세 부담 없음

③ 기타비용

대법원증지	14,000원
말소할 권리 1개당	등록세, 지방교육세 합계 3,600원
우편료	6,400원(등기필증 우편료 포함)

(4) 촉탁신청시 구비서류 등

1) 매각허가결정정본(첨부하는 것이 원칙이지만 첨부하지 않으면 법원에서 사본을 첨부해 줌).

2) 매각대금완납증명원(경매과 발급)
3) 취득세영수필통지서 및 영수필확인서(부동산 소재지 시.군.자치구청 납부)
4) 소멸로 인해 말소할 등기 1개당 3,600원 등록세.교육세 납부영수증
5) 부동산등기부등본, 토지대장(개별공시지가 표시된 것, 집합건물은 불필요), 건축물대장(구분건물은 집합건축물대장) 각 1통
6) 개인은 주민등록등본 1통, 법인은 등기부등본1통, 비법인사단은 주소증명서면으로 대표자 또는 관리인 주민등록등본 1통.
7) 낙찰자 사망으로 상속인이 촉탁시 제적등본, 가족관계등록부 각 1통
8) 부동산목록 5부
9) 소멸로 말소등기 할 권리목록 5부
10) 등기수수료에 해당하는 대법원증지 14,000원
11) 국민주택채권매입필증(단, 매입 후 즉시 할인 시 촉탁신청서에 국민주택채권번호만 기재하므로 매입필증 불필요)
12) 우표 6,120원(등기필증 등기소 방문 수령시 3,060원)
13) 촉탁신청서 1통 및 촉탁서 부본 1통

(5) 이전등기촉탁신청서 작성 시 유의점

1) 대금납부일로부터 60일 이내에 취득세 등 관련세금을 납부하고 이전등기촉탁신청을 하도록 한다(기한을 넘기면 신고불성실 가산세 20%, 나부불성실 가산세 1일 1만분의 3을 추가부담해야 한다). 단, 30일 이내 납부시 50%를 납부하고 매각대금 지급일로부터 60일 내 나머지 50%를 납부할 수 있다.

2) 소멸되는 권리에 대한 말소촉탁을 동시에 해야 하므로 말소할 등기에 대한 권리목록 작성시 말소할 권리를 빠뜨리지 않도록 주의한다

(빠뜨리면 인수하지 않는 등기는 말소되지 않으므로 추가로 촉탁신청을 하던지 판결을 받아 말소등기를 해야 함).

3) 수개의 부동산 매수인이 각각 다르거나 관할등기소가 다를 때는 매수인별, 등기소별로 촉탁서를 작성한다.

4) 매수인이 경매개시결정 등기 전에 소유권이전등기를 경료 받은 제3취득자인 경우 제3취득자 앞으로 이전등기촉탁은 하지 않고, 경매개시결정등기 및 인수하지 않는 등기만 말소촉탁하면 된다. 다만, 경매개시결정 등기 후에 제3자가 부동산을 취득하여 매수인이 된 경우에는 제3취득자 앞으로 이전등기촉탁을 해야 한다.

5) 매수인이 인수하지 않는 부담기입등기는 주등기만 말소촉탁하면 되고 부기등기 는 말소촉탁 할 필요가 없다(2003. 2. 3. 부등 3402-70).

6) 구분건물의 전유부분에만 설정된 저당권, 근저당권 실행으로 매각된 경우 그 건물과 대지에 대한 소유권이전등기촉탁 신청은 전문가가 아니면 쉽지 않으므로 법무사에게 위임하여 처리하는 것이 좋다(어설프게 처리하다가는 비용과 시간만 허비할 수 있다).

[부동산소유권이전등기촉탁신청서]

부동산소유권이전등기 촉탁신청서

사건번호 2○○○타경 ○○○○호 부동산강제(임의)경매
채 권 자 ○○○
채 무 자(소유자) ○○○
매 수 인 ○○○○

위 사건에 관하여 매수인 는(은) 귀원으로부터 매각허가결정을 받고 년 월 일 대금전액을 완납하였으므로 별지목록기재 부동산에 대하여 소유권이전 및 말소등기를 촉탁하여 주시기 바랍니다.

첨 부 서 류

1. 부동산목록 5통
1. 부동산등기부등본 1통
1. 토지대장등본 1통
1. 건축물대장등본 1통
1. 주민등록등본 1통
1. 등록세 영수증(이전, 말소)
1. 말소할 사항(말소할 각 등기를 특정할 수 있도록 접수일자와 접수번호) 4부

2○○○. ○. ○.

신청인(매수인) ○○○(인)
연락처(☎)

○○지방법원 귀중

☞유의사항

1. 법인등기부등(초)본, 주민등록등(초)본, 토지대장 및 건물대장등본은 발행일로부터 3월 이내의 것이어야 함
2. 등록세 영수필확인서 및 통지서에 기재된 토지의 시가표준액 및 건물의 과세표준액이 각 500만원 이상일 때에는 국민주택채권을 매입하고 그 주택채권발행번호를 기재하여야 함

말소할 권리목록

1. 갑구 순위번호 3번 200. 5. 6.자 접수 제00호 가압류등기
2. 을구 순위번호 2번 200. 3. 7.자 접수 제00호 근저당권등기

등록세 및 채권매입 산출내역

낙찰대금 : 금 ○○○○원
취득세 등 : 금 ○○○○원
합 계 : 금 ○○○○원

1. 토지과표 계산

시가표준액 : 금 ○○○○원
(개별공시지가 금 ○○○○원 × 면적)
매입채권 : 금 ○○○○원

2. 건물과표 계산

건물시가표준액 : 금 ○○○○원
매입채권 금 ○○○○원
국민주택채권번호 :

채권총액 : 금 ○○○○○원

〔등기촉탁 공동신청 및 지정서〕

등기촉탁 공동신청 및 지정서

사 건 2○○○타경 ○○○○호 부동산강제(임의)경매

채권자 ○○○

채무자 ○○○

소유자 ○○○

위 경매사건에 관하여, 신청인(매수인) ○○○와 신청인 주식회사 ○○은행은 별지목록 기재 부동산에 관하여 (근)저당권설정계약을 체결하였으므로 민사집행법 제144조 2항에 따라 신청인들이 지정하는 아래의 자에게 촉탁서를 교부하여 주시기 바랍니다.

아 래

신청인이 지정하는 자의 표시

자격 및 성명 : 법무사(변호사) ○○○

주 소 : ○○시 ○○구 ○○동 ○번지 ○호 ○○법무사사무소

전 화 번 호 :

2○○○. ○. ○.

신청인 및 지정인

매수인 : ○○○ (인)

주 소 : ○○시 ○○구 ○○동 ○○

근저당권자 : ○○○(인)

주 소 : ○○시 ○○구 ○○동 ○○

신청인들의 대리인 : ○○○(인)
주 소 : ○○시 ○○구 ○○동 ○○

첨부서류

1. (근)저당권자 법인등기부등본 1부
2. 부동산에 관한 담보 설정의 계약서 사본 1부
3. 피지정자의 자격 증명 사본 1부
4. 부동산소유권이전등기 촉탁 관련 서류 일체

○○지방법원 귀중

※ 대리인이 신청할 경우에는 매수인, 근저당권자, 대리인 모두 신청서에 날인하여야 함.

10. 부동산 인도 받기

(1) 협상을 통한 인도

부동산을 낙찰 받아 대금을 납부하면 대항력 없는 점유자를 상대로 인도명령을 신청할 수 있지만, 그 이전에 점유자를 만나서 협상을 짓는 것이 가장 좋은 방법이다. 물론 협상을 해보고 정 타결이 어려울 것 같으면 별 수 없이 인도명령결정 등을 받아서 강제집행을 해야겠지만 그러려면 기간이라든지 비용 등을 고려하지 않을 수 없기 때문에 가급적 협상을 통해 마무리 짓는 것이 가장 현명하다. 만약 협상이 안되어 집행관을 통해 인도집행을 할 경우 인도집행비가 ㎡당 2~3만원 정도 소요되는 점 등을 감안해서 어느 정도의 이사비를 지불하고 인도를 받는 것이 오히려 이익이 될 수 있다.

(2) 인도명령신청

협상이 안될 때는 부득이 인도명령신청으로 가야한다. 인도명령신청으로 갈 때는 인도명령결정문이 상대방에게 얼마만큼 빨리 송달되느냐가 관건이다.

1) 인도명령결정이란

법원이 점유권원이 없는 점유자에게 당해 부동산에 대한 점유를 채권자(매수인)에게 인도하라는 명령이 기재된 문서를 인도명령결정이라고 한다.

2) 인도명령신청 전에 취해야 할 조치

인도명령 신청 단계에서는 점유이전금지가처분을 하지 않는 것이 보통인데, 현 점유자가 인도명령 대상에 해당하는지 여부가 불명확하여 향후 명도소송으로 갈 확률이 높은 경우 등 특별한 사정이 있으면 현 점유자 상대로 점유이전금지가처분 신청을 하여 그 결정을 받고 집행관사무소에 위임하여 가처분집행을 해두는 것이 나중 집행을 위해서 안전하다.

3) 인도명령 신청기간

대금을 완납 한 때로부터 6개월 이내에 신청해야 한다. 그 기간이 지나면 인도,명도 소송으로 가야 한다. 인도를 유예해 준 경우 유예기간이 지나야 인도명령을 신청할 수 있다.

4) 인도명령 대상과 범위

① 낙찰자에게 대항할 수 없는 점유자는 전부 인도명령 대상자이다(채무자, 소유자, 대항력 없는 임차인 . 유치권자 등 및 그 가족, 피고용인, 기타 점유권원이 없는 제3자).

② 낙찰자가 어떤 이유로든 일단 부동산을 인도받았다가 그 후 제3자가 불법 점유한 경우에는 인도명령신청을 다시 신청할 수 없다. 이 경우 불법점유자 상대로 명도소송 및 불법점유한 때로부터 명도완료 시까지 임료상당의 손해배상소송을 제기할 수 있지만 판결을 받는다고 돈을 받는다는 보장은 쉽지 않을 것으로 본다.

③ 경매기록에 나타나지 않는 승계인 등 점유자 상대로 인도명령 신청시 집행관 작성의 집행불능조서등본 또는 주민등록표등본 등을 통해 경매기록에 나타나 있지 않는 사람이 점유하고 있는 사실과 그 사람이 언제부터 점유를 개시했는지 그 일자를 증명할 수 있는 자료(주민등록등.초본)를 인도명령신청서에 첨부해야 한다.

④ 매각으로 취득한 부동산과 매각에 포함되는 부합물, 종물 전부가 인도대상 범위에 포함된다.

⑤ 채무자에 대한 인도명령은 채무자와 한세대를 구성하며 독립된 생계를 영위하지　않는 가족에게 효력이 미친다(대법원 1998.4.24. 선고 94다 30786 판결).

⑥ 대항력 있는 임차인으로서 배당요구한 임차인은 배당금을 실제로 지급받을 수있는 때인 배당표 확정시까지 주택인도를 거절할 수 있다(대법원 1997. 8. 29. 선고 97다 11195 판결).

⑦ 부동산인도명령이 매수인에게 실체상의 권리 이상의 권리를 부여하는 것은 아니므로 채무자나 소유자라도 실체상의 점유권을 가지고 있

는 경우에는 민사소송법 제647조 1한 단서를 유추적용하여 매수인의 인도명령신청을 거절할 수 있다(대법원 1999. 4. 16. 자 98마3897 결정).

6) 인도명령 신청요령

인도명령신청서를 작성해서 정부수입인지 1000원짜리 붙이고, 송달료를 납부(송달불될 경우 대비 약 7~8회분 정도 납부하고 부족시 추가납부)해서 경매과 접수창구에 접수하면 된다(송달료는 인지와 달리 법원이 탄력성 있게 운영하고 있다).

7) 인도명령 결정 방식

서면심리만으로 할 수 있고, 상대방을 심문하거나 변론을 열 수도 있다. 매수인에 대항할 수 없는 권원에 의해 점유하고 있지 않음이 명백한 때, 점유자를 이미 신문한 때는 서면심리만으로 인도명령결정을 한다. 법원이 볼 때 상대방이 매수인에게 대항할 수 있는 권원에 의해 점유하고 있음이 명백한 때는 인도명령신청을 기각한다. 이 경우에는 점유자와 합의를 하던지 명도소송을 제기해서 승소판결을 받아야 집행할 수 있다.

8) 인도명령에 대한 불복방법

인도명령결정 또는 기각결정에 대해서는 즉시항고를 제기할 수 있다(민사집행법 제136조 제5항). 인도명령결정문을 송달받은 날의 다음날부터 1주일 안에 즉시항고장을 경매법원에 제출해야 한다. 항고장에 항고이유서를 기재하지 않으면 항고장 접수일부터 10일 안에 항고이유서 제출해야 하고, 이를 해태하면 항고장이 기각될 수 있다. 주의할 점은 즉시항고를 제기했어도 집행정지 효력이 없어서 인도집행을 할 수 있다(민사집행법 제15조 제6항). 따라서 인도집행을 막으려면 확정된 인도명령에 대해 청구이의 소 또는 제3자이의 소를 제기하면서 인도집행정지결정문을 받아서 집행관에게 제출해야 한다(민사집행법 제46조, 제48조).

9) 결정문이 송달되지 않을시 조치

인도명령결정문이 상대방에게 송달되지 않으면 집행을 할 수 없다. 따라서 낙찰받은 부동산을 빨리 인도받으려면 인도명령결정문이 상대방에게 얼마나 빨리 송달되느냐에 달려 있다. 상대방이 인도명령결정문 수령을 거부하거나 기타 송달되지 않으면 집행관특별송달(야간송달 또는 공휴일 송달 중 가장 송달받을 가능성이 많은 방법을 선택하되, 야간송달이 가장 좋다고 본다)을 신청하고 그래도 송달이 안 되면 주민센터를 방문해서 실태조사를 하고 그 집에 거주하지 않는 것이 확인되면 주민등록을 말소해 달라고 하여 말소된 주민등록초본을 제출하거나 통반장으로부터 불거주 확인서를 받아 이를 첨부하여 공시송달을 신청해서 허가를 받는 방법을 취해야 한다.

10) 인도집행 절차

인도명령결정이 상대방에게 송달되면 인도명령결정문과 송달증명원을 가지고 부동산 소재지 법원관할 집행관사무소에 집행을 위임하고 소정의 비용을 납부하면 집행관사무소에서 일정을 보고 집행일자를 잡아준다. 집행일자에 인도집행을 하러 갔는데, 안에서 문을 열어주지 않거나 폐문부재로 2회 이상 집행이 불능 되면 공무원 1인(인근 파출소의 지원요청) 또는 성인 2인 입회하에 강제로 문을 열고 집행할 수 있다.

부동산 인도. 명도집행은 집행관이 채무자로부터 점유를 빼앗아 채권자에게 넘겨주는 것이므로 채권자나 대리인이 현장에 출석해야만 집행 할 수 있고(민사집행법 제258조 제2항), 채권자나 대리인이 불출석한 상태에서 집행관이 채무자로부터 빼앗아 집행관이 직접 점유한다든지 제3자로 점유하게 하면 위법이 된다(대법원 1962.2.8. 선고 4293민상677판결).

11) 인도 집행비용

① 인도명령신청비용 : 인지대, 송달료 등 2만원 내외(단, 집행관송달시 추가될 수 있음)

② 인도집행비용 : 예납금 약 10만원, 집행비용 ㎡ 당 2~ 3만원 정도, 기타 열쇄비용 등

※ 아파트 32평 가준 약 200만원 정도 예상하면 됨.

12) 건물인도. 명도시 유체동산 등의 처리방법

인도 . 명도 집행시 목적물에 채무자 소유 동산이 있으면 집행관이 밖으로 꺼낸 다음 채무자에게 인도해야 하고, 소재불명으로 인도받기 어렵거나 수령을 거부한 경우 채무자가 현장에 없을 때는 채무자와 같이 사는 사리를 분별할 지능이 있는 친족 또는 채무자의 대리인, 고용인에게 인도하는 것이 원칙이다(민사집행법 제258조 제4항). 그런데 이들이 부재중이고, 현장에 있어도 수령을 거부하거나 퇴장하여 현장 밖으로 나가버린다거나 이전받을 의사가 없는 것으로 판단될 때는 채권자의 협조를 얻어 보관장소를 제공받아 보관시킨 후 인도.명도를 집행을 해야 한다. 따라서 낙찰자는 이런 경우를 예상하여 인도.명도집행을 하기 전에 이삿짐센타 등 유체동산을 보관시킬 장소를 미리 물색해 두는 것이 좋다. 물건보관 비용은 한 달에 대략 30만원 정도 예상하면 되고, 이 비용은 낙찰자가 먼저 지불하고 소유자에게 청구할 수 밖에 없다.

13) 보관시킨 유체동산 처리방법

낙찰자 본인 또는 제3자에게 물건을 보관시킨 때에는 지체 없이 물

건 보관장소, 물건보관에 들어간 비용, 향후 들어갈 것으로 예상되는 비용 등을 알리고 물건을 수령해 갈 것과 일정기간(대략 1개월 정도) 안에 수령하지 않으면 물건을 경매해서 본인이 들어간 비용을 공제하고 나머지가 있으면 공탁하겠다는 내용이 기재된 내용증명우편을 보내야 한다. 그리고 나서 일정기간 안에 수령을 하지 않으면 법원의 허가를 받아(집행관사무소에 매각을 의뢰하면 된다) 물건을 매각한 다음 본인이 들어간 비용을 제하고 나머지가 있으면 법원에 공탁하면 된다.

14) 강제집행비용 변상방법

강제집행에 필요한 비용은 채무자가 부담하고 그 강제집행절차에서 우선적으로 변상 받을 수 있으나(민사집행법 제53조 제1항), 당해 강제집행절차에서 변상을 받지 못한 비용은 집행법원의 집행비용액확정결정을 받아 이를 집행권원으로 하는 별도의 금전집행을 하여야 한다(민사집행규칙 제24조). 따라서 인도집행이 끝난 후 집행에 들어간 비용을 상대방에게 청구하려면 집행관사무소로부터 집행비용에 관한 증명서를 교부받아 소송비용확정신청을 하여 결정을 받아야 한다.

〔인도명령과 인도.명도소송의 차이점〕

구 분	인도명령	인도.명도소송
신청 시기	매각대금 납부 후 6개월 이내 신청 (6개월 이후에는 토지는 인도 또는 명도소송)	대금납부 후 기간에 제한 없음
신청 대상	채무자.소유자.대항력없는 점유자. 불법점유자	점유권원 없는 자
신청 방법	인도명령신청서를 해당법원 경매과에 접수	인도 또는 명도에 관한 소장을 관할법원(피고의 주소지 또는 부동산소재지)에 접수
처리 기간	신청 후 보통 2~ 3주	수개월 이상
처리 방법	명백히 대항력 없다고 판명되는 자는 심문절차 없이 인도명령결정, 그밖에 심문이 필요하다고 인정될 경우 심문 후 결정	정식재판절차를 거쳐 판결 또는 조정 등을 통해 해결
집행 방법	인도명령결정정본과 송달증명원 구비, 부동산 소재지 법원 집행관사무소에 위임	판결정본에 집행문 부여 받고 송달증명, 확정증명(가집행이 붙으면 필요 없음) 구비 부동산 소재지 법원 집행관사무소에 집행위임

[부동산인도명령 신청서]

부동산인도명령 신청

사건번호　　　2○○○타경　○○○○호 부동산 강제(임의)경매
신청인(매수인)　○○○
　　　　　　　○시 ○구　○동　○번지
피신청인(임차인) ○○○
　　　　　　　○시　○구　○동　○번지

위 사건에 관하여 매수인은　　　.　　.　　. 에 낙찰대금을 완납한 후 채무자(소유자, 부동산점유자)에게 별지 매수부동산의 인도를 청구하였으나 채무자가 불응하고 있으므로, 귀원 소속 집행관으로 하여금 채무자의 위 부동산에 대한 점유를 풀고 이를 매수인에게 인도하도록 하는 명령을 발령하여 주시기 바랍니다.

2○○○. ○. ○.

매 수 인　○○○(인)
연락처(☎)

○○지방법원　　귀중

☞유의사항
1) 낙찰인은 대금완납 후 6개월 내에 채무자, 소유자 또는 부동산 점유자에 대하여 부동산을 매수인에게 인도할 것을 법원에 신청할 수 있습니다.
2) 신청서에는 1,000원의 인지를 붙이고 1통을 집행법원에 제출하며 인도명령정본 송달료(2회분)를 납부하셔야 합니다.

[부동산 목록]

[별지]

부동산 목록

(1동의 건물의 표시)

○○시 ○○구 ○○동 ○○

철근콘크리트벽식 평스라브지붕 8층

공동주택(아파트)

1층 000㎡

2층 000㎡

(전유부분의 건물의 표시)

건물번호 : 1- 109

구 조 : 철근콘크리트조

면 적 : 00㎡

(대지권의 목적인 토지의 표시)

서울 0구 0동 100-1 대 000㎡

(대지권의 표시)

대지권종류 : 소유권

대지권비율 : 000분의 0

〔인도명령에 대한 즉시항고장〕

즉 시 항 고 장

항고인(피신청인) ○○○
○○시 ○○구 ○○동 ○○
연락처
피항고인(신청인) ○○○
○○시 ○○구 ○○동 ○○

위 당사자간 ○○지방법원 2○○○타기○○○호 부동산인도명령신청사건에 관하여 항고인은 귀원이 내린 인도명령에 대하여 불복하므로 즉시항고합니다.

원재판의 표시

피신청인은 신청인에게 별지목록 기재 부동산을 인도하라.

항 고 취 지

원 결정을 취소하고 다시 상당한 재판을 구합니다.

항 고 이 유

1. 항고인은 이 사건 목적물에 대하여 유치권에 기해 점유 중에 있으므로 이 사건 목적물을 신청인에게 인도해 주어야 할 의무가 없습니다.
2. 그러므로 항고인은 신청인으로부터 인도명령을 받을 이유가 없으므로 이 사건 인도명령신청을 기각하고 다시 상당한 재판을 구하고자 항고를 제기하기에 이르렀습니다.

입 증 방 법

1. 갑제 1호증의 1 공사계약서 사본 1통
1. 갑제 1호증의 2 내용증명우편 1통

첨 부 서 류

1. 위 입증방법 각 1통
1. 항고장부본 1통
1. 송달료납부서 1통

2○○○.○.○.

위 항고인 ○○○ (인)

○○지방법원 귀중

[매각명령신청서]

매각명령신청서

채권자 ○○○

서울시 ○○구 ○○동 ○○○

휴대폰 :

채무자 ○○○

최후주소 : ○○시 ○○구 ○○동 ○○○

위 당사자간 ○○지방법원 2011타기 ○○○○호 인도명령 정본에 의거 2○○○. ○. ○. 인도집행하였으나, 채무자 및 동거인 등 관계인의 소재불명으로 반출한 물건을 채권자에게 보관케 하고 위 채무자에게 수령을 최고하였으나 보관된 물검의 수취를 태만히 하므로 민사집행법 제258조 제6항에 의하여 매각함이 상당하다고 사료되므로 매각을 허가하여 주시기 바랍니다.

첨부서류

1. 명도조서 사본 1통
2. 보관물건 목록사본 1통
3. 내용증명우편 사본 1통

2○○○. ○. ○.

집행관 ○○○

○○지방법원 귀중

【집행관의 경찰에 대한 원조 요청시 업무처리요령(재민 99-1)】

1. 경찰에 대한 원조 요청시 유의사항

① 집행관이 집행에 관한 직무를 수행함에 있어 그 직무수행을 방해하는 채무자 또는 제3자의 저항을 받을 우려가 있다고 예상할 만한 상당한 사유가 존재하여 그 저항을 배제하고 직무집행의 목적을 달성하기 위하여 민사집행법 제5조 제2항의 규정에 의하여 경찰에 대한 원조요청을 할 필요가 있다고 판단되는 때에는 사전에 그 집행에 관한 직무의 수행장소를 관할하는 경찰서장에게 집행시 경찰의 원조가 필요한 사유를 통지하면서 원조를 요청할 수 있다. 다만 관할 경찰서장에게 사유를 통지하면서 경찰의 원조를 요청할 수 있는 시간적 여유가 없을 정도로 긴급을 요하는 때에는 집행장소에서 가장 가까운 곳에 있는 파출소 등의 경찰관에게 구두로 직접 원조를 요청할 수 있다.

② 집행관이 해상에서 집행에 관한 직무를 수행함에 있어 경찰에 대한 원조요청을 할 필요가 있다고 판단되는 때에는 가장 가까운 곳에 있는 해양경찰서장에게 가. 항의 규정에 의한 통지 및 원조요청을 할 수 있다.

2 집행조서상 저항배제를 위한 경찰원조사실의 기재

① 집행관은 채무자 또는 제3자의 저항을 배제하기 위하여 2. 항의 규정과 같이 경찰의 원조를 요청하여 집행시에 그 원조를 받은 때에는 당해 집행에 관한 직무의 수행에 관하여 작성한 집행조서에 저항배제를 위한 경찰원조사실을 기재하여야 한다. 다만 부동산 현황조사 등과 같이 집행조서를 작성하지 아니하는 경우에는 위 사실을 명백히 기재하고 기명날인을 한 서면을 작성하여 집행기록에 가철하여야 한다.

② 집행관의 원조요청에 기하여 출동한 경찰관은 집행관을 보조하는 입장에 있어 민사집행법 제6조에서 정한 집행참여자의 적격성이 없기 때문에 집행조서 작성시에 집행참여자로 기재하여서는 아니 된다.

(3) 인도.명도.철거 소송

1) 인도.명도.철거의 용어 구분

① 인도

「인도」란 물건에 대한 직접적인 지배, 즉 점유를 이전하는 것을 의미한다. 목적물이 동산, 토지, 건물을 가리지 않고 언제나 「인도」라는 용어를 사용할 수 있다. 주의할 점은 인도는 강제집행에 있어 현상 그대로 점유를 이전하는 것을 의미한다. 따라서 현상의 변경, 예컨대 지상건물 철거, 지상수목의 수거 등을 수반하는 점유이전의 집행을 위해서는 반드시 그에 관한 현상의 변경을 요하는 청구취지도 소장에 함께 기재해야 한다. 토지인도의 경우에는 그 토지에 있는 정착물을 제거할 필요가 있을 때 에는 그 정착물의 구분에 따라 소장에 기재할 청구취지에 건물철거는 철거, 수목과 입목은 수거, 분묘는 굴이(掘移), 비정착물의 경우 취거라는 용어를 사용한다.

② 명도

「명도」란 부동산(주로 건물이지만 부속토지까지 포함하는 경우 있음)에서 침식용구를 들여놓고 살림을 하거나 사무용품, 영업용 물품 등을 비치하고 거주 또는 영업 등을 하면서 그 부동산을 점유하고 있는 경우에 그 부동산 내에 있는 점유자의 물품을 부동산 밖으로 반출한 후 점유를 이전하는 것을 의미한다. 따라서 위의 경우에 해당하지 않으면 명도라는 용어를 사용해서는 아니 된다.

또 위와 같은 물품의 반출행위는 명도라는 개념 안에 당연히 포함되어 있기 때문에 소장에 반출의 대상이 되는 물품을 소장 청구취지에 일일이 특정할 필요가 없다.

③ **퇴거**

「퇴거」란 건물 점유자의 점유를 풀어 그 건물로부터 점유자를 쫓아내고 그 건물 내에 있는 점유자의 살림 등 물품을 반출하는 것을 의미한다.

명도와 비슷한 점이 있으나 유일한 차이는 퇴거는 점유의 해제만으로 곧 집행이 종료되고 별도로 점유의 이전까지 받아야만 집행이 종료되는 것은 아니라는 점이다. 퇴거를 구하는 소송은 토지소유자가 지상건물 소유자 상대로 건물철거를 구함에 있어 건물 소유자 아닌 제3자가 건물을 점유하고 있을 때 이용된다.

2) 인도 . 명도소송

① **인도소송과 명도소송의 차이점**

낙찰 받은 부동산 내에 있는 점유자의 물품을 부동산 밖으로 반출시킨 다음 점유를 이전받아야 하는 경우가 아니면 인도소송을 제기하고, 점유자의 물품을 부동산 밖으로 반출시킨 다음 점유를 이전받아야 하는 경우에는 명도소송을 제기해야 한다.

② **인도. 명도소송의 대상자**

인도 또는 명도소송은 낙찰자에게 대항할 수 없는 점유자를 제외한 모든 점유자가 그 대상이다. 또한 낙찰자에게 대항할 수 없는 점유자라도 대금납부 후 6개월이 지나면 인도명령을 신청할 수 없기 때문에 인도 또는 소송을 제기해야 하고, 인도명령으로 집행하여 일단 인도를 받았다가 그 후 제3자가 불법점유를 개시한 경우에도 제3자를 상대로 인도 또는 명도소송을 제기해야 한다.

③ **인도. 명도소송 전 취해할 조치**

인도. 명도소송 제기 전에 점유자 상대로 점유이전금지가처분 결정을 받은 다음 부동산 소재지 관할 집행관사무소에 위임하여 집행을 하는 것이 안전하다. 그렇지 않으면 소송진행 중에 점유자를 바꿔버리면 판결을 받아도 무용지물이 되어 현재 점유자를 상대로 다시 소송을 제기해야 하는 문제가 발생한다.

④ 가집행선고부 판결

인도. 명도소송을 제기할 때는 소장 청구취지에 가집행을 구하는 취지도 함께 넣어 1심 판결이 선고되면 미확정상태에서도 피고에 대한 소장 송달만으로 집행할 수 있도록 해야 한다. 판결에 가집행이 붙지 않으면 피고가 항소, 상고를 제기할 경우 판결의 미확정으로 판결확정시까지 집행이 어렵기 때문이다.

3) 인도 . 명도소송에서 판결 후 집행방법

점유자가 비워주지 않으면 집행문, 송달증명서, 확정증명서(가집행선고가 붙으면 확정증명 필요 없음)를 교부받아 부동산 소재지 집행관사무소에 집행을 위임하면 된다.

4) 인도. 명도소송의 청구취지 기재례

① 토지인도

㉠ 목적물 전부에 대한 청구

1. 피고는 원고에게 서울시 동작구 상도동 1234-1 대 120㎡를 인도하라. 2. 소송비용은 피고의 부담으로 한다.

3. 제1항은 가집행 할 수 있다.

㉡ 목적물 일부에 대한 청구

1. 피고는 원고에게 서울시 동작구 상도동 1234-1 대 120㎡ 중 별지도면 표시 ①,②,③,④,⑤,⑥,⑦,①의 각 점을 순차로 연결한 선내 부분 대 80㎡를 인도하라. 2. 소송비용은 피고의 부담으로 한다. 3. 제1항은 가집행 할 수 있다.

㉢ 철거 및 인도 청구

1. 피고는 원고에게 서울시 양천구 신정동 123-1 대 80㎡, 같은 동 123-2 대 60㎡ 양지상 벽돌조 기와지붕 단층주택 60㎡ 별지도면 표시 ①,②,③,④,⑤,⑥,①의 각 점을 순차로 연결한 선내부분을 철거하고 위 각 대지를 인도하라. 2. 소송비용은 피고의 부담으로 한다. 3. 제1항은 가집행 할 수 있다.

② **건물명도**

㉠ 목적물 전부에 대한 청구

1. 피고는 원고에게 서울시 동작구 상도동 1234-1 대 120㎡ 지상 철근 콘크리트조 슬래브지붕 1층 점포 50㎡, 2층 40㎡, 3층 30㎡를 명도하라. 2. 소송비용은 피고의 부담으로 한다. 3. 제1항은 가집행 할 수 있다.

㉡ 목적물 일부에 대한 청구

1. 원고에게 별지목록 기재 건물 중

가. 피고 갑은 별지도면 표시 1,2,3,4,1의 각점을 순차로 연결한 선내 (가)부분 방　50평방미터를, 나. 피고 을은 같은 도면 표시 5,6,7,8,5 의 각점을 순차로 연결한 선내 (나)부분 창고　30평방미터를 각 명도하라. 2. 소송비용은 피고의 부담으로 한다. 3. 제1항은 가집행 할 수 있다.

※ 이 경우 축척과 방위가 정확히 표시된 측량도면을 첨부하고, 그 도면에 표시된 목적부분의 외곽선의 꼭지점 부호를 차례로 명시하고 목적부분의 면적을 기재해야 한다.

㉢ 공유물에 대한 청구

1. 원고에게 피고 갑은 4분의 1 지분에 관하여 피고 을은 5분의 1지분에 관하여 피고 병은 3분의 1지분에 관하여 각 별지목록 (2) 기재 건물을 철거하고 같은 목록 (1) 기재 대지를 인도하라. 2. 소송비용은 피고의 부담으로 한다. 3. 제1항은 가집행 할 수 있다.

㉣ 임차보증금 반환과 명도 동시이행(상환이행)

피고는 원고로부터 금50,000,000원을 지급받음과 동시에 원고에게 별지목록 기재 건물을 명도하라.

[명도소송 소장]

소　　　상 원 고　○○○(000000-0000000) 　　　　○○시 ○○구 ○○동 ○○-○ 　　　　전화번호: 피 고　○○○(000000-0000000) 　　　　○○시 ○○구 ○○동 ○○○-○

건물명도등 청구의 소

청구 취지

1. 원고에게 피고는 별지목록 기재 부동산을 명도하고, 2011. 12. 10.부터 명도완료시까지 매월 금1,000,000원을 지급하라.
2. 소송비용은 피고의 부담으로 한다.
3. 제 1항은 가집행할 수 있다.

라는 판결을 구합니다.

청구 원인

1. 원고는 서울중앙지방법원 2011타경 12345호 부동산임의경매사건에서 별지목록 기재 부동산을 낙찰 받고 2011. 10. 10.자로 대금전액을 납부하여 소유권을 취득하였습니다.

2. 한편 피고는 유치권자라고 주장하며 이 사건 부동산을 점유하면서 명도를 거부하고 있습니다. 그러나 피고는 진정한 유치권자가 아닐 뿐 더러 설령 유치권이 존재하더라도 낙찰자인 원고에게 대항 할 수 없기 때문에 피고는 원고에게 이 사건 부동산을 명도해 주어야 할 의무가 있습니다.

3. 그러므로 원고는 청구취지와 같은 판결을 구하고자 이 사건 소송에 이르렀습니다.

입증자료

1. 갑 제1호증 부동산등기부등본
2. 갑 제2호증

첨부서류

1. 위 입증자료 1통
1. 소장 부본 1통
1. 개별공시지가확인서 1통
1. 집합건축물 대장 1통
1. 인지대. 송달료납부서 각1통

2○○○. ○. ○.

원고 ○ ○ ○ (인)

○○지방법원 귀 중

〔부동산목록〕

[별지]

부동산 목록

(1동의 건물의 표시)

○○시 ○○구 ○○동 ○○

철근콘크리트벽식 평스라브지붕 8층

공동주택(아파트)

1층 000㎡

2층 000㎡

3층 000㎡

(전유부분의 건물의 표시)

건물번호 : 1- 109

구 조 : 철근콘크리트조

면 적 : 00㎡

(대지권의 목적인 토지의 표시)

서울특별시 ○○구 ○○동 ○○대 000㎡

(대지권의 표시)

대지권종류 : 소유권

대지권비율 : 000분의 0

〔소가계산서〕

소가 계산서

1. 토지

○○시 ○○구 ○○동 ○○○

면적(150㎡), 개별공시지가 (900,000)

* 토지가격 : 150× 900,000× 30/100 = 135,000,000원

2. 건물

○○시 ○○구 ○○동 ○○○ 위 지상

세멘블럭조 스레트함석지붕

면적(50㎡)

토지개별공시지가(900,000)

* ㎡당 건물시가표준액 : 227,409원

※ 산식: 510,000(신축가격기준액)× 구조지수(0.65)× 용도지수(1)× 위치지수(0.98)× 잔 가율(0.7)

* 경과연수를 10년 1-(0.03× 10)

* 건물가격 : 227,409× 50 =11,307,450원

※ 목적물 가액(1 + 2) : 135,000,000원 + 11,307,450원원 = 146,370,450원

▶ 소송물가격 = 146,370,450 × 30/100 ÷ 1/2 = 21,955,567원

[부동산점유이전금지가처분 신청서]

부동산점유이전금지가처분 신청

신 청 인 ○○○

○○시 ○구 ○○동 ○○

연락처

피신청인 ○○○

○○시 ○구 ○○동 ○○

목적물의 표시 : 별지와 같음

목적물의 가격 : 43,911,135원

피보전권리 : 소유권에 기한 건물명도청구권

신청취지

1. 채무자는 별지목록 기재 부동산에 대한 점유를 풀고 채권자가 위임하는 집행관에게 인도하여야 한다.
2. 위 집행관은 현상을 변경하지 아니하는 것을 조건으로 하여 채무자에게 이를 사용하게 하여야 한다.
3. 채무자는 그 점유를 타인에게 이전하거나 또는 점유명의를 변경하여서는 아니 된다.
4. 집행관은 위 명령의 취지를 적당한 방법으로 공시하여야 한다.

라는 재판을 구합니다.

신청이유

1. 신청인은 ○○지방법원 2○○○타경 ○○○호 부동산임의경매사건에서 별지목록 기재 부동산을 낙찰 받아 대금전액을 납부한 매수인입니다.

2. 한편 피신청인은 위 경매사건의 채무자인 신청 외 ○○○에 대하여 금 ○○○○원의 공사대금 채권이 존재한다고 주장하며, 이 사건 부동산에 유치권을 행사 중에 있습니다.

3. 그런데 신청인이 알아 본 바에 의하면 피신청인은 위 ○○○에 대하여 공사대금 채권이 존재하지 않을 뿐 더러 경매절차가 개시되기 전 이 사건 건물을 점유한 사실조차 없습니다. 이에 신청인은 피신청인을 상대로 건물 명도 본안소송을 제기하려고 준비 중에 있으나 위 소송이 종료되기까지 상당한 기간이 소요될 예정이므로 소송이 종료되기 전에 피신청인이 그 점유를 타인에게 이전해 버릴 염려가 있습니다. 만약 그렇게 되면 신청인이 소송에서 승소하여도 그 집행이 어렵게 될 염려가 있으므로 장래 집행보전을 위하여 이 사건 가처분 신청을 합니다.

4. 본건 가처분에 따른 손해담보는 서울보증보험(주)와 지급보증위탁계약을 체결한 문서의 제출로 갈음할 수 있도록 허가하여 주시기 바랍니다.

소명방법

1. 소 갑제1호증 매각대금완납증명서 1통
1. 소 갑제2호증 유치권신고서 사본 1통

첨부서류

1. 소명방법 각 1통
2. 토지대장 1통
3. 부동산등기부등본 1통
4. 송달료 납부서 1통

2○○○. ○. ○.

신청인 ○○○ (인)

○○지방법원 ○○지원 귀중

[부동산 목록]

(별지)

부동산 목록

1. ○○시 ○○구 ○○동 ○○○
   대150㎡

2. 위 지상 세멘트블럭조 스레트합석지붕구조
   1층 약 50㎡

[목적물가액계산서]

목적물 가액 계산 내역서

1. 토지

○○시 ○○구 ○○동 ○○○

면적(150㎡), 개별공시지가 (900,000)

* 토지가격 : 150× 900,000× 30/100 = 135,000,000원

2. 건물

○○시 ○○구 ○○동 ○○○ 위 지상

세멘블럭조 스레트함석지붕

면적(50㎡)

토지개별공시지가(900,000)

* ㎡당 건물시가표준액 : 227,409원

※ 산식: 510,000(신축가격기준액)× 구조지수(0.65)× 용도지수(1)× 위치지수(0.98)× 잔 가율(0.7)

* 경과연수를 10년 1-(0.03× 10)

* 건물가격 : 227,409× 50 =11,307,450원

※ 목적물 가액(1 + 2) : 135,000,000원 + 11,307,450원원 = 146,370,450원

▶ 소송물가격 = 146,370,450 × 30/100 ÷ 1/2 = 21,955,567원

제6장 부동산 공매

제 1 절 공매의 이해

1. 공매의 의의

공매란 좁은 의미로는 국세·지방세의 체납으로 한국자산관리공사가 압류재산을 일반인 상대로 입찰을 통해 매각하는 것을 말하고, 넓은 의미로는 금융기관과 신탁법상 신탁회사 등이 실시하는 공매를 모두 포함하는 개념이다. 세무서장과 지방자치단체장은 공매공고를 한 압류재산이 등기 또는 등록을 필요로 하는 경우에는 공매공고를 한 즉시 그 사실을 등기부 또는 등록부에 기입하도록 관계 관서에 촉탁하도록 되어 있다(국세징수법 제67조의 2, 지방세기본법 제98조).

2. 공매의 장.단점

(1) 상점

공매는 유입 . 수탁재산의 경우 공매를 통해 부동산을 매수하면 대금을 분할납부할 수 있어서 자금 부담을 경감시킬 수 있는 점, 유입 . 수탁재산의 경우 권리분석이 수월하며, 법원경매와 달리 이의신청, 항고제도 등이 없어서 절차가 번잡하지 않다는 점 등을 장점으로 꼽을 수 있다.

(2) 단점

법원경매는 1회 유찰시 20% 정도 가격이 저감되지만 한국자산관리공사에서 시행하는 공매의 경우 1회 유찰시 10% 정도 밖에 저감되지 않는다는 점, 차순위신고제도, 채권상계제도가 인정되지 않는다는 점, 인도명령신청제도가 없기 때문에 공매실시기관에게 명도책임이 있는 경우 외에는 낙찰자가 스스로 명도소송을 제기해서 낙찰물건을 인도받아야 한다는 점 등을 단점으로 꼽을 수 있다.

3. 법원경매와 한국자산관리공사 공매의 차이점

구 분	법원경매	한국자산관리공사 공매	
		압류재산	유입.수탁.국유재산
입찰보증금	최저매매가의 10%	매수희망가의 10%	매수희망가의 10%
유찰시 가격저감	이전 최저매가가격의 20% (법원에 따라 30%)	2회차부터 최초매각예정가격의 10%씩 점감	
수의계약	불가	가능	
배당요구종기	첫 매각기일 이전으로 이전	배분계산시 작성시까지	
계약내용 및 명의변경	불가	불가	가능
대금납부	일시불	.1,000만원 미만 7일 내 .1,000만원 이상 60일 내	일시불 또는 분할 납부
대금선납시 이자감면	없음	없음	있음

<table>
<tr><td>권리분석</td><td>필요</td><td>필요</td><td>불필요</td></tr>
<tr><td>명도책임</td><td>매수인</td><td>매수인</td><td>.유입.수탁재산
매도인
.국유재산
한국자산관리공사</td></tr>
<tr><td>인도명령제도</td><td>있음</td><td>없음</td><td>없음</td></tr>
<tr><td>공유자우선매수</td><td>있음</td><td>없음</td><td>없음</td></tr>
</table>

※ 공매 유입재산.수탁재산.국유재산은 낙찰 후 5일 내 별도의 계약 계약체결 함

4. 한국자산관리공사 공매물건의 종류

(1) 압류재산

국세, 지방세를 체납하여 체납자 재산을 압류하여 한국자산관리공사에 매각을 의뢰한 재산을 말한다. 압류재산이 다음 어느 하나에 해당하는 경우 수의계약으로 매각할 수 있다(국세징수법 제 62조 제1항).

1) 수의계약으로 매각하지 아니하면 매각대금이 체납처분비에 충당하고 남을 여지가 없는 경우
2) 부패·변질 또는 감량되기 쉬운 재산으로서 속히 매각하지 아니하면 그 재산가액이 줄어들 우려가 있는 경우
3) 압류한 재산의 추산(추산) 가격이 1천만원 미만인 경우
4) 법령으로 소지 또는 매매가 규제된 재산인 경우
5) 제1회 공매 후 1년간 5회 이상 공매하여도 매각되지 아니한 경우
6) 공매하는 것이 공익을 위하여 적절하지 아니한 경우

(2) 유입자산

금융기관의 구조개선을 위해 한국자산관리공사가 법원경매를 통해 유입한 재산등을 일반인에게 다시 매각하는 재산 경매로 유입한 자산

(3) 수탁재산

금융기관 및 기업체가 소유하고 있는 비업무용 재산을 한국자산관리공사가 위임받아 일반인에게 매각하는 부동산.

(4) 국유재산

국가소유의 잡종재산의 관리와 처분을 한국자산관리공사가 위임받아 입찰 또는 수의계약의 방법으로 일반인에게 매각 또는 임대하는 부동산.

5. 공매의 방법과 공고

(1) 공매의 방법

국세징수법 제64조는 '공매는 지방국세청, 세무서, 세관 또는 재산소재지의 특별자치도·시·군·자치구에서 한다. 다만, 세무서장이 필요하다고 인정할 때에는 다른 장소에서 공매할 수 있다.'고 규정되어 있으나 현재 국세. 지방세 등 압류재산에 대한 공매는 한국자산관리공사의 온비드(http://www.onbid.co.kr)에서 인터넷상으로 실시하고 있으므로 온비드를 통해서 입찰에 참가할 수 있다. 한편 신탁법상 신탁회사에서 실시하는 공매는 신탁회사 홈페이지를 통해 인터넷으로 공매를 실시하고 있다. 신탁회사 '물건정보란'에 들어가서 물건을 검색하고 공매에 참여하면 된다. 신탁회사가 실시하는 공매물건은 대개 위탁자가 신탁한 부동산으로써 PF자금 등을 대출받고 상환을 못하여 대출금융기관이 수탁

사인 신탁회사에 공매처분을 의뢰하여 진행되는 경우가 대부분이다.

(2) 공매공고

1) 공매는 입찰 또는 경매(정보통신망을 이용한 것을 포함한다)의 방법으로 한다.

2) 세무서장은 공매를 하려면 다음 각 호의 사항을 공고하여야 한다. 이 경우 동일한 재산에 대한 공매·재공매 등 여러 차례의 공매에 관한 사항을 한꺼번에 공고할 수 있다(국세징수법 제67조 제2항).

① 매수대금의 납부기한
② 공매재산의 명칭, 소재, 수량, 품질, 매각예정가격, 그 밖의 중요한 사항
③ 입찰 또는 경매의 장소와 일시(기간입찰의 경우에는 그 입찰기간)
④ 개찰(개찰)의 장소와 일시
⑤ 공매보증금을 받을 때에는 그 금액
⑥ 공매재산이 공유물의 지분인 경우 공유자(체납자는 제외한다. 이하 같다)에게 우선매수권이 있다는 사실
⑦ 배분요구의 종기
⑧ 배분요구의 종기까지 배분을 요구하여야 배분받을 수 있는 채권
⑨ 매각결정 기일
⑩ 매각으로도 소멸하지 아니하는 공매재산에 대한 지상권, 전세권, 대항력 있는 임차권 또는 가등기가 있는 경우 그 사실
⑪ 공매재산의 매수인으로서 일정한 자격을 필요로 하는 경우 그 사실
⑫ 제68조의3제2항 각 호에 따른 자료의 제공 내용 및 기간

3) 공매공고는 지방국세청, 세무서, 세관, 특별자치도·시·군·자치구, 그 밖의 적절한 장소에 게시한다. 다만, 필요에 따라 관보 또는 일

간신문에 게재할 수 있고, 공매공고를 할 때에는 게시 또는 게재와 함께 정보통신망을 통하여 그 공고 내용을 알려야 한다.

4) 매각대금에 대한 배분요구의 종기는 절차에 필요한 기간을 고려하여 정하되, 최초의 입찰기일 이전으로 하여야 한다.

5) 공매에 따른 매각결정 기일은 개찰일부터 3일 이내로 정하여야 한다.

(3) 공매 통지

세무서장은 공매공고를 하였을 때에는 즉시 그 내용을 다음 각 호의 자에게 통지하여야 한다(국세징수법 제68조).

1) 체납자
2) 납세담보물 소유자
3) 공매재산이 공유물의 지분인 경우 공유자
4) 공매재산에 대하여 전세권·질권·저당권 또는 그 밖의 권리를 가진 자

(4) 공매 실시기간

공매는 공고한 날부터 10일이 지난 후에 한다. 다만, 그 재산을 보관하는 데에 많은 비용이 들거나 재산의 가액이 현저히 줄어들 우려가 있으면 10일이 지나기 전이라도 할 수 있다.

(5) 공매대상 재산에 대한 현황조사. 감정평가

세무서장(지방자치단체장)은 매각예정가격을 결정하기 위하여 공매대상 재산의 현상(현상), 점유관계, 차임 또는 보증금의 액수, 그 밖의 현황을 조사하여야 하고, 매각예정가격을 결정하기 어려울 때에는 대통령령으로 정하는 바에 따라 감정인에게 평가를 의뢰하여 그 가액을 참

고하여 매각가격을 결정한다.

(6) 최저공매가격의 결정

매각예정가격은 공매실시기관에서 결정하되, 결정이 어려울 때에는 감정인에게 평가를 의뢰하여 결정한다. 공매에 붙인 재산이 낙찰자가 없는 때에는 다음 회부터 공매할 때마다 최초매각예정가격의 10%씩 저감하여 공매에 붙인다. 단, 최초예정가격의 100분의 50미만으로 저감할 수 없고, 또, 선순위채권, 체납처분비를 합산한 금액 이하로도 저감할 수 없다. 최초매각예정가격의 100분의 50에 달하여도 매각되지 아니할 때는 재공매의 공고일이 감정평가업자의 감정평가 기준일로부터 1년 이내이고 유찰된 최종공매일 이후 가격이 급격하게 변동 될 사유가 없는 경우에는 최초매각예정가격의 100분의 50을 새로운 매각예정가격으로 결정할 수 있다. 단, 재공매의 공고일이 감정평가 기준일로부터 1년 이상 경과한 물건은 재감정평가하여 공매에 붙일 수 있다. 매수자가 매수대금을 납부하지 아니하여 재공매할 때는 낙찰 당시의 매각예정가격으로 한다.

6. 공매재산명세서의 작성 및 비치 등

(1) 공매재산명세서 작성

세무서장은 공매재산에 대하여 현황조사를 기초로 다음의 사항이 포함된 공매재산명세서를 작성하여야 한다(국세징수법 제68조의 3 제1항).

1) 공매재산의 명칭, 소재, 수량, 품질, 매각예정가격, 그 밖의 중요한 사항

2) 공매재산의 점유자 및 점유 권원, 점유할 수 있는 기간, 차임 또

는 보증금에 관한 관계인의 진술

3) 제68조의2제1항 및 제2항에 따른 배분요구 현황 및 같은 조 제4항에 따른 채권신고 현황

4) 공매재산에 대하여 등기된 권리 또는 가처분으로서 매각으로 효력을 잃지 아니 하는 것

5) 매각에 따라 설정된 것으로 보게 되는 지상권의 개요

(2) 공매재산명세서 열람제공

세무서장은 다음의 자료를 입찰 시작 7일 전부터 입찰 마감 전까지 세무서에 갖추어 두거나 정보통신망을 이용하여 게시함으로써 입찰에 참가하려는 자가 열람할 수 있게 하여야 한다(국세징수법 제68조의 3 제2항).

1) 제1항에 따른 공매재산명세서

2) 감정인이 평가한 가액에 관한 자료

3) 그 밖에 입찰가격을 결정하는 데 필요한 자료

7. 공매의 중지

공매를 집행하는 공무원은 매각결정 기일 전에 체납자 또는 제3자가 그 체납액을 완납하면 공매를 중지하여야 한다. 이 경우 매수하려는 자들에게 구술(구술)이나 그 밖의 방법으로 알림으로써 제69조에 따른 공고를 갈음한다. 여러 재산을 한꺼번에 공매하는 경우에 그 일부의 공매대금으로 체납액 전액에 충당될 때에는 남은 재산의 공매는 중지하여야 한다.

8. 공매공고 등기 또는 등록 말소

세무서장은 ①공매취소의 공고를 한 경우, ②공매를 중지한 경우, ③매각결정을 취소한 경우에는 공매공고의 등기 또는 등록을 말소할 것을 관계 관서에 촉탁하여야 한다(국세징수법 제71조의 2).

9. 재공매

재산을 공매하여도 매수 희망자가 없거나 입찰가격이 매각예정가격 미만일 때, 공매재산의 매수인이 매수대금의 납부기한까지 대금을 납부하지 아니하였을 때에는 재공매한다. 세무서장은 재공매할 때마다 매각예정가격의 100분의 10에 해당하는 금액을 차례로 줄여 공매하며, 매각예정가격의 100분의 50에 해당하는 금액까지 차례로 줄여 공매하여도 매각되지 아니할 때에는 새로 매각예정가격을 정하여 재공매할 수 있다. 다만, 즉시 재입찰에 부친 때에는 그러하지 아니하다.

10. 공유자의 우선매수권

공매재산이 공유물의 지분인 경우 공유자는 매각결정 기일 전까지 공매보증금을 제공하고 매각예정가격 이상인 최고입찰가격과 같은 가격으로 공매재산을 우선매수하겠다는 신고를 할 수 있다. 이 경우에 세무서장은 그 공유자에게 매각결정을 하여야 한다(국세징수법 제73조의 2 제1항). 여러 사람의 공유자가 우선매수하겠다는 신고를 하고 매각절차를 마쳤을 때에는 특별한 협의가 없으면 공유지분의 비율에 따라 공매재산을 매수하게 한다. 공유자우선매수신청권자가 매각결정된 경우에 매수인이 매각대금을 납부하지 아니하였을 때에는 매각예정가격 이상인 최고액의 입찰자에게 다시 매각결정을 할 수 있다.

11. 공매보증금

세무서장은 압류재산을 공매하는 경우에 필요하다고 인정하면 입찰보증금 또는 계약보증금을 받을 수 있고, 이 경우 입찰보증금은 입찰가격의 100분의 10 이상, 계약보증금은 매수가격의 100분의 10 이상으로 한다. 입찰보증금 또는 계약보증금은 국공채 또는 증권시장에 상장된 증권 또는 「보험업법」에 따른 보험회사가 발행한 보증보험증권으로 갈음할 수 있다(국세징수법 제65조).

12. 매수인의 제한 및 입찰참가제한

체납자 또는 세무공무원은 직접적으로든 간접적으로든 압류재산을 매수하지 못한다(국세징수법 제66조). 또한 세무서장은 ①입찰을 하려는 자의 공매참가나 최고가격 입찰자의 결정 또는 매수인의 매수대금 납부를 방해한 사실이 있는 자, ②공매에서 부당하게 가격을 떨어뜨릴 목적으로 담합한 사실이 있는 자, ③거짓 명의로 매수신청을 한 사실 중 하나에 해당한다고 인정되는 자에 대하여는 그 사실이 있은 후 2년간 공매장소 출입을 제한하거나 입찰에 참가시키지 아니할 수 있다. 그 사실이 있은 후 2년이 지나지 아니한 자를 사용인이나 그 밖의 종업원으로 사용한 자와 이러한 자를 입찰 대리인으로 한 자에 대하여도 또한 같다.

제 2 절 공매참가절차

1. 공매참가방법

한국자산관리공사에서 실시하는 공매는 온비드(http://www.onbid.co.kr) 에서 인터넷으로 실시하므로 온비드에 회원가입을 하고 물건을 선정해서 입찰에 참가하면 된다. 물건의 용도, 소재지, 면적 및 금액단위별 등으로 공매물건을 찾으실 수 있으며, 물건과 관련된 사진정보, 위치도, 감정평가서도 실시간으로 확인할 수 있다. 물건검색은 물건정보로 찾는 방법, 물건관리번호로 찾는 방법, 공매일정별로 찾는 방법 등이 있고 물건관리번호 등을 알아보고자 할 때는 온비드 콜센터(1588-5321)에 전화해서 상담하면 된다. 신탁회사에서 실시하는 공매 역시 해당회사 홈페이지에 들어가서 회원가입을 하고 '물건정보란'에 들어가서 물건을 검색하여 입찰에 참가하면 된다.

2. 공매입찰 참가 시 유의점

한국자산관리공사에서 실시하는 공매는 권리가 비교적 안전하다고 알려져 있지만 압류재산의 경우 법원경매와 다를 바 없기 때문에 권리분석을 철저히 해야 하고, 현장답사를 통해서 물건의 형상이라는가 제반사항들을 꼼꼼하게 점검해 보아야 한다. 또, 입찰참여 전 매수대금 납부조건 및 납부기한, 명도책임이 누구에게 있는지 등을 확인해 보아야 한다. 특히 신탁회사에서 실시하는 공매 부동산은 신탁회사가 명도 등에 관여하지 않을 뿐만 아니라 위탁자측에서 제대로 고지하지 않을 경우 임차인, 유치권자 등을 인수할 수 있는 위험이 있으므로 이러한 권리가 존재하는지 여부에 대한 조사를 철저히 하여야 한다.

3. 온비드 입찰참가 절차

(1) 온비드 회원가입

온비드에 들어가서 '회원가입' 코너에서 개인 또는 법인회원으로 가입한다.

(2) 공인인증서 등록

온비드에 로그인하여 공인인증기관(우체국 등)을 통해 발급받은 공인인증서를 '나의 온비드'에서 등록한다.

(3) 물건검색 및 선정

물건정보 등을 통해 공매가 진행 중인 물건을 검색하여 맘에 든 물건을 선정한다.

(4) 입찰서 작성 및 제출

물건을 선택한 후 '물건상세정보' 입찰정보의 '입찰참가' 버튼을 선택하여 입찰서를 작성하고 입찰참가 준수규칙을 확인한 후 입찰서를 제출한다.

(5) 입찰보증금 납부

입찰서를 제출하고 부여받은 입찰보증금 납부계좌에 인터넷 입찰 마감시간까지 입찰보증금을 납부하고 '나의입찰물건' 코너에서 확인한다. 입찰보증금은 입찰금액의 10% 이상의 금액을 계좌이체 등의 방법으로 인터넷공매입찰 마감 시간까지 공사가 지정하는 가상예금계좌에 납부하여야 하며, 입찰보증금 납부에 따른 수수료는 입찰자가 부담한다. 입찰보증금을 입찰마감시간까지 납부하지 아니한 때에는 입찰을 무효로 한다.

(6) 낙찰결과 확인

'나의 온비드', '입찰내역'에서 입찰결과를 확인한다.

(7) 매각결정 및 매수대금의 납부기한 등

1) 매각결정

세무서장은 제73조에 따라 낙찰자를 결정한 때에는 낙찰자를 매수인으로 정하여 다음의 사유가 없으면 매각결정 기일에 매각결정을 하여야 한다(국세징수법 제75조 제1항).

① 매각결정 전에 제71조에 따른 공매 중지 사유가 있는 경우
② 낙찰자가 제72조에 따른 공매참가의 제한을 받는 자로 확인된 경우
③ 공유자가 우선매수의 신고를 한 경우
④ 그 밖에 매각결정을 할 수 없는 중대한 사실이 있다고 세무서장이 인정하는 경우

2) 매각결정 효력발생 시기

매가결정의 효력은 매각결정 기일에 매각결정을 한 때에 발생한다(국세징수법 제75조 제2항).

3) 대금납부기한 지정 통지

세무서장은 매각결정을 하였을 때에는 매각결정을 한 날부터 7일 내로 대금납부기한을 정해서 매수인에게 매각결정 통지서를 발급하여

야 한다. 다만, 권리 이전에 등기 또는 등록을 필요로 하지 아니하는 재산의 매수대금을 즉시 납부시킬 때에는 구술로 통지할 수 있다. 세무서장이 필요하다고 인정할 때에는 그 납부기한을 30일을 한도로 연장할 수 있다(국세징수법 제75조 제4항). 세무서장은 매수인이 매수대금을 지정된 기한까지 납부하지 아니하였을 때에는 다시 기한을 지정하여 최고하여야 한다.

4) 매수대금 납부의 효과

매수인은 매수대금을 납부한 때에 매각재산을 취득한다(국세징수법 제77조 제1항).

5) 매각결정의 취소

세무서장은 다음의 어느 하나에 해당하는 경우에는 압류재산의 매각결정을 취소하고 그 사실을 매수인에게 통지하여야 한다(국세징수법 제78조 제1항).

가. 매각결정을 한 후 매수인이 매수대금을 납부하기 전에 체납자가 매수인의 동의를 받아 압류와 관련된 체납액을 납부하고 매각결정의 취소를 신청하는 경우(이 경우 계약보증금은 반환한다).

나. 매수인이 매수대금을 지정된 기한까지 납부하지 아니하는 경우(이 경우 계약보증금은 체납처분비, 압류와 관계되는 국세 · 가산금의 순으로 충당하고 그 남은 금액은 체납자에게 지급한다).

제 3 절 매각대금의 배분 절차

1. 배분금전의 범위

(1) 압류한 금전

(2) 채권 · 유가증권 · 무체재산권등의 압류로 인하여 체납자 또는 제3 채무자로부터 받은 금전

(3) 압류재산의 매각대금 및 그 매각대금의 예치 이자

(4) 교부청구에 의하여 받은 금전

2. 배분요구 등

공매공고의 등기 또는 등록 전까지 등기되지 아니하거나 등록되지 아니한 다음의 채권을 가진 자가 매각대금에서 배분을 받으려면 배분요구의 종기까지 세무서장에게 배분을 요구하여야 한다(국세징수법 제68조의 2 제1항).

(1) 압류재산에 관계되는 체납액

(2) 교부청구와 관계되는 체납액 · 지방세 또는 공과금

(3) 압류재산에 관계되는 전세권 · 질권 또는 저당권에 의하여 담보된 채권

(4) 「주택임대차보호법」 또는 「상가건물 임대차보호법」에 따라 우선변제권이 있는 임차보증금 반환채권

(5) 「근로기준법」 또는 「근로자퇴직급여 보장법」에 따라 우선변제

권이 있는 임금, 퇴직금, 재해보상금 및 그 밖에 근로관계로 인한 채권

(6) 압류재산에 관계되는 가압류채권

(7) 집행력 있는 정본에 의한 채권

(8) 매각으로 소멸되지 아니하는 전세권을 가진 자가 배분을 받으려면 배분요구의 종기까지 배분을 요구하여야 한다.

※ 압류재산에 대한 공매에 있어서 근저당권 등 담보권자 보다 먼저 된 가압류는 후순위 담보권자와 안분배분 되지만, 담보권자보다 후순위 가압류는 배분요구권이 없기 때문에 배분되고 나머지가 있으면 체납자에게 지급하게 되어 있었지만 2012. 1. 1. 부터는 후순위 가압류권자도 배분요구를 할 수 있게 되었음.

3. 배분기일의 지정

(1) 세무서장은 금전을 배분하려면 체납자, 제3채무자 또는 매수인으로부터 해당금전을 받은 날부터 30일 이내에서 배분기일을 정하여 배분하여야 한다. 다만, 30일 이내에 배분계산서를 작성하기 곤란한 경우에는 배분기일을 30일 이내에서 연기할 수 있다(국세징수법 제80조의 2 제1항).

(2) 세무서장은 제1항에 따른 배분기일을 정하였을 때에는 체납자, 채권신고대상채권자 및 배분요구를 한 채권자(이하 "체납자등"이라 한다)에게 통지하여야 한다.

(3) 체납자등이 외국에 있거나 있는 곳이 분명하지 아니할 때에는 통지하지 아니할 수 있다.

4. 배분 방법

금전은 다음 각 호의 체납액과 채권에 배분한다. 다만, 배분요구의 종기까지 배분요구를 하여야 하는 채권의 경우에는 배분요구를 한 채권

에 대하여만 배분한다(국세징수법 제81조 제1항). 세무서장은 매각대금이 체납액과 채권의 총액보다 적을 때에는 「민법」이나 그 밖의 법령에 따라 배분할 순위와 금액을 정하여 배분하여야 한다.

(1) 압류재산에 관계되는 체납액
(2) 교부청구를 받은 체납액·지방세 또는 공과금
(3) 압류재산에 관계되는 전세권·질권 또는 저당권에 의하여 담보된 채권
(4) 「주택임대차보호법」 또는 「상가건물 임대차보호법」에 따라 우선변제권이 있는 임차보증금 반환채권
(5) 「근로기준법」 또는 「근로자퇴직급여 보장법」에 따라 우선변제권이 있는 임금, 퇴직금, 재해보상금 및 그 밖에 근로관계로 인한 채권
(6) 압류재산에 관계되는 가압류채권
(7) 집행력 있는 정본에 의한 채권

5. 배분계산서의 작성

세무서장은 제80조에 따라 금전을 배분할 때에는 대통령령으로 정하는 바에 따라 배분계산서 원안(원안)을 작성하고, 이를 배분기일 7일 전까지 갖추어 두어야 한다(국세징수법 제83조 제1항).

6. 배분계산서에 대한 이의

(1) 배분기일에 출석한 체납자등은 배분기일이 끝나기 전까지 자기

의 채권에 관계되는 범위에서 제83조제1항에 따른 배분계산서 원안에 기재된 다른 채권자의 채권 또는 채권의 순위에 대하여 이의를 제기할 수 있다.

(2) 체납자는 배분기일에 출석하지 아니하였을지라도 배분계산서 원안이 비치된 이후부터 배분기일이 끝나기 전까지 서면으로 이의를 제기할 수 있다.

(3) 세무서장은 이의제기가 없거나 이의의 내용이 정당하다고 인정하지 아니하는 때에는 배분계산서를 원안대로 즉시 확정한다.

(4) 세무서장은 제1항 및 제2항에 따른 이의의 내용이 정당하다고 인정하거나 배분계산서 원안과 다른 체납자등의 합의가 있는 때에는 배분계산서 원안을 수정하여 배분계산서를 확정한다.

7. 배분금전의 예탁

세무서장은 배분한 금전 중 채권자 또는 체납자에게 지급하지 못한 것은 「한국은행법」에 따른 한국은행(국고대리점을 포함한다)에 예탁(예탁)하여야 한다(국세징수법 제 83조의 2 제1항). 세무서장은 제1항에 따라 예탁하였을 때에는 그 사실을 채권자 또는 체납자에게 통지하여야 한다.

제7장 경매.공매 관련 용어 정리

1. 경매와 입찰

경매는 주로 물건을 매매할 때 여러 사람을 경쟁시켜 가장 높은 가격에 사겠다는 사람에게 물건을 파는 일이고, 입찰이란 물건의 매매 뿐 아니라 공사 또는 용역계약 등을 체결하려고 할 때 다수 희망자에게 입찰표에 매수희망가격이라든지 계약의 조건 등을 기재하여 제출하게 한 다음 그중에서 가장 유리한 조건을 제시한 사람에게 낙찰시키는 것을 말한다. 물건 매매관계에서 경매는 매수신고가격을 다른 사람이 알 수 있지만 입찰은 다른 사람이 알지 못한다는 점에 차이가 있다. 부동산의 경우 현재 법원경매와 공매(한국자산관리공사 . 신탁회사 공매 등)는 입찰을 통해 매각을 실시하고 있다.

2. 낙찰과 유찰

낙찰은 일반경쟁 입찰에서 다른 경쟁자를 제치고 물건의 매매 또는 공사나 용역계약 등을 체결할 수 있는 권리를 가지게 되는 것을 말한다. 법원경매에서 종전에는 입찰표에 가장 높은 가격을 기재한 사람을 낙찰자, 경락자라는 용어를 사용하였는데, 현재는 최고가매수신고인, 매수인 등의 용어를 사용하고 있다. 반면 유찰은 입찰에 응하는 사람이 없거나 입찰이 무효가 되어 낙찰이 되지 않은 상태를 말한다. 법원경매에서는 1회 유찰시마다 최저매각가격에서 약 20%정도의 가격을 다운시켜 매각에 붙이는데(인천지방법원, 의정부지방법원 고양지원, 대구지방법원 경주지원 등 일부 법원은 보통 30% 저감), 유찰시 마다 20%씩 가격을 저감할 경우 유찰횟수에 따라 저감되는 최저매각가격의 비율은 아래와 같다.

유찰횟수별 최저매각가격 조견표]

매각횟수	유찰횟수	최저매각가격	산출내역
1회	0	100%	감정평가액
2회	1	80%	100×0.8 = 80
3회	2	64%	80×0.8 =64
4회	3	51.2%	64×0.8 =51.2
5회	4	40.96%	51.2×0.8=40.96
6회	5	32.768%	40.96×0.8=32.768
7회	6	26.2144%	32.768×0.8=26.2144
8회	7	20.9715%	26.2144×0.8=20.97152

3. 감정평가액

부동산을 맨 처음 매각에 붙일 때 최저매각가격을 결정하기 위하여 법원의 의뢰로 감정평가업자가 평가한 가격을 감정평가액이라고 한다. 최저매각가격은 특별한 사정이 없으면 감정평가업자가 평가한 가격을 기준으로 정하고 있다. 감정평가액은 대개 현 시세와는 맞지 않기 때문에 감정평가액은 참고만 하고 본인 스스로 현장조사를 통해 시세를 알아보아야 한다.

4. 최저매각가격

최저매각가격이란 법원이 맥가에 붙일 때 최저가격을 말한다. 따라서 입찰표에 최저매각가격을 포함하여 그 이상 가격을 써야 입찰이 무효가 되지 않는다. 예컨대 최저매각가격이 1억원이면 1억원까지는 써도 되지만 9천9백9십9원을 쓰면 입찰이 무효가 된다.

5. 입찰보증

입찰에 참가할 때 입찰표와 함께 제공하는 것을 입찰보증이라고 한다. 최저매각가격의 10분의 1을 제공하는 것이 일반적이지만 재매각할 때는 보통 최저매각가격의 20%를 제공하는 것이 보통이다. 입찰보증금은 법원이 매각에 붙일 때 제시하기 때문에 입찰에 참가할 때는 입찰보증금을 얼마나 제공해야 하는지를 잘 보고 제공해야 한다. 입찰보증금은 자기가 매수를 희망하는 가격을 기준으로 하지 않고 최저매각가격을 기준으로 제공하면 된다. 입찰보증금이 10원이라도 부족한 경우 입찰이 무효로 보는 것이 법원의 태도이므로 부족하기 않도록 주의해야 한다(조금 많으면 상관 없음). 입찰보증은 현금(은행자기앞 수표), 경매보증보험증권, 은행의 지급보증서 중 한 가지를 선택하여 제공할 수 있다. 다만 기간입찰의 경우에는 현금 대신 현금을 입금한 입금증명서로 제공해야 한다.

6. 입찰(경매)법정

법원이 경매에 나온 부동산을 경매법정에서 매각하는 기일을 매각기일 또는 입찰기일이라고 하는데, 매각기일에 부동산을 매각하는 장소를 입찰법정, 또는 경매법정이라고 한다. 경매법정은 1개 정도의 경매법정이 따로 정해져 있다. 극히 일부 법원(여주지원 등)이기는 하지만 일반법정과 경매법정을 구별하지 않고 같이 사용하는 경우도 있다. 매각허가결정과 채권배당절차도 경매법정에서 실시한다.

7. 새매각

새매각은 매각을 실시하였으나 입찰에 응한 사람이 없거나 입찰에 응한 사람은 있었지만 입찰이 무효가 되어 유찰된 경우처럼 낙찰자가 결정되지 않은 경우 다시 매각을 실시하는 것을 말한다. 매각을 실시했으나 유찰이 되어 새매각을 할 때는 특별한 경우를 제외하고는 보통 20% 정도 가격을 다운시켜 매각을 실시한다.

〈**새매각을 실시하는 경우**〉

① 매각을 실시하였으나 매수인이 결정되지 않아 유찰된 경우
② 최고가매수인이 결정되었으나 매각결정기일에 매각이 불허된 경우
③ 최고가매수인에게 매각허가결정이 났으나 이해관계인이 즉시항고하여 매각허가 결정이 취소된 경우
④ 매각허가결정이 확정되어 대금납부까지 되었으나 추완항고[50]가 제기되어 매각허가결정이 취소된 경우
⑤ 매수신고 후 천재지변 기타 자기가 책임질 수 없는 사유로 부동산이 현저히 훼손되거나 중대한 권리관계 변동 등에 따른 매각허가결정이 취소된 때이다. 새매각은 세매각을 하여야 할 사유가 발생한 날부터 1주 안에 기일을 지정하여 공고하고 이해관계인에게 통지해야 한다.

8. 재매각

재매각은 최고가매수신고인이 매각허가결정을 받고 확정된 후 대금납부기한 내에 매각대금을 내지 않거나 차순위매수신이 있을 때 차순위매수인에게 매각허가결정이 확정된 후 납부기한 내 대금을 납부하지 않을 경우 다시 매각을 실시하는 것을 말한다. 재매각을 할 때는 가격을 저감하지 않고 종전에 붙인 최저매각가격으로 매각을 실시한다.

9. 과잉매각

경매가 신청된 부동산 중에서 일부만 매각해도 경매비용과 모든 채권자가 배당받을 수 있을 때 나머지 부동산에 대한 매각을 실시하는 경우를 과잉매각이라고 한다. 대법원 판례는 일부만 매각하여도 변제가 충분히 인정될지라도 일부 부동산만 매각할 것인지, 나머지 부동산에 대하여도 매각할 것인지는 전적으로 경매법원의 재량에 속하는 일이라는 입장을 취하고 있다(대결 1998. 10. 28, 98마1817). 이와 관련하여 생각해 볼 점은 국가기관인 법원은 채권자의 권리도 중요하지만 보호할 가치가 있는 채무자의 권리도 보호할 의무가 있기 때문에 법원은 과잉매각에 해당할 경우 특별한 경우가 아니면 그 부분에 대한 경매절차를 취소하는 것이 실무이지만 간혹 간과하고 경매를 진행하는 경우가 있다. 과잉매각에 해당할 경우 채무자는 여러 개의 부동산 중에서 매각할 부동산을 서면으로 지정하여 신청할 수 있다.

이러한 경우 경매를 당하는 입장에서는 일부라도 건져볼 생각으로 과잉매각에 의한 경매를 취소시키려고 애를 쓰는 경우가 있는데, 경매사건이 복잡한 경우 업무에 바쁜 경매계장이 과잉매각여부를 정확히 판단하기 어려운 경우가 있으므로 과잉매각으로 판단될 때는 법원의 처분만 바라보고 있을 것이 아니라 스스로 왜 과잉매각에 해당하는지 여부를 정확히 짚어서 법원을 납득시킬 필요가 있다.

[과잉매각에 따른 경매절차 정지신청서]

(과잉매각에 따른)

경매절차 취소신청서

사　건　2○○○타경 ○○○○호 부동산강제(임의)경매
채권자　○○○
채무자　주식회사 ○○○

위 사건에 관하여 채무자 겸 소유자는 다음과 같은 사유로 경매절차정지신청을 합니다.

다　　음

1. 귀원 200 타경 ○○○○호 부동산강제경매 사건에서 이미 매각이 완료된 부동산에 대한 매각대금은 금 ○○○원에 이르고 있습니다.
한편 이 사건 경매비용은 총 합계 금○○○원이고, 배당요구 채권자들의 총채권액은 금○○○원이므로 매각대금에서 경매비용과 배당요구 채권자들에 대한 변제를 충당하고도 남음이 있습니다.

2. 그럼에도 불구하고 귀 법원이 별지목록 기재 부동산에 대한 매각절차를 진행하는 것은 과잉매각에 해당한다고 보아야 하므로 별지목록 기재 부동산에 대한 매각절차를 취소하여 주시기 바랍니다.

2○○○. ○. ○.

채무자 ○○○(인)

○○지방법원 귀중

10. 개별매각 . 일괄매각

하나의 경매절차에서 여러 개의 부동산을 경매할 때 물건마다 번호를 붙여 개별적으로 매각하는 것을 개별매각이라 하고, 부동산 전체를 통째로 매각하는 것을 일괄매각이라 한다. 물건마다 개별로 매각하는 것이 원칙이지만 경매법원은 매각물건 간 위치.형태.이용관계 등을 고려하여 일괄적으로 매각하는 것이 알맞다고 인정될 때는 직권으로 또는 이해관계인의 신청으로 일괄매각할 수 있는데, 일괄매각은 부동산 소유자나 채권자가 동일하지 않아도 된다. 과잉매각에 해당할 때는 원칙적으로 일괄매각을 할 수 없지만, 다만, 토지와 지상건물을 일괄매각하는 경우, 재산을 분리해서 매각하면 그 가치가 현저히 감소되는 경우, 채무자가 동의한 경우에는 과잉매각에 해당할지라도 일괄매각할 수 있다. 일괄매각한 여러 개의 부동산 중 일부에 대하여 매각불허가 사유가 있으면 전체에 대하여 매각불허가 한다(대법원 1984. 2. 8.자 84마카 31 결정).

대법원 판례에 따르면, 저당지상의 건물에 대한 일괄경매청구권은 저당권설정자가 건물을 축조한 경우뿐만 아니라 저당권설정자로부터 저당토지에 대한 용익권을 설정받은 자가 그 토지에 건물을 축조한 경우라노 그 후 저당권설정자가 그 건물의 소유권을 취득한 경우에는 저당권자는 토지와 함께 그 건물에 대하여 경매를 청구할 수 있다고 한다(대법원 2003. 4. 11. 선고 2003다3850 판결).

11. 특별매각조건

매각조건에는 법정매각조건과 특별매각조건이 있다. 법정매각조건은 경매절차에서 공통으로 법이 미리 정한 매각조건을 말하고, 특별매각조건은 각각의 경매절차에 서 특별히 정한 매각조건을 말한다. 예를 들면 유치권경매에서 매수인이 부동산 위에 있는 부담을 인수하는 조건이라든지, 입찰보증금을 10%가 아닌 20% 또는 30%로 정하는 경우, 농지매각에서 농지취득자격증명서 제출 등의 조건을 의미한다. 법원은 특별매각조건이 있으면 미리 공고를 하고 매각기일에 그 내용을 집행관이 고지하도록 되어 있다.

12. 인수주의 . 소제주의

부동산 매각으로 인해 부동산에 걸쳐 있는 권리라든가 기타 부담을 소멸시키는 원칙을 소제주의라 하고, 권리나 부담을 소멸시키지 않고 낙찰자에게 인수시키는 원칙을 인수주의라고 한다. 현행 법원경매는 소제주의를 원칙으로 하고, 예외적으로 인수주의를 채택하고 있다. 최근 대법원은 **유치권경매**에서 매수인이 부동산에 걸쳐 있는 부담을 인수하는 조건을 달고 매각하지 않으면 낙찰자는 부동산에 걸쳐 있는 부담을 인수하지 않는다는 소제주의에 입각한 판결을 내린바 있다.

13. 잉여주의

매각대금에서 경매를 신청한 채권자 보다 순위가 앞서는 채권과 경매비용을 제하고 도 경매신청 채권자에게 돌아갈 배당금이 있어야만 경매절차를 진행시킬 수 있다는 원칙을 잉여주의라고 한다. 반면 경매신청채권자에게 돌아갈 배당금이 없는 경우를 무잉여라고 하는데 무잉여에 해당하면 법원은 일정한 절차를 거쳐 경매절차를 직권으로 취소하게 되어 있다. 경매에서 최저매각가격과 경매신청권자 보다 우선하는 채권자의 채권을 비교하여 가배당을 해보면 무잉여인지 여부를 대략 판단할 수 있다. 만약 무잉여로 예상되는 사건이 경매가 취소되지 않고 진행되더라도 매각허부결정 단계에서 무잉여로 판명나면 법원이 매각을 불허하고 경매취소절차를 밟게 되므로 이런 물건은 입찰에 참가하지 않는 것이 좋다.

14. 변경

경매사건을 검색할 때 「변경」으로 나타나 있으면 이는 매각조건이 변경되거나 매각에 영향을 미치는 중요한 사항이 새로 생겨 매각물건명세서를 정정할 필요가 있거나 과잉매각에 해당하는 여부를 검토할 필요가 있는 등 이미 정해진 매각기일을 진행하기 어려운 사정이 있을 때 법원이 직권으로 매각기일을 변경한 경에 해당한다. 기일변경은 채권자의 기일연기신청이 있을 때도 변경되는 경우가 있다. 입찰에 참여하기 직전 기일변경 여부를 확인해 보아야 한다.

15. 대납

경매물건 검색 중 「대납」이라고 되어 있으면 매각대금 납부가 완료되었음을 나타내는 것이다.

16. 집행법원

강제집행을 실시하는 법원으로 경매법원이라고도 한다. 경매를 신청한 지방법원본원 또는 지방법원지원이 집행법원이 된다. 집행법원의 업무는 단독판사와 사법보좌관이 담당하고 사법보좌관의 업무는 소속판사가 감독하도록 되어 있다.

17. 집행관

집행관은 10년 이상 법원주사보, 등기주사보, 검찰주사보 또는 마약수사주사보 이상의 직급에 근무하다가 퇴직하는 공무원 중에서 지방법원장이 임명한다(집행관법 제3조). 실제는 주사 또는 주사보급에서 임명되는 경우는 거의 드물고 법원 . 검찰서기관급 또는 사무관급에 있었던 자 중에서 임명되는 경우가 많다. 집행관은 공무원은 아니지만 공무원에 준하는 신분을 가지고 있고 또 강제집행을 담당하는 국가기관으로 취급되기 때문에 집행관이 업무상 고의 또는 과실로 제3자에게 손해를 끼친 때는 국가배상청구를 할 수 있다. 집행관사무소에는 집행관의 업무보조를 위한 소속사무원들이 있다. 사무원은 법원 및 검찰청 9급 이상의 직에 근무한 자 또는 이와 동등이상의 자격이 있다고 인정되는 자 중에서 소속지방법원장의 허가를 받아 대표집행관이 채용한다(집행관규칙 §21). 사무원은 공무원은 아니지만 집행관은 강제집행을 담당하는 국가기관으로 취급되기 때문에 사무원이 업무수행 중 고의 또는 과실로 제3자에게 손해를 끼친 때는 국가배상청구를 할 수 있다.

18. 사법보좌관

사법보좌관 제도는 2005. 6. 3. 사법보좌관규칙이 제정되고, 2005. 7. 1.부터 시행되면서 생긴 제도이다. 사법보좌관은 법원공무원 중에서 법원행정처, 사법연수원, 법원공무원교육원, 법원도서관, 각급 법원의 장이 추천한 자 중 법원행정처 소속 사법보좌관선발위원회가 후보자로 선발한다. 사법보좌관후보자로 추천되기 위해서는 법원사무관 또는 등기사무관 이상 직급으로 5년 이상, 법원주사보 또는 등기주사보 이상 직급으로 10년 이상 근무한 자격요건을 갖추어야 한다.

사법보좌관 후보자로 선발이 되면 사법연수원에서 6개월 이내 범위에서 사법보좌관으로서 직무수행에 필요한 이론과 실무능력을 습득하고 사법보좌관으로서의 직무수행능력과 교육성과를 측정하기 위한 평가를 실시한 후 사법보좌관으로 임명되도록 하고 있다. 사법보좌관의 업무는 소속법원장(지원장 포함)이 지정하는 소속 법원의 판사가 감독하고, 사법보좌관은 업무감독을 지정받은 판사에게 업무현황을 정기적으로 보고하도록 하고 있다. 사법보좌관의 업무는 사법보좌관규칙 제2조에 규정되어 있는데, 현재 부동산경매개시결정과 매각허부결정 등 일정업무를 사법보좌관이 담당하고 있다.

19. 피담보채권

피담보채권이란 근저당권이나 저당권과 같은 담보권을 설정할 때 원인이 되는 채권, 즉 담보권설정의 근거가 되는 채권을 말한다. 예를 들어 금융기관이 어떤 개인에게 1억 원을 대출해 주면서 대출 받는 사람 소유의 부동산에 채권최고액을 1억 3천만 원으로 하는 근저당권설정등기를 하였을 때 금융기관이 대출한 1억 원이 피담보채권이 된다.

20. 물상보증인

타인을 위해서 부동산과 같은 자기 재산을 담보로 제공한 자를 물상보증인이라고 한다. 예를 들어 처남이 은행에서 돈을 빌릴 때 매형이 자기 소유 부동산을 담보로 제공하여 근저당권을 설정한 경우 매형이 물상보증인이 되는 것이다. 물상보증인은 **채무는 없고** 책임만 있다. 이 의미는 물상보증인은 자기가 대출 받은 것이 아니고 타인을 위해서 담보만 제공하는 것이므로 담보로 제공한 부동산 범위 내에서만 유한책임을 진다는 의미이다. 따라서 은행은 대출받은 사람이 돈을 갚지 못하면 물상보증인에게 직접 청구할 수 없고, 담보로 제공된 부동산을 경매로 처분해서 대출금을 회수해야 한다. 그리고 회수가 덜 된 대금은 대출받은 사람에게는 청구할 수 있지만 물상보증인에게는 청구하지 못한다. 다만, 물상보증인이 인보증까지 섰다면 물상보증인은 은행이 미회수한 돈까지 갚을 책임을 지게 된다.

21. 제3취득자

근저당권 등이 설정되거나 경매가 진행 중인 부동산을 취득한 자를 제3취득자라고 한다. 제3취득자는 경매에서 당해 부동산에 대한 필요비, 유익비에 대한 상환청구권을 가진다. 제3취득자가 청구한 이러한 비용은 경매비용 다음으로 배당을 받게 된다. 제3취득자는 채무를 인수한 경우에는 채권최고액을 초과하는 금액도 변제할 책임이 있지만 채무를 인수하지 않았으면 채권최고액 범위에서 책임을 지면된다. 제3취득자는 변제할 정당한 이익이 있는 이해관계인이므로 확정된 채무를 변제하고 부담에서 벗어날 수 있다(민법 제481조).

22. 대항하지 못한다.

법조문이나 법서를 읽다보면 「대항하지 못한다」는 용어가 자주 등장하는데, 이 의미는 이미 성립된 권리관계를 제3자에게 주장할 수 없는 것을 말한다. 반대로 이미 성립된 권리관계를 제3자에게 주장할 수 있는 것을 「대항력」이라고 한다. 예컨대 주택임차인이 등기부에 아무런 권리가 등기되지 않았거나 뒤에서 매각으로 소멸되는 소멸기준 권리 보다 먼저 대항력을 갖추면 임차보증금을 반환받을 때까지 누구를 막론하고 임차권을 가지고 대항할 수 있게 된다. 또한 채권을 제3자에게 양도할 때 양도인이 채무자에게 우체국에서 내용증명우편으로 채권 양도를 하면 대항력을 갖추게 되는데, 이처럼 대항력을 갖추면 그 후 양도된 채권에 대해 제3자가 압류 . 가압류를 하여도 채권양수인은 채권양도 사실을 가지고 누구에게나 대항할 수 있게 된다.

23. 확정일자 있는 증서

어떤 문서를 작성 할 때 작성일자를 기재하는 것이 보통인데, 어떤 문서가 언제 작성되었는지 여부가 재산에 관한 소송 등에서 쟁점이 되는 경우가 있다. 확정일자 있는 증서란 어떠한 문서의 작성일자를 변경하거나 정정할 수 없는 것으로 그 일자에 그 문서가 작성되었다는 사실이 법적으로 증거력을 인정받는 것을 말한다. 「확정일자 있는 증서」에 해당하는 것으로 우체국에서 발송하는 '내용증명우편' 공증인가사무소에서 인증한 '사서인증서' 동사무소에서 '확정일자 받은 임대차계약서' 등이 있다. 확정일자 있는 증서는 제3자의 관계에서 대항력여부 나아가 유효 . 무효를 판단하는 중요한 근거자료가 된다. 그런데 어떠한 증서의 작성일자라든가 의사표시의 통지일자 등이 중요한 사실적, 법률적 쟁점이 되었을 때 당사자가 마음대로 뜯어 고칠 수 있다면 법적 안정을 해치기 때문에 이러한 폐단을 방지하기 위하여 생긴 제도가 확정일자 제도이다.

24. 명인방법

수목의 집단이나 농작물. 미분리과실 등에 세끼줄을 치고 푯말을 세우는 등 방법으로 그 물건의 소유자가 따로 있음을 외부에서 알 수 있게 공시하는 것을 명인방법이라 한다. 명인방법은 공시가 불완전하기는 하지만 등기하지 않은 수목이나 농작물 등에 대한 공시방법으로 인정되고 있다.

25. 천연과실.법정과실.미분리과실

천연과실이란 과수의 열매(사과.배.쌀 등)와 같이 자연적으로 수취되는 산출물을 말하고, 법정과실이란 임료, 지료 등과 같이 원물의 사용대가를 말하며, 미분리과실이란 원물에서 분리되기 이전의 천연과실을 말한다. 아직 수확기가 도래되지 않은 농작물, 과수에 매달려 있는 과일 등이 이에 해당한다.

26. 변제충당

한 사람에게 수개의 채무를 변제해야 할 때 완전한 변제가 되지 않고 부족하게 변제할 경우 어느 채무를 변제한 것으로 보느냐 하는 문제를 변제충당이라고 한다.

변제충당은 당사자 합의에 의해 정하는 것이 원칙이고, 합의가 없으면 1차적으로 변제자가 지정하고, 2차적으로 변제수령자가 지정한다. 다만, 하나의 채무에 비용과 이자, 원금이 혼합되어 있으면 **비용 →이자 →원본**」의 순서로 충당해야 한다(민법 제479조).

27. 내지 . 준용

법조항을 읽다 보면 「내지」 「준용」이라는 용어가 많이 등장한다. 예컨대 민법 제290조(준용규정) ①제213조, 제214조, 제216조 **내지** 제244조의 규정은 지상권자간 또는 지상권자와 인지소유자간에 이를 **준용**한다."고 되어 있는데, 여기서 '제216조 내지 제244조'의 의미는 제216조부터 제244조까지 <u>안에 들어있는 조항 전체를 포함한다</u>는 의미이다.

제216조부터 제244조까지 안에 들어 있는 조항전체를 일일이 나열하지 않고 법률조항을 간결하게 하기 위하여 '내지' 라는 용어를 사용해서 중간에 있는 조항들을 생략해 버리는 것이다. 또 준용은 어떤 사항에 대해서도 본 조항이 동일하게 적용된다는 의미로 보면 되는데, 법조항의 중복을 피하고 간결하게 할 목적으로 사용하는 용어이다.

28. 본안소송

본안소송이란 보전처분 등에 대응하는 용어로 쉽게 말하면 일단 확정되면 누구든지 그 효력을 부인할 수 없는 효력을 갖게 되는 이른바 기판력이 생기는 판결 등을 받기 위하여 법원에 제기하는 소송을 의미한다. 예컨대 돈을 빌려주고 변제받지 못할 때 제기하는 대여금청구소송, 공사대금을 지급받지 못할 때 제기하는 공사대금청구소송, 부동산에 관한 소유권이전등기를 구하는 소유권이전등기청구소송 같은 것이 본안소송에 해당한다. 소송의 종류에는 민사소송, 형사소송, 행정소송, 가사소송, 특허소송 등이 있고, 청구내용 등에 따라 이행소송, 확인소송, 형성소송 등이 있다.

29. 대위변제

대위변제란 남을 대신해서 채무를 변제하는 것이다. 제3자 또는 공동채무자 중 한 사람이 다른 채무자를 위하여 변제할 경우 그 변제자는 그로 인해 이익을 본 채무자에게 구상권을 취득한다. 또, 구상권 범위 내에서 종전 채권자가 그 채무자에게 가지고 있던 권리가 법적으로 변제자에게 이전하게 된다. 다만, 변제할 정당한 이익이 없는 자가 채무자를 위하여 변제한 때에는 채권자의 승낙을 얻어야만 채권자의 권리를 대위할 수 있게 된다.

30. 토지분할

토지분할이란 지적공부에 등록된 1필지를 2필지 이상으로 나누어 등록하는 것으로 토지의 효용을 높이고자 빈번하게 이용되는 제도이다. 토지분할을 신청하려면 분할사유를 기재한 신청서를 소관청에 제출해야 한다. 신청기간은 특별히 제한이 없지만, 지적공부에 등록된 1필지 일부가 형질변경으로 용도가 다르게 된 때는 그 사유 발생일로부터 60일 이내 토지분할을 신청해야 한다. 분할신청이 있으면 소관청이 심사하여 분할전후 토지에 대해 토지표시 사항을 정정 또는 새로이 등록하고 새로이 등록하는 토지에 대한 소유자 표시사항은 분할 전 대장에 등록된 사항을 옮겨 적는다.

〈**토지분할 신청에 필요한 서류**〉

① 관계법령에 의하여 인.허가를 받은 경우 허가서 사본

② 법원의 확정판결에 의해 분할시 확정판결정본 또는 사본

③ 필지일부가 형질변경 등으로 용도가 다르게 되어 분할신청시 분할신청서 외 지 목 변경신청서

31. 지목변경

지적공부에 등록된 지목을 다른 지목으로 변경하는 것을 지목변경이라 한다. 토지소유자는 지목변경 할 토지가 있는 때는 지목변경사유 발생일로부터 60일 내 소관청에 신청해야 한다.

〈**지목변경 대상토지**〉

① 국토의계획및이용에관한법류 등 관계법령에 의한 토지의 형질변경 등의 공사가 준공된 토지

② 토지 또는 건축물의 용도가 변경된 토지(학교용지가 매각되어 다른 용도로 사용)
③ 준공절차를 밟지 않은 인.허가는 사실상 형질변경이 완료되어야 지목변경이 가능
④ 이미 건축물이 있는 토지로서 그 건축물의 용도가 변경되면 지목변경이 이루어진다. (학교용지로 쓰던 학교건물을 매입하여 기업체가 이용시 학교용지에서 대로 변경).
⑤ 도시개발사업등의 원활한 사업추진을 위하여 사업시행자가 공사준공 전이라도 토지의 합병신청시 지목변경이 가능하다.
⑥ 등록전환을 하여야 할 토지 중 목장용지.과수원 등 일단의 면적이 크거나 토지대장 등록지로부터 거리가 멀어 등록전환하는 것이 부적당하다고 인정되는 경우에는 임야 대장등록지에서 지목변경을 신청할 수 있다.

지목이 전부 변경된 때는 소관청이 토지조사를 거쳐 지목변경을 하고, 일부 변경시 분할처분이 먼저 이루어져야 지목변경이 가능하다.

⑦ 지목변경신청시 필요한 첨부서류는 등록전환사유증명서류(건축물대장.토지형질변경 등 공사의 준 공검사필증 사본 등)

32. 토지합병

지적공부에 등록된 2필지 이상 토지를 1필지로 합하여 등록하는 것을 토지합병이라 한다. 합병요건을 갖춘 토지에 대해 합병하고자 할 때는 언제든지 소관청에 신청할 수 있다. 토지합병의 대상 토지는 주택법에 의한 공동주택부지, 도로,제방.하천.구거.유지.공장용지.학교용지.철도용지.수도용지.공원.체육용지등의 지목으로서 서로 연접하여 있으나 구획내의 2필지 이상으로 등록된 토지(이 경우 사유발생일로부터 60일 내 소관청에 신청해야 함).

〈**합병요건**〉

① 합병하고자 하는 각 필지의 지번부여지역.지목.소유자가 모두 같을 것

② 각 필지의 도면의 축척이 같을 것

③ 각 필지의 지반이 연속되어 있을 것

④ 합병코자 하는 토지가 등기된 토지와 등기되지 않은 토지가 아닐 것

합병코자하는 각 필지에 지상권.전세권.임차권 및 승역지에 관하여 하는 지역권의 등기 이외에 저당권.가압류.가등기.가처분등기 등이 설정되어 있는 토지가 아닐 것, 다만, 등기원인 및 그 연월일과 접수번호가 동일한 저당권에 관한 등기가 있는 경우 합병이 가능하다.

⑤ 공유토지의 경우 소유자의 공유지분이 같고 주소가 동일할 것

⑥ 합병코자하는 토지가 구획정리.경지정리 또는 축척변경시행지역 안의 토지와 그 밖의 토지가 아닐 것

제8장 부동산의 취득.양도와 세금

제 1 절 취득세

1. 부동산 취득의 개념

부동산의 취득이란 매매, 신축, 교환, 상속, 증여 등에 따른 유상 또는 무상으로 부동산을 취득하는 것을 말한다. 그밖에 의제취득으로 토지의 지목변경. 건축물의 증축 개축 등도 취득으로 간주하여 취득세가 과세된다. 기존건물을 일부 철거하고 노후된 설비를 교체하는 공사는 취득세 과세대상인 '개축'에 해당하지 않는다(대법원 2004. 11. 12. 선고 2003두5433 판결).

2. 취득시기

(1) 유상취득

매매계약서에 기재된 잔금지급일을 원칙으로 하고, 잔금지급일을 알 수 없는 경우에는 계약체결일로부터 30일이 경과하는 날 취득한 것으로 한다. 취득일 전에 등기또는 등록을 한 경우 그 등기 . 등록일을 취득시기로 한다. 다음의 경우에는 사실상 잔금지급일에 취득한 것으로 한다.

1) 경매 . 공매방법에 의한 취득

2) 국가 . 지방자치단체 . 지방자치단체조합으로부터 취득한 경우
3) 민사소송 . 행정소송의 확정판결로 취득가격이 객관적으로 입증되는 경우
4) 법인장부에 의해 취득가액이 객관적으로 입증되는 경우
5) 공인중개사의 업무 및 부동산거래 신고에 관한 법률 제27조 규정에 의한 신고서를 제출하여 동법 제28조 규정에 의해 검증이 이루어진 경우

(2) 무상취득

1) 증여에 의한 취득

증여계약체결일을 원칙으로 하고, 예외적으로 등기 . 등록일을 취득시기로 한다. 다만, 계약일 전에 등기등록 한 경우 그 등기. 등록일을 취득시기로 한다.

2) 상속에 의한 취득

상속개시일(유증.사인증여 포함)

3) 연부취득

연부취득이란 대금을 2년 이상에 걸쳐 지급하여 취득하는 것을 말한다. 사실상 잔금지급일을 원칙으로 하고, 예외적으로 등기 . 등록일을 취득시기로 한다. 다만, 연부금완불 전에 등기 .등록 한 경우 그 등기 등록일을 취득시기로 한다.

4) 건축에 의한 취득

사용승인서 교부일을 원칙으로 하고, 예외적으로 사실상 사용일 또

는 임시사용승인일을 취득시기로 한다. 다만, 사용승인서 교부일 전에 사실상 사용하거나 임시사용승인을 받은 경우 사실상 사용일 또는 임시 사용승인일을 취득시기로 한다. 건축허가를 받지 않고 건축한 건축물은 사실상 사용일을 취득시기로 한다.

3. 납세기한

부동산을 취득한 날로부터 60일 이내(상속은 상속개시일부터 6개월 이내) 취득세(농업촌특별세, 지방교육세 포함, 등록세는 취득세와 통합)를 신고 . 납부해야 한다. 다만, 취득일로부터 30일 이내에 등기를 하는 경우 취득일부터 등기신청일까지 50%, 취득일부터 60일 이내 50%를 2회 나누어 납부할 수 있다. 기한 내 납부하지 않으면 신고불성실가산세(20%)와 납부불성실 가산세(1일 3/10,000)에 해당하는 금액을 추가로 납부해야 한다.

4. 과세표준

취득세 계산시 취득가액 산정방법은 취득자가 신고한 가액으로 하되, 신고를 하지 않거나 신고한 금액이 시가표준액에 미달하거나 신고가액의 표시가 없는 때는 시가표준액으로 계산한다. 다만, 국가 또는 법인 등 사실상 취득가액이 입증되는 거래인 경우에는 취득가액에 의해 계산한다.

〔시가표준액〕

구 분		산정방법
건물	주택	개별(공동)주택의 공시가격
	주택이외	지방자치단체의 장이 결정한 가액
토 지		개별공시지가

5. 세율

세율에 대해서는 앞에서 설명한 「소유권이전등기 촉탁신청 방법」 참조

6. 자금출처조사와 증여세 과세

(1) 자금출처조사

1) 직업, 연령, 소득, 기타 재산상태로 보아 부동산을 자신의 능력으로 취득하였다고 인정하기 어려운 경우 세무서로부터 취득자금 출처를 조사받게 된다. 다만, 연령, 직업 등을 감안하여 사회통념상 스스로 해당 부동산을 취득할 능력이 있다고 인정되는 때에는 자금출처를 조사하지 않는다.

2) 자금출처대상자로 선정되거나 세무서에서 자금출처를 소명하라는 통지를 받으면 증빙서류를 제출해서 취득자금의 출처를 증명해야 하고, 이를 소명하지 못하면 증여세가 과세된다.

3) 취득자금이 10억원 미만이면 자금출처의 80%이상을 소명하면되고, 나머지 20%는 소명한 것으로 보고 증여세를 과세하지 않지만, 80% 이상 소명하지 못하면 취득자금에서 출처가 소명된 금액을 공제한 나머지 금액에 대하여는 증여로 간주하여 증여세가 부과된다.

4) 자금출처는 증빙자료에 의해 구체적으로 소명해야 한다. 예컨대 개인 간 금전거래의 경우 사적으로 작성한 차용증, 계약서, 영수증 등은

거래사실로 인정받기 어려우므로 이를 뒷받침 할 수 있는 예금통장사본, 무통장입금증 등으로 소명해야 한다.

5) 재산을 증여받고도 증여세 자진신고와 납부를 하지 않을 경우 원래 부과되는 금액의 30%이상이 추가로 과세된다.

(2) 증여추정 배제기준액

재산 취득일 전 10년 이내에 취득한 재산가액이 다음기준 미만인 경우 자금출처조사를 배제하고 있다. 다만 배제기준 금액 미만이라도 객관적으로 증여사실이 확인되면 증여세가 과세된다.

〔증여추정 배제기준〕

<table>
<tr><th colspan="2" rowspan="2">과세표준</th><th colspan="2">취득재산</th><th rowspan="2">채무상환</th><th rowspan="2">총액한도</th></tr>
<tr><th>주 택</th><th>기타재산</th></tr>
<tr><td rowspan="2">세 대 주 인 경우</td><td>30세 이상</td><td>2억원</td><td>5천만원</td><td rowspan="2">5천만원</td><td>2억5천만원</td></tr>
<tr><td>40세 이상</td><td>4억원</td><td>1억원</td><td>5억원</td></tr>
<tr><td rowspan="2">세 대 주 가 아닌 경우</td><td>30세 이상</td><td>1억원</td><td>5천만원</td><td rowspan="2">5천만원</td><td>억5천만원</td></tr>
<tr><td>40세 이상</td><td>2억원</td><td>1억원</td><td>3억원</td></tr>
<tr><td colspan="2">30세 미만</td><td>5천만원</td><td>3천만원</td><td>3천만원</td><td>8천만원</td></tr>
</table>

(3) 증여공제 한도액

1) 배우자로부터 증여받은 경우 : 6억원(증여재산이 6억원까지는 과세되지 않고 6억 원 초과시 초과된 금액에 대해서만 증여세가 과세)
2) 직계존비속으로부터 증여받은 경우 : 3,000만원(증여받은 자가 미성년자이면 1,500만원)
3) 배우자 및 직계존비속 아닌 친족으로부터 증여받은 경우 : 500만원

※며느리, 사위는 기타 친족으로 본다.

제 2 절 양도소득세

1. 양도소득세란

부동산을 양도할 때 내는 세금을 부동산양도세라고 한다. 양도세가 비과세 또는 감면되는 경우가 있기 때문에 그러한 요건을 알아두면 절세에 도움이 된다.

2. 양도소득세가 과세되는 자산

(1) 토지 . 건물

(2) 부동산에 관한 권리

(3) 지상권.전세권.등기된 부동산임차권

(4) 부동산을 취득할 수 있는 권리(아파트당첨권, 재개발.재건축 입주권)

(5) 대주주등이 양도하는 상장주식 . 코스닥상장주식

1) 대주주 등 : 주주 1인과 특수관계인의 주식 합계액이 총발행주식의 3%(코스닥 주식 등 5%) 이상 또는 시가 총액 100억원(코스탁주식 등 50억원)이상인 경우당해 주주 1인과 특수관계인

2) 비상장주식
상장 또는 코스닥법인이 아닌 법인의 주식

(6) 기타자산

1) 과점주주주식

① 부동산 가액이 총자산가액의 50% 이상인 법인의 주식을 50% 이상 소유한 주주1인과 특수관계인이 그들이 소유하고 있는 주식을 50% 이상 양도하는 경우

② 사업용고정자산(토지.건물.부동산에 관한 권리)와 함께 양도하는 영업권

③ 특정한 시설물 이용권

골프회원권,헬스클럽회원권, 콘도이용권,스키장회원권, 고급사교장회원권)

④ 부동산과다보유 법인의 주식 등

부동산 등의 가액이 총자산가액의 80% 이상인 골프장.스키장 등을 영위하는 법인의 주식

3. 양도소득세 절세 요령

(1) 증빙자료를 잘 챙긴다

특히 양도소득세를 실거래가로 계산해서 신고납부 하는 경우에는 양도가액에서 취득가액, 기타 취득에 소요된 비용을 공제하고 양도차익을 계산하게 된다. 그런데 실제 지출을 하고도 증빙자료를 제대로 챙기지 못하면 공제혜택을 받지 못하게 되므로 관련증빙자료를 잘 챙겨두어야만 세금부담을 줄일 수 있다.

(2) 공동명의 취득

부부 등 공동명의(1/2)로 취득한 부동산을 양도할 경우 세금이 공동명의자 각각에 대해 별도로 계산되어 현행 누진세율 체계하에서는 단독명의로 양도하는 경우보다 세금부담을 많이 줄일 수 있다.

(3) 양도 전 세대분리

예컨대 부모와 자녀가 각각 주택을 하나씩 가지고 있으면서 실제로는 같이 살고 있지 않으면서 어떤 사정으로 부모의 주민등록을 자녀의 주소지로 옮겨 놓은 상태에서 어느 한쪽 주택을 팔게 되면 1세대 2주택자로 적용받게 되어 양도소득세가 과세될 수 있다. 따라서 이런 경우에는 어느 하나를 양도하기 전에 세대를 분리해 놓으면 1세대 2주택 과세를 피할 수 있다. 만약 이를 간과하고 어느 한쪽 주택을 팔아 양도소득세가 과세된 경우에는 납세자가 주민등록상으로만 동일 세대원으로 되었을 뿐 실제로는 생계를 같이 하지 않는다는 사실을 객관적인 증빙자료를 통하여 입증하여야만 과세되지 않게 된다.

(4) 양도 전 공적장부 정리

1주택 소유자가 상가건물을 하나 소유하고 있는데, 그 상가건물이 공적장부에는 주택으로 등재되어 있으면 주택을 양도하기 전에 공적장부를 주택이 아닌 상가건물로 변경하는 것이 좋다. 1세대 1주택에서 주택이라 함은 공적장부에 등록.등기된 것과 상관없이 거주의 목적으로 사용되는 건축물을 의미한다. 다만, 사실상 용도구분이 불분명한 때에는 공부상의 용도에 따라 판단할 수밖에 없기 때문에 세무서에서는 일단 공부상의 용도를 보고 과세를 하게 된다. 따라서 사실상 상가건물이 공부상에 주택으로 되어 있으면 주택을 양도하기 전에 공부정리를 하는 것이 좋지만 어떤 사정으로 하지 못했을 때는 객관적인 증빙자료에 의하여 주택이 아니라는 사실을 입증해야만 과세를 피할 수 있게 된다. 국세청이 예시하고 있는 객관적인 증빙자료는 다음과 같다.

〈증빙자료 예시〉

① 임대차계약서 사본

② 임차인의 주민등록등본

③ 임차인의 사업자등록증 및 부가가치세신고서 사본
④ 임차인 및 인근주민의 인우보증서
⑤ 임대인의 부가가치세신고서 및 부동산임대공급가액명세서
⑥ 기타 점포로 임대했음을 증명할 수 있는 서류

(5) 상가주택 신축시 주택을 조금 크게 한다.

상가겸용주택을 신축하는 경우 주택부분을 조금 더 크게 지으면 건물전체를 주택으로 보기 때문에 1세대 1주택자의 경우 양도소득세 비과세 적용을 받을 수 있다.

(6) 잔금청산일 또는 등기이전일 고려

1세대 1주택을 3년을 채우지 못하고 부득이하게 팔아야 하는 경우 잔금청산일 또는 등기이전일을 고려하면 절세할 수 있다. 세법에는 양도시기에 대해 대금청산일이 분명한 때에는 잔금청산일, 대금청산일이 분명하지 않은 때에는 소유권이전등기접수일을 양도시기로 정하고 있다. 따라서 보유기간 3년을 채우지 못하고 매매계약을 체결한 경우에는 3년을 채우기 위한 나머지 기간이 몇 개월 남지 않은 때라면 잔금지급일자를 뒤로 조정하면 과세를 피할 수 있다.

(7) 두 건 이상 부동산 양도할 때

1주택을 양도하고 같은 연도말에 다른 1주택을 양도히여 1년 안에 2수택을 양도하게 되면 합산하여 신고납부해야 하므로 고율의 누진세율을 적용받게 되고, 기본공제는 1회(250만원)만 적용받게 된다, 반면 1주택을 양도하고 다른 1주택을 다음 년도로 넘겨서 양도하게 되면 고율의 누진세 적용을 피할 수 있고, 기본공제도 2회(500만원)를 받게 되어 세부담을 줄일 수 있다.

(8) 위자료와 재산분할의 차이

이혼할 때 위자료조로 양도받은 부동산을 등기할 때 등기원인을 위자료로 하게 되면 이전하는 당해 주택이 1세대 1주택에 해당하여 비과세요건을 갖추지 않았다면 양도소득세가 과세된다. 반면 등기원인을 재산분할로 하게 되면 양도소득세가 비과세 된다.

4. 양도소득세가 비과세되는 경우

(1) 1세대 1주택

1) 3년 이상 보유(이 경우 주택에 딸린 토지가 도시지역 안에 있으면 주택정착 면적의 5배까지, 도시지역 밖에 있으면 10배까지를 양도세가 비과세 되지 않는 1세대 1주택 범위로 본다).

〈1세대1주택 비과세적용 규정 중 2년 이상 거주 요건 삭제〉
서울특별시, 과천시 및 5대 신도시에 주택을 보유한 경우 2011.06.03. 이후 최초로 양도하는 분부터 2년 이상 거주요건은 삭제되었다(소득세법시행령 제154조).

2) 1세대가 양도일 현재 국내에 1주택을 보유하고 있는 경우로서 다음 어느 하나에 해당하는 경우에는 그 보유기간의 제한을 받지 아니한다(소득세법시행령 154조 제1항).

① 「임대주택법」에 의한 건설임대주택을 취득하여 양도하는 경우로서 당해 건설임대주택의 임차일부터 당해 주택의 양도일까지의 거주기간이 5년 이상인 경우

② 취학, 1년 이상 질병치료 . 요양, 근무상 형편으로 1년 이상 살던 주택을 팔고 세대원 모두가 다른 시 . 군지역으로 이사할 경우

③ 1년 이상 계속하여 국외거주를 필요로 하는 취학 또는 근무상의 형편으로 세대전원이 출국하는 경우(단, 출국일부터 2년 이내에 양도하는 경우에 한한다).

④ 1년이상 거주한 주택을 기획재정부령이 정하는 취학, 근무상의 형편, 질병의 요양 기타 부득이한 사유로 양도하는 경우(단, 출국일부터 2년 이내에 양도하는 경우에 한한다).

⑤ 재개발 . 재건축에 참여한 조합원이 사업시행 기간 중에 일시 취득하여 1년 이상 살던 집을 재개발, 재건축된 주택으로 세대전원이 완공 후 2년 이내에 이사하게 되어 매매할 경우(단, 재개발.재건축주택 완공 전 또는 완공 후 2년 이내에 양도하고, 완공된 주택에서 계속하여 1년 이상 거주해야 한다).

⑥ 공공용지로 협의매수되거나 수용되는 경우(사업인정고시일 전 취득한 경우에 한한다).

⑦ 1세대 1주택자가 점포가 딸린 주택을 매매한 경우 주택면적보나 큰 경우 섬포를 주택으로 보아 양도소득세를 과세하지 않는다(단, 비과세 요건을 갖춘 경우에 한한다).

⑧ 종전주택이 재개발 . 재건축으로 철거된 후 당초 재개발 . 재건

축조합원으로 분양받은 아파트가 준공되어 이를 매매하게 되면 종전주택의 보유기간, 공사기간, 완공주택의 보유기간을 통산하여 비과세 요건을 갖춘 경우 비과세한다.

⑨ 도시 및 주거환경정비법에 의한 재개발 . 재건축 조합원 입주권을 매매한 경우 종전주택이 관리처분계획인가일과 주택의 철거일 중 빠른 날 현재 1세대 1주택 비과세 요건을 충족하고 다음의 하나에 해당되는 경우

㉠ 양도일 현재 다른 주택이 없는 경우

㉡ 양도일 현재 조합원입주권 외에 1주택을 소유한 경우로서 1주택을 취득한 날부터 2년 이내에 조합원입주권을 양도하는 경우

(2) 장기저당주택 비과세 특례

1세대 1주택자 보유자가 장기저당담보대출계약을 체결하고 보유주택을 담보로 연금식대출을 받는 경우로 아래 요건을 전부 충족할 경우에는 그 주택을 양도할 때 1세대 1주택 비과세 요건 중 거주기간 요건을 적용하지 않는다. 다만, 장기저당담보주택을 담보대출 계약기간만료 전에 양도시 특례규정이 적용되지 않는다.

1) 계약체결일 현재 주택담보제공 가입자가 60세 이상 일 것
2) 장기저당담보 계약기간이 10년 이상으로 만기시까지 매월.매분기별 등으로 대출금을 수령하는 조건일 것
3) 만기에 해당 주택을 처분하여 일시 상환하는 계약조건일 것

5. 양도세가 과세되는 경우

(1) 1세대 1주택 과세

다음의 경우에는 1세대 1주택이라도 양도소득세가 과세 된다.

1) 미등기 전매(양도차익의 70%를 과세)
2) 소득세법상 고가주택
3) 2011. 7. 1. 이후 최초로 매매계약을 체결하는 주택의 경우 매매계약서의 거래가액을 실지거래가액과 다르게 기재한 경우에는 양도소득세의 비과세 규정을 적용함에 있어 비과세 되는 세액에서 과세되는 산출세액과 매매계약서의 거래가액과 실지거래가액과의 차액 중 적은 금액을 뺀 세액만 비과세 된다.

□ 고가주택

고가주택이란 주택과 부속토지의 양도 당시의 실지거래가액의 합계액이 9억원을 초과하는 주택을 말한다. 고가주택이 1세대 1주택 비과세요건을 갖춘 경우 양도차익 전체에 대해 양도소득세가 과세되는 것은 아니고 9억원 초과부분만 양도소득세가 과세된다.

〈1세대 1주택 비과세요건을 갖춘 고가주택의 양도차익 계산〉

(양도가액 - 취득가액) × (양도가액 - 9억원 ÷ 양도가액)

(2) 1세대 2주택 중과세

1) 중과세 내용

① 양도소득세율 50% 적용

② 장기보유특별공제 적용 배제

다만, 1세대 2주택 중과세 한시적 완화조치로 2009.1.1.~ 2012.12.31. 까지 2년간 한시적으로 일반세율 적용한다(장기보유특별공제는 받을 수 없음).

2) **1세대 2주택 판정기준**

다음에 해당하는 주택은 중과대상 판정시 주택 수에 포함한다.

① 서울시 . 인천광역시 .경기도(읍.면지역 제외)에 소재한 모든 주택

② 기타지역은 양도당시 기준시가 3억원 초과주택

3) **중과세 대상 제외 주택**

다음의 경우 1세대 2주택이라도 중과세 대상에서 제외된다.

① 수도권 . 인천광역시 이외 지역에 소재한 기준시가 3억원 이하주택

② 5년, 10년 이상 장기임대주택

③ 종업원에게 10년 이상 무상제공 하는 사원용 주택

④ 상속주택(단, 상속일로부터 5년 이내인 경우, 상속주택이 2개 이상인 경우 소유기간이 가장 긴 주택).

〈참고〉 1주택 보유자가 별도 세대원으로부터 1주택을 상속받아 1세대 2주택이 된 경우 기존주택을 먼저 매매시 비과세된다(상속주택을 먼저 매매시 양도소득세 과세됨).

⑤ 대물변제(채권변제)로 취득한 주택(단, 취득일로부터 3년 이내인 경우)

⑥ 취학 등으로 수도권 밖에 소재하는 주택을 취득하여 2주택이 된 경우

㉠ 1주택을 소유한 1세대가 취학(유치원.초등학교.중학교 제외), 근무상 형편, 1년 이상 질병의 치료.요양을 위해 취득한 수도권 밖에 소재하는 주택을 취득하여 1세대 2주택이 된 경우 취득 후 1년 이상 거주하고 사유가 해소된 후 3년 이내 일반주택을 양도한 경우 비과

세 된다.

㉡ 사유가 발생한 당사자 외의 세대원 중 일부가 취학, 근무 또는 사업상 형편으로 당사자가 함께 주거이전을 하지 못하는 경우 세대원이 전원 주거를 이전한 것으로 본다(단, 2008. 11. 28. 이후 양도분부터 해당)

⑦ 혼인으로 2주택이 된 경우

1주택을 소유한 남녀가 결혼하여 1세대 2주택이 된 경우 혼인한 날로부터 5년 이내에 먼저 양도하는 주택에 대해 비과세(단, 양도주택이 비과세요건을 갖추어야 함)

⑧ 노부모 봉양 위한 합가로 2주택이 된 경우

1주택 보유자가 1주택을 소유하고 있는 60세 이상 직계 존속(배우자의 직계존속 포함)을 부양하기 위해 합가시 세대합가일로부터 5년 이내에 먼저 양도하는 주택에 대해 비과세(단, 양도주택이 비과세 요건을 갖추어야 함).

⑨ 비과세 1주택을 보유하고 있는 1세대가 이사를 가기 위해 주택을 사고 기존주택을 2년 내 매매할 경우(수도권 소재 기업 또는 공공기관의 지방이전으로 종사자가 이전 또는 인접지역으로 이사하는 경우 5년 이내 매매시 비과세).

⑩ 주택을 매수한 사람이 이진등기를 받지 않아 2주택이 된 경우

⑪ 소유권에 관한 소송이 진행중이거나 소송결과로 취득한 주택(단, 소유권확정판결일로부터 3년 이내)

⑫ 소형주택

다음에 해당하는 소형주택

㉠ 양도당시 기준시가 1억원 이하(면적기준은 없음)

㉡ 도정법상 정비구역 제외(주거환경개선사업 시행자에게 양도시 예외, 2008. 4. 29. 이후 양도분 부터)

⑬ 문화재주택

⑭ 장기가정보육시설용주택(사업자등록 후 5년 이상 사용)

⑮ 농어촌 주택을 포함하여 2주택이 된 경우

㉠ 1주택 소유 1세대가 다음의 농어촌주택을 취득하여 1세대 2주택이 된 후 일반주택 매매시 양도소득세가 비과세된다(단, 이 경우에도 양도주택에 대해 비과세요건을 갖춘 경우에 한한다). 여기서 말하는 농어촌 주택이란 서울.인천.경기도를 제외한 읍.면지역(도시지역 내 읍.면지역은 제외)에 소재한 다음의 주택을 말한다.

ⓐ 상속주택

피상속인이 취득 후 5년 이상 거주한 사실이 있는 주택

ⓑ 이농주택

농.어업에 종사하던 자가 취득일로부터 5년 이상 거주한 사실이 있는 주택

ⓒ 귀농주택

농.어업에 종사하는 자와 그 배우자 및 그 직계존속의 본적 또는 원적이 있거나 5년 이상 거주한 사실이 있는 곳에 1,000㎡ 이상 농지와 함께 취득하여 거주하고 있는 주택(단, 주택대지 면적이 660㎡ 이내)

㉡ 1주택 소유 1세대가 2003. 8. 1.(고향주택은 2009. 1.1.부터)~ 2011. 12. 31.기간 중에 농어촌지역에 소재한 다음의 농어촌주택을 취득하여 1세대 2주택이 된 경우 일반주택 양도시 비과세 해당여부는 농어촌주택을 제외하고 판단한다(이 경우 농어촌 주택을 3년 이상 보유해야 한다).

□ **농어촌주택**

. 소재지 : 읍.면지역(수도권, 도시지역, 토지거래허가구역, 투기지역, 관광단지 지역은 제외) 단, 고향주택은 10년 이상 거주한 사실이 있는 시 지역(수도권, 투기지역, 관광단지 지역 제외)

. 주택규모 : 건물 150㎡, 대지 660㎡ 이내(공동주택 116㎡ 이내)

. 주택가격 : 농어촌주택 취득시 기준시가 2억원 이하

(3) 1세대 3주택 이상 중과세

1) 적용시점

2005. 1. 1. 이후 양도분부터 단, 2004년 중 신규취득이 있을 경우 2004. 1.1.부터 적용한다.

2) 내용

① 양도세율 60%(주민세 포함 66%)

② 장기보유특별공제 적용 배제

③ 1세대 3주택 이상 중과세 한시적 완화

2009. 1. 1. ~2009. 3. 15.까지 양도분에 대해 45%의 단일세율을 적용하고, 2009. 3. 16. ~ 2012. 12. 31.까지 양도분에 대해 일반세율 6%~35%(2012년은 6%~33%)를 적용한다. 단, 2009. 3. 16. 이후 양도분 중 투

기지역(강남구, 서초구, 송파구)에 소재한 주택거래분에 대해서는 일반세율에 10%를 가산한 16%~45%(2012년은 16%~43%)의 세율이 적용된다. 단, 이 경우 장기보유특별공제는 받을 수 없다.

3) 주택수 계산시 제외대상 주택

기준시가 3억원 이하에 해당하고, 수도권 및 광역시 외의 지역[51]에 소재, 기타 재정경제부령이 정하는 지역에 소재하는 주택(현재 미규정)

4) 3주택 이상 중과세 세율 적용 배제

다음의 경우 당해 양도물건에 대해 중과세세율 적용이 배제된다.

① 수도권 . 광역시 외 지역에 소재한 기준시가 3억원 이하 주택
② 5년, 10년 이상 장기임대사업용주택
③ 종업원에게 10년 이상 무상임대주택
④ 상속주택(상속일로부터 5년 미경과한 경우)
⑤ 대물변제(채권변제)로 취득한 주택(취득 후 3년 미경과한 경우)
⑥ 장기가정보육시설용주택(사업자등록 후 5년 이상 사용한 경우)
⑦ 문화재주택
⑧ 아래 요건을 전부 충족하는 소형주택(오피스텔, 도정법상 정비구역 제외)
  ㉠ 2003. 12. 31. 이전에 취득할 것
  ㉡ 기준시가 4,000만원 이하일 것
  ㉢ 대지 120㎡(36.3평), 건물 60㎡(18.15평) 이하일 것(공동주택은 전용면적 기준)

---

51) 수도권 , 광역시 지역중 제외지역
① 광역시의 군 : 부산광역시 기장군, 대구광역시 달성군, 울산광역시 울주군
② 수도권 복합시의 읍.면지역 : 경기도 가평군, 양평군, 여주군, 연천군, 평택시 포승면, 인천광역시 강화 군. 옹진면

(4) 농지에 대한 감면 및 비과세

1) 양도소득세 감면

① 자경농지 양도

㉠ 농지소재지에 거주하면서 8년 이상 자경한 농지를 양도하는 경우

농지소재지란 농지가 소재하는 시 . 군 . 자치구 안의 지역이나 이와 인접한 시 . 군 . 자치구 안의 지역 또는 농지로부터 20㎞ 이내의 지역을 말한다. 농지소재지에 해당하였다가 행정구역 개편 등으로 해당하지 않는 경우 농지소재지에서 경작한 것으로 본다.

㉡ 농지유동화촉진 및 농업구조개선을 위하여 경영이양보조금 지급대상 농지에 대해 3년 이상 자경하고 한국농촌공사 또는 농업법인(영농조합법인. 영농회사법인)에 양도하는 경우 2012. 12. 31.까지 자경농지 대토 감면과 합산하여 5년간 3억원(2008. 1. 1.이후)을 한도로 감면된다.

〈감면대상에서 제외되는 농지〉

. 광역시의 군지역, 시의 읍.면지역을 제외한 시지역의 주거지역, 상업지역, 공업지역 안에 있는 농지로 인근지역(대규모 개발사업지역은 제외)에 편입된 날로부터 3년이 지난 농지

. 농지 외의 토지로서 환지예정지의 지정이 있는 경우 그 환지예정지 지정일로부터 3년이 지난 농지

. 농지가 2002. 1. 1.이후 「국토의 계획 및 이용에 관한 법률」에

의하여 주거지역, 상업지역, 공업지역에 편입되거나 환지예정지로 지정된 때에는 그 편입 . 지정된 날로부터 3년이 지나지 않아 감면되는 자경농지의 요건을 갖춘 경우라도 취득일로부터 그 편입 . 지정일까지 발생한 양도소득에 대해서만 양도소득세를 감면한다.

. 상속인이 상속받은 8년 자경요건을 갖춘 농지를 경작하지 않는 경우 상속받은 후 3년이 지난 농지

② 자경농지의 대토

경작상 필요에 의해 다음 요건에 해당하는 농지를 매도하고 다른 농지를 매입한 경우 자경농지 감면과 합산하여 5년간 3억원(2008. 1. 1. 이후) 한도에서 양도소득세가 감면된다. 단, 대토감면 한 가지만 적용할 경우에는 5년간 1억원 한도에서 양도소득세가 감면된다.

㉠ 종전 농지를 매매한날부터 1년 안에 매도한 농지의 면적이 1/2 이상이거나 가격이 1/3 이상인 다른 농지를 매입해야 하며, 다른 농지를 먼저 매입했을 때는 매입한날부터 1년 안에 종전 농지를 매도해야 한다.

㉡ 매입한 농지의 소재지에 거주하면서 매입한 날로부터 계속하여 3년 이상 경작해야 한다.

㉢ 농지 소재지에 거주하면서 농지의 소유기간 중 3년 이상 경작한 농지를 매도해야 한다.

2) 비과세 농지

경작상 필요에 의해 농지를 교환하는 경우 교환하는 쌍방 토지가액이 큰 농지의 1/4 이하이고, 교환으로 취득한 농지를 그 농지 소재지에 거주하면서 3년 이상 경작한 경우 양도소득세가 비과세 된다.

3) 기타 양도소득세 감면

일정한 요건에 해당하는 장기임대주택, 신축주택, 공공사업용 토지, 개발제한구역에서 해제되어 수용되는 토지, 지방 미분양주택 등에 대한 과세특례에 따라 양도소득세가 감면된다. 다만, 도시 및 주거환경정비법(도정법)에 의한 주택재개발사업 또는 주택재건축사업을 시행하는 정비사업조합의 조합원이 관리처분계획에 따라 취득하는 주택 및 거주 또는 보유 중에 소실. 손괴. 노후 등으로 멸실하여 재건축한 주택의 경우에는 과세특례가 적용되지 않는다.

(5) 비사업용 토지 양도소득세 중과세

1) 비사업용 토지의 판단 기준

비사업용토지란 다음 기준을 모두 충족하는 토지를 말한다.

① 기간

㉠ 양도일 직전 3년 중 2년 이상을 직접 사업에 사용하지 않은 토지
㉡ 양도일 직전 5년 중 3년 이상을 직접 사업에 사용하지 않은 토지
㉢ 보유기간 중 80% 이상을 직접 사업에 사용하지 않은 토지

※ 보유기간 2년 미만인 경우 보유기간 중 80% 이상을 직접 사업에 사용하지 않은 경우만 적용

② **대상 토지**

㉠ 농지

단, 시 이상의 주거 . 상업 . 공업지역 이외 지역에 소재하면서 재촌, 자경하는 농지 및 농지법에 의한 주말.체험영농 소유농지(세대당 1,000㎡미만)는 제외한다.

㉡ 임야

단, 도시지역 밖 또는 도시지역의 보전녹지지역 내 임야로 임림계획 인가를 받아 사

업중인 임야 또는 특수개발지역으로 지정된 임야 및 재촌하는 자가 소유하는 임야는 제외한다.

㉢ 목장용지

단, 시 이상 주거.상업.공업지역 외의 지역에 소재하는 축산업을 영위하는 목장용지 로 기준면적 이내 토지는 제외한다.

㉣ 비사업용 나대지

재산세종합과세대상인 토지로 건축물이 없는 나대지, 잡종지 등의 토지를 말한다.

다만, 사업에 사용하는 다음 토지는 제외한다.

ⓐ 운동장. 경기장 등 체육시설용 토지

ⓑ 휴양시설용, 주차장용, 청소년 수련시설용, 예비군훈련장용 토지

ⓒ 개발사업자가 조성한 토지, 기타 토지

㉤ 다음의 토지는 위의 기준에 관계없이 사업용 토지로 본다

ⓐ 2006. 12. 31.까지 상속으로 취득하거나 또는 20년 이상 소유한 농지.임야.목장용지로 2009. 12. 31.까지 양도하는 토지

ⓑ 법률에 따라 협의매수. 수용토지로 사업인정고시일이 2006. 12. 31. 이전 토지 또는 취득일(성속토지는 피상속인 취득일)이 사업인정고시일 5년 이전토지

ⓒ 2005. 12. 31.까지 취득한 종중소유 농지. 임야. 목장용지

ⓓ 상속으로 취득한 농지.임야.목장용지로 상속일로부터 5년 이내 양도하는 토지

2) 비사업용토지의 양도세 중과세

2009. 1. 1. ~ 2009. 3. 15.까지 양도분에 대해서는 60%의 양도소득세율이 적용되고, 2009. 3. 16.~ 2012. 12. 31.까지 양도분에 대해서는 일반세율 6%~35%(2012년은 6%~33%)가 적용된다. 단, 2009. 3. 16.이후 양도분 중 투기지역 거래분에 대해서는 일반세율 10%가 가산된 16%~45%(2012년은 16%~43%)의 세율이 적용된다.

다만, 장기보유 특별공제를 받을 수 없다.

6. 양도소득세 계산방법

(1) 계산절차

계산절차	비고
양도가액	- 실거래가액
-	
취득가액	- 실거래가액
-	
필요경비	- 양도비용 등 실제경비
▼	
양도차익	
-	
장기보유특별공제	- (토지. 건물의 양도차익)× 공제율
▼	
양도소득금액	
-	
양도소득기본공제	- 250만원(미등기양도 적용배제)
▼	
양도소득과세표준	
×	
세율	
▼	
산출세액	
-	
감면세액	
▼	
자진납부할 세액	

(2) 양도차익 계산

양도차익 = 실제 양도가액 - 실제취득가액 - 필요경비

(3) 필요경비에 해당하는 것

1) 취득시 부대비용

① 취득시 지출한 비용 중 취득가액 이외의 취득세 . 중개수수료 등 소요비용

② 소유권을 확보하기 위한 소송비용 . 명도비용 등

2) 취득 후 지출비용

① 부동산 취득 후 용도변경 . 개량 . 이용편의 위해 지출한 비용

② 창호설치비. 발코니 개조비 . 난방시설교체비용 등

3) 양도비용

자산양도 위해 직접 지출한 계약서 작성비용 . 공증비용 . 인지대 . 소개비. 양도소득세 신고서 작성비용

〈관련판례〉

타인 소유의 토지에 대한 사용승낙을 받아 그 토지를 건물부지로 조성한 다음 그 지상에 건물을 신축한 경우 건물부지조성공사가 당해 건물을 신축하는 데 필요불가결한 준비행위라면 거기에 소요된 비용은 건물을 취득하는 데 필요한 부대비용으로서 당해 건물의 양도차익을 계산함에 있어 필요경비로 공제할 수 있다고 봄이 상당하다(대법원 2010.2.11. 선고 2007두15384 판결).

(4) 장기보유특별공제

장기보유 특별공제는 토지와 건물을 양도하는 경우만 적용한다.

다만, 미등기 양도, 1세대 2주택 이상자로 한시적 특례세율이 적용되는 주택, 비사업용토지는 공제에서 제외한다.

〔장기보유특별공제〕

<table>
<tr><th rowspan="2">보유기간</th><th colspan="3">1세대 1주택 양도시</th><th colspan="2">1세대 1주택 외 토지.건물양도 시</th></tr>
<tr><th>08.1.1.이후</th><th>08.3.21. 이후</th><th>09.1.1. 이후</th><th>07.12.31.이전</th><th>08.1.1.이후</th></tr>
<tr><td>3년 이상 4년 미만</td><td>10%</td><td>12%</td><td>24%</td><td rowspan="2">10%</td><td>10%</td></tr>
<tr><td>4년 이상 5년 미만</td><td>12%</td><td>16%</td><td>32%</td><td>12%</td></tr>
<tr><td>5년이상 6년미만</td><td>15%</td><td>20%</td><td>40%</td><td rowspan="5">15%</td><td>15%</td></tr>
<tr><td>6년이상 7년미만</td><td>18%</td><td>24%</td><td>48%</td><td>18%</td></tr>
<tr><td>7년이상 8년미만</td><td>21%</td><td>28%</td><td>56%</td><td>21%</td></tr>
<tr><td>8년이상 9년미만</td><td>24%</td><td>32%</td><td>64%</td><td>24%</td></tr>
<tr><td>9년이상 10년미만</td><td>27%</td><td>36%</td><td>72%</td><td>27%</td></tr>
<tr><td>10년이상 11년미만</td><td>30%</td><td>40%</td><td rowspan="11">80%</td><td rowspan="11">30%</td><td rowspan="11">30%</td></tr>
<tr><td>11년이상 12년미만</td><td>33%</td><td>44%</td></tr>
<tr><td>12년이상 13년미만</td><td>36%</td><td>48%</td></tr>
<tr><td>13년이상 14년미만</td><td>39%</td><td>52%</td></tr>
<tr><td>14년이상 15년미만</td><td>42%</td><td>56%</td></tr>
<tr><td>15년이상 16년미만</td><td rowspan="6">45%</td><td>60%</td></tr>
<tr><td>16년이상 17년미만</td><td>64%</td></tr>
<tr><td>17년이상 18년미만</td><td>68%</td></tr>
<tr><td>18년이상 19년미만</td><td>72%</td></tr>
<tr><td>18년이상 19년미만</td><td>76%</td></tr>
<tr><td>20년 이상</td><td>80%</td></tr>
</table>

※ 비과세 여부와 상관없이 양도당시 1주택이면 적용. 다만, 비거주자는 적용 되지 않음

(5) 양도소득세 기본공제

다음과 같은 소득별로 각각 연간 250만원을 공제한다.

1) 부동산,부동산에 관한 권리, 기타자산
2) 주식 또는 출자지분
3) 1년에 2회 이상 양도하는 경우 연중에 먼저 양도하는 양도소득금액에서부터 순차로 공제(단, 미등기양도자산 미적용)

(6) 양도소득세율

양도자산	2010. 1. 1. 이후			
토지.건물 부동산에 관한권리	보유기간 1년 미만	50%		
	보유기간 1년이상~2년미만	40%		
	보유기간 2년이상 (일반세율)	과세표준	세율	누진공제
		1,200만원 이하	6%	-
		4,600만원 이하	15%	108만원
		8,800만원 이하	24%	522만원
		8,800만원 초과	35%(2012년부터 33% 적용)	1,490만원
	1세대 2주택자의 양도주택	일반세율(6~35%)		
	1세대 3주택 이상자의 양도주택	.일반세율(6~35%)적용 다만, 강남구,서추구, 송파구의 경우 10% 가산(16~45%)		
	비사업용토지	일반세율(6~35%) 다만, 투기지역의 경우 10% 가산(16~45%)		
	미등기양도	70%		
기타자산	보유기간 제한 없음	일반세율(6~35%)		

7. 양도소득세 신고납부

2009. 11. 1. 이후 양도한 부동산은 국세청 홈택스 (www.hometax.go.kr)를 통해 전자신고할 수 있다.

(1) 예정신고 및 납부기한

1) 토지 또는 건물, 부동산에 관한 권리, 기타 자산을 양도한 경우 그 양도일이 속하는 달의 말일부터 2개월 이내

2) 토지거래허가구역 안에 있는 토지로 허가를 받기 전에 대금을 청산한 경우토지거래허가(해제)일이 속한 달의 말일부터 2개월 이내

※ 양도소득예정신고 납부 세액공제가 전면 폐지되고 예정신고를 하지 않을 경우 가산세가 부과된다.

〈참고〉 다만 2010년까지는 2년 이상 보유 부동산 등 양도시 과세표준 4,600만원 이하 부분에 대해 5%의 예정신고 세액공제가 적용(한도액 291천원)
(단, 공익사업 수용토지로 사업인정고시일이2009. 12. 31.이전인 토지를 2010. 12. 31.까지 양도시 한도 없이 5% 예정신고세액공제를 적용한다).

(2) 확정신고

1) 당해년도에 부동산 등을 여러 건 양도한 경우에 한하여 그 다음해 5월 1일부터 5월 31일 사이에 주소지 관할세무서에 확정 신고해야 한다. .다만, 양도소득만 있는 자가 예정신고를 마친 경우 확정신고를

하지 않아도 된다.

2) 예정신고나 확정신고를 하지 않은 때는 정부에서 결정 . 고시하게 되며, 신고 .납부를 하지 않은 경우 무신고가산세 10%, 20%(또는 40%), 무납부가산세 1일 0.03%를 추가 부담해야 한다.

(3) 분할납부

1) 납부할 세액이 1천만원 초과시 일부를 납부기한 경과 후 2개월 이내 나누어 납부 가능.
2) 분할납부할 수 있는 세액
① 납부할 세액이 2천만원 이하일 경우 : 1천만원 초과하는 금액
② 납부세액이 2천만원 초과시 : 납부할 세액의 1.2 이하 금액

(4) 양도소득세 물납

세액이 1천만원을 초과하고 공공사업을 위해 공공사업시행자에게 토지매각하고 그 대금을 공공용지보상채권으로 받은 경우에는 그 채권으로 납부가 가능하다.

물납신청은 양도소득세 예정 . 확정신고 기한 10일 전까지 해야 한다.

8. 신고시 제출서류

세무서에 비치된 양도소득세과세표준 신고 및 자진납부계산서, 양도소득금액 계산명세서를 작성하여 다음 서류와 함께 관할세무서에 제출하면 된다.

(1) 당해 자산의 양도.취득에 관한 계약서 사본

(2) 환지확정 전에 취득한 토지 : 환지예정지증명원, 잠정등급확인원 등

(3) 자본적 지출액 . 양도비용 증빙자료 . 감가상각비 명세서

9. 임대용건물의 양도와 부가가치세

사업용건물(건물.빌딩.상가.사무실.공장.여관등)을 임대하거나 사업장으로 사용하다가 양도하는 경우에는 양도소득세 뿐 아니라 부가가치세도 부담해야 한다.

(1) 과세표준 계산방법

1) 사업자의 지위에서 매매시 과세되는 경우

과세표준 = 시가(실지매매가액)

2) 간주공업(폐업시 잔존재화)으로 과세되는 경우

건물의 취득가액 $\times$ (1 - $\frac{5※}{100}$ $\times$ 경과된 과세기간의 수) = 시가

※ 2002. 1. 1. 이후 취득분부터 적용(이전 취득분은 10/100)

(2) 포괄적 양도.양수

1) 포괄적 양도.양수란

사업의 포괄적 양도.양수란 사업장별로 그 사업용자산과 함께 해당 사업에 관한 모든 권리.의무를 포괄적으로 승계하여 양도하는 것을 말한다. 사업용건물이 포괄적 양도에 해당하는 경우 재화의 공급으로 보지 않으므로 부가가치세가 과세되지 않는다.

2) **임대용건물의 포괄적 양도.양수 요건**

임대용 건물이 양도시 포괄적 양도.양수에 해당하려면 다음의 요건을 갖추어야 한다.

① 포괄적 양도.양수계약 등에 의해 사업의 포괄적 양도.양수 사실이 확인되어야 한다.

② 양도자 및 양수자가 과세사업자이어야 한다.

사업양수 후 양수자가 면세사업으로 전용하는 경우 사업양도.양수가 인정되지 않는다.

③ 사업양도 후 사업양도 신고서를 제출하여야 한다.

※ 포괄적 양도.양수에 해당하지 않을시 양도자는 세금계산서를 교부하고, 양수자로부터 거래징수한 부가세를 신고.납부해야 한다.

10. 부동산실거래가 신고의무

(1) 부동산거래 신고의무

1) 부동산을 매매한 경우 계약체결일로부터 60일 이내에 실제거래가격을 부동산 소재지 시. 군 . 자치구청장에게 신고해야 한다.

2) 중개입자를 동해 매매계약을 체결한 때에는 반드시 중개업자가 신고해야 한다.

(2) 신고의무 위반시 불이익

1) 신고를 하지 않거나 허위신고 등 신고의무 위반시 취득세의 3배

이하의 과태료가 부과된다(매도인,매수인,중개업자에게 부과).

2) 거래당사자가 중개업자에게 거래신고를 하지 않게 하거나 허위 내용을 신고하게 한 경우에도 과태료처분을 받게 된다.

3) 중개업자가 허위신고 또는 이중계약서 작성 신고시 중개업등록 취소 또는 6개월 이애 자격정지처분을 받게 된다.

〔자료제공 : 국세청〕

제9장 유익한 법률상식

제 1 절 채권의 소멸시효

1. 채권의 소멸시효란

채권의 소멸시효란 채권을 행사하지 않은 상태가 일정기간 계속되면 채권이 소멸되는 것을 말한다.

2. 주요채권의 소멸시효 기간

채권종류	시효기간	시효기산점
물품대금.공사대금.임금채권	3년	.변제기 다음날부터 .변제기를 정하지 않은 때는 채권이 성립한 다음날부터 .조건을 단 때는 조건이 성취된 다음 날부터
상행위로 인한 상사채권(일방적 상행위.보조적상행위 채권 포함)	5년	상동
일반민사채권(개인간 대여금등)	10년	상동
판결 등으로 확정된 채권	10년	확정된 다음날부터
약속어음 채권	.발행인 : 만기일 다음 날부터 3년	약속어음공정증서의 어음발행인(=만기일 다음

	.배서인 : 만기일 다음 날부터 1년 .배서인이 어음을 환수하거나 소송을 제기당한 때는 그 다음 날부터 6개월	날부터 3년) * 10년이 아님.
수표금 채권	.발행인.배서인 : 지급제시기간 경과 후 6개월 .환수 또는 제소된 다음날부터 6개월 .지급보증인 : 지급제시기간경과 후 1년	국내수표의 지급제시 기간: 발행일로부터 10일 이내
손해배상 채권	손해 및 가해자를 안 날부터 3년, 손해 발생일로부터 10년	손해가 발생한 당일부터 기산(초일산입, 판례)

3. 소멸시효의 중단

채권의 소멸시효가 진행 중에 권리행사로 볼 수 있는 사실이 발생하면 지금까지 진행된 시효기간은 없던 것으로 되고, 그때부터 다시 소멸시효기간이 진행되는 것을 소멸시효 중단이라고 한다. 소멸시효 중단사유로는 청구 . 압류 . 가압류 . 가처분 . 승인 등이 있다.

청구란 변제를 요구하는 것이다. 소송제기, 지급명령 신청 등 재판상 청구와 최고(내용증명으로 채무를 변제하라고 통지하는 것) 등을 말한다. 소송제기 후 취하하면 그때부터 6개월 동안만 시효중단의 효력이 있다.

또 최고를 한 후 6개월 내에 보다 강력한 시효중단조치(가압류. 압류. 가처분, 소송을 제기해서 판결을 받는 것 등)를 취해야만 시효중단 효과가 생기고, 최고 후 6개월 내 다시 최고를 하여도 시효중단효과는 발생되지 않는다(대법원 1970. 3. 10. 선고 1969다 1151 판결). 승인은 원금 또는 이자 일부변제, 지불각서 작성 등 채무를 인정하는 행위를 의미한다.

제 2 절 일상가사대리권

일상가사대리권이란 부부의 일방이 일상의 가사에 관하여 제3자와 법률행위를 하는 것을 말한다. 일방 배우자의 법률행위가 일상가사대리권에 해당하면 부부가 연대하여 변제할 책임을 진다. 한편 부부 일방이 타인에게 채무를 지고 있을 때 다른 배우자 일방이 변제할 책임이 있는지에 관해 혼동하는 경우가 많은데, 그 채무의 발생원인이 일상가사대리권에 해당하거나 부부일방이 보증을 하거나 부부가 공동으로 불법행위를 저지르는 등 특별한 경우가 아니면 부부 일방의 채무를 다른 일방이 책임을 지지 아니한다(민법 제832조).

제 3 절 상거래에 관한 상식

1. 상사채권의 인적담보의 특칙

(1) 연대책임의 원칙

사적인 거래관계에서는 여러 사람이 채무를 부담하게 된 때에는 "모든 채무자가 연대하여" 지급하기로 하는 등의 특별한 약정이 없으면 각 채무자는 균등한 비율로 나누어 채무를 부담하는 것이 원칙이다. 그러나 상행위로 인한 채무를 여러 사람이 부담하게 된 때에는 연대의 특약이 없어도 당연히 연대하여 변제할 책임이 발생한다(상법 제57조제1항). 이 경우 채무가 성립되는 원인행위는 여러 명의 채무자 중에서 최소한 한 채무자에 대해서는 상행위에 해당되어야 한다. 즉, 여러 채무자 중에서 적어도 한 사람은 상인이어야 하고 그 상인의 행위가 상행위여야 한다. 따라서 채권자에게만 상행위가 되는 때는 적용되지 않는다.

(2) 보증인의 연대책임

사적인 거래관계에서 발생하는 채무를 보증할 경우 보증인은 연대보증의 특약이 있어야만 연대책임을 지게 된다. 그러나 상행위로 생긴 채무를 보증한 때는 연대보증의 약정을 하지 않아도 보증인은 당연히 주채무자와 연대하여 변제할 책임을 진다(상법 제57조제2항).

2. 상행위 대리의 특칙

만법상 대리인은 대리행위를 할 때 본인을 위한 것임을 표시하여야 그 행위가 본인에게 효력이 있다(이를 현명주의라고 한다). 그러나 상행위의 대리인은 본인을 위한 것임을 표시하지 아니하여도 그 행위는 본인에 대하여 효력이 있다. 만약 상대방이 상행위의 대리인을 본인으로 알고 거래한 경우 상대방은 본인 또는 대리인에 대하여 이행청구를 할 수 있다(상법 제48조). 어음.수표에 관한 대리는 반드시 본인을 위한 것임을 표시하여야 본인에게 그 책임이 귀속된다.

3. 매수인의 목적물 검사 및 하자통지의무

(1) 개요

상법에는 상거래의 신속과 원활을 위하여 일반거래와는 다른 여러가지 특칙을 두고 있다. 상인간의 매매에 관한 규정도 그 중 하나이다. 상사매매란 상인 간 동산과 유가증권의 매매관계를 말한다. 상거래 관계에서 매수인이 물건을 받고 상당기간 물건의 하자나 수량부족 등에 대한 아무런 이의를 하지 않았을 뿐 아니라 심지어 수령한 물건을 모두

처분하고 나서 매도인이 대금을 청구하면 그때서야 물건에 하자가 있어서 오히려 손해를 봤다는 트집을 잡고 대금지급을 회피하거나 감액을 요청하는 경우가 있다. 상대방이 이렇게 나오면 난감해지는데, 이와 관련하여 상법은 상인 간 매매에 있어 매수인의 목적물 검사 및 하자통지 의무를 규정하고 있다.

(2) 통지기간 및 효과

1) 상인간의 매매관계에서 매수인이 매도인으로부터 목적물을 수령한 때에는 지체 없이 그 목적물을 검사하여 목적물에 흠이 있거나 수량이 부족한 것이 발견된 때는 즉시 매도인에게 통지를 발송하여야 한다(상법 제69조).

2) 다만, 상인에게 통상적으로 요구되는 객관적인 주의의무를 다하였음에도 즉시 발견할 수 없는 하자가 있는 때는 매수인은 6개월 안에 그 하자를 발견하여 매도인에게 지체 없이 통지를 발송해야 한다(대법원 1999. 1. 29. 선고 98다1584 판결).

3) 매수인이 이 의무를 소홀히 하면 매수인은 그 물건에 실제 하자가 있거나 수량이 부족하더라도 그것을 이유로 계약을 해제할 수 없고 대금감액이나 손해배상을 청구할 수 없게 된다.

4) 매수인이 이러한 의무를 다했을 때는 매도인에 대해 대금감액청구권·계약해제권·손해배상청구권을 갖게 되며, 상인 간 매매가 아닌 사적 매매관계인 때에는 매수인의 이 권리는 목적물에 하자가 있는 경우에는 매수인이 그 사실을 안 날부터 6개월 내(민법§582), 수량부족이 있는 경우에는 그 사실을 안 날부터 1년 또는 계약을 해제한 날부터 1년 내 행사하여야 한다(민법 제573조, 제574조).

5) 매수인의 목적물 검사 및 통지의무에 관한 상법 제69조의 규정은 당사자 양쪽이 모두 상인일 때에만 적용된다.

6) 매수인의 검사 및 통지의무는 매수인이 목적물을 실제로 수령하여 검사할 수 있는 상태에 있어야 하며, 또 매도인이 목적물 인도 시에 목적물에 하자 또는 수량부족이 있다는 사실을 몰랐어야 한다. 즉, 매도인이 처음부터 물건에 하자나 수량이 부족한 사실을 알고 있었거나 알 수 있었던 악의인 때에는 매수인은 목적물을 검사 및 통지할 필요도 없이 곧바로 대금감액청구권·계약해제권·손해배상청구권을 행사할 수 있게 된다.

4. 영업양도

(1) 영업양도란

영업을 제3자에게 양도하는 것을 영업양도라고 한다. 개인사업자는 별다른 절차 없이 영업양도.양수 계약으로 성립한다. 회사의 경우 주식회사는 주주총회 특별결의, 유한회사는 사원총회 특별결의, 합자.합명회사는 총사원의 동의의 필요하다.

(2) 채권자와의 관계

1) 양수인이 상호속용시

영업양수인이 양도인의 상호를 계속 사용하는 경우에는 양도인의 영업으로 인한 제삼자의 채권에 대하여 양수인도 변제할 책임이 있다(상법 제42조 제1항). 다만, 양수인이 영업양도를 받은 후 지체 없이 양도인의 채무에 대한 책임이 없음을 등기한 때에는 양수인은 변제할 책임을 지지 아니한다. 양도인과 양수인이 지체 없이 제삼자에 대하여 그 뜻을 통지한 경우 그 통지를 받은 제삼자에 대하여도 양수인의 책임이 면제된다(상법 제42조 제2항).

2) 상호불속용시

영업양수인이 양도인의 상호를 계속 사용하지 아니하는 경우에 양수인은 양도인의 영업으로 인한 채무를 변제할 책임이 없다. 다만, 양도인의 영업으로 인한 채무를 인수한 것을 광고한 때에는 양수인도 변제할 책임이 있다(상법 제44조).

(3) 회사합병과 영업양도의 차이점

합병은 회사만 가능하다. 영업양도는 회사, 개인상인 모두 가능하고, 영업양수인은 비상인이라도 무방하다. 합병은 합병으로 소멸되는 회사의 권리,의무가 포괄승계 되는 반면 영업양도는 개별적으로 이전되고, 영업재산의 일부를 양도대상에서 제외할 수 있다.

5. 명의대여자의 변제책임

(1) 명의대여자란

명의대여자 함은 타인에게 자기의 성명이나 상호를 사용하여 영업한 것을 허락힌 자를 말한나. 예컨대 타인의 부탁을 받고 사업자가 아니면서 타인을 위하여 자기명의로 세무관서에 사업자로 등록한 자가 이에 해당한다.

(2) 명의대여자의 책임

1) 제3자가 명의대여자를 영업주로 착오를 일으켜 거래하고 그 거

래로 인해 채무가 발생한 때는 명의대여자는 명의차용자(명의를 빌린 자)와 연대하여 채무를 변제할 책임을 진다(상법§24). 예컨대 갑이 을의 명의를 빌려 개인사업자등록을 하고 사업을 영위하는데 병이 사업자로 등록된 을을 영업주로 믿고 물품을 외상공급 했다면 을은 갑과 연대하여 병에게 물품대금을 변제할 책임이 있다.

2) 제3자가 상대방의 명의차용 사실을 미리 알았거나 조금만 주의를 기울이면 그 사실을 알 수 있는데도 주의를 소홀히 하여 그 사실을 알지 못한 경우(중대한 과실) 명의대여자는 그 영업으로 인한 채무를 변제할 책임을 면한다(판례).

3) 명의대여자의 변제책임은 거래와 관련하여 생긴 채무에 한하고 거래와 관련 없는 불법행위에 대한 손해배상에 대하여는 책임을 지지 않는다.

4) 명의를 빌려 준 자는 상인이 아니라도 무방하나 명의를 빌린 자는 반드시 상인이어야 한다.

제 4 절 약정이율과 법정이율

이율에는 약정이율과 법정이율이 있다. 약정이율은 당사자가 합의에 의해 정하는 이율을 말하고 법정이율이란 약정이율이 없을 때 적용되는 이율로서 법정이율은

채무불이행에 대한 채권자의 손해를 보전해 주기 위한 지연손해금으로서의 성격을 가지고 있다.

1. 약정이율

약정이율은 금전을 대출한다거나 할 때 원금에 대한 이자를 정하면서 원금에 대하여 년 ○%, 월 ○% 또는 월 ○부 식으로 정하는 것이 일반적이다. 약정이율에 대하여 종전에는 기업자금조달의 부담을 덜고 서민을 보호하기 위한 목적으로 이자제한법을 제정하여 연25%의 범위 안에서 이율을 약정할 수 있도록 하였으나 IMF구제금융을 받게 되면서 금리 자유화에 의한 자원배분의 효율성을 도모한다는 명목으로 1998년 1월 13일 이자제한법이 폐지되었다가 2007. 3. 29. 다시 제정되어 같은 해 6. 30.부터 시행되고 있다. 현재 금전대차에 관한 이자율은 연30%의 범위에서 대통령으로 정하도록 되어 있고(이자제한법 제2조 제1항), 이를 초과하는 이자는 무효가 된다. 또한 대부업등록을 마친 대부업자가 개인이나 대통령령으로 정하는 소규모법인에게 대부할 경우 이자율은 최고 연39%로 정해져 있고(대부업등의등록및금융이용자 보호에 관한 법률 시행령 제5조 제2항), 이를 초과하면 초과부분은 무효가 된다.

2. 법정이율

약정이율이 없을 때 적용되는 이율이 법정이율이다. 사적인 거래로 발생되는 채무에 대한 민법상 법정이율은 원금에 대해 연5%이고, 상행위로 인하여 발생되는 채무에 대한 상사법정이율은 원금에 대해 연6%이다. 그리고 어음·수표에 의한 채무는 상행위와 관계없이 연6%이다. 상사 법정이율은 상행위에 의해 발생된 채무 뿐 아니라 상행위에 관한 계약을 체결하고 계약이 파기된 경우 그에 따른 손해배상 및 그 계약의 해제에 따른 원상회복의무에 따른 채무도 동일하게 적용된다. 한편 재판상 청구(소송을 제기한 경우)시에는 소장부본이 피고에게 송달된 다음날부터 다 갚을 때까지 「소송촉진등에관한특례법」이 정한 연20%의 지연손해금이 붙게 된다.

제 5 절　이자와 지연이자

1. 이자와 지연이자의 차이점

금전대차관계 등에서 원금의 사용대가로 지급되는 것을 이자라 하고 이자가 발생하면 이자채권이 된다. 민사상 금전거래관계에서는 이자약정이 있어야 이자를 청구할 수 있지만 상인 간에 이루어진 금전거래관계에서는 이자약정이 없어도 법정이자를 당연히 청구할 수 있다. 또, 상인이 그 영업범위 내에서 타인을 위해 금전을 체당[52]하였을 때는 체당한 날 이후의 법정이자를 청구할 수 있다. 현재 상사법정이율은 원금의 연 6%이다(상법 제54조).

반면 채무이행을 지체할 때 붙는 이자를 지연이자 또는 지연손해금이라고 한다. 약정이자와는 다른 개념이다. 민사상 지연이자의 법정이율은 원금의 연5%이고(민법§379), 상거래로 발생한 금전채권에 대한 지연이자의 법정이율은 원금의 연6%이다. 어음.수표금은 상거래와 상관없이 어음.수표 금액의 연6%이다. 또 소송으로 청구하면 소장부본이 상대방에게 송달된 다음 날부터 소송촉진등에관한특례법이 정한 연20%의 지연이자를 청구할 수 있다.

2. 지분적 이자채권이란

이자채권에는 기본적 이자채권과 지분적 이자채권이 있다. 기본적 이자채권은 변제기가 도래되지 않은 것을 말하고, 지분적 이자채권은

52) 나중에 지급받기로 하고 금전 등을 대신 지급하는 것

변제기가 이미 도래된 것을 말한다. 지분적 이자채권은 원본과 분리되어 독자적으로 소멸시효에 걸리고, 이전된다. 따라서 채권양도 시 지분적 이자채권에 대한 별도의 양도의사표시가 없으면 지분적 이자채권은 당연히 양도되지 않는 특징을 가지고 있다.

제 6 절　공증하는 법

1. 공증이란

공증이란 말 그대로 공증인이 사실관계를 공적으로 증명하거나 일정한 경우 재산에 강제집행 할 수 있는 권리문서를 작성하여 그것이 적법하게 작성되었다는 것을 증명하는 것을 말한다.

2. 공증의 종류

공증에는 크게 집행력 있는 공정증서와 사서증서인증으로 나눌 수 있다.

(1) 집행력 있는 공정증서

후일 채무자가 금전채무를 불이행하면 즉시 강제집행을 해도 좋다는 뜻이 기재된 공증을 말한다. 일반적으로 어음공정증서, 금전소비대차공정증서가 이용된다. 양도담보공정도 있다. 이러한 공증을 해 두면 채무자가 변제기에 채무를 불이행하면 공증사무소로부터 집행문을 부여받아 채무자 재산에 강제집행 할 수 있다.

다만, 양도담보공증은 강제집행 할 수 있는 문서가 아니고 채무불이행시 담보로 제공한 재산을 채권자에게 양도한다는 취지의 공증에 해당한다.

(2) 사서증서인증

사서증서인증이란 사실확인서, 각서, 계약서, 확약서 등 사문서를 공증사무소가 인증하는 것이다. 누가, 언제, 그 문서를 작성하였는지 등에 관한 입증확보를 위해 많이 이용된다. 강제집행력은 없다. 이외에도 유언공증, 회사정관, 이사회의사록공증 등 여러 가지가 있다.

3. 공증하는 곳

공증업무 인가를 받은 법무법인에서 하는 것이 일반적이다. 특별한 경우에는 검사, 법원서기가 하는 경우도 있다.

4. 공증할 때 구비서류

(1) 개인

본인이 공증사무소에 직접 가서 할 경우에는 도장, 신분증이 필요하고 대리인이 갈 경우에는 인감증명을 첨부한 위임장, 대리인 도장, 대리인신분증을 지참하면 되고 공증을 할 때 상대방이 사정이 있어 가지 못할 때는 상대방의 위임장, 인감증명을 받아 당사자 일방이 공증사무소에 가서 공증할 수 있다.

각서・지불각서・확약서 등의 사서증서를 인증할 때는 미리 작성하여 지참해 가야 한다.

(2) 법인

법인등기부등본, 인감증명서, 인감도장, 사서증서 인증 시는 인증할 증서 지참.

5. 공증 위임시 주의사항

공증에 대한 위임을 할 때는 위임장에 위임사항을 정확히 기재해야 한다.

예컨대 어음공증을 상대방에게 위임하고자 할 경우라면 위임장에 어음금액, 발행일, 지급기일, 지급기일에 지급하지 않으면 강제집행하여도 좋다는 뜻이 기재되어 있어야 공증사무소에서 공증을 해 주고 위임장에 흠결이 있을 때는 공증을 불허한다. 위임장은 공증사무소에 비치된 것을 사용한다.

제 7 절 내용증명 보내는 방법과 효력

]

1. 내용증명우편제도란

내용증명우편제도란 상대방에 대한 의사표시나 각종 통지 등을 할 때 발송우체국에서 그 서면에 발송연월일, 문서번호를 부기하여 주는 제도를 말한다. 계약을 해제·해지할 때, 채무이행을 서면으로 독촉할 때, 채권양도 사실을 통지할 때 등 각종 최고와 통지를 할 때 실무에서 많이 이용되는 제도이다.

2. 내용증명의 효력

내용증명의 효력 중에서 가장 중요한 것은 "확정일자 있는 증서"로서의 효력이다. 확정일자 있는 증서란 어떠한 문서상에 공적기관이 년.월.일자를 부기하여 당사자가 임의로 변경할 수 없게 하고, 그 일자에 일정한 문서 등이 존재한 사실에 대한 강한 증거력을 인정받게 된다. 다만 내용증명에 적혀 있는 내용에 대하여는 소송에서 소명 내지는 증거자료가 되기도 하고 경우에 따라서는 단순한 참고자료만 되는 경우도 있다.

3. 내용증명 발송요령

상대방에게 내용증명을 보내려면 상대방에게 통지할 내용을 서면으로 작성하여 총 3부(상대방이 1인일 때)와 우편봉투를 지참하여 가까운 우체국에 가서 발송하면 된다.

[통지서

통 지 서

수 신 ○○○

○○시 ○○구 ○○동 ○○

발 신 ○○○

○○시 ○○구 ○○동 ○○

제 목 계약해제통지

◎ 귀하의 건승을 기원하며, 아래와 같이 통지합니다.

아 래

1. 본인과 귀하는 년 월 일 본인 소유의 서울 구 동 번지 대○평방미터 위 지상 건물에 대하여 매매가액을 금 ○○원으로 정하고 당일 본인은 귀하로부터 계약금으로 금 ○원을 영수하였고 중도금 ○원의 지급일은 년 월 일 잔금○원의 지급일은 년 월 일로 정하였습니다.

2. 그런데 본인은 귀하의 요청으로 중도금 지급일을 한 달간 유예해 주었으나 귀하는 그 기일이 지나도록 중도금을 지급하지 않고 있음으로 본인은 부득이 귀하와 체결한 이건 부동산매매계약을 해제하며 귀하가 본인에게 지급한 계약금 ○원은 이를 본인이 몰취하오니 양지하시기 바랍니다.

2○○○. ○. ○.

통지인 ○ ○ ○ (인)

제 8 절 채권양도 하는 법

1. 채권양도란

채권양도란 예컨대 갑이 을에게 100만 원을 지급할 채무가 있고 이와 동시에 갑이 병에게 100만 원을 지급받을 채권이 있다고 할 때, 갑이 을에게 100만 원을 현실로 지급하는 대신 갑이 병에게 가지고 있는 100만 원에 대한 채권을 을에게 양도하는 것을 말한다. 이 경우 갑을 채권양도인이라 하고 을을 채권양수인이라 한다. 이러한 채권양도행위는 실제로 많이 이용되고 있다. 지명채권의 양도는 실무에서 많이 이용되고 있으므로 양도절차와 대항력을 갖추는 방법을 잘 알아 두면 편리하게 써먹을 수 있다.

2. 채권양도 방법

어음·수표와 같은 지시채권의 양도는 배서해서 교부하면 되므로 배서·교부 외 특별한 절차가 요구되지 않는다. 앞과 같이 채권자가 특정되어 있는 채권을 지명채권(물품대금채권, 공사대금채권, 대여금채권 등)이라 하는데 이러한 지명채권을 양도할 경우에 있어서 가장 중요한 것은 제3자에 대한 대항력을 갖춰야만 채권양도 사실을 제3자에게 대항할 수 있게 된다.

3. 간편한 대항력 구비요령

채권양도계약을 한 다음 양도인 명의로 채권양도 통지서를 작성하여 채권양도통지서 3부와 편지봉투를 지참해서 가까운 우체국에서 내용증명우편으로 발송하면 채무자가 채권양도통지서를 수령한 때로부터 대항력을 갖게 된다(우체국에서 내용증명우편으로 통지하는 것을 확정일자 있는 증서에 의한 통지라고 한다).

4. 채권이 2중 양도된 경우 순위 관계

양도인이 채권을 갑에게 양도한 다음 다시 을에게 양도한 경우와 같이 채권이 이중양도 된 경우 각 양수인간의 관계는 다음과 같다.

(1) 양쪽 모두 대항력을 갖춘 경우

양쪽 모두 확정일자 있는 증서에 의한 통지 또는 승낙 요건을 갖춘 경우 판례는 통지 또는 승낙에 붙여진 확정일자의 선후에 의해 권리자가 결정되는 것이 아니고, 확정일자 있는 양도통지가 채무자에게 현실로 도달한 일시 또는 확정일자 있는 채무자의 승낙일자의 선후에 의하여 권리자가 결정된다고 한다.(대법원 1994.4.26. 선고 93다24223 판결).

(2) 양쪽 모두 대항력을 갖추지 않은 경우

채권양도를 하면서 제3자에 대한 대항력을 갖추지 않은 경우 즉, 확정일자 있는 증서에 의한 통지 또는 확정일자 있는 증서에 의한 승낙 없이 단순통지(일반 편지형식으로 보내는 경우) 또는 단순승낙(일반 종이에 승낙의사를 표시한 방법 등)이 있는 때는 통지 또는 승낙일자의 선후에 상관없이 각 양수인은 채무자에게 대항할 수 없다. 이 경우 채무자가 양수인 중 아무에게나 변제하더라도 채무자는 채무를 면하게 되고 이를 이유로 다른 양수인은 항변할 수 없다. 다만, 판례는 채무자가 확정일자 있는 증서가 아닌 방법으로 채권양도 통지를 받고 그 양수인에게 변제할 것을 승낙하면 그 후 채권이 2중 양도된 경우라도 최초의 양수인만이 권리자가 된다고 한다(대법원 1971. 1. 31. 선고 71다2697 판결).

(3) 대항력을 갖춘 경우와 그렇지 않은 경우

한쪽은 확정일자 있는 증서에 의한 통지 또는 승낙의 요건을 갖추었고 다른 쪽은 단순 통지만 했거나 단순 승낙한 경우에는 통지 또는 승낙의 선후에 상관없이 무조건 확정일자 있는 증서에 의한 통지 또는 승낙요건을 갖춘 양수인이 우선한다.

5. 채권양도와 압류·가압류와의 관계

채권양도와 압류·가압류·가처분과의 관계에 있어서는 채권양도가 대항력을 갖추었는지에 따라 우열이 가려진다. 즉, 확정일자 있는 증서에 의한 채권양도통지 또는 채무자의 승낙이 이루어져 대항력이 구비된 상태에서 그 후에 발령된 압류·가압류·가처분은 채권양수인에게 대항할 수 없다.

6. 채권양도 후 채권의 존속여부

채권양도가 있으면 양수인의 양도인에 대한 채권이 완전히 소멸하는가? 이에 관하여 판례는 채무변제를 위하여 채권자에게 채권을 양도한 경우에 특별한 사정이 없으면 그 채권양도는 채무변제를 위한 담보 내지는 변제의 한 수단으로 행해지는 것이지 변제에 갈음하는 것으로는 볼 수 없으므로 채권양도가 있다는 것 자체만으로 원래의 채권이 곧 소멸되는 것은 아니라고 한다(대법원 1976. 3. 9. 선고 76다12 판결).

7. 부동산이전등기청구권 양도

(1) 부동산의 매매로 인한 소유권이전등기청구권은 물권의 이전을

목적으로 하는 매매의 효과로서 매도인이 부담하는 재산권이전의무의 한 내용을 이루는 것이고, 매도인이 물권행위의 성립요건을 갖추도록 의무를 부담하는 경우에 발생하는 채권적 청구권으로 그 이행과정에 신뢰관계가 따르므로, 소유권이전등기청구권을 매수인으로부터 양도받은 양수인은 매도인이 그 양도에 대하여 동의하지 않고 있다면 매도인에 대하여 채권양도를 원인으로 하여 소유권이전등기절차의 이행을 청구할 수 없고, 따라서 매매로 인한 소유권이전등기청구권은 특별한 사정이 없는 이상 그 권리의 성질상 양도가 제한되고 그 양도에 채무자의 승낙이나 동의를 요한다고 할 것이므로 통상의 채권양도와 달리 양도인의 채무자에 대한 통지만으로는 채무자에 대한 대항력이 생기지 않으며 반드시 채무자의 동의나 승낙을 받아야 대항력이 생긴다(대법원 2001. 10. 9. 선고 2000다51216 판결).

(2) 또한, 다세대건물에 대한 분양계약상의 매수인의 지위를 양수하지 않은 이상 매수인으로부터 채권으로서의 소유권이전등기청구권을 양도받은 것만으로써는 양수인이 매도인에 대하여 그 다세대건물의 매수인임을 주장할 수 없는 것이고, 이와 같은 매수인의 지위를 양수함에 있어서는 계약의 상대방인 매도인과의 합의(승낙)가 있어야 한다(대법원 1989. 11. 14. 선고 88다카19033 판결).

〔채권양도 · 양수계약서〕

채권양도 · 양수계약서

양 도 인　　○○○ (주민등록번호)
　　　　　　○○시 ○○구 ○○동 ○○

양 수 인　　○○○ (주민등록번호)
　　　　　　○○시 ○○구 ○○동 ○○

양도인은 아래 채권을 양수인에게 양도합니다.

아 래

양도 · 양수채권의 표시

1. 채무자
   성명: ○○○(주민등록번호)
   주소: ○○시 ○구 ○동 ○번지
2. 채권의 내용
   양도인이 위 채무자에게 200 . . . 자동차부품을 납품하고 지급받게 될 물품대금 청구채권 금 1,000,000원 및 이에 대한 지연이자 일체. 끝.

2○○○. ○. ○.

양도인 ○○○(인)

〔채권양도통지서〕

채권양도통지서

수신 ○○○

서울시 ○○구 ○○동 ○○번지

발신 ○○○

서울시 ○○구 ○○동 ○○번지

○ 귀하의 건승을 기원합니다.

○ 본인이 귀하에 대하여 가지는 서울지방법원 2002가소1345호 확정판결에 기한 금 1,000,000원 및 이에 대한 200 . . .부터 소장부본 송달일까지는 연5푼, 그 다음날부터 완제일까지는 연2할의 비율에 의한 금원 일체를 아래 사람에게 양도하였으므로 위 채무를 아래 양수인에게 지급하여 주시기 바랍니다.

2○○○. ○. ○.

양도인 ○○○(인)

※ 3부 작성, 우편봉투와 함께 우체국에서 발송

제 9 절 변제공탁 하는 법

1. 변제공탁이란

채무자가 채무를 이행하고자 하여도 채권자의 소재를 알지 못하거나 수령을 거부할 경우 이행이 지체되어 이자 또는 지연손해금이 늘어나게 된다. 만약 금전채무가 고액인 경우에는 그 부담이 크게 됨으로 가능한 빠른 시일 내 변제해야만 손해를 줄일 수 있기 때문에 채무자가 책임질 수 없는 사유로 변제를 하지 못하고 있는 경우 법원 공탁소에 변제공탁하여 채무를 면할 수 있는데 이를 변제공탁이라 한다.

2. 변제공탁이 가능한 채무

주는 채무로서 현재 존재하고 있는 확정채무이면 된다. 세금 . 벌금 등 공과금 채무도 가능하다. 부동산경매에서도 채권자가 이유 없이 변제수령을 거부하면서 경매취하를 하지 않는 경우 변제공탁이 이용될 수 있다.

3. 변제공탁의 원인

채권자의 수령거절, 수령불능, 채권자가 누구인지 알 수 없는 경우에 할 수 있다.

(1) 수령거절

채권자가 특별한 이유 없이 변제수령을 거절하는 경우이다. 주의할 점은 변제공탁하기 전에 반드시 채권자에게 현실로 변제를 제공해야 하고 그럼에도 채권자가 수령을 거부하면 변제공탁 할 수 있다. 그렇지 않고 무조건 변제공탁 할 경우 채권자가 공탁을 수락하지 않으면 변제공탁 효과가 나타나지 않는다. 다만, 채권자가 미리 변제수령을 거절할 때는 변제제공 없이 공탁할 수 있다.

또, 판례는 부동산 매매관계에서 매도인이 매매대금 수령을 명백히 거부할 때에도 변제제공할 필요 없이 변제공탁 할 수 있다고 한다.

(2) 수령불능

채권자의 소재를 알 수 없는 경우이다. 위와 같은 사유로 공탁할 때에는 그 원인을 공탁자가 입증해야 하고 공탁서에 입증서류를 첨부해야 한다.

(3) 채권자 불확지

변제자가 과실 없이 채권자가 누구인지 알 수 없는 경우이다. 예컨대 채권에 대해 처분금지가처분이 있는 경우, 채권에 압류 및 전부명령이 있은 후 당해 채권에 대한 처분금지가처분이 된 경우 등이 그 예에 해당한다.

4. 변제공탁 하는 곳

변제공탁은 채무이행지 공탁소에 한다(민법 제488조 제1항). 즉 특정한 물건을 인도해야 할 채무가 아닌 금전채무는 채권자의 현재 주소지(영업에 관한 채무는 채권자의 현 영업소) 관할지방법, 지원, 시·군법원 공탁공무원에게 한다. 구체적으로 살펴보면 다음과 같다.

(1) 금전채권

채권자 주소지 관할법원 공탁공무원에게 한다. 채권자가 수명이고 각 채권자 별로 따로 따로 변제할 채권(예컨대 2,000만원 채무를 갑에게 1,000만원, 을, 병에게 각 500만원 씩 갚아야 할 채무)이면 각 채권자 별로 그 채권자의 주소지 관할법원 공탁공무원에게 해야 하고 불가분채권(채권을 나눌 수 없는 경우)이면 채권자 중 1인의 주소지 관할법원 공탁공무원에게 하면 된다. 시·군법원에는 당해 시·군법원에 계속 중이거나 시·군법원에서 처리한 소액사건심판법(청구금액 2,000만원 미만)의 적용을 받는 민사사건·화해·독촉·조정사건에 대해서만 공탁할 수 있다.

(2) 특정물 인도채무

특정물 인도채무는 채권성립당시 물건이 있던 장소(당사자 특약이 있으면 그 장소)를 관할하는 법원 공탁소에 한다.

(3) 토지수용법상 보상금

채권자 주소지 또는 토지소재지 관할법원 공탁소에 한다.

(4) 관할공탁소 외 변제공탁

관할공탁소와 멀리 떨어져 있는 경우 직접 관할공탁소를 방문해서 공탁업무를 처리해야 하는 불편을 덜어주기 위해 관할공탁소 아닌 다른 공탁소에서 금전변제공탁을 할 수 있고, 또 공탁금도 찾을 수 있다(관할공탁소 이외의 공탁소에서의 공탁사건처리 지침행정예규 제887호). 관할공탁소 아닌 다른 공탁소에서 변제공탁을 신청 하거나 공탁금을 출급 . 회수할 수 있는 경우는 다음과 같다.

1) 금전(돈)에 관한 변제공탁에 한하여 적용된다.

2) 지방법원 본원 또는 지원의 공탁소에서만 가능하고, 시.군법원은 적용되지 아니 한다.

3) 접수공탁소와 관할공탁소가 같은 특별시 또는 광역시에 소재한 경우와 토지수용·사용과 관련한 보상금 공탁신청은 적용되지 아니한다.

4) 관할법원 아닌 법원공탁소에서 공탁금회수와 출급청구를 할 수 있는 경우는 본인이나 법정대리인, 등기된 대리인이 공탁금을 직접 출급 · 회수청구 하는 경우에그 금액이 1000만원 이하(유가증권의 총 액면금액이 1000만원 이하인 경우를 포함한다)이고, 공탁관이 신분에 관한 증명서로 본인이나 법정대리인 등임을 확인할 수 있는 경우 및 관공서가 직접 출급.청구하는 경우에만 적용된다.

5. 형사사건 관련 변제공탁 요령

자동차사고를 내거나 타인에게 상해 등을 입혀 형사기소된 경우 재판 중에 피해자와 합의가 안 되어 손해배상금 등을 변제공탁하려고 할 때는 " 피공탁자의 동의가 없으면 특정형사사건에 관하여 불기소결정(단, 기소유예는 제외)이 있거나 무죄판결이 확정될 때까지 회수청구권을 행사하지 않겠다."는 회수제한신고서를 제출해야만 담당재판부에서 변제공탁 사실을 참작한다는 점 염두에 두어야 한다.

6. 채무소멸 시기

공탁이 적법하고 공탁공무원이 수리를 조건으로 공탁물 보관자(은행 등)에게 공탁물을 납입한 때 채무는 소멸한다.

7. 변제공탁이 무효인 경우

(1) 관할을 위반한 공탁

관할을 위반한 변제공탁은 원칙적으로 무효가 된다.

(2) 일부 변제공탁

분할지급 등의 특별한 사정이 없으면 채무전액을 공탁해야 유효하다. 채무전액이란 약정이자, 지연이자, 비용 등 모두를 말한다. 경매에서 변제공탁하고 집행정지를 구하려면 집행비용까지 포함해서 공탁해야 한다. 다만, 판례는 극히 근소한 차액이 있는 변제공탁은 유효하다고 한다.

무효인 변제공탁이라도 채권자가 공탁을 수락하거나 출급하면 유효가 된다.

8. 변제공탁절차

(1) 구비서류

1) 법인이 공탁할 때

① 공탁서 2통, 공탁통지서 1통

② 공탁자의 법인등기부등본(3개월 이내 발행된 것)

③ 법인인감도장(법원 내에서 공탁서 등 작성시 또는 공탁서 등 정정하는 경우가 있음), 신분증

④ 피공탁자가 개인이면 피공탁자의 주민등록초본 1통(3개월 이내 발행한것), 법인이면 법인등기부등본 1통(3개월 이내 발행)

⑤ 피공탁자의 주소가 불명이면 피공탁자의 최후 주소지 소명자료 1통(계약서, 판결문, 말소된 주민등본등)과 함께 통.반장 발행불거주확인서 또는 최종주소지에 주민등록이 등재된 사실이 없다는 확인서 1통

⑥ 공탁통지서 발송용 우편봉투(피공탁자 수만큼 1회분 우표첨부)
⑦ 대리인이 공탁 시 3개월 이내 발행된 인감증명서 첨부된 위임장, 대리인 신분증, 도장
⑧ 공탁금

2) 개인이 공탁할 때

법인이 공탁할 때 필요서류 중 공탁자의 법인등기부등본, 법인인감 도장만 빼고 나머지는 법인과 같음

(2) 공탁요령

구비서류 지참하여 관할법원 공탁과에 가서 공탁서 2통, 공탁통지서 1통 작성하고, 우표 3060원어치 구입해서 접수하고, 담당공무원의 안내에 따라 법원구내 은행에서 공탁금을 납부한 다음 납입증명이 표시된 공탁서 원본을 교부받으면 된다.

금전 공탁서(변제 등)

<table>
<tr><td colspan="2">공 탁 번 호</td><td>년 금 제 호</td><td colspan="2">년 월 일 신청</td><td>법령조항</td><td>민법 487조</td></tr>
<tr><td rowspan="4">공
탁
자</td><td>성 명
(상호, 명칭)</td><td>○○○</td><td rowspan="4">피
공
탁
자</td><td>성 명
(상호, 명칭)</td><td colspan="2">○○○</td></tr>
<tr><td>주민등록번호
(법인등록번호
)</td><td>○○○○○○-○○○○○○○</td><td>주민등록번호
(법인등록번호
)</td><td colspan="2">○○○○○○-○○○○○○○</td></tr>
<tr><td>주 소
(본점,
주사무소)</td><td>서울 ○구○동 ○○</td><td>주 소
(본점,
주사무소)</td><td colspan="2">서울 ○구○동 ○○</td></tr>
<tr><td>전화번호</td><td>○○○-○○○○</td><td>전화번호</td><td colspan="2"></td></tr>
<tr><td colspan="2" rowspan="2">공 탁 금 액</td><td>금일천만원</td><td colspan="2" rowspan="2">보 관 은 행</td><td colspan="2" rowspan="2">은행 지점</td></tr>
<tr><td>금10,000,000원</td></tr>
<tr><td colspan="2">공탁원인사실</td><td colspan="5">공탁자는 피공탁자에 대한 ○○지방법원 2○○ 가단 ○○○호 임차보증금사건의 금○○○원 및 이에 대한 2○○ . ○. ○.부터 완제일까지는 연 20%의 비율로 계산한 지연손해금 채무 합계 금 ○○○원을 변제제공하였으나 채권자가 수령을 거절하므로 이 금원을 공탁함.</td></tr>
<tr><td colspan="2">비고(첨부서류 등)</td><td colspan="5">1. 판결문 사본 1통 2. 주민등록초본 1통
□ 계좌납입신청</td></tr>
<tr><td colspan="2">1. 공탁으로 인하여 소멸하는 질권, 전세권 또는 저당권
2. 반대급부 내용</td><td colspan="5">없음</td></tr>
<tr><td colspan="7">위와 같이 신청합니다.
대리인 주소
전화번호
공탁자 성명 ○○○(인)
대리인 성명</td></tr>
<tr><td colspan="7">위 공탁을 수리합니다.
공탁금을 년 월 일까지 위 보관은행의 공탁관 계좌에 납입하시기 바랍니다.
위 납입기일까지 공탁금을 납입하지 않을 때는 이 공탁 수리결정의 효력이 상실됩니다.
년 월 일
법원 지원 공탁관 (인)</td></tr>
<tr><td colspan="7">(영수증) 위 공탁금이 납입되었음을 증명합니다.
년 월 일
공탁금 보관은행(공탁관) (인)</td></tr>
</table>

공 탁 통 지 서 (금전)

<table>
<tr><td colspan="2">공탁번호</td><td>년 금 제 ○ ○ 호</td><td colspan="2">년 월 일 신청</td><td>법령조항</td><td>민법 487조</td></tr>
<tr><td rowspan="2">공탁자</td><td>성명</td><td>○○○</td><td rowspan="2">피공탁자</td><td>성명</td><td colspan="3">○○○</td></tr>
<tr><td>주소</td><td>서울 ○구 ○동 ○○</td><td>주소</td><td colspan="3">○○○○</td></tr>
<tr><td colspan="2">공탁금액</td><td colspan="6">금○○○○○○원</td></tr>
<tr><td colspan="2">공탁원인사실</td><td colspan="6">공탁자는 피공탁자에 대한 ○○지방법원 2○○ 가단 ○○○호 임차보증금사건의 금○○○원 및 이에 대한 2○○ . ○. ○.부터 완제일까지는 연20%의 비율로 계산한 지연손해금 채무 합계 금 ○○○원을 변제제공하였으나 채권자가 수령을 거절하므로 이 금원을 공탁함.</td></tr>
<tr><td colspan="3">1. 공탁에 의하여 소멸할 질권, 전세권, 또는 저당권 등
2. 반대급부 내용</td><td colspan="5">없음</td></tr>
<tr><td colspan="8">위와 같이 통지합니다. 주소
공탁자 성명 ○○○ (인) 대리인 성명</td></tr>
<tr><td colspan="8">1. 위 공탁금이 년 월 일 납입되었으므로 아래와 같은 구비서류를 갖추어 우리 공탁소에 출급청구하실 수 있음을 알려드립니다.
귀하가 공탁금출급청구를 하거나 공탁을 수락한다는 취지의 서면을 우리 공탁소에 제출하기 전에는 공탁자가 공탁금을 회수청구할 수 있음을 알려드립니다.
2. 공탁금출급청구의 구비서류 : 공탁출급청구서 3통, 공탁통지서,
공탁금 수령용 인감증명 1통
※ 300만원 이하의 공탁금을 피공탁자 본인이 직접 청구하는 경우에는 인감증명이 필요 없음.

3. 수령자는 주민등록증과 인감 도장을 지참하시기 바랍니다.
4. 공탁금은 그 출급청구권을 행사할 수 있는 때로부터 10년간 행사하지 아니하면 소멸시효완성으로 인하여 국고에 귀속될 수 있음을 알려드립니다.
5. 공탁금에 이의가 있는 경우에는 공탁금출급청구서 해당란에 이의유보사유(예컨대 “손해배상금 중의 일부로 수령함”등)를 기재하고 공탁금을 지급받을 수 있으며, 이 경우에는 후에 다른 민사소송 등의 방법으로 권리주장을 할 수 있습니다.

년 월 일 제 ○ ○ 호 발송
○ ○ 법원 공탁공무원 ㉾
(문의전화 :)</td></tr>
</table>

【부록】

1. 전국법원 본원.지원 위치 정보

지역	법원	소재지	전화번호	관할지역
서울	서울중앙지방법원	서울 서초구 서초중앙로 157	02)530-1114	서초구.종로구.중구.성북구.동작구. 강남구.관악구
	서울남부지방법원	서울 양천구 신월로 386	02)2192-1114	금천구.구로구.양천구.영등포구.강서구
	서울서부지방법원	서울 마포구 마포로 99	02)3271-1114	용산구.마포구.은평구.서대문구
	서울동부지방법원	서울 광진구 아차산로 404	(02)2204-2114	성동구.송파구.광진구.강동구
	서울북부지방법원	서울시 도봉구 마들로749	02)910-3114	동대문구.중랑구. 도봉구.강북구.노원구
인천	인천지방법원	인천 남구 소성로 163번길 17	032)860-1113	인천시.강화군.옹진군
	부천지원	부천시 원미구 구지길 99	032)320-1114	부천시.김포시
수원	수원지방법원	수원시 영통구 월드컵로 120	031)210-1114	수원시.화성시.용인시..오산시
	성남지원	성남시 수정구 산성대로 451	031)737-1114	성남시.하남시.광주시
	안산지원	안산시 단원구 광덕서로 75	031)481-1114	안산시.시흥시.광명시
	안양지원	안양시 동안구 관평로 212번길 70	031)8086-1114	안양시.의왕시.과천시
	여주지원	여주군 여주읍 세종로 45번길 25	031)880-7516	여주군.이천시.양평군
	평택지원	평택시 평남로 1036	031)650-3114	평택시.안성시
의정부	의정부지방법원	의정부시 녹양로 34번길 23	(031)828-0114	의정부시.포천시. 남양주시.연

				천군. 구리시.가평군.동두천시.양주시.철원군
	고양지원	고양시 일산동구 장항동 885-1	(031)920-6114	고양시.파주시
춘천	춘천지방법원	강원 춘천시 공지로 284	033) 259-9000	춘천시.인제군.홍천군.양구군.화천군
	강릉지원	강원 강릉시 난곡동 117-1	033)640-1000	강릉시.삼척시.동해시
	속초지원	속초시 동명동 300	033)639-7600	고성군.속초시.양양군
	영월지원	강원 영월읍 영월향교1길 53	033)371-1114	정선군.태백시.영월군.평창군
	원주지원	원주시 학성1동 1008-91	033)735-4912	원주시.횡성군
청주	청주지원	청주시 흥덕구 원흥로 8	043)249-7114	청주시.괴산군.청원군.보은군.증평군.진천군
	영동지원	영동군 영동읍 매천리 306	(043)740-4000	영동군.옥천군
	제천지원	제천시 중앙로2가 16-2	043)640-2070	제천시.단양군
	충주지원	충주시 계명대로 203	043)841-9114	음성군.충주시
대전	대전지방법원	대전광역시 서구 둔산1동 법원길6	042)470-1114	대전시.금산군.연기군
	공주지원	공주시 법원길 6	041)855-2255	청양군.공주시
	논산지원	논산시 강경읍 황산로 290	041)745-2035	논산시.계룡시.부여군
	서산지원	서산시 법원길 42	041)660-0600	태안군.당진군.서산시
	천안지원	천안시 신부동 법원길 78	041)620-3000	천안시.아산시

	홍성지원	홍성군 홍성읍 월산리 848	041)640-3100	홍성군.예산군.보령시.서천군
대구	대구지방법원	대구광역시 수성구 동대구로 364	053)757-6600	대구시(서구,달서구제외).영천시.경산시.청도군.칠곡군
	서부지원	대구광역시 달서구 장산로 87	053)570-2114	서구.달서구.성주군.고령군.달성군
	경주지원	경주시 동부동 203	054)770-4300	경주시
	김천지원	김천시 삼락동 1224번지	054)420-2114	김천시.구미시
	상주지원	상주시 만산동 652-2	054)530-5500	문경시.상주시.예천군
	안동지원	경북 안동시 정하동 235-1	054)850-5090	영주시.봉화군.안동시
	영덕지원	영덕군 영덕읍 경동로 8337	054)730-3000	영양군.영덕군.울진군
	의성지원	의성군 의성읍 중리리 748-7	054)830-8099	청송군.군위군.의성군
	포항지원	포항시 북구 양덕동 768	054)250-3050	포항시.울릉군
전주	전주지방법원	전주시 덕진구 사평로 25	063)259-5400	전주시.김제시.진안군.무주군.임실군 완주군
	군산지원	군산시 법원로 68	063)450-5000	익산시.군산시
	남원지원	남원시 용성로 59	063)620-2700	남원시.순창군.장수군
	정읍지원	전북 정읍시 수성6로 29	063)570-1000	정읍시.부안군.고창군
광주	광주지방법원	광주광역시 동구 동명로 303	062)239-1114	광주시.화순군.나주시.곡성군.영광군.담양군.장성군

	목포지원	목포시 정의로 29	061)270-6600	목포시.무안군.함평군.신안군.영암군
	순천지원	순천시 왕지로 21	061)729-5114	순천시.여수시.고흥군.보성군.광양시.구례군
	장흥지원	장흥군 장흥읍 읍성로 121-1	061)860-1500	장흥군.강진군
	해남지원	해남군 해남읍 중앙1로 330	061)534-9151	진도군.완도군.해남군
부산	부산지방법원	부산광역시 연제구 미남로 25	051)590-1114	부산시(남구.수영구.해운대구제외).
	동부지원	부산광역시 해운대구 내곡1길 37	051)780-1114	남구.수영구.해운대구,기장군
울산	울산지방법원	울산시 남구 법대로 14번길 37	052)228-8000	울산시.울주군.양산시
창원	창원지방법원	창원시 성산구 창이대로 681	055-239-2000	창원시.진해시.김해시
	거창지원	거창군 거창읍 죽전1길 31	055)940-7170	거창군.함양군.합천군
	밀양지원	밀양시 밀양대로 1993-20	055)350-2500	밀양시.창녕군
	마산지원	창원시 마산합포구 완월동 7길 16	055)240-9300	마산시.함안군.의령군
	진주지원	진주시 동진로 99	055)760-3300	진주시.산청군.사천시.남해군.하동군
	통영지원	통영시 용남면 동달안길 67	055)640-8500	통영시.고성군.거제시
제주	제주지방법원	제주특별자치도 제주시 법원로 1	064)729-2000	제주시.서귀포시

◇ 저자 : **한 경 우**

- 경희대학교 국제법무대학원 석사과정 수료
- 서울중앙지방법원, 서울북부지방법원, 의정부지방법원 근무
- 서울신용평가정보(주)법무실장, 법률실무교수부장
- 영남건설 주식회사 법무실장
- 전국경제인연합회 법률강의
- 경원대학교사회교육원 법률강의
- LG화재보험 법률강의
- KBS토요법정 감정증인
- 공인중개사
- 現) 위즈덤경매연구소 소장
- 現) 正言합동법률사무소 사무국장

법원에서하는 경매 따라하기

편저자 : 한 경 우　　2012년 5월 10일 인쇄
발행인 : 양 갑 수　　2012년 5월 20일 발행

발행처 : 법률&출판
등 록 : 25100-2005-000110
주 소 : 서울 서초구 서초동 1712-2 동용빌딩 104호
전 화 : 02-521-8199
팩 스 : 02-598-0332
ISBN 978-89-97476-07-7 93360

저자와의 협의하에 인지생략

홈페이지 : www.법률서적.kr

값 30,000원

 네이버/다음 검색창 : 법률서점